KB116598

서울대 최신기출

NEW
TEPS
VOCA

서울대 최신기출 NEW TEPS VOCA

지은이 넥서스 TEPS연구소·문덕
펴낸이 임상진
펴낸곳 (주)넥서스

초판   1쇄 발행 2014년 3월 25일
초판 15쇄 발행 2017년 8월 20일

2판   1쇄 발행 2018년 6월 30일
2판 10쇄 발행 2024년 2월 15일

출판신고 1992년 4월 3일 제311-2002-2호
주소 10880 경기도 파주시 지목로 5
전화 (02)330-5500 팩스 (02)330-5555

ISBN 979-11-6165-318-1 13740

출판사의 허락 없이 내용의 일부를
인용하거나 발췌하는 것을 금합니다.

가격은 뒤표지에 있습니다.
잘못 만들어진 책은 구입처에서 바꾸어 드립니다.

이 도서의 국립중앙도서관 출판예정도서목록(CIP)은
서지정보유통지원시스템 홈페이지(http://seoji.nl.go.kr)와
국가자료공동목록시스템(http://www.nl.go.kr/kolisnet)에서 이용하실 수 있습니다.
(CIP제어번호 : CIP2018018750)

www.nexusbook.com

서울대 최신기출

NEW TEPS VOCA

넥서스 TEPS연구소 · 문덕 지음

뉴텝스 보카

넥서스

NEW TEPS 점수 환산표

TEPS	NEW TEPS	TEPS	NEW TEPS	TEPS	NEW TEPS	TEPS	NEW TEPS
981~990	590~600	771~780	433~437	561~570	303~308	351~360	185~189
971~980	579~589	761~770	426~432	551~560	298~303	341~350	181~184
961~970	570~578	751~760	419~426	541~550	292~297	331~340	177~180
951~960	564~569	741~750	414~419	531~540	286~291	321~330	173~177
941~950	556~563	731~740	406~413	521~530	281~285	311~320	169~173
931~940	547~555	721~730	399~405	511~520	275~280	301~310	163~168
921~930	538~546	711~720	392~399	501~510	268~274	291~300	154~163
911~920	532~538	701~710	387~392	491~500	263~268	281~290	151~154
901~910	526~532	691~700	381~386	481~490	258~262	271~280	146~150
891~900	515~525	681~690	374~380	471~480	252~257	261~270	140~146
881~890	509~515	671~680	369~374	461~470	247~252	251~260	135~139
871~880	502~509	661~670	361~368	451~460	241~247	241~250	130~134
861~870	495~501	651~660	355~361	441~450	236~241	231~240	128~130
851~860	488~495	641~650	350~355	431~440	229~235	221~230	123~127
841~850	483~488	631~640	343~350	421~430	223~229	211~220	119~123
831~840	473~481	621~630	338~342	411~420	217~223	201~210	111~118
821~830	467~472	611~620	332~337	401~410	212~216	191~200	105~110
811~820	458~465	601~610	327~331	391~400	206~211	181~190	102~105
801~810	453~458	591~600	321~327	381~390	201~206	171~180	100~102
791~800	445~452	581~590	315~320	371~380	196~200		
781~790	438~444	571~580	309~315	361~370	190~195		

※ 출처: 한국영어평가학회

보다 세분화된 환산표는
www.teps.or.kr에서
내려받을 수 있습니다.

NEW TEPS 시험 구성

영역	문제 유형	문항수	제한 시간	점수 범위
청해 Listening Comprehension	**Part I :** 한 문장을 듣고 이어질 대화로 가장 적절한 답 고르기 (문장 1회 청취 후 선택지 1회 청취)	10	40분	0~240점
	Part II : 짧은 대화를 듣고 이어질 대화로 가장 적절한 답 고르기 (대화 1회 청취 후 선택지 1회 청취)	10		
	Part III : 긴 대화를 듣고 질문에 가장 적절한 답 고르기 (대화 및 질문 **1회 청취** 후 선택지 1회 청취)	10		
	Part IV : 담화를 듣고 질문에 가장 적절한 답 고르기 (1지문 1문항) (담화 및 질문 2회 청취 후 선택지 1회 청취)	6		
	Part V : 담화를 듣고 질문에 가장 적절한 답 고르기 (1지문 2문항) (담화 및 질문 2회 청취 후 선택지 1회 청취) 신유형	4		
어휘 Vocabulary	**Part I :** 대화문의 빈칸에 가장 적절한 어휘 고르기	10	변경 통합 25분	0~60점
	Part II : 단문의 빈칸에 가장 적절한 어휘 고르기	20		
문법 Grammar	**Part I :** 대화문의 빈칸에 가장 적절한 답 고르기	10		0~60점
	Part II : 단문의 빈칸에 가장 적절한 답 고르기	15		
	Part III : 대화 및 문단에서 문법상 틀리거나 어색한 부분 고르기	5		
독해 Reading Comprehension	**Part I :** 지문을 읽고 빈칸에 가장 적절한 답 고르기	10	40분	0~240점
	Part II : 지문을 읽고 문맥상 어색한 내용 고르기	2		
	Part III : 지문을 읽고 질문에 가장 적절한 답 고르기 (1지문 1문항)	13		
	Part IV : 지문을 읽고 질문에 가장 적절한 답 고르기 (1지문 2문항) 신유형	10		
총계	**14개 Parts**	135문항	105분	0~600점

Contents

▶▶▶ 1. 각 표제어의 예문은 서울대학교 TEPS관리위원회에서 주관하는 텝스 정기 시험의 출제 문장을 변형하여 실전에 완벽히 대비할 수 있도록 구성하였습니다.

2. 뉴텝스 최신 경향을 반영하여 텝스 전 영역에서 1,200개 표제어와 예문을 선별하였습니다.

3. 실제 텝스 Vocabulary 문제와 유사한 Daily TEPS Test로 복습할 수 있습니다.

4. 30일 어휘 완성이 끝나면 뉴텝스 어휘 시험을 대비해서 시험 직전 Actual Test로 어휘력을 최종 점검할 수 있습니다.

5. 어휘의 지존 문덕 선생님이 직접 선별한 텝스 빈출 숙어 리스트를 온라인으로 다운로드하실 수 있습니다. (www.nexusbook.com)

6. 표제어와 서울대 기출 예문을 그대로 읽은 MP3 파일과 어휘 리스트의 테스트지를 무료로 다운로드하실 수 있습니다.

(www.nexusbook.com)

MP3 제공
미니 테스트
보너스 어휘

기출 예문
MP3 듣기

미니 테스트
풀기

수준별
보너스 어휘

➕

어휘
테스트지

www.nexusbook.com

▶▶▶ 텝스 어휘 30일 완성

❶ TEPS 기출 전 영역에서 뽑은 총 1,200개 표제어

❷ MP3로 발음 듣고, 파생어도 함께 확인

❸ 유의어 및 유사 발음 어휘 학습으로 문어발식 어휘 확장

❹ TEPS 빈출 의미와 함께 유의어, 반의어 확인

❺ 서울대 최신기출 문제에서 뽑아낸 예문 활용(MP3 제공)

❻ 추가 TEPS 기출 표현 및 핵심 문법을 대비하는 어법 학습

❼ 단어 암기 효과와 함께 의미의 이해를 돕는 삽화

Features

▶▶▶ Daily TEPS Test

DAY가 끝날 때마다 실제 TEPS 시험의 Vocabulary 영역 모습 그대로 확인 학습을 할 수 있습니다. DAY마다 Part I, II의 12문제로 구성되어 있고, 표제어뿐만 아니라 추가 어휘도 함께 복습할 수 있습니다.

▶▶▶ NEW TEPS Actual Test

NEW TEPS Vocabulary Actual Test로 시험 직전에 어휘력을 최종 점검할 수 있습니다. 뉴텝스 실제 시험처럼 총 30문제를 시간 내에 풀고, 모르는 어휘는 반드시 다시 확인하도록 합니다.

▶▶▶ 부가 학습 자료

- 진단 테스트로 어휘력을 점검하고 학습 계획을 세울 수 있습니다.
- 서울대 기출 예문을 실제 시험 출제 목소리가 담긴 MP3 파일로 들을 수 있습니다.
- 어휘 지존 문덕 선생님의 텝스 고득점을 위한 빈출 숙어를 다운로드할 수 있습니다.
- 서울대 기출 예문을 응용한 미니 테스트를 스마트폰을 이용해 풀어 볼 수 있습니다.
- 수준별 어휘 복습을 위한 어휘 테스트 자료를 온라인으로 다운로드할 수 있습니다.
- 온라인 학습 자료 무료 다운로드: www.nexusbook.com

MP3 제공
미니 테스트
보너스 어휘

기출 예문
MP3 듣기

미니 테스트
풀기

수준별
보너스 어휘

➕

어휘
테스트지

www.nexusbook.com

👉 일러두기

ⓝ 명사　　　　　　　ⓥ 동사　　　　　　　ⓐ 형용사

ⓐⓓ 부사　　　　　　　↔ 반의어　　　　　　(-s) 복수형

본격적으로 공부하기 전에 TEPS 모의 테스트로 어휘 실력을 점검해 보세요.
채점 후 맞은 개수에 따라 학습 일정표를 짜 보세요.

Choose the best answer for the blank.

Part I

1

A: Anna, you promised me half of your sandwich.

B: Did I? I don't _____ saying that.

(a) uphold
(b) recall
(c) surrender
(d) believe

2

A: Will you send an e-mail for me?

B: Sorry, I just lost my _____.

(a) porter
(b) serving
(c) postage
(d) connection

3

A: Next year is going to be my last with the firm.

B: But you're not old enough to _____ yet.

(a) retire
(b) dismiss
(c) hesitate
(d) promote

4

A: Your blog post stirred up some controversy.

B: It's gotten over 50 _____ so far.

(a) requests
(b) comments
(c) wrangles
(d) forums

5

A: Have you ever heard of this Russian author?

B: Yes, but his books haven't been _____ into English yet.

(a) materialized
(b) verbalized
(c) translated
(d) published

6

A: Would you ever pay $1,500 for a dining room chair?

B: I might if it was _____.

(a) symbolic
(b) ostentatious
(c) custom-made
(d) elementary

7

A: A year is about 365 days, right?

B: Yes, that's how long it takes Earth
   to _____ the sun.

(a) mirror
(b) orbit
(c) surround
(d) approach

8

A: I'm thinking of developing a game
   app.

B: Be careful because that market isn't
   as _____ as it used to be.

(a) flat
(b) privatized
(c) indebted
(d) lucrative

Part II

9

Please be aware that many of our
products may _____ peanuts and
other allergenic ingredients.

(a) contain
(b) savor
(c) reject
(d) impact

10

Many people have yet to fully _____
the destructive capability of climate
change.

(a) understate
(b) appreciate
(c) conserve
(d) bother

11

The meeting has been _____ until
more people can commit to attending.

(a) disordered
(b) overtaken
(c) removed
(d) postponed

12

The security area at the international
terminal has undergone a _____
overhaul following the breach.

(a) constant
(b) rough
(c) complete
(d) terrific

정답은 다음 페이지에 ➲

A
코스

맞은 개수 : 10~12개

어휘 실력이 이미 상당하지만 텝스 실전에 더 강해지고 싶다면 지금보다 더 숙달시킬 필요가 있습니다. 이미 알고 있는 어휘들은 가볍게 넘어가되, 의미를 정확히 알지 못했던 단어들은 깊이 파고들어야 합니다. 서울대 기출 활용 예문을 적극 학습하며 수준별 보너스 어휘 리스트로 추가 학습하세요. 마지막으로 Daily TEPS Test와 Actual Test로 최종 점검하세요.

학습한 DAY에 표시하세요.

표제어 & 서울대 기출 예문 학습 🎧 MP3
유의어 & VOCA+ 학습
수준별 어휘 리스트(심화) 학습
Daily TEPS Test와 Actual Test로 어휘력 점검

DAY 1 DAY 2 DAY 3 DAY 4 DAY 5 DAY 6 DAY 7 DAY 8 DAY 9 DAY 10 DAY 11 DAY 12 DAY 13 DAY 14 DAY 15

DAY 16 DAY 17 DAY 18 DAY 19 DAY 20 DAY 21 DAY 22 DAY 23 DAY 24 DAY 25 DAY 26 DAY 27 DAY 28 DAY 29 DAY 30

★ 진단 테스트 정답

1 (b)	2 (d)	3 (a)	4 (b)	5 (c)	6 (c)	7 (b)
8 (d)	9 (a)	10 (b)	11 (d)	12 (c)		

B
코스

맞은 개수 : 6~9개

조금만 더 노력하면 텝스 고득점은 문제 없습니다. 표제어의 파생어와 유의어, 반의어까지 빼먹지 말고 꼼꼼히, 그리고 정확히 학습하도록 합니다. 서울대 기출 활용 예문으로 텝스 감각을 익히고, 이어서 수준별 보너스 어휘 리스트에서 모르는 단어는 표시해 두었다가 다음 날 꼭 반복해서 학습하세요.

학습한 DAY에 표시하세요.

1st Try 표제어 & 서울대 기출 예문 & VOCA+ 학습 🎧 MP3

DAY 1	DAY 2	DAY 3	DAY 4	DAY 5	DAY 6	DAY 7	DAY 8	DAY 9	DAY 10	DAY 11	DAY 12	DAY 13	DAY 14	DAY 15
DAY 16	DAY 17	DAY 18	DAY 19	DAY 20	DAY 21	DAY 22	DAY 23	DAY 24	DAY 25	DAY 26	DAY 27	DAY 28	DAY 29	DAY 30

2nd Try 수준별 어휘 리스트 학습 & Daily TEPS Test

DAY 1	DAY 2	DAY 3	DAY 4	DAY 5	DAY 6	DAY 7	DAY 8	DAY 9	DAY 10	DAY 11	DAY 12	DAY 13	DAY 14	DAY 15
DAY 16	DAY 17	DAY 18	DAY 19	DAY 20	DAY 21	DAY 22	DAY 23	DAY 24	DAY 25	DAY 26	DAY 27	DAY 28	DAY 29	DAY 30

C 코스

맞은 개수 : 0~5개

시간이 걸리더라도 기초부터 튼튼히 학습을 하는 것이 좋습니다. 이 책을 처음부터 끝까지 적어도 세 번은 보겠다는 마음으로 시작하셔야 합니다. 처음에는 표제어를 중심으로 학습한 후, 복습할 때는 서울대 기출 예문을 중심으로 암기하고, 마지막으로 수준별 보너스 어휘 리스트에서 심화 어휘까지 도전해 보세요. 끈기를 가지고 마지막까지 인내하는 사람이 역전할 수 있습니다.

학습한 DAY에 표시하세요.

1st Try 표제어 & 수준별 어휘 리스트(기본) 학습 🎧 MP3

DAY 1	DAY 2	DAY 3	DAY 4	DAY 5	DAY 6	DAY 7	DAY 8	DAY 9	DAY 10	DAY 11	DAY 12	DAY 13	DAY 14	DAY 15
DAY 16	DAY 17	DAY 18	DAY 19	DAY 20	DAY 21	DAY 22	DAY 23	DAY 24	DAY 25	DAY 26	DAY 27	DAY 28	DAY 29	DAY 30

2nd Try 서울대 기출 예문 & VOCA+ 학습 🎧 MP3

DAY 1	DAY 2	DAY 3	DAY 4	DAY 5	DAY 6	DAY 7	DAY 8	DAY 9	DAY 10	DAY 11	DAY 12	DAY 13	DAY 14	DAY 15
DAY 16	DAY 17	DAY 18	DAY 19	DAY 20	DAY 21	DAY 22	DAY 23	DAY 24	DAY 25	DAY 26	DAY 27	DAY 28	DAY 29	DAY 30

3rd Try Daily TEPS Test & 수준별 어휘 리스트(심화) 학습

DAY 1	DAY 2	DAY 3	DAY 4	DAY 5	DAY 6	DAY 7	DAY 8	DAY 9	DAY 10	DAY 11	DAY 12	DAY 13	DAY 14	DAY 15
DAY 16	DAY 17	DAY 18	DAY 19	DAY 20	DAY 21	DAY 22	DAY 23	DAY 24	DAY 25	DAY 26	DAY 27	DAY 28	DAY 29	DAY 30

DAY
01

Human Beings

Some of us–though not all–are sometimes faced with
the finality of **existence**.

우리들 가운데 모두는 아니더라도 일부는 때때로 존재의 최후와 직면한다.

학습 1차	년	월	일	공부 시간	시간	분
학습 2차	년	월	일	공부 시간	시간	분
학습 3차	년	월	일	공부 시간	시간	분

MP3 듣기

yearn
[jəːrn]

VOCA⁺
long 갈망하다

ⓥ 갈망하다

secretly **yearn** 몰래 갈망하다
yearn for freedom 자유를 갈망하다

> 🖊 기출 예문
>
> Becoming an actor was the one thing Stuart desired, the thing he **yearned** most to achieve.
> 배우가 되는 것은 스튜어트가 소망했던 그것, 가장 성취하기를 바랐던 것이었다.

adapt
[ədǽpt]

VOCA⁺
adjust 조절하다
accommodate 수용하다

ⓥ 적응시키다

the ability to **adapt** 적응 능력

> 🖊 기출 예문
>
> Some people have **adapted** themselves to living in inhospitable places like the desert.
> 어떤 사람들은 사막과 같이 살기 힘든 장소에서 자신들을 적응시켰다.

satisfy
[sǽtisfài]
n. satisfaction 만족

VOCA⁺
dissatisfied 불만스러워하는
please 만족시키다

ⓥ 만족시키다

satisfy one's demands 요구를 충족시키다

> 🖊 기출 예문
>
> Polish & Shine offers a full refund to those who are not totally **satisfied** with its cleaning service.
> 폴리쉬앤샤인 사는 청소 서비스에 완전히 만족하지 않는 사람에게 전액 환불한다.

tolerate
[tálərèit]
n. tolerance 관용

VOCA⁺
endure 참다
condone 용납하다

ⓥ 참다

find something difficult to **tolerate** 참기 힘들다고 여기다

> 🖊 기출 예문
>
> I can't **tolerate** Donnie constantly being late.
> 나는 도니가 끊임없이 지각하는 걸 참을 수가 없어.

native
[néitiv]

VOCA⁺
indigenous 토착의, 원산의

ⓝ **출신자**
native speakers of English 영어 원어민

🗨 기출 예문
Jack is a California **native**.
잭은 캘리포니아 출신이다.

---

console
[kánsoul]
a. consolable 위안이 되는

VOCA⁺
assuage 달래다

ⓥ **위로하다**
console oneself with the thought that things could be worse
상황이 더 나빠질 수도 있었다는 생각으로 위안을 삼다

🗨 기출 예문
I've attempted to **console** Jane several times.
내가 제인을 몇 번 위로를 하려고 했어.

---

individual
[ìndəvídʒuəl]

VOCA⁺
unique 독특한

ⓐ **각각의, 개개의**
individual freedom 개인의 자유

🗨 기출 예문
The board assesses each proposal on an **individual** basis before making a decision.
이사회는 결정을 하기 전에 각 제안서를 개별적으로 평가한다.

---

negative
[négətiv]

VOCA⁺
positive 긍정적인
pessimistic 비관적인
optimistic 낙관적인

ⓐ **부정적인**
negative about an idea 어떤 생각에 대해 부정적인

🗨 기출 예문
The word "amateur" carries **negative** connotations for many people. '아마추어'라는 말은 많은 사람들에게 부정적인 의미를 내포한다.

---

complain
[kəmpléin]

VOCA⁺
compliment 칭찬하다
approve 찬성하다, 괜찮다고 여기다

ⓥ **불평하다**
complain of stomachaches 복통을 호소하다

🗨 기출 예문
The mother gave her kids equal amounts of cake so that no one could **complain**.
엄마는 아이들에게 동일한 양의 케이크를 줘서 아무도 불평할 수 없었다.

adjust
[ədʒʌ́st]

n. adjustment 조정; 적응
n. adjuster 손해 사정인, 조정자
a. adjustable 조절할 수 있는

VOCA⁺

justice 정의; 재판
justify 합리화하다

ⓥ **적응하다; 조정[조절]하다**

adjust to the new school 새 학교에 적응하다
adjust a car seat 자동차의 좌석을 조절하다

> 🖊 기출 예문
> They also need time to **adjust** to life in a post-parenting marriage.
> 그들은 또한 육아 이후의 결혼 생활에 적응할 시간이 필요하다.

📝 **adjust** his tie 넥타이를 고쳐 매다

---

categorize
[kǽtəgəràiz]

n. categorization 분류, 범주화
n. category 범주

VOCA⁺

catalogue 목록

ⓥ **분류하다(classify)**

categorize people according to age 사람들을 나이별로 분류하다
be **categorized** as a socialist 사회주의자로 분류되다

> 🖊 기출 예문
> Other fluids, such as coffee, tea, beer, and soda might be **categorized** as unhealthy.
> 커피, 차, 맥주, 청량음료와 같은 액체는 건강에 좋지 않은 것으로 분류될 수 있을 것이다.

---

characteristic
[kæ̀riktərístik]

v. characterize ~의 특징이 되다
n. character 등장인물;
(도덕적·윤리적) 성격, 인격

VOCA⁺

personality (남에게 비춰지는) 성격

ⓝ **특징, 특질(feature, trait)**

physical[genetic] **characteristics** 신체적[유전적] 특징들

ⓐ **특유의**

the herb's **characteristic** scent 허브 특유의 향기

> 🖊 기출 예문
> The research strongly suggests that emotional expression is a genetic **characteristic** shared by all humans.
> 그 연구는 감정 표현이 모든 인간이 공유하는 유전적인 특징임을 강하게 시사하고 있다.

📝 A be **characteristic** of B A는 B의 특징이다

contribute

[kəntríbjuːt]

n. contribution 기여, 공헌; 기부(금)
a/n. contributory 기여하는, 원인이 되는; 출자 의무(자)

ⓥ ~의 한 원인이 되다; 기여하다; 기부[기증]하다

contribute to his death 그의 죽음의 원인이 되다
contribute to the team's success 팀의 성공에 기여하다
contribute 100 dollars to the charity 100달러를 자선 단체에 기부하다

> **기출 예문**
>
> Eating too much salty food may **contribute** to high blood pressure.
> 짠 음식을 너무 많이 먹으면 고혈압을 일으킬 수 있다.

VOCA⁺

attribute (원인을) ~라고 여기다
distribute 분배하다

📝 사회에 공헌하다: contribute a society (×)
⇨ contribute **to** a society (○)

cooperate

[kouápərèit]

n. cooperation 협력, 협조

VOCA⁺

corporate 법인의, 회사의

ⓥ 협력하다(collaborate)

cooperate with each other 서로 협력하다
cooperate in the relief efforts 구조 노력에 협력하다
cooperate with the investigation 수사에 협조하다

> **기출 예문**
>
> Both parents then **cooperate** in guarding the nest, fanning the eggs with their fins and moving them to keep them clean.
> 그리고 나서 어미와 아비는 지느러미로 알에 부채질을 하고, 알을 움직이면서 청결을 유지하는 등 보금자리를 지키는 데 힘을 모은다.

deserve

[dizə́ːrv]

a. deserving ~을 받을 만한
a. deserved (상·벌이) 응당한

ⓥ ~받을 만하다, ~할 자격이 있다(merit)

deserve the award 상을 받을 만하다
deserve credit[respect] 신뢰할[존경받을] 만하다

> **기출 예문**
>
> Mr. Jackson has raised a very good point, which **deserves** our serious attention.
> 잭슨 씨는 아주 좋은 점을 지적했고, 그것은 우리의 진지한 관심을 끌 만하다.

VOCA⁺

conserve 보존하다
reserve 남겨 두다; 예약하다; 삼가다

📝 deserve to be punished 벌을 받아 마땅하다

dominant
[dámənənt]

v. dominate 지배하다
n. domination 지배, 통치

ⓐ 우세한, 지배적인(prevailing, predominant);
우성의(↔ recessive 열성의)

the **dominant** position in the group 집단 내에서의 지배적인 위치
play a **dominant** role in ~에서 지배적인 역할을 하다

기출 예문

Historically, like almost every culture on the planet, Japan has been a male-**dominant** society.
일본은 역사적으로 지구상의 거의 모든 문화권과 같이 남성 우위의 사회이다.

VOCA⁺
domineering 오만한, 독재적인

📇 dominant genes 우성 유전자

evolve
[iválv]

n. evolution 진화
a. evolutionary 진화의; 점진적인

ⓥ 진화[발전]하다

evolve into humans 인간으로 진화하다
evolve from a hobby into a business 취미가 사업으로 발전하다

기출 예문

Years ago in rural areas, the school calendar **evolved** around the agricultural life of the community.
수년 전 농촌 지역에서 학교 학사 일정은 지역 사회의 농경 생활을 중심으로 서서히 발달했다.

VOCA⁺
revolve 공전하다
devolve 양도하다

existence
[igzístəns]

v. exist 존재하다
a. existent 존재하는
a. existing 기존의, 현행의

ⓝ 존재, 실재; 생활, 생계(life)

come into[go out of] **existence** 생기다[소멸하다]
daily **existence** 일상생활

기출 예문

Some of us — though not all — are sometimes faced with the finality of **existence**.
우리들 가운데 모두는 아니더라도 일부는 때때로 존재의 최후와 직면한다.

VOCA⁺
coexistence 공존

📇 existing law 현행 법
existing system 현행 시스템

extinct

[ikstíŋkt]

n. extinction 멸종

VOCA+
endangered, threatened
멸종할 위기에 직면한

ⓐ 사라진, 멸종된(died out); (화산이) 활동을 멈춘

an **extinct** species 멸종된 종
an **extinct** volcano 사화산

> 💬 기출 예문
>
> Linguists now estimate that half of the more than 6,000 languages currently spoken in the world will become **extinct** by the end of this century.
> 오늘날 언어학자들은 세계에서 현재 사용되고 있는 6천 개 언어의 반 이상이 금세기 말까지는 멸종할 것이라고 예측한다.

📝 in danger of extinction 멸종 위기에 처한

---

factor

[fǽktər]

v. factorize 인수 분해하다

VOCA+
defector 탈당자, 망명자
disinfector 소독기

ⓝ 요인, 요소

the decisive[major] **factor** 결정적[주요] 요인

ⓥ 고려[감안]하다; 인수 분해하다

factor in inflation 인플레이션을 감안하다

> 💬 기출 예문
>
> David Letterman said that certain **factors** other than money were why he would not leave CBS.
> 데이비드 레터맨은 CBS를 떠나지 않는 이유가 돈 이외의 특정한 요인들이 있어서라고 말했다.

📝 factor는 원인적인 측면의 '요인'을 의미, ingredient는 음식이나 약품의 '재료, 원료'를 의미

---

genetic

[dʒənétik]

n. genetics 유전학
ad. genetically 유전적으로

VOCA+
generic 일반적인
genteel 품위 있는

ⓐ 유전의, 유전적인(hereditary)

a **genetic** defect 유전적인 결함
genetic abnormalities 유전적 기형

> 💬 기출 예문
>
> Cloning is the process of making a copy of an organism using its **genetic** material.
> 복제는 유전 물질을 이용하여 유기체의 복사본을 만드는 과정이다.

📝 genetic engineering 유전 공학
genetic diversity 유전적 다양성
genetically modified 유전자 변형된

impair

[impéər]

a. impaired 손상된

VOCA⁺

wound (고의로) 상처 입히다
disable 불구로 만들다

ⓥ 손상[악화]시키다(injure)

impair one's health 건강을 악화시키다
impair one's vision 시력을 떨어뜨리다

> 📄 **기출 예문**
>
> The research found that high levels of stress **impair** memory.
> 연구 결과, 스트레스 수치가 높으면 기억력이 감퇴된다고 한다.

📝 **impaired** hearing 난청

---

indigenous

[indídʒənəs]

VOCA⁺

indignant 격분한
indigent 가난한

ⓐ 원산[토착]의(aboriginal)

an **indigenous** culture[language] 토착 문화[토착어]

> 📄 **기출 예문**
>
> The only problem I have is with his refutation of my work on the **indigenous** peoples of the Amazon.
> 제가 가진 유일한 문제는 아마존 토착민들에 관한 제 연구에 대한 그의 반박입니다.

📝 **indigenous** to ~가 원산지인

---

innate

[inéit]

VOCA⁺

inmate 입소자, 입원 환자

ⓐ 타고난, 선천적인(inborn, inbred)

an **innate** ability to learn language 타고난 언어 학습 능력

> 📄 **기출 예문**
>
> Humans have an **innate** desire to be productive.
> 인간은 생산하고자 하는 선천적 욕구가 있다.

---

instinct

[ínstiŋkt]

a. instinctive 본능적인
ad. instinctively 본능적으로

VOCA⁺

distinct 뚜렷한, 명확한

ⓝ 본능

maternal **instinct** 모성 본능
follow one's **instincts** ~의 본능을 따르다

> 📄 **기출 예문**
>
> They also viewed **instinct** and learning as two separate aspects of automatic behavior.
> 그들은 또한 본능과 학습을 자동 행위의 별개의 측면으로 보았다.

📝 본능적으로: ~~with instinct~~ (✕) ➡ **by** instinct (○)

mature
[mətʃúər]
n. maturity 성숙함

VOCA⁺
premature (시기가) 너무 이른

ⓐ 성숙한(↔ immature 미숙한); (보험 등이) 만기의
be **mature** for one's age 나이에 비해 성숙하다

ⓥ 다 자라다; (보험 등이) 만기가 되다
The bond **matures** in 10 years. 그 채권은 10년 후가 만기다.

기출 예문

Judy is quite **mature** for her age: even though she is only fifteen, she acts very much like an adult.
주디는 나이에 비해 굉장히 조숙하기 때문에 15살밖에 안 됐지만 어른처럼 행동한다.

📝 reach maturity 성숙기에 도달하다. 〈금융〉 만기에 도달하다

---

multiple
[mʌ́ltəpl]
v. multiply 증식하다; 곱하다
n. multiplication 곱셈

VOCA⁺
double 두 배의
triple 세 배의
quadruple 네 배의

ⓐ 다수의, 다중의; 배수의
multiple personality 다중 인격
multiple-car accident 다중 추돌

기출 예문

More than 34 million students have found **multiple** scholarships through our site.
3천 4백만 이상의 학생들이 우리 사이트를 통해 여러 장학금을 받았습니다.

---

mutate
[mjú:teit]
n. mutation 변형, 돌연변이
a. mutant 돌연변이의

VOCA⁺
mutilate (신체를) 불구로 만들다
mutable 변하기 쉬운; 변덕스러운

ⓥ 변형되다, 변형시키다(alter, convert); 돌연변이하다
mutate into a form 어떤 형태로 변형되다
mutate genes 유전자를 변형시키다

기출 예문

HIV has proven to be a diabolical foe, hiding inside immune cells and **mutating** so fast that it is, effectively, a moving target.
HIV는 면역 세포 안에 숨어서 너무나 빨리 돌연변이를 하기 때문에 사실상 움직이는 표적과 같아 사악한 적으로 입증되었다.

📝 genetic mutation 유전적 돌연변이

nurture

[nə́:rtʃər]

n. nurturing 양육

ⓥ 양육하다, 키우다(foster, nurse)

nurture one's children 아이를 양육하다
nurture one's creativity 창의력을 키우다
nurture a dream[ambition] 꿈[야망]을 키우다

기출 예문

Plants grow healthy and strong if nurtured with sunlight, water, and fertilizer.
식물은 햇빛, 물, 거름으로 영양만 공급받으면 건강하고 강하게 자란다.

VOCA⁺

nourish 영양분을 공급하다, 키우다
nourishment 영양(분)
nutrition 영양

---

perceive

[pərsíːv]

n. perception 인식, 지각

ⓥ 감지[인지]하다(notice, be aware of); 이해하다

perceive the change 변화를 감지하다

기출 예문

Researchers perceived no gains among those who were given verbal cues every 180 seconds.
연구자들은 180초마다 말로 신호를 받은 사람들 사이에서 어떤 이득도 없다는 것을 깨달았다.

VOCA⁺

conceive (생각을) 품다, 상상하다

📃 perceive oneself as 자신을 ~으로 여기다
keen perception 예리한 지각력

---

preoccupied

[priːákjupàid]

n. preoccupation 집착

VOCA⁺

occupation 직업; 점령

ⓐ (어떤 생각·걱정에) 사로잡힌, 정신이 팔린(absorbed)

be **preoccupied** with family problems 집안 문제들로 걱정이 많다
be too **preoccupied** with one's own thoughts
자기 생각에 너무 정신이 팔리다

기출 예문

I was so preoccupied with my work that I totally forgot about it.
일에 너무 열중해서 그건 까맣게 잊어버렸어.

📃 ~에 열중하다: be preoccupied in (×) ⇒ be preoccupied with (O)
*be absorbed in

26

recognize
[rékəgnàiz]
n. recognition 인정; 감사

ⓥ 인정하다, 인식하다(realize)

frankly **recognize** one's errors 자신의 잘못을 솔직히 인정하다
recognize the good in others 타인의 장점을 알다

> 🗨️ 기출 예문
> Academics have often been slow to **recognize** true cultural value among popular trends in society.
> 학구적인 사람들은 종종 사회의 대중적인 추세 속의 진정한 문화적 가치를 인지하는 데 느리다.

VOCA⁺
cognition 인지, 지각
ignition 점화, 발화

📋 voice recognition 음성 인식

rigorous
[rígərəs]
n. rigor 엄격함

ⓐ 철저한, 엄격한(thorough, exhaustive); 정밀한

a **rigorous** standard 엄격한 기준
rigorous in one's expenditure 지출에 있어 엄격한

> 🗨️ 기출 예문
> Characterized by **rigorous** brain development, childhood is an especially productive time of learning.
> 정밀한 두뇌 발달이 특징인 아동기는 특히 학습에 있어 생산적인 시기이다.

VOCA⁺
vigorous 활기찬

sense
[sens]
a. sensible 분별 있는, 현명한
a. sensitive 민감한
a. sensual 관능적인

ⓝ 느낌, 감각; 의미, 뜻

a **sense** of direction[balance] 방향[균형] 감각
sense organs 감각 기관들
make **sense** 의미가 통하다, 이해되다

ⓥ 감지하다, 느끼다(notice, perceive)

sense danger 위험을 감지하다

> 🗨️ 기출 예문
> In this **sense**, the most successful parent, teacher, doctor, lawyer, or salesperson is also the most successful actor.
> 이런 점에서, 가장 성공한 부모나 교사, 의사, 변호사, 영업 사원은 가장 훌륭한 연기자이기도 하다.

VOCA⁺
sensational 세상을 놀라게 하는, 선풍적인
sentimental 감상적인

📋 sense of touch 촉각
sense of pride 자긍심

shape
[ʃeip]

VOCA⁺
shade 그늘
shame 수치심
share 공유하다
shave 면도하다

ⓝ 몸매; 모양, 형태

keep in **shape** 몸매를 유지하다
a circular[rectangular] **shape** 둥근[직사각형] 모양

ⓥ (어떤) 모양으로 만들다, 형성하다

Shape the dough into a ball. 반죽을 공 모양으로 만드세요.

> **기출 예문**
>
> I'm so out of shape.
> 몸매가 많이 망가진 것 같아.

📋 be square in shape 사각형 모양이다

---

stem
[stem]

VOCA⁺
trunk (나무의) 줄기
stalk (식물의) 줄기

ⓥ 생겨나다, 유래하다; 막다, 저지하다

health problems that **stem** from an accident
사고로 인해 생기는 건강상의 문제들
stem the bleeding 출혈을 멎게 하다

ⓝ (풀 등의) 줄기

stem cell 줄기세포

> **기출 예문**
>
> The success of *Amadeus* **stems** from its artistic freedom.
> 〈아마데우스〉의 성공은 영화의 예술적인 자유로부터 나온다.

📋 the result that stems from the cause 원인에 의해 생기는 결과

---

stunt
[stʌnt]

VOCA⁺
stun 멍하게 하다
stint 아끼다

ⓝ 묘기, 곡예

various acrobatic **stunts** 다양한 곡예 묘기
applaud an amazing **stunt** 놀라운 묘기에 박수갈채를 보내다

ⓥ (성장 · 발전 등을) 방해[저해]하다

stunt a plant's growth 식물의 성장을 방해하다
stunt economic growth 경제 성장을 저해하다

> **기출 예문**
>
> Some action movie stars prefer to do their own **stunts**
> during filming.
> 어떤 액션 배우들은 영화를 찍으면서 액션 연기를 직접 하는 것을 선호한다.

symptom

[símptəm]

ⓝ (병의) 증상(sign); 징후, 조짐(indication)

show cold **symptoms** 감기 증상을 보이다

a **symptom** of recession 불황의 조짐

🖋 기출 예문

The **symptoms** of motion sickness are dizziness, headache, and nausea.

멀미의 증상은 현기증, 두통, 메스꺼움이다.

VOCA⁺

syndrome 증후군, 일련의 증상

📄 withdrawal symptom 금단 증상

　a symptom of depression 우울증 증상

variety

[vəráiəti]

v. vary 다르다, 달라지다

a. various, varied 다양한, 여러 가지의

ⓝ 여러 가지, 다양성(diversity); 품종, 종류(breed, kind)

a **variety** of topics[activities] 여러 가지 주제들[활동들]

a rare **variety** of a plant 희귀종의 식물

🖋 기출 예문

Listening activities are content-based, drawing on real life information from a **variety** of sources.

청취 활동은 다양한 소스의 실제 생활 정보에서 뽑은 내용 중심으로 이루어집니다.

VOCA⁺

variable 변하기 쉬운; 변수

📄 20 varieties of fish 20종의 물고기들

vital

[váitəl]

v. vitalize 생명을 주다, 활력을 북돋아 주다

n. vitality 활력

ⓐ 필수적인, 중대한(essential, indispensable); 활기찬(lively)

a **vital** organ 생명 유지에 필수적인 기관

vital force 활력

🖋 기출 예문

Understanding the links between culture and communication is **vital** for passing this linguistics course.

문화와 커뮤니케이션의 관계를 이해하는 것은 이 언어학 과정을 이수하는 데 필수적이다.

VOCA⁺

revitalize 생기를 회복시키다

devitalize 활력[생명]을 빼앗다

📄 be vital to ~에 필수적이다

　play a vital role in ~에 필수적인 역할을 하다

DAILY TEPS TEST

Choose the best answer for the blank.

Part I

1

A: How can Michelle speak so many languages?

B: She seems to have an _____ linguistic talent.

(a) innate
(b) indigenous
(c) informal
(d) indignant

2

A: This tree doesn't seem to be growing at all.

B: Well, its growth is so gradual that it's hard to _____.

(a) confine
(b) perceive
(c) remedy
(d) nurture

3

A: Do the doctors know what's causing Jim's high blood pressure?

B: They think it _____ from his poor diet.

(a) breaks
(b) stems
(c) classifies
(d) inputs

4

A: This software is still plagued by bugs.

B: It's _____ that we get it working smoothly.

(a) idiotic
(b) genetic
(c) dominant
(d) vital

5

A: Mr. Park comes across very arrogant, doesn't he?

B: That's the _____ I most associate him with.

(a) formula
(b) adaptation
(c) characteristic
(d) transition

6

A: What do you think of the new marketing team member?

B: She has yet to _____ any groundbreaking ideas.

(a) mutate
(b) contribute
(c) discern
(d) associate

7

A: Did you know there used to be a person who lived in this lighthouse?

B: That must have been a solitary _____.

(a) diagram
(b) existence
(c) variety
(d) habitat

8

A: It's freezing in here! Aren't you cold?

B Let me _____ the thermostat.

(a) adjust
(b) drip
(c) cleanse
(d) lift

Part II

9

Scientists confirmed today that the western black rhinoceros is indeed _____ in the wild.

(a) extinct
(b) multiple
(c) susceptible
(d) aquatic

10

Severe muscle ache is one of the most common _____ of dengue fever.

(a) conditions
(b) symptoms
(c) medications
(d) shortages

11

Even short periods of malnutrition can _____ children's physical and mental development.

(a) stunt
(b) categorize
(c) forage
(d) distance

12

Authorities warn that even a single drink of alcohol can _____ one's ability to drive.

(a) impair
(b) portray
(c) distress
(d) shape

DAILY TEPS TEST 정답 및 해석

1 (a)	2 (b)	3 (b)	4 (d)	5 (c)	6 (b)
7 (b)	8 (a)	9 (a)	10 (b)	11 (a)	12 (a)

1 A: 미셸이 어떻게 그렇게 많은 외국어를 하죠?
 B: 언어에 타고난 소질이 있는 것 같아요.
 (a) 타고난 (b) 토착의
 (c) 비공식의 (d) 분개한

2 A: 이 나무는 전혀 자란 것 같지 않네요.
 B: 흠, 서서히 자라는 나무라 감지하기가 어렵죠.
 (a) 제한하다 **(b) 감지하다**
 (c) 치료하다 (d) 양육하다

3 A: 의사들은 짐이 앓는 고혈압의 원인을 아나요?
 B: 그의 부실한 식단에서 오는 것이라고 보던데요.
 (a) 부수다 **(b) 기인하다**
 (c) 분류하다 (d) 입력하다

4 A: 이 소프트웨어는 아직도 버그들로 골치예요.
 B: 우리가 컴퓨터를 잘 작동하도록 하는 게 관건이
 군요.
 (a) 멍청한 (b) 유전의
 (c) 우세한 **(d) 중대한**

5 A: 박 씨는 아주 거만한 인상을 주네요, 그렇죠?
 B: 그게 바로 제가 생각하는 그의 특성이에요.
 (a) 공식 (b) 각색
 (c) 특성 (d) 변천

6 A: 새 마케팅 팀원에 대해 어떻게 생각하세요?
 B: 아직 획기적인 아이디어를 내놓진 못했어요.
 (a) 돌연변이가 되다 **(b) 기여하다**
 (c) 식별하다 (d) 연상하다

7 A: 이 등대에 사람이 살았던 거 알았니?
 B: 분명 혼자 살았겠네.
 (a) 도표 **(b) 존재**
 (c) 다양함 (d) 서식지

8 A: 여기 너무 추워요! 춥지 않으세요?
 B: 온도 조절기를 조절해 볼게요.
 (a) 조절하다 (b) 뚝뚝 흘리다
 (c) 세척하다 (d) 들어 올리다

9 서부의 검은 코뿔소가 야생에서 정말 멸종했다는
 걸 오늘 과학자들이 확인했어요.
 (a) 멸종된 (b) 다수의
 (c) 민감한 (d) 수중의

10 심한 근육 통증은 댕기열의 가장 흔한 증상 중 하
 나이다.
 (a) 조건 **(b) 증상**
 (c) 약 (d) 부족

11 단기간의 영양실조라도 아이들의 신체적, 정신적
 발달을 저해할 수 있다.
 (a) 저해하다 (b) 분류하다
 (c) 먹이를 찾다 (d) 간격을 두다

12 당국은 술 한 모음이라도 운전 능력을 손상시킬 수
 있다고 경고한다.
 (a) 손상시키다 (b) 그리다
 (c) 괴롭히다 (d) 형태를 만들다

DAY
02

Health & Disease

Smallpox has been **eradicated**, so there is no longer any need for immunization.

천연두는 근절되었기 때문에 더 이상 예방 주사를 맞을 필요가 없다.

학습 1차	년	월	일	공부 시간	시간	분
학습 2차	년	월	일	공부 시간	시간	분
학습 3차	년	월	일	공부 시간	시간	분

deficiency

[difíʃənsi]

a. deficient 부족한

VOCA⁺

shortage 부족
sufficient 풍족한

ⓝ **결핍**

suffer from a severe iron **deficiency** 심한 철분 부족으로 고생하다

🖋 기출 예문

Not consuming enough vitamins and minerals could result in nutritional **deficiencies**.
충분한 비타민과 철분을 섭취하지 않으면 영양 결핍이 생길 수 있다.

---

respiratory

[réspərətɔ̀:ri]

v. respire 호흡하다

VOCA⁺

perspiration 땀, 노력
inspiration 영감

ⓐ **호흡기의**

respiratory diseases 호흡기 질환
the **respiratory** system 호흡 기관

🖋 기출 예문

Secondhand smoke can increase the risk of **respiratory** infections, severe asthma, and other maladies.
간접흡연은 호흡기 감염 및 심한 천식, 기타 질병에 걸릴 위험을 증가시킬 수 있다.

---

alert

[əlɔ́:rt]

VOCA⁺

vigilant 경계하는
attentive 주의하는

ⓐ **정신이 초롱초롱한, 깨어 있는, 경계하는**

on the **alert** 주의하는, 경계하는
mentally **alert** 정신이 맑은

🖋 기출 예문

Drinking coffee helps you remain **alert** even if you have not had enough sleep.
커피를 마시는 것은 당신이 잠을 충분히 자지 못했을지라도 깨어 있게 해 준다.

---

bloated

[blóutid]

VOCA⁺

inflate 부풀리다
exaggerate 부풀리다, 과장하다

ⓐ **배가 터질 듯한**

the **bloated** state bureaucracy 비대해진 국가 관료주의

🖋 기출 예문

Binging on a huge meal makes you feel **bloated** as a result.
폭식을 하면 배가 터질 듯한 느낌이 든다.

34

abortion

[əbɔ́ːrʃən]

v. abort 유산하다, 유산시키다
a. abortive 유산의; 실패의

VOCA⁺
miscarriage 유산
stillbirth 사산

ⓝ **낙태, 유산**

demonstrate against **abortion** 낙태 반대 시위를 하다
the anti-**abortion** movement 임신 중절에 반대하는 운동

🖊 기출 예문

As many as 24 published studies have shown a link between **abortion** and breast cancer.
낙태와 유방암 간의 관련성을 보여 주는 연구가 무려 24개나 발표되었다.

📋 pro-choice 낙태 합법화에 찬성하는
　 pro-life 낙태 합법화에 반대하는

---

addict

[ǽdikt]

n. addiction 중독
a. addicted 중독된
a. addictive 중독성의

VOCA⁺
addition 추가, 덧셈

ⓝ **중독자**

a drug **addict** 마약 중독자
an alcohol **addict** 알코올 중독자

🖊 기출 예문

People who use drugs begin to crave them all the time, and unfortunately many become **addicts**.
마약을 하는 사람은 항상 마약을 탐하며 불행히도 다수가 중독자가 된다.

📋 be addicted to ～에 중독되다

---

aggravate

[ǽgrəvèit]

n. aggravation 악화;
　 짜증나게 하는 것
a. aggravating 악화시키는

VOCA⁺
grave 무덤; 중대한; 근엄한; 조각하다

ⓥ **악화시키다(worsen, exacerbate); 화나게 하다**

aggravate the disease[situation] 병[상황]을 악화시키다

🖊 기출 예문

For vulnerable individuals, the flu is a life-threatening condition rather than a mere **aggravation**.
약한 사람들에게 있어서 감기는 단순히 짜증나는 것이라기보다 생명을 위협하는 것이다.

📋 be aggravated by ～에 의해 화가 나다

alleviate

[əlíːvièit]

n. alleviation 경감, 완화
a. alleviating 완화시키는

VOCA+

levy 징수하다; 징집하다
levity 경솔
leverage 지레 작용; 영향력; 차입에
의한 경영; ~에게 영향을 주다

ⓥ 완화[경감]하다(relieve, lighten)

alleviate the symptoms 증상을 완화하다
take measures to **alleviate** traffic congestion 교통 혼잡을 완화시키는
조치를 취하다

> **기출 예문**
>
> The doctor gave her an injection to **alleviate** the pain.
> 의사는 그녀에게 진통제 주사를 놔 주었다.

📋 alleviate poverty 가난을 덜어 주다

---

anemia

[əníːmiə]

a. anemic 빈혈(증)의

VOCA+

amnesia 기억상실증
amentia 정신 박약

ⓝ 빈혈

develop **anemia** 빈혈이 생기다
the main symptoms of **anemia** 빈혈의 주요 증상들

> **기출 예문**
>
> Symptoms of **anemia** include fatigue, poor concentration,
> shortness of breath, and pale skin.
> 빈혈 증상은 피로, 집중력 저하, 숨 가쁨과 창백한 피부이다.

---

apply

[əplái]

n. application 신청; 적용; 바름
n. applicant 지원자
a. applicable 적용할 수 있는

VOCA+

appliance 가전제품

ⓥ (약 · 화장품을) 바르다; 신청[지원]하다; 적용하다, 쓰다

apply the ointment to the cut 베인 상처에 연고를 바르다
apply for a visa for the U.S. 미국 비자를 신청하다
apply a formula to a question 문제에 공식을 적용시키다

> **기출 예문**
>
> I **apply** moisturizer every night.
> 매일 밤 수분 로션을 발라요.

📋 applied genetics 응용 유전학
    fill out the application form 지원서를 작성하다

checkup

[tʃékʌp]

v. check 점검하다; 억제하다

VOCA⁺

check in (호텔 · 공항에서) 체크인하다
check out 확인[조사]하다
checking account 당좌 예금
checkpoint 검문소

ⓝ 건강 검진(medical examination); 대조; 점검

go for a **checkup** 건강 검진을 받다
have regular **checkups** 정기적으로 건강 검진을 받다
get an annual medical **checkup** 매년 건강 검진을 받다

🖋 기출 예문

Everybody should have an annual medical **checkup**.
누구나 매년 건강 검진을 받아야 한다.

---

chronic

[kránik]

VOCA⁺

acute 급성인
choleric 화를 잘 내는

ⓐ (병이) 만성적인(inveterate); 상습적인(habitual)

suffer from **chronic** arthritis 만성적인 관절염을 앓다
the **chronic** unemployment problem 만성적인 실업 문제

🖋 기출 예문

The distinction is crucial, in particular for sufferers of
chronic heart or lung diseases.
구별하는 것은 특히 만성 심장병이나 폐 질환을 앓는 사람에게는 중대하다.

---

coma

[kóumə]

VOCA⁺

comma 〈구두점〉 콤마

ⓝ 혼수상태(unconsciousness)

go into a **coma** 혼수상태에 빠지다
come out of a **coma** 혼수상태에서 깨어나다

🖋 기출 예문

John was in a **coma** for three months following the
accident.
존은 사고 이후 3개월 동안 혼수상태에 있었다.

📝 pass[black] out 기절하다, 의식을 잃다

---

complication

[kàmpləkéiʃən]

v. complicate (더) 복잡하게 하다
a. complicated 복잡한

VOCA⁺

complicity 공모 관계
compliance 따르기, 순종

ⓝ 합병증; (복잡한) 문제

develop a **complication** 합병증이 생기다
die of **complications** from surgery 수술로 인한 합병증으로 죽다

🖋 기출 예문

Blindness is another common **complication** due to
diabetes.
실명은 당뇨병으로 인한 또 하나의 흔한 합병증이다.

contract

ⓥ [kəntrǽkt]
ⓝ [kántrækt]

n. contraction 수축
n. contractor 계약자, 하청업자
a. contractual 계약상의

VOCA⁺
subcontract, contract out
하청을 주다

ⓥ **(심각한) 병에 걸리다(come down with); 계약하다; 수축하다**

contract AIDS 에이즈에 걸리다
contract with a person to 남과 ~하기로 계약하다
contracting market 줄어들고 있는 시장

ⓝ **계약**

draw up a written **contract** 서면 계약서를 작성하다

🖋 기출 예문

Father Damien **contracted** leprosy in Hawaii.
다미앵 신부는 하와이에서 나병에 걸렸다.

📝 contract는 가벼운 병보다는 심각한 병에 걸릴 경우 사용

---

detrimental

[dètrəméntəl]

n. detriment 손상, 상해
ad. detrimentally 해롭게

VOCA⁺
beneficial 이로운
salutary 건강에 이로운

ⓐ **해로운, 유해한(injurious, deleterious)**

be **detrimental** to health 건강에 해롭다

🖋 기출 예문

Drinking a lot of alcohol at one time or over a long period of time can be very **detrimental** to your health.
한 번에 혹은 오랜 기간에 걸쳐 다량의 술을 섭취하는 것은 건강에 매우 치명적일 수 있다.

📝 have a detrimental effect[impact] on ~에 해로운 영향을 끼치다

---

epidemic

[èpidémik]

VOCA⁺
epidermic 표피의
endemic 풍토성의
pandemic
(전국적, 세계적으로) 유행하는

ⓝ **(유행성) 전염병**

the outbreak of a flu **epidemic** 유행성 독감의 발발

ⓐ **유행하는, 유행성의**

reach **epidemic** levels 유행병 수준에 도달하다

🖋 기출 예문

Once my whole school had to close down for a week because of a flu **epidemic**.
일전에 독감이 유행하여 우리 학교 전체가 일주일 동안 폐쇄되어야 했다.

📝 an epidemic of suicide[bankruptcies] 유행병처럼 번지는 자살[부도]

inoculate

[inákjəlèit]

n. inoculation 예방 접종

VOCA⁺

ocular 눈의
oculist 안과 의사

ⓥ 예방 접종하다(vaccinate)

inoculate a person against influenza 독감 예방 접종을 하다
be **inoculated** against the disease 그 병에 대해 예방 접종을 받다

기출 예문

Travelers to tropical destinations need to be **inoculated**
against certain diseases.
열대 지방으로 가는 여행자들은 특정 질병에 대한 예방 접종을 받아야 한다.

---

hypochondria

[hàipəkándriə]

a. hypochondriac 건강 염려증의

VOCA⁺

hypotension 저혈압

ⓝ 건강 염려증, 심기증

suffer from **hypochondria** 건강 염려증을 겪다

기출 예문

Patients with **hypochondria** experience anxiety over
health problems they only imagine they have.
건강 염려증이 있는 환자들은 그들이 건강상의 문제를 갖고 있다는 상상만으
로도 불안해한다.

---

immune

[imjú:n]

v. immunize 면역력을 갖게 하다
n. immunity 면역(력); 면제

VOCA⁺

immure 감금하다

ⓐ 면역의, 면역성이 있는; 면제되는

be **immune** to the disease 그 병에 면역성이 있다
be **immune** from military service 군 복무가 면제되다

기출 예문

The elderly are especially susceptible to the disease
because they already tend to have weak **immune** systems.
노인들은 이미 면역 체계가 약한 경우가 많기 때문에 그 질병에 특히 취약하다.

---

operation

[àpəréiʃən]

v. operate 작동[작용]하다; 수술하다

VOCA⁺

cooperation 협동
corporation 법인, 주식회사

ⓝ 수술; 조작, 운영, 활동; 작전, 행동

perform a transplant **operation** 이식 수술을 하다
rescue **operation** 구조 활동

기출 예문

It all depends on how the **operation** goes.
전적으로 수술이 어떻게 되느냐에 달려 있습니다.

injection

[indʒékʃən]

v. inject 주사[주입]하다
n. injector 주사기(syringe)

VOCA⁺
interject 삽입하다

ⓝ 주사, 주입

give[get] an **injection** 주사를 놓다[맞다]
an **injection** of a painkiller 진통제 주사

📝 기출 예문

The sick boy was given an **injection** of penicillin to fight the illness.
아픈 소년은 병마와 싸우기 위해 페니실린 주사를 맞았다.

🗒 an injection of cash 현금의 투입

eradicate

[irǽdəkèit]

n. eradication 근절, 박멸

VOCA⁺
radical 급진적인
eradiate (빛·열을) 내다
annihilate 모두 죽이다, 파괴하다

ⓥ 뿌리 뽑다, 근절하다(get rid of, exterminate)

eradicate the disease[epidemic] 질병[전염병]을 근절하다
eradicate corruption 부패를 뿌리 뽑다

📝 기출 예문

Smallpox has been **eradicated**, so there is no longer any need for immunization.
천연두는 근절되었기 때문에 더 이상 예방 주사를 맞을 필요가 없다.

🗒 eradicate crime 범죄를 근절하다
eradicate poverty 가난을 퇴치하다

medication

[mèdəkéiʃən]

v. medicate 약을 투여하다

VOCA⁺
mediation 중재
meditation 명상
medicine 의학; 약

ⓝ 약물 치료, 투약(administration); 약물, 의약품

take **medication** for ~에 대한 약을 복용하다
prescribe **medication** 약을 처방하다

📝 기출 예문

I heard there's a fabulous herbal **medication** that will cure my disease.
제 병을 고칠 훌륭한 약초 치료법이 있다고 들었어요.

🗒 treatment는 치료 중에서도 약물을 이용한 치료를 의미

obesity
[oubíːsəti]

a. obese 비만의(corpulent)

ⓝ 비만

childhood **obesity** 소아 비만
lead to **obesity** 비만으로 이어지다
prevent **obesity** 비만을 예방하다

> **기출 예문**
>
> The British government declared war on **obesity** with proposals for a "fat tax" on junk food.
> 영국 정부는 정크 푸드에 '지방세'를 부과하는 법안으로 비만과의 전쟁을 선포했다.

VOCA⁺
plump 포동포동한
rotund 동그란, 통통한

📝 obesity는 plump처럼 보기 좋게 살이 찐 상태가 아니라 병적으로 살이 찐 상태를 의미

infect
[infékt]

n. infection 감염
a. infected 감염된
a. infectious 전염성의

ⓥ 감염시키다; (나쁜 버릇에) 물들이다

be **infected** with a virus 바이러스에 감염되다
infect the children with envy 아이들에게 시샘을 전염시키다

> **기출 예문**
>
> They argue that instant gratification entertainment has **infected** everyone with short attention spans and shallow thoughts.
> 그들은 즉각적인 기쁨을 주는 오락이 모든 사람을 짧은 주의력과 얄팍한 사고로 물들여 놓았다고 주장합니다.

VOCA⁺
infest (해충·병 등이) ~에 들끓다, ~에 출몰하다

📝 infectious organism 병원균

overdose
[óuvərdòus]

ⓝ 과다 복용

take an **overdose** of sleeping pills 수면제를 과다 복용하다
die of a drug **overdose** 약물 과다 복용으로 사망하다

> **기출 예문**
>
> Marilyn Monroe died in 1962 from what some say was an accidental drug **overdose**.
> 마릴린 먼로는 1962년에 사망했는데, 일부에서는 우발적인 약물 과용 때문이라고 말한다.

VOCA⁺
dose 투약하다; 1회 복용량
dosage 복용량

pernicious
[pərníʃəs]

ⓐ 유해한(detrimental, deleterious), 악성의

have a **pernicious** effect on ~에 치명적인 영향을 끼치다
pernicious anemia 악성 빈혈

VOCA⁺

malignant (종양, 병이) 악성인
vicious (소문, 병이) 악성인

> **기출 예문**
>
> Mary's yard was taken over by several colonies of the
> **pernicious** fire ants.
> 메리의 마당은 치명적인 불개미 군단들에 점령당했다.

---

plague
[pleig]

ⓥ 괴롭히다(afflict)

be **plagued** by knee injuries 무릎 부상에 시달리다

ⓝ (악성) 전염병, 역병(epidemic)

an outbreak of **plague** 전염병의 발병
spread **plague** 전염병을 퍼트리다

> **기출 예문**
>
> Making a purchase on the Net is **plagued** with problems.
> 온라인 상품 구매에는 문제점이 있다.

VOCA⁺

plaque 장식 액자; 치석

📋 plague him with difficult questions 어려운 질문들로 그를 괴롭히다

---

prescription
[priskrípʃən]
v. prescribe 처방하다; 규정하다

ⓝ 처방전, 처방된 약

a **prescription** drug 처방약
fill a **prescription** 약을 조제하다
write a patient a **prescription** for a cold 환자에게 감기에 대한 처방전을
써 주다

> **기출 예문**
>
> These measures may sound silly, but methods tried
> today – from **prescription** lotions to spray-on fake hair – are
> no less bizarre and certainly no more effective.
> 이런 조치들은 어리석게 들릴지도 모르지만, 처방용 로션에서부터 뿌리는 가짜
> 모발에 이르기까지 오늘날 시도되는 방법이 별난 만큼 확실히 더 효과적이지도
> 않습니다.

VOCA⁺

proscription 금지
inscription 비문

prognosis
[prɑgnóusis]

v. prognosticate 예측하다
a/n. prognostic (병을) 예상하는; 예상, 징후

VOCA+
diagnosis (병에 대한) 진단
consultation (의사와의) 상담, 진찰

n 예후(의사가 환자를 진찰하고 전망함 ↔ diagnosis 진단); 예상, 전망(prediction, outlook)

a doctor's good **prognosis** 병이 나아질 거라는 의사의 전망
a gloomy economic **prognosis** 우울한 경제 전망

📝기출 예문

The doctor's **prognosis** for her recovery from heart surgery is very good.
그녀의 심장 수술 회복에 대한 그 의사의 예후는 매우 좋다는 것이다.

📋 a hopeful prognosis about the future 미래에 대한 희망적인 예상

---

therapy
[θérəpi]

n. therapist 치료사
a. therapeutic 치료상의, 치료법의

VOCA+
psychotherapy 심리 치료

n 치료, 요법(remedy, treatment)

have[undergo] cancer **therapy** 암 치료를 받다

📝기출 예문

Acupuncture, herbal medication, magnetic **therapy**, and other treatments known as "alternative medicine" are still the subject of controversy.
침술, 약초 치료, 자석 치료, 그리고 '대체 의학'으로 알려진 기타 치료법은 아직 까지 논란의 대상이다.

📋 therapeutic effect 치료 효과
drug therapy 약물 치료
speech therapy 언어 치료

---

recommend
[rèkəménd]

n. recommendation 권고, 추천(장)

VOCA+
commend 칭찬하다
command 명령하다; 지휘하다; (경치 를) 내다보다; 명령; 지배력; 조망

v 추천하다, 권장하다

recommend her for a promotion 승진 대상자로 그녀를 추천하다
a **recommended** price 권장 가격

📝기출 예문

Doctors are cautious about **recommending** the fish-oil supplements sold in health food stores.
의사들은 건강 식품점에서 판매하는 생선 기름 보충제를 추천하는 것에 대해 조심스러워 한다.

📋 letter of recommendation 추천서

relieve

[rilíːv]

n. relief 완화, 경감; 구제; 안심

ⓥ (불쾌감 · 고통 등을) 덜어 주다, 완화하다

relieve pain[tension] 고통[긴장]을 완화하다
relieve traffic congestion 교통 혼잡을 완화하다
relieve you of the burden 당신의 부담을 덜어주다

> 🗨 기출 예문
>
> I'm so **relieved** that my exams are finished.
> 시험이 끝나서 정말 홀가분해.

📋 in relief 안심하여
relief fund 구제 기금
relief pitcher 구원 투수

VOCA⁺
relive 소생하다; 다시 체험하다

---

surgery

[sə́ːrdʒəri]

n. surgeon 외과 의사
ad. surgically 외과적으로, 수술로

ⓝ 외과 수술(surgical operation)

perform **surgery** (의사가) 수술을 하다
recover from **surgery** 수술에서 회복하다

> 🗨 기출 예문
>
> You've only just recovered from knee **surgery**.
> 무릎 수술에서 회복한 지 얼마 안 됐잖아.

📋 have[undergo] surgery on ~에 수술받다
plastic surgery 성형 수술

VOCA⁺
sergeant 병장
physician 내과 의사
pediatrician 소아과 의사

---

susceptible

[səséptəbl]

n. susceptibility 민감성

ⓐ 걸리기 쉬운, 영향받기 쉬운
(↔ insusceptible ~을 느끼지 않는, 무감각한)

be **susceptible** to infections[colds] 감염되기[감기에 걸리기] 쉽다
be **susceptible** to flattery 아부에 약하다

> 🗨 기출 예문
>
> Poor nutrition and an unbalanced diet make the human
> body more **susceptible** to diseases.
> 부실한 영양에 불균형한 식사를 하면 인체는 질병에 더 걸리기 쉬워진다.

📋 be susceptible to advertisements 광고에 영향받기 쉽다

pump
[pʌmp]

ⓥ (심장이) 뛰다, 고동치다(beat)

My heart started **pumping** fast. 심장이 빨리 뛰기 시작했다.
A heart **pumps** blood. 심장이 혈액을 내보낸다.

> 🖋 기출 예문
>
> For many congestive heart failure patients, the organ becomes too weak to **pump** adequately on its own.
> 울혈성 심부전 환자들 중 많은 경우가 심장이 너무나 약해 심장 스스로는 제대로 뛰지 못합니다.

VOCA⁺
pulsate (심장, 맥박이) 뛰다
throb (심하게) 고동치다

---

undergo
[ʌ̀ndərgóu]

ⓥ 겪다; 견디다(sustain, go through)

undergo vaccination 백신 접종을 받다
undergo operation 수술을 받다
undergo trials 시련을 견디다

> 🖋 기출 예문
>
> Pete's grandfather is **undergoing** cancer treatment.
> 피트의 할아버지는 항암 치료를 받고 있다.

📝 undergo a renaissance 중흥기를 맞이하다
undergo harsh hazing 호된 신고식을 치르다

VOCA⁺
forgo 포기하다

---

vein
[vein]

ⓝ 정맥, 혈관; 기질

bleed a **vein** 혈관에서 피를 뽑다
a **vein** of humor 유머 기질

> 🖋 기출 예문
>
> Blood travels from the heart through arteries and returns to the heart through **veins**.
> 피는 심장에서 동맥을 통해 몸을 돌아 정맥을 통해 심장으로 다시 돌아온다.

VOCA⁺
vain 헛된, 허무한
veil 면사포; 숨기다
bail 보석(금)

---

veterinarian
[vètərəné(:)əriən]

ⓝ 수의사(animal doctor)

ask a **veterinarian** to treat a cow 수의사에게 소를 치료해 달라고 요청하다

> 🖋 기출 예문
>
> The family took their dog to the **veterinarian** because she was refusing to eat.
> 그 가족은 기르던 개가 먹는 것을 거부하자 수의사에게 데려갔다.

VOCA⁺
obstetrician 산과 의사
gynecologist 부인과 의사
psychiatrist 정신과 의사

Choose the best answer for the blank.

Part I

1

A: I just can't seem to shake this headache.

B: A double dose of this medication should _____ the pain.

(a) paralyze
(b) contract
(c) defend
(d) alleviate

2

A: Has Ms. Watson been able to see a doctor yet?

B: Yes, and I'm afraid her _____ isn't good.

(a) addiction
(b) prognosis
(c) abortion
(d) detriment

3

A: It seems like half of my coworkers are overweight these days.

B: _____ is certainly a growing problem.

(a) Influenza
(b) Anemia
(c) Anatomy
(d) Obesity

4

A: Felix said he felt like he was coming down with the flu.

B: Good thing he stayed home so as not to _____ us.

(a) suspect
(b) inject
(c) detect
(d) infect

5

A: Are you seeing the doctor for anything in particular?

B: No, it's just time for my annual _____.

(a) synopsis
(b) checkup
(c) plague
(d) veterinarian

6

A: Do you have any idea how to use this ointment?

B: I think you _____ it directly on the sunburned area.

(a) forge
(b) apply
(c) relieve
(d) cover

7

A: Can I pour you a cup of coffee?

B: No thanks, I don't want to further _____ my upset stomach.

(a) stick
(b) pump
(c) gyrate
(d) aggravate

8

A: Is it true that no one died in the car crash?

B: That's right, but one man is in a _____.

(a) plague
(b) coma
(c) court
(d) limp

9

A: Aren't you worried about getting the chicken pox?

B: I already had it, so I'm _____.

(a) pernicious
(b) chronic
(c) sturdy
(d) immune

Part II

10

For over a thousand years, medical practitioners have been _____ people against smallpox.

(a) inoculating
(b) complicating
(c) sterilizing
(d) embattling

11

Our pharmacy features a drive-through window for the convenient pickup of _____.

(a) settlements
(b) prescriptions
(c) overdoses
(d) appointments

12

The complex _____ known as coronary artery bypass surgery was developed by an Argentine doctor.

(a) operation
(b) therapy
(c) faction
(d) diet

1 (d)	2 (b)	3 (d)	4 (d)	5 (b)	6 (b)
7 (d)	8 (b)	9 (d)	10 (a)	11 (b)	12 (a)

1 A: 두통을 떨칠 수 없는 것 같아요.
B: 이 약을 두 배로 먹으면 통증이 덜할 겁니다.
(a) 마비시키다
(b) 수축하다
(c) 방어하다
(d) 완화하다

2 A: 왓슨 씨가 아직 병원에 안 갔어요?
B: 갔어요. 그녀의 예후가 좋지 않은 것 같아요.
(a) 중독
(b) 예후
(c) 낙태
(d) 손상

3 A: 요즘 제 동료들 절반은 과체중입니다.
B: 분명 비만이 점점 문제가 되네요.
(a) 유행성 감기
(b) 빈혈
(c) 해부
(d) 비만

4 A: 펠릭스가 독감에 걸린 것 같다고 하네요.
B: 우리가 옮지 않도록 그가 집에 있는 게 다행이네요.
(a) 의심하다
(b) 주사하다
(c) 발견하다
(d) 감염시키다

5 A: 특별히 어디가 안 좋아서 병원에 가시는 건가요?
B: 아니요, 정기 검진할 때라서요.
(a) 개요
(b) 건강 검진
(c) 전염병
(d) 수의사

6 A: 이 연고 사용법 아세요?
B: 햇볕에 탄 부분에 직접 바르면 될 것 같네요.
(a) 구축하다
(b) 바르다
(c) 덜어 주다
(d) 덮다

7 A: 제가 커피 한 잔 드릴까요?
B: 괜찮아요. 속이 더 안 좋아지면 안 될 것 같네요.
(a) 찌르다
(b) 퍼내다
(c) 회전하다
(d) 악화시키다

8 A: 자동차 충돌로 아무도 사망하지 않은 게 사실인가요?
B: 그렇습니다. 하지만 남자 한 명은 혼수상태예요.
(a) 전염병
(b) 혼수상태
(c) 법정
(d) 절뚝거림

9 A: 수두에 걸릴까 봐 걱정되세요?
B: 벌써 앓았기 때문에 이젠 면역되었어요.
(a) 치명적인
(b) 만성적인
(c) 견고한
(d) 면역의

10 천 년이 넘게 의사들은 천연두 예방 주사를 접종해 왔다.
(a) 예방 접종하다
(b) 복잡하게 하다
(c) 살균하다
(d) 전투태세를 갖추다

11 우리 약국은 처방된 약을 간편하게 찾아가도록 차에 탄 채 이용할 수 있는 창이 있습니다.
(a) 합의
(b) 처방된 약
(c) 과다 복용
(d) 약속

12 관상 동맥 우회 수술로 알려진 그 복잡한 수술은 한 아르헨티나 의사가 개발했다.
(a) 수술
(b) 치료
(c) 당파
(d) 식이 요법

DAY
03

Family & Society

기출 예문

The siblings now have an **amicable** relationship,
although they used to fight a lot.

그 형제는 많이 다투곤 했지만 지금은 원만한 관계에 있다.

학습 1차	년	월	일	공부 시간	시간	분
학습 2차	년	월	일	공부 시간	시간	분
학습 3차	년	월	일	공부 시간	시간	분

accompany

[əkʌ́mpəni]

n. accompaniment 반주; 안주

VOCA⁺

company 친구; 교제; 회사
companion 동료, 친구

ⓥ **~와 동행하다, 동반[수반]하다**

be **accompanied** by an adult 성인이 동행하다
strong winds **accompanied** by heavy rain 폭우를 동반한 강한 바람
sing a song **accompanied** by a piano 피아노 반주에 맞춰 노래를 부르다

📝 기출 예문

Remember that you will need the textbook for every class and that you should always bring the **accompanying** workbook.
매 수업마다 교과서가 필요하며, 부록 워크북을 항상 지참해야 한다는 것을 명심하세요.

📖 ~와 동행하다: accompany with a person (×)
⇒ accompany a person (○)

acquaintance

[əkwéintəns]

v. acquaint 알리다, 숙지시키다
a. acquainted 정통한; 안면이 있는

VOCA⁺

acquire 습득하다
quaint 기이한

ⓝ **면식; 아는 사람**

a business **acquaintance** 사업상 아는 사람
run into an **acquaintance** 아는 사람을 우연히 만나다

📝 기출 예문

Sam and Becky are only **acquaintances**, as opposed to good friends.
샘과 베키는 친한 친구 사이는 아니고 그저 얼굴만 알고 있다.

📖 make the acquaintance of ~을 알게 되다
~을 잘 알고 있다: be acquainted of (×) ⇒ be acquainted **with** (○)

alienate

[éiljənèit]

n. alienation 소외
a. inalienable 빼앗을 수 없는, 양도할 수 없는

VOCA⁺

alternate 교대하다
altercate 언쟁하다

ⓥ **(사람을) 멀어지게[소원하게] 하다(estrange)**

feel **alienated** from the others 다른 사람들로부터 소외감을 느끼다
alienate many voters 많은 유권자들을 멀어지게 하다

📝 기출 예문

The teacher **alienated** his students by mocking them when they made mistakes.
교사는 학생들이 실수했을 때 비웃었기 때문에 그들과 사이가 멀어졌다.

amicable

[ǽmikəbl]

ad. amicably 우호적으로

VOCA⁺

amiable (성격이) 상냥한

ⓐ (관계가) 우호적인, 원만한

his **amicable** manner 그의 우호적인 태도

reach an **amicable** agreement 원만한 합의에 이르다

📝 기출 예문

The siblings now have an **amicable** relationship, although they used to fight a lot.
그 형제는 많이 다투곤 했지만 지금은 원만한 관계에 있다.

📋 an amicable relationship 원만한 관계

---

benevolent

[bənévələnt]

n. benevolence 자비심; 자선

VOCA⁺

malevolent 악의를 품은

ⓐ 자비로운, 인자한(merciful, beneficent)

a **benevolent** old man 인정 많은 노인

have **benevolent** interest in orphans 고아들에게 자비로운 관심을 보이다

📝 기출 예문

The grandfather was always very **benevolent** towards his grandchildren, even when they misbehaved.
할아버지는 손주들이 버릇없이 굴어도 항상 매우 인자하게 대해 주었다.

📋 benevolent fund 자선기금

---

bicker

[bíkər]

n. bickering 말다툼, 언쟁

VOCA⁺

beaker 큰 잔

ⓥ (사소한 일로) 다투다, 싸우다(quarrel, squabble)

end months of political **bickering** 몇 달간의 정치적 다툼을 끝내다

📝 기출 예문

Lisette hated when her mother and father would **bicker** over trivial matters.
리제트는 부모님이 사소한 문제로 다툴 때면 몹시 싫어했다.

📋 stop bickering with ~와 다툼을 그만두다
   bicker over[about] ~에 대해 다투다

breed
[bri:d]

n. breeding (동물의) 사육, 번식
a. well-bred 교육을 잘 받은
(↔ ill-bred 버릇없이 자란)

ⓥ 번식하다; 사육하다; 야기하다, 조장하다(bring about, cause)

the birds that **breed** in the spring 봄에 번식하는 새들
breed cattle 소를 키우다
breed violence[resentment] 폭력을 야기하다[분노를 일으키다]

ⓝ (동식물의) 품종

a rare **breed** 희귀종

🖊 기출 예문

The results seem to confirm people's suspicions: exposure to violence in turn **breeds** violent behavior among youth.
그 결과는 사람들의 의심, 즉 폭력에 대한 노출이 결국 젊은이들 사이에서 폭력적인 행동을 조장한다는 것을 확인시켜 주는 듯하다.

VOCA⁺
bleed 피를 흘리다
brood 알을 품다, 심사숙고하다

---

celebrate
[séləbrèit]

n. celebration 기념, 축하 (행사)

ⓥ 기념하다, 축하하다

celebrate one's 10th wedding anniversary 결혼 10주년을 기념하다
celebrate the birth of her first child 그녀의 첫아이의 탄생을 축하하다

🖊 기출 예문

The National Park Services marks its 75th anniversary, so why not **celebrate** by taking the family on a national-park vacation?
국립공원이 75주년을 맞이하는데 기념으로 가족들과 국립공원으로 놀러 오시는 것은 어떨까요?

VOCA⁺
celebrity 명사, 명성
cerebral 뇌의, 지적인

📄 celebrate A for B A를 B에 대해서 칭송하다

---

charity
[tʃǽrəti]

ⓝ 자선, 자선 단체

run a **charity** 자선 단체를 운영하다
live on[off] **charity** 구호금으로 먹고 살다
go to **charity** (수익금이) 자선 단체에 기부되다

🖊 기출 예문

Last month a committee was formed to organize a benefit concert for **charity**.
지난달 자선기금 마련을 위한 음악회를 준비하기 위해 위원회가 구성되었다.

VOCA⁺
clarity 명확성

confide

[kənfáid]

n. confidence 자신감
a. confident 자신감 있는, 확신하는
a. confidential 기밀의; 친밀한

VOCA⁺

confine 가두다; 한정하다

ⓥ (비밀을) 믿고 털어놓다

confide the secret to one's friend 친구에게 비밀을 털어놓다

> **기출 예문**
>
> You can always **confide** in me.
> 날 항상 믿어도 돼.

📑 have confidence in ~을 신뢰하다

---

congenial

[kəndʒí:njəl]

n. congeniality 일치, 적합성

VOCA⁺

congenital (질병·결함이) 선천적인
genial 온화한, 상냥한

ⓐ 마음이 맞는, 적합한

a **congenial** colleague 마음이 맞는 동료
atmosphere **congenial** to learning 공부하기에 적합한 분위기

> **기출 예문**
>
> For Asians, social interaction must always be **congenial**,
> with behavior directed toward maintaining group harmony.
> 아시아인들에게 있어 사회적 상호 작용은 행동이 집단의 조화를 유지하는 쪽으
> 로 향하여 언제나 서로 마음이 맞는 것이어야 한다.

---

congregate

[káŋgrigeit]

n. congregation 모임, 회중

VOCA⁺

segregate (인종) 차별하다
aggregate 합계가 ~이다; 총합

ⓥ 모이다(assemble)

congregate in the main square 주 광장에 모이다
congregate around the fireplace 벽난로 주위에 모이다

> **기출 예문**
>
> It is difficult to design a stadium where thousands of
> people are able to **congregate** safely.
> 수천 명의 사람들이 안전하게 모일 수 있는 경기장을 설계하는 것은 힘들다.

engagement

[ingéidʒmənt]

v. engage 약속하다; 약혼시키다
a. engaged 바쁜; 통화 중인; 약혼한
a. engaging 매력적인

VOCA+

disengaged 약속이 없는, 한가한;
풀린; 비어 있는

ⓝ (만나기로 한) 약속(appointment); 약혼; 교전

have a previous **engagement** 선약이 있다
break off one's **engagement** 파혼하다
an **engagement** with the enemy 적과의 교전
rules of **engagement** 교전 수칙

> **기출 예문**
>
> Thank you for inviting me, but I have a previous engagement.
> 초대는 고맙지만 선약이 있어요.

📋 engage in ~에 관여[종사]하다

---

donate

[dóuneit]

n. donation 기부, 기증
n. donator, donor 기부[기증]자

VOCA+

condone 용서하다

ⓥ 기부하다, 기증하다

donate a lot of money to the charity 그 자선 단체에 많은 돈을 기부하다
donate one's organs 장기를 기증하다
donate blood 헌혈하다

> **기출 예문**
>
> Mary Wilson **donates** her artworks to help environmental causes.
> 메리 윌슨은 환경 보호운동을 돕기 위해 자신의 미술 작품을 기부한다.

📋 generous donation 큰 금액의 기부

---

emerge

[imə́:rdʒ]

n. emergence 출현, 발생
n. emergency 비상 (사태)
a. emergent 신생의; 긴급한

VOCA+

merge 합병하다
submerge 잠수하다
immerse 담그다; 몰두시키다

ⓥ 나오다, 모습을 드러내다; 알려지다

emerge from one's room 자기 방에서 나오다
emerge as a major issue 주요 이슈가 되다

> **기출 예문**
>
> Merchants developed coastal and international trade, and a class of people began to **emerge** that would become American aristocracy.
> 상인들은 연안 무역과 국제 무역을 발전시켰고, 장차 미국의 상류층이 될 부류의 사람들이 등장하기 시작했다.

📋 emerge from A to B A에서 B로 등극하다
emerging economies 개발 도상국
emergency landing 비상 착륙

convivial
[kənvíviəl]

@ 유쾌한, 활발한(vivacious); 연회를 좋아하는(gregarious)

a **convivial** atmosphere 유쾌한 분위기
have a **convivial** nature 어울리기 좋아하는 성격이다

기출 예문

Everyone attending the family reunion seemed to be in cheerful and **convivial** spirits.
가족 모임에 참석하는 사람들 모두가 유쾌하고 쾌활한 마음인 것 같았다.

VOCA⁺
vital 활기찬; 필수적인
vivid 생생한

---

estranged
[istréindʒd]

@ (사이가) 멀어진, 소원해진(alienated); 별거 중인

become **estranged** from one's family 가족과 멀어지다
an **estranged** couple 별거 중인 부부

v. estrange 멀어지게 하다
n. estrangement 별거; 소원함

기출 예문

Couples with children should only resort to divorce when they are so **estranged** that reconciliation is inconceivable.
아이들이 있는 부부는 아주 소원해져서 화해를 생각조차 할 수 없을 때 이혼에 의지해야 한다.

VOCA⁺
strangle 교살하다

---

fiancé
[fì:ɑ:nséi]

@ 약혼자

introduce one's **fiancé** 약혼자를 소개하다

기출 예문

You don't seem to know much about your sister's **fiancé**.
네 여동생의 약혼자에 대해서 잘 알고 있는 것 같지 않네.

VOCA⁺
fiancée 약혼녀
affiance 약혼시키다

---

disturb
[distə́:rb]

@ 불안하게 하다; 방해하다

disturb the peace 치안을 어지럽히다
The noise **disturbed** my concentration. 그 소음이 내 집중을 방해했다.

n. disturbance 방해; 소란
a. disturbed 정신 장애가 있는; 불안한

기출 예문

The unemployment statistics announced by the government are very **disturbing**.
정부가 발표한 실업률 통계는 매우 충격적이다.

VOCA⁺
perturb 동요시키다, 교란하다
(disturb보다 강한 의미)

intimate

ⓐ [íntimət]
ⓥ [íntəmèit]

n. intimacy 친밀함
n. intimation 넌지시 알림, 암시
ad. intimately 친밀하게, 직접

VOCA⁺
intimidate 위협하다

ⓐ **친한, 친밀한**
be on **intimate** terms with ～와 친한 사이다

ⓥ **넌지시 알리다(insinuate)**
intimate A to B A를 B에게 넌지시 알리다

> 기출 예문
> The small venue allows for more **intimate** interaction between performer and audience.
> 그 협소한 장소는 연기자와 관객이 더욱 친밀하게 소통하도록 해 준다.

📝 intimate은 성적인 접촉을 암시하기도 함

---

infrastructure

[ínfrəstrʌ̀ktʃər]

VOCA⁺
restructure 재구성하다
reconstruct 재건하다

ⓝ **하부 구조(substructure), (도로 · 통신 등의) 기반 시설**
better transportation **infrastructure** 교통 인프라를 개선하다
establish the **infrastructure** 기반 시설을 구축하다

> 기출 예문
> We have an aging **infrastructure** in this nation, and we are not doing our share to maintain it and replace it.
> 나라의 기반 시설이 노후되어 가고 있지만, 우리는 그것을 정비하거나 교체하지 않고 있습니다.

---

inherit

[inhérit]

n. inheritance 상속, 유산
n. inheritor 상속인, 후계자
a. inheritable 유전되는

VOCA⁺
inhabit ～에 살다
inhibit 금지하다

ⓥ **물려받다, 상속받다**
inherit the property from her father 아버지로부터 재산을 물려받다
an **inherited** disease 물려받은 병, 유전병

> 기출 예문
> She has a disorder that can be **inherited**.
> 그녀는 유전될 수 있는 장애를 가지고 있다.

📝 inherit frugality from his mother 어머니로부터 검소함을 물려받다

56

gregarious
[grigέəriəs]

ⓐ 사교적인; 군집성의

have a **gregarious** personality 사교적인 성격이다

a **gregarious** animal 군집성 동물

기출 예문

I must have inherited my **gregarious** demeanor from my grandmother.
나는 할머니의 사교적인 성품을 물려받은 게 틀림없다.

VOCA⁺
egregious 지독한, 어처구니없는

---

introverted
[íntrəvə̀ːrtid]

n. introvert 내성적인 사람

ⓐ 내성적인(reserved)

an **introverted** personality 내성적인 성격

shy and **introverted** 수줍음을 많이 타고 내성적인

기출 예문

Ever since Ms. Shiffrin gained weight, she's become more introverted.
쉬프린 씨가 체중이 증가한 후로 더 내성적이 되었어.

VOCA⁺
extrovert 외향적인 사람
ambivert 양향 성격인 사람

---

meddle
[medl]

a/n. meddling 간섭하는; 간섭
a. meddlesome 간섭하길 좋아하는

ⓥ 간섭하다(interfere)

meddle in other people's affairs 다른 사람들의 일에 간섭하다

meddle with her private life 그녀의 사생활에 참견하다

기출 예문

Once you become an adult, your parents shouldn't **meddle** in your private life.
일단 당신이 성인이 되면 부모가 당신의 사생활에 간섭하면 안 됩니다.

VOCA⁺
middle 중간의
mettle 용기, 기개; 기질

---

minority
[minɔ́ːrəti]

a/n. minor 작은, 가벼운; 미성년자

ⓝ 소수; 소수 집단[민족]

minority shareholders 소액 주주들

the country's ethnic **minorities** 그 나라의 소수 민족들

기출 예문

Though up to 90% of the residents of these islands were black, the European **minority** owned most of the land and human resources.
비록 이 섬들의 주민 90%가 흑인이었지만, 소수 유럽인들이 대부분의 토지와 인력을 소유하고 있었다.

VOCA⁺
majority 대다수, 과반수; 득표 차

nosy
[nóuzi]

n. nosiness 참견하기 좋아함

VOCA⁺

cozy 아늑한
rosy 희망찬

ⓐ **참견하기 좋아하는, 꼬치꼬치 캐묻는(inquisitive, meddlesome)**

nosy neighbors 참견하기 좋아하는 이웃들
a **nosy** parker 참견하기 좋아하는 사람

🖋 기출 예문

He can be **nosy**, but he's really just trying to help.
그가 참견하기를 좋아하는지는 모르지만, 진심으로 그저 도우려고 하는 거야.

---

outgoing
[áutgòuiŋ]

VOCA⁺

outgo 지출; 출발
outcome 결과
income 수입, 소득

ⓐ **외향적인, 사교적인(sociable, gregarious); 떠나는, 물러나는(leaving)**

an **outgoing** personality 외향적인 성격
the **outgoing** President 퇴임하는 대통령
outgoing flights 출국 항공편

🖋 기출 예문

Researchers have found that shy people have weaker immune responses than their more **outgoing** peers.
연구자들은 수줍음을 타는 사람이 더 외향적인 사람보다 면역 반응에서 더 취약하다는 점을 발견했다.

---

possess
[pəzés]

n. possession 소유; 소유물, 재산
a. self-possessed 침착한, 냉정한

VOCA⁺

assess 평가하다
obsess 사로잡다

ⓥ **소유[보유]하다(have, own)**

possess great wealth 엄청난 부를 소유하다
possess a sense of humor 유머 감각이 있다
be **possessed** by a demon 악마가 들리다, 악령에 홀리다

🖋 기출 예문

A developed society should **possess** an adept legal system developed through years of parliamentary action and judicial interpretation.
선진 사회는 오랜 기간에 걸친 의회의 결정과 사법적 해석을 통해 발전된 뛰어난 사법 체계를 보유해야 한다.

privilege

[prívəlidʒ]

a. privileged 특권을 가진

VOCA⁺

prerogative (신분상의) 특권
franchise 선거권

ⓝ 특권, 특전; 명예

a life of wealth and **privilege** 부와 특권을 누리는 삶

have the **privilege** of ~의 특권을 갖다

> 🖊 기출 예문
>
> It was a **privilege** to have been a part of the competition.
> 이 대회에 참여할 수 있어 영광이었습니다.

📝 parliamentary privilege 국회 의원의 면책 특권

---

propriety

[prəpráiəti]

a. proper 적절한

VOCA⁺

property 부동산, 재산; 성질
proprietor 소유주; 사업주
proprietary 소유자의; 독점적인

ⓝ 적절성; 예절, 예의(manners, courtesy ↔ impropriety 무례함)

the **propriety** of the punishment 처벌의 적절성

observe the **proprieties** 예의범절을 지키다

> 🖊 기출 예문
>
> The teacher handled the children's dispute with the **propriety** of a true caretaker.
> 교사는 진정한 돌보는 사람의 적절성으로 아이들의 언쟁을 다루었다.

📝 conduct oneself with propriety 예의 바르게 처신하다

---

rank

[ræŋk]

n/a. ranking 순위, 서열; 뛰어난, 상급의

VOCA⁺

crank ㄴ자형 손잡이; 괴짜
prank 못된 장난

ⓥ 등급을 매기다(rate); 지위를 차지하다

rank first[second] 1위[2위]이다

rank the students 학생들을 평가하다

the highest **ranked** player 최고의 위치에 있는 선수

ⓝ 지위, 계급(position)

a man of **rank** 지위가 높은 사람

join the upper social **ranks** 사회의 상류층에 오르다

> 🖊 기출 예문
>
> In Korean families, titles are used to highlight hierarchical **rankings** within the family.
> 한국 가정에서 호칭은 가족 내의 위계를 강조하기 위해 쓰인다.

rapport

[ræpɔ́ːr]

VOCA+
purport 취지, 의도
passport 여권

ⓝ (친밀한) 관계, 친분(intimacy)

build **rapport** with clients 고객들과 친분을 쌓다

> **기출 예문**
> The success of your speech depends on whether you can establish a good **rapport** with your audience within the first five minutes.
> 연설의 성공 여부는 초반 5분 이내에 청중과 얼마큼의 친밀감을 형성할 수 있는가에 달려 있다.

recall

[rikɔ́ːl]

VOCA+
remind 상기시키다
catcall 야유하다

ⓥ 기억[생각]해 내다(recollect); (제품을) 리콜하다

recall the phone number 전화번호를 생각해 내다
recall all the cars 모든 차를 리콜하다

> **기출 예문**
> In the study, subjects were asked to study words and pictures and **recall** them later.
> 이 연구에서 실험 대상자들은 단어와 그림을 학습한 다음 나중에 기억해 내도록 요청받았다.

reconcile

[rékənsàil]

n. reconciliation 화해; 조화
a. reconcilable 화해시킬 수 있는; 일치시킬 수 있는

VOCA+
conciliate 달래다, 회유하다
council 회의, 위원회

ⓥ 조정[중재]하다; 화해시키다; 일치시키다

reconcile different points of view 다른 견해들을 조화시키다
reconcile his students with each other 학생들을 서로 화해시키다

> **기출 예문**
> They couldn't **reconcile** the man's pleasant attitude with the horrible acts he had committed.
> 그들은 그 남자가 저지른 끔찍한 짓과 그의 쾌활한 태도를 일치시킬 수 없었다.

sibling

[síbliŋ]

VOCA+
scion (명문가의) 자손

ⓝ 형제, 자매

have no **siblings** 형제자매가 없다

> **기출 예문**
> Few things can turn a friendly family vacation into a **sibling** skirmish as quickly as a cramped car and boring scenery can.
> 비좁은 차와 지루한 경치만큼 빠르게 단란한 가족 휴가를 자녀들의 싸움으로 망쳐버리는 것도 드물다.

solitude

[sálətʃùːd]

a. solitary 혼자 하는, 홀로 있는

VOCA⁺
soliloquy 독백
solicitude 걱정

ⓝ (호젓한) 고독

long for **solitude** 고독을 갈망하다
live in **solitude** 혼자 살다

> 🖊 기출 예문
> The atmosphere of the painting communicates a strong sense of loneliness and **solitude**.
> 이 그림의 분위기는 강한 외로움과 고독을 전달한다.

---

spouse

[spaus]

a. spousal 배우자의

VOCA⁺
espouse (주의 · 정책 등을) 옹호[지지]하다

ⓝ 배우자

an immigrant visa for a **spouse** 배우자에 대한 입국 비자

> 🖊 기출 예문
> Honest and regular communication in a marriage relationship helps each **spouse** feel happy and satisfied.
> 결혼 관계에서 솔직하고 규칙적인 의사소통은 배우자 각자가 행복하고 만족감을 느끼도록 해 준다.

---

taciturn

[tǽsitə̀ːrn]

n. taciturnity 말 없음, 과묵

VOCA⁺
tacit 무언의, 암묵적인

ⓐ 말수가 적은, 과묵한(reticent)

taciturn nature 본래 말수가 적은 성격

> 🖊 기출 예문
> No matter how much they begged him to speak, he remained **taciturn**.
> 그들이 그에게 말을 좀 해 달라고 아무리 간청해도 그는 말없이 있었다.

---

vivacious

[vivéiʃəs]

n. vivaciousness 쾌활함

VOCA⁺
vivid 생생한
viable 실행 가능한; 생존 가능한

ⓐ (여성이) 명랑한, 쾌활한(cheerful, lively)

a **vivacious** personality 명랑한 성격

> 🖊 기출 예문
> My sister is so **vivacious** that she is always the life of the party.
> 우리 언니는 매우 활발해서 언제나 파티의 중심이 된다.

Choose the best answer for the blank.

Part I

1

A: Are you putting anyone else on your healthcare plan?

B: It'll just be my _____ and I.

(a) homage
(b) acquaintance
(c) spouse
(d) exponent

2

A: Your dog is a German shepherd, right?

B: Yes, I've always been partial to that _____.

(a) size
(b) breed
(c) factor
(d) topic

3

A: I hear fireworks being set off.

B: People must be _____ New Year's a little early.

(a) perpetrating
(b) celebrating
(c) reconciling
(d) vandalizing

4

A: I hope you win the award.

B: It's a(n) _____ just to be considered.

(a) oasis
(b) convention
(c) privilege
(d) lag

5

A: Your daughter seems to like her science teacher.

B: Yes, Ms. Klein has developed a good _____ with her.

(a) contentment
(b) appreciation
(c) rapport
(d) exposure

6

A: Do you have any brothers or sisters?

B: Actually, I have eight _____ total.

(a) siblings
(b) notches
(c) families
(d) motions

7

A: This china set is absolutely gorgeous.

B: Thanks, I _____ it from my great-grandparents.

(a) inherited
(b) confided
(c) amassed
(d) piloted

8

A: I'm leaving to volunteer at the shelter.

B: It's great that you _____ your time like that.

(a) consist
(b) donate
(c) emit
(d) adopt

Part II

9

There are 53 recognized ethnic _____ groups in Vietnam.

(a) commodity
(b) affinity
(c) propriety
(d) minority

10

The average duration of a couple's _____ before marriage has lengthened in recent years.

(a) commitment
(b) hospitality
(c) engagement
(d) fortitude

11

Players who are strong offensively tend to _____ higher than those who focus on defense.

(a) roost
(b) cooperate
(c) rank
(d) label

12

Minors are not allowed to enter the theater unless they are _____ by a parent or guardian.

(a) sustained
(b) accompanied
(c) briefed
(d) refined

| 1 (c) | 2 (b) | 3 (b) | 4 (c) | 5 (c) | 6 (a) |
| 7 (a) | 8 (b) | 9 (d) | 10 (c) | 11 (c) | 12 (b) |

1 A: 당신의 건강 보험에 다른 사람도 넣을 건가요?
  B: 저와 제 배우자만요.
  (a) 경의 　　　　　　(b) 아는 사람
  (c) 배우자 　　　　(d) 주창자

2 A: 당신 개는 독일산 셰퍼드 맞죠?
  B: 네. 언제나 저는 이 품종을 좋아해요.
  (a) 크기 　　　　　　**(b) 품종**
  (c) 요인 　　　　　　(d) 주제

3 A: 폭죽을 터뜨리는 게 들리네요.
  B: 사람들이 조금 일찍 새해를 기념하나 보네요.
  (a) 저지르다 　　　　**(b) 기념하다**
  (c) 화해시키다 　　　(d) 공공 기물을 파손하다

4 A: 당신이 상을 받길 바랍니다.
  B: 고려해 주시는 것만으로도 영광이죠.
  (a) 오아시스 　　　　(b) 관습
  (c) 영광 　　　　(d) 시차

5 A: 따님이 과학 선생님을 좋아하는 것 같은데요.
  B: 맞아요. 클라인 선생님이 우리 아이와 친하게 지내시더라고요.
  (a) 만족 　　　　　　(b) 감사
  (c) 친밀한 관계 　(d) 드러남

6 A: 형제가 있으세요?
  B: 사실 모두 8명의 형제자매가 있어요.
  (a) 형제자매 　　(b) 급수
  (c) 가족 　　　　　　(d) 움직임

7 A: 이 도자기 세트는 정말 멋져요.
  B: 고마워요. 증조부모님께 물려받았어요.
  (a) 물려받다 　　(b) 털어놓다
  (c) 모으다 　　　　　(d) 안내하다

8 A: 보호소에 자원봉사하러 갑니다.
  B: 그렇게 자기 시간을 기부하시다니 멋있습니다.
  (a) 이루어져 있다 　　**(b) 기부하다**
  (c) 내뿜다 　　　　　(d) 채택하다

9 베트남에는 파악된 소수 민족이 53개가 있다.
  (a) 상품 　　　　　　(b) 친밀감
  (c) 적절성 　　　　　**(d) 소수**

10 최근에 결혼 전 커플의 평균 약혼 기간이 늘어났다.
  (a) 전념 　　　　　　(b) 환대
  (c) 약혼 　　　　(d) 불굴의 용기

11 공격적으로 강한 선수들은 방어에 중점을 두는 선수들보다 높은 순위를 차지하는 경향이 있다.
  (a) 앉다 　　　　　　(b) 협력하다
  (c) 순위를 차지하다 　(d) 라벨을 붙이다

12 미성년자들은 부모나 보호자를 동반하지 않는다면 극장에 들어갈 수 없다.
  (a) 지속시키다 　　　**(b) 동반하다**
  (c) 요약하다 　　　　(d) 정제하다

DAY
04

Everyday Life

We get our name from a mountain spring-fed brook that runs through the property and alongside our **cozy** cabins.

저희는 대지를 가로질러 아늑한 방갈로들과 나란히 흐르는
산의 샘물에서 발원하는 시내로 명성을 얻고 있습니다.

학습 1차	년	월	일	공부 시간	시간	분
학습 2차	년	월	일	공부 시간	시간	분
학습 3차	년	월	일	공부 시간	시간	분

regulation
[règjəléiʃən]

v. regulate 규제하다

VOCA⁺
deregulation 규제 철폐

ⓝ 규정

be subject to **regulation** 규제 대상인
strict **regulations** 엄격한 규정

> 기출 예문
> Would you call the office and find out their **regulations**?
> 사무실에 전화 걸어서 규정을 알아봐 주시겠어요?

shrink
[ʃriŋk]

VOCA⁺
decrease, diminish 줄어들다

ⓥ 줄어들다

shrink in size 규모가 줄어들다
shrink by 10% 10%만큼 줄다

> 기출 예문
> The cloth might **shrink** in the wash.
> 그 천은 빨면 줄어들 수도 있다.

sparingly
[spέəriŋli]

VOCA⁺
spare 남는, 여분의

ⓐⅾ 절약하여, 부족하여

use salt **sparingly** 소금을 조금만 사용하다

> 기출 예문
> Fredrick eats so **sparingly**.
> 프레드릭은 너무 적게 먹는다.

prank
[præŋk]

VOCA⁺
trick 장난

ⓝ 장난

play a **prank** on someone ~에게 장난하다
a **prank** call 장난 전화

> 기출 예문
> Brian played another **prank** on his little brother today.
> 브라이언은 그의 남동생에게 또 장난을 쳤다.

blackout
[blǽkàut]

ⓝ 정전(power cut); (일시적) 기억 상실
keep flashlights in case of a **blackout** 정전일 경우에 대비하여 손전등을 비치해 두다
She had a **blackout**. 그녀가 잠깐 동안 의식을 잃었다.

기출 예문
Well, folks, it looks like the **blackout** will last at least another two days, so here are some tips for staying safe.
자, 여러분, 정전 사태가 앞으로 적어도 이틀은 더 지속될 것 같으니 몇 가지 안전 수칙을 알려 드리겠습니다.

VOCA⁺
backout 철회, 탈퇴

---

cleanse
[klenz]

v/a. clean 청소하다, 깨끗해지다;
   깨끗한; 순수한

ⓥ (씻어서) 세척하다(wash); 정화하다(purify)
cleanse glass containers 유리그릇들을 세척하다
cleanse one's sins 죄악을 씻다

기출 예문
Dab Away is part of Ellen Lange's daily maintenance system designed to **cleanse** and balance the skin.
댑 어웨이는 피부 청결과 균형을 위해 고안된 엘렌 레인지의 일일 유지 시스템의 일환입니다.

VOCA⁺
clear 맑은
rinse 헹구다

---

closet
[klázit]

ⓝ 벽장
a bedroom **closet** 침실에 있는 벽장
a walk-in **closet** (사람이 걸어 들어가는) 대형 벽장

ⓐ 비밀의, 드러나지 않은
a **closet** homosexual[alcoholic] 드러나지 않은 동성애자[술 중독자]

기출 예문
I've got lots of clothes but not enough **closet** space.
옷은 엄청 많은데 수납공간이 충분치 않아요.

VOCA⁺
cloister 수도원

comfortable

[kʌ́mfərtəbl]

v/n. comfort 위로하다; 위로, 편안함
n. comfortability 쾌적함, 안락함

VOCA+
discomfort 불편
comport 처신하다

ⓐ **편안한**

walk at a **comfortable** pace 편안한 속도로 걷다

🖋️ 기출 예문

Most of the students are now feeling more **comfortable** with the difficult course material.
학생들 대부분이 이제는 어려운 강의 교재에 좀 더 편안함을 느끼고 있다.

📝 a comfortable income 넉넉한 수입

---

convenient

[kənví:njənt]

n. convenience 편의; 편리
n. conveniences 편의 시설

VOCA+
inconvenient 불편한
convene 모이다, 모으다

ⓐ **편리한, 간편한**

a **convenient** time[place] 편리한 시간[장소]
be **convenient** to use 사용하기 편하다

🖋️ 기출 예문

The Internet is also a **convenient** way to search for a job because it can be used from home.
인터넷은 또한 일자리를 찾기 위한 편리한 방법인데 집에서도 할 수 있기 때문이다.

📝 당신만 시간이 좋다면: if you are convenient (×) ⇒ **if it is** convenient **to[for] you** (○)
at one's earliest convenience 되도록 일찍
for convenience's sake 편의상
convenience store 편의점

---

cozy

[kóuzi]

VOCA+
rosy 장밋빛의, 희망찬
nosy 참견을 좋아하는

ⓐ **아늑한, 편안한**

a **cozy** atmosphere 안락한 분위기
spend a **cozy** evening 편안한 저녁 시간을 보내다

🖋️ 기출 예문

We get our name from a mountain spring-fed brook that runs through the property and alongside our **cozy** cabins.
저희는 대지를 가로질러 아늑한 방갈로들과 나란히 흐르는 산의 샘물에서 발원하는 시내로 명성을 얻고 있습니다.

decorate

[dékərèit]

n. decoration 장식, 장식물; 훈장
a. decorative 장식의, 장식적인

VOCA⁺

decorum 예절
decorous 예의 바른, 단정한

ⓥ 장식하다(adorn, ornament); ～에게 훈장[메달]을 주다

decorate one's room with pretty ornaments 예쁜 장식물로 방을 꾸미다
be **decorated** with a medal 메달을 수여받다

> 🖊 기출 예문
>
> The cauldron is over twenty inches high and is **decorated** with mythical Celtic figures.
> 그 가마솥의 높이는 20인치가 넘고 켈트족 신화에 나오는 문양으로 장식되어 있다.

---

dilapidated

[dilǽpidèitid]

n. dilapidation 황폐함

VOCA⁺

lapidary 보석 세공인

ⓐ 황폐한, 낡아 빠진(run-down, shabby)

a **dilapidated** old house 오래되어 낡아 빠진 집
in a **dilapidated** state 낡아 빠진 상태인

> 🖊 기출 예문
>
> Shirley felt that the **dilapidated** old bed and breakfast had potential.
> 셜리는 아침 식사를 제공하는 낡아 빠지고 오래된 민박집이 가능성이 있다고 생각했다.

---

draft

[dræft]

n. draftsman 작성자, 입안자

VOCA⁺

drift 표류하다
drought 가뭄

ⓝ 찬바람, 외풍; 초안, 설계도

a cold **draft** of air 한 줄기 찬바람
revise a **draft** 초안을 수정하다

ⓥ 초안을 작성하다; (사람을) 선발하다; (군대에) 징병하다

draft a speech 연설문을 작성하다
be **drafted** into the army 군대에 징병되다

> 🖊 기출 예문
>
> Icy drafts blew through the glassless windows.
> 유리 없는 창문을 통해 살을 에는 듯한 외풍이 불어왔다.

📝 the rough draft 초고

drip
[drip]

ⓥ (물방울이) 뚝뚝 떨어지다, 방울방울 흐르다

a **dripping** faucet 물이 뚝뚝 떨어지는 수도꼭지

Her hair was **dripping**. 그녀의 머리에서 물이 뚝뚝 떨어지고 있었다.

> 🖊️ 기출 예문
>
> Rain quickly evaporates in sea breezes or **drips** away between the rocks.
> 비는 바닷바람에 금세 증발해 버리거나 바위 틈새로 들어가 버린다.

VOCA⁺

drop 떨어지다, 떨어뜨리다; 감소하다

📝 water dripping from a leak 틈에서 뚝뚝 떨어지는 물

---

evict
[ivíkt]

n. eviction 쫓아냄, (강제) 퇴거

ⓥ 쫓아내다, 퇴거시키다

evict the tenant 세입자를 퇴거시키다

> 🖊️ 기출 예문
>
> Tenants who don't pay their rent can be **evicted** without warning.
> 집세를 내지 않은 세입자들은 경고 없이 쫓겨날 수 있다.

VOCA⁺

evince 명시하다

---

flat
[flæt]

ad. flatly 단호히, 딱 잘라서

ⓐ 평평한; 부진한; 맛없는; 재미없는; 단호한

flat ground 평지

the **flat** housing market 부진한 주택 시장

flat beer 김빠진 맥주

a **flat** performance 재미없는 공연

> 🖊️ 기출 예문
>
> I have a **flat** tire. Could you send a tow truck?
> 타이어에 펑크가 났어요. 견인 트럭을 보내 주시겠어요?

VOCA⁺

flatter 아첨하다

---

suburb
[sʌ́bəːrb]

n. suburbanite 교외 거주자
a. suburban (도시) 교외의

ⓝ 교외, 근교(outskirts)

move to the **suburbs** 교외 지역으로 이사 가다

the **suburbs** of Seoul 서울 근교

> 🖊️ 기출 예문
>
> **Suburbs** should function as satellites to major hubs.
> 교외는 중심 지역에 대한 위성 도시의 역할을 해야 한다.

VOCA⁺

urban 도시의
urbane 도시적인, 우아한
rural 시골의, 촌스러운

frame
[freim]

ⓝ 틀, 뼈대; 안경테; (사람·동물의) 골격, 체격

the **frame** of a building 건물의 골조
his thin[large] **frame** 그의 마른[건장한] 체격

ⓥ 만들다, 짜 맞추다

frame a ship 배를 건조하다

> 🗨️ 기출 예문
>
> Those new glasses **frames** really suit you.
> 그 새 안경테 너에게 정말 잘 어울린다.

VOCA⁺
framework 뼈대, 틀
flame 불꽃

📑 picture frame 사진 액자
   a frame of mind 마음 자세

DAY 04

---

furnished
[fɔ́ːrniʃt]

v. furnish 비치하다; 제공하다
n. furnishing 가구
n. furniture 〈집합적〉 가구

ⓐ 가구가 비치된(↔ unfurnished 가구가 비치되지 않은)

a (fully) **furnished** apartment 가구가 (완전히) 비치된 아파트
the luxuriously **furnished** room 호화로운 가구가 갖춰진 방

> 🗨️ 기출 예문
>
> Available for rent weekly or monthly, this fully **furnished**
> four-bedroom, two-bathroom condo is ideally located in a
> private community in La Quanta.
> 주 단위 혹은 월 단위도 임대가 가능하며 가구가 완비된 방 4개, 화장실 2개짜
> 리 본 콘도는 라 콴타의 사설 단지 내 조용한 위치에 있습니다.

VOCA⁺
punished 처벌받은

📑 많은 가구: a lot of furnitures (×) ⇨ a lot of **furniture** (○)

---

gnaw
[nɔː]

ⓥ 갉아먹다, 물어뜯다(nibble)

gnaw (on) a bone 뼈를 물어뜯다
gnaw a hole in the box 상자를 갉아 구멍을 내다
gnaw at one's confidence 자신감을 갉아먹다

VOCA⁺
devour 게걸스레 먹다
sip 홀짝홀짝 마시다

> 🗨️ 기출 예문
>
> We could hear some sort of animal **gnawing** on the
> interior of the wall.
> 우리는 벽 안쪽에서 어떤 동물이 갉아먹는 것 같은 소리를 들을 수 있었다.

71

groom

[gru(ː)m]

n. grooming 몸단장, 미용

VOCA+

gloom 어둑어둑함, 우울

ⓝ 신랑(bridegroom)

the bride and **groom** 신랑 신부

ⓥ (동물의 털을) 손질하다; (외모를) 단장하다

groom a horse 말을 손질하다
her well-**groomed** hair 잘 손질된 그녀의 머리

> **기출 예문**
>
> The size of the dowry is usually worked out according to the **groom**'s social status.
> 지참금의 액수는 일반적으로 신랑의 사회적 지위에 따라 산출된다.

📝 spend hours grooming oneself 외모를 꾸미는 데 몇 시간을 보내다

---

haunt

[hɔːnt]

a. haunted 귀신[유령]이 나오는

VOCA+

hunt 사냥하다

ⓥ (귀신 · 유령이) 출몰하다, 나타나다; 계속 괴롭히다

the **haunted** house 귀신 나오는 집
be **haunted** by fear 공포에 시달리다
The ghost **haunts** the cottage. 유령이 그 시골집에 나타난다.

> **기출 예문**
>
> Each year, many Americans say they believe in **haunted** houses, witches, and ghosts.
> 매년 많은 미국인들이 귀신이 출몰하는 집이나 마녀, 유령을 믿는다고 말한다.

📝 The tune haunted me all day. 그 곡조가 온종일 뇌리에서 떠나지 않았다.

---

indispensable

[ìndispénsəbl]

n. indispensability 불가결한 일

VOCA+

disperse 분산시키다
dispense 나눠주다; 조제하다; 면제하다
dispenser 약사; 분배자
dispensary 조제실

ⓐ 없어서는 안 될, 필수의(essential ↔ dispensable 없어도 되는)

indispensable home appliances and furniture 필수 가전제품과 가구
be **indispensable** to the team 그 팀에 없어서는 안 된다

> **기출 예문**
>
> Geological fieldwork is **indispensable** for creating maps.
> 지질학 현장 작업은 지도를 만드는 데 필수적이다.

📝 dispense with ~ 없이 지내다
  be indispensable for -ing ~하는 데 없어서는 안 된다

tenant

[ténənt]

n. tenancy 차용, 임차
a. tenantable 임차할 수 있는, 거주할 수 있는
a. tenantless 빌려 쓰는 거주자가 없는, 빈 땅[집]의

DAY 04

VOCA⁺

tenable 방어할 수 있는; 이치에 맞는
tenement 가옥, 주택
tenure 임기, 보유 기간

ⓝ 세입자, 거주자

a sitting **tenant** 현재 세 들어 살고 있는 세입자
a **tenant** farmer 소작농

🗨 기출 예문

The conference room has been reserved for bridge on Thursday evenings from 7:00 to 9:00 p.m. by the **tenants** association.
입주자 회의에서는 목요일 저녁 7시부터 9시까지 브리지 게임을 위해 회의실을 예약했습니다.

---

insulate

[ínsəlèit]

n. insulation 절연[단열/ 방음] 처리

VOCA⁺

insinuate 암시하다

ⓥ 단열[절연] 처리하다; 보호[격리]하다(protect, shield)

insulate a house against the cold 춥지 않게 집을 단열 처리하다
insulate the studio from the noise 스튜디오를 방음 처리하다
be **insulated** from the world 세상과 단절되다

🗨 기출 예문

The best time to **insulate** your home is in the springtime.
집에 단열 처리를 할 최적의 시기는 봄입니다.

📝 insulated wires 절연 처리된 전선들
   insulating tape 절연 테이프

---

leak

[li:k]

n. leakage 누출, 새어나감
a. leaky 새는, 구멍이 난

VOCA⁺

beak 부리
peak 정상, 정점

ⓝ 새는 곳, 누출

a gas **leak** 가스 누출

ⓥ (물·가스 등이) 새다; (비밀을) 누설하다

a **leaking** pipe[faucet] 물이 새는 파이프[수도꼭지]
leak information to the press 언론에 정보를 누설하다[흘리다]

🗨 기출 예문

News sources state that there might have been a radiation **leak** at the nuclear power plant.
취재원은 그 핵 발전소에서 방사능 유출이 있었을 수도 있다고 보도했다.

📝 develop a leak 점점 더 많이 새다, 새는 곳이 커지다

maintain

[meintéin]

n. maintenance 유지, 지속

VOCA⁺

sustain 지탱하다; (부상을) 입다, 겪다; (생명을) 유지하다
retain 보유하다

ⓥ 부양하다; 유지하다; 주장하다(claim)

maintain one's family 가족을 부양하다
maintain a weight 체중을 유지하다
maintain one's innocence 결백을 주장하다

기출 예문

On tonight's program, we'll talk about choosing an easy-to-**maintain** kitchen.
오늘 밤 프로그램에서는 관리하기 쉬운 부엌 고르기에 대해 이야기하도록 하겠습니다.

📋 maintain friendly relations with ~와 우호적 관계를 유지하다

---

mower

[móuər]

v. mow (풀을) 베다

VOCA⁺

bow 절하다; 활
row 소동; 줄, 열
sow 씨를 뿌리다

ⓝ 잔디 깎는[풀 베는] 기계

work a **mower** 풀 베는 기계를 작동시키다

기출 예문

Cut the grass with a lawnmower every four weeks.
4주마다 한 번씩 잔디 깎는 기계로 잔디를 깎으십시오.

---

relocate

[ri:loukéit]

n. relocation 재배치, 이전

VOCA⁺

locate 위치시키다; 발견하다

ⓥ (새로운 곳으로) 이동하다, 이전시키다

relocate to the city center 도시의 중심가로 이전하다
relocate the head office 본사를 이전하다

기출 예문

I plan to **relocate** to the New York City area to start my own consulting business.
저는 뉴욕으로 가서 직접 컨설팅 사업을 운영할 생각입니다.

📋 relocate from A to B A에서 B로 이전하다

---

renovate

[rénəvèit]

n. renovation 수리, 보수 (공사)

VOCA⁺

innovate 혁신[쇄신]하다

ⓥ (건물을) 수리[보수]하다; 쇄신하다

a newly **renovated** building 새로 개조된 건물
renovate the system 제도를 고치다

기출 예문

Our company has perfected the craft of **renovating** historic buildings.
저희 회사는 유서 깊은 건물을 개조하는 기술을 완성했습니다.

rent

[rent]

n. rental 사용료, 임대료; 임차, 임대

VOCA⁺
borrow 빌다
lend 빌려 주다

⋒ 집세, 임차료
raise the **rent** 집세를 올리다
houses for **rent** 셋집

⋓ (돈을 내고) 세내다, 임차하다(lease); (돈을 받고) 세주다, 임대하다
live in a **rented** house 셋집에 살다
rent (out) a room to a student 학생에게 방 하나를 세주다

📝 기출 예문

Robert wants to move out because of the high **rent**.
로버트는 비싼 집세 때문에 이사 가고 싶어 한다.

DAY 04

---

resident

[rézidənt]

v. reside 살다, 거주하다
n. residence 거주(지)

VOCA⁺
preside (회의를) 주재하다

⋒ 주민, 거주자(dweller, denizen, inhabitant)
apartment **residents** 아파트 거주자
the hotel's **residents** 호텔의 투숙객들

📝 기출 예문

Officials evacuated **residents** as the wildfire began to spread, its smoke blotting out the sunlight.
공무원들은 산불이 번지기 시작하고 연기가 햇볕을 가리자 주민들을 피난시켰다.

📖 residential nursery 어린이집

---

rummage

[rámidʒ]

VOCA⁺
damage 해를 입히다; 배상금
homage 존경, 경의

⋓ (샅샅이) 뒤지다(delve)
rummage in[through] all the drawers 온 서랍을 다 뒤지다

⋒ 잡동사니, 쓰레기
a **rummage** sale 중고품 자선 바자회
a **rummage** store 중고품 가게

📝 기출 예문

My brother **rummaged** through my dresser.
남동생이 내 서랍장을 뒤졌다.

75

spacious
[spéiʃəs]

n. spaciousness 널찍함

VOCA⁺
specious 허울 좋은, 그럴듯한

ⓐ 넓은, 널찍한(commodious, capacious, roomy)

spacious accommodation 넓은 숙소
spacious parking lots 넓은 주차장

> 🖊 기출 예문

You will enjoy our elegant wood sitting areas, picturesque walkways, and **spacious** green granite and marble bathrooms.
우아한 목조 휴게 공간, 그림 같은 통로, 푸른색 화강암과 대리석으로 된 넓은 욕실을 누리실 수 있습니다.

---

spot
[spɑt]

a. spotted 물방울무늬가 있는; 더러워진

VOCA⁺
stain 얼룩지게 하다, 더럽히다

ⓥ 발견하다, 찾아내다(detect, locate)

spot one's friend in the crowd 사람들 속에서 친구를 딱 발견하다

ⓝ (특정) 장소, 곳; 얼룩

a parking **spot** 주차 장소

ⓐ 당장의, 현지의

a **spot** check 무작위 검사, 불시 점검

> 🖊 기출 예문

Bird lovers search for Great Gray Owls in the Bridger Mountains region, but these birds are rarely **spotted**.
새 애호가들이 브리저 산맥 지역에서 북방 올빼미를 찾아보지만 이 새들은 좀처럼 발견되지 않는다.

📓 spot 〈방송〉 프로그램 사이에 끼어드는 광고
　 on the spot 즉시; 현장에서

---

stuffy
[stʌ́fi]

v/n. stuff 채워 넣다; 재료; 음식물

VOCA⁺
sticky 끈적끈적한
stocky 땅딸막한
stiff 뻣뻣한

ⓐ 통풍이 잘 안 되는, 답답한; (코가) 막힌; (머리가) 무거운

a **stuffy** room 답답한 방
have a **stuffy** nose 코가 막히다

> 🖊 기출 예문

Let's open the window; it's pretty **stuffy** in here.
창문을 엽시다. 안이 너무 답답해요.

tarnish

[tá:rniʃ]

VOCA⁺
banish 추방하다
vanish 사라지다

ⓥ 변색시키다, (명예를) 더럽히다(defile, sully, taint)

tarnished silverware 변색된 은식기류
the company's **tarnished** image 회사의 더럽혀진 이미지

> 📝 기출 예문
>
> It only takes one abandoned house to **tarnish** the image of an entire block.
> 구역 전체의 이미지를 더럽히려면 버려진 집 하나만 있으면 된다.

📄 tarnish one's reputation ~의 명성을 더럽히다

---

inhabitant

[inhǽbitənt]

v. inhabit ~에 살다

VOCA⁺
inherit 상속하다
inhibit 금지하다

ⓝ 주민, 거주자(resident, dweller, denizen)

a city of five million **inhabitants** 인구 5백만 명이 사는 도시

> 📝 기출 예문
>
> Mexicans in most cases are descendants of native American **inhabitants** and Spanish settlers.
> 대부분의 경우 멕시코인들은 미국 원주민과 스페인계 정착민들의 후손이다.

📄 서울에 살다: inhabit in Seoul (×) ⇒ inhabit Seoul (○)

---

trespass

[tréspæs]

n. trespasser 무단 침입자

VOCA⁺
overpass 육교; 가로지르다; 무시하다
bypass 우회로; 우회하다

ⓥ (남의 재산에) 무단 침입하다, 침해하다

trespass on his land 그의 땅에 무단 침입하다
trespass on your time 당신의 시간을 뺏다

> 📝 기출 예문
>
> Anyone who **trespasses** on another's private property can be arrested.
> 타인의 사유지에 무단 침입한 사람은 누구든지 체포될 수 있다.

---

vicinity

[visínəti]

VOCA⁺
vice 악
vicious 사악한, 잔인한

ⓝ 근처, 주변(neighborhood)

a metropolis and its **vicinity** 대도시와 그 주변
in the **vicinity** of the village 마을 주변에

> 📝 기출 예문
>
> They have a habit of focusing on their immediate **vicinity**, where most of the voters are.
> 이들은 유권자 대부분이 사는 바로 인근에만 초점을 맞추는 습관이 있다.

📄 vicious circle 악순환

Choose the best answer for the blank.

Part I

1

A: It's hard to believe we missed each other at the party.

B: I searched for you but never _____ you.

(a) singled
(b) sensed
(c) spotted
(d) stilled

2

A: What are these panels inside of the walls?

B: They help to _____ the house from the cold.

(a) inhabit
(b) comply
(c) insulate
(d) enhance

3

A: Will you be taking your furniture abroad with you?

B: No, I'll need to find a(n) _____ apartment.

(a) comfortable
(b) furnished
(c) haunted
(d) immediate

4

A: What does your construction firm specialize in?

B: We help people _____ old homes to make them livable.

(a) renovate
(b) relocate
(c) rummage
(d) rustle

5

A: I've never heard of Plano. Where is it?

B: It's a _____ of Dallas.

(a) terrain
(b) frame
(c) suburb
(d) divider

6

A: Your grass is getting really long.

B: I know, I need to have my old _____ repaired.

(a) tenant
(b) appliance
(c) landlord
(d) mower

7

A: Thanks for calling City Side Plumbing.

B: Hi, I need someone to come and fix my _____ faucet.

(a) bumpy
(b) tearing
(c) stuffy
(d) leaking

8

A: There are a lot of candles in your living room.

B: Candlelight makes the room feel so _____.

(a) cozy
(b) indispensable
(c) fearful
(d) restless

Part II

9

In this state, a room cannot legally be called a bedroom unless it contains a _____.

(a) gully
(b) groom
(c) rent
(d) closet

10

Of the country's half a million _____, almost of quarter of them live on less than a dollar a day.

(a) committees
(b) trespassers
(c) magistrates
(d) inhabitants

11

The ideal master suite will include a _____ bedroom as well as an equally roomy bathroom.

(a) redolent
(b) spacious
(c) convenient
(d) facile

12

Califax Manufacturing occupies an enormous facility in North Livermore, but there are very few apartments for workers in the _____.

(a) measure
(b) vicinity
(c) blackout
(d) section

1 (c)	2 (c)	3 (b)	4 (a)	5 (c)	6 (d)
7 (d)	8 (a)	9 (d)	10 (d)	11 (b)	12 (b)

1 A: 파티에서 우리가 서로를 못 봤다니.
B: 당신을 찾아 다녔는데 찾지 못했어요.
(a) 선발하다   (b) 느끼다
(c) **발견하다**   (d) 달래다

2 A: 벽 안쪽에 이 판들은 뭐죠?
B: 추위로부터 집을 <u>단열시키는</u> 데 도움이 됩니다.
(a) 살다   (b) 따르다
(c) **단열 처리를 하다** (d) 증가시키다

3 A: 외국에 가구를 가져갈 거예요?
B: 아니요. <u>가구가 비치된</u> 아파트를 알아봐야 합니다.
(a) 편안한   (b) **가구가 비치된**
(c) 귀신이 나오는   (d) 즉각적인

4 A: 귀하의 건설 회사는 어떤 일을 전문으로 하시나요?
B: 낡은 집을 <u>개조해서</u> 사람이 살 수 있는 공간으로 만들어 드립니다.
(a) **개조하다**   (b) 이전하다
(c) 뒤지다   (d) 살랑살랑 흔들다

5 A: 플라노에 대해서는 처음 들어 봐. 어디에 있는 거니?
B: 댈러스의 <u>교외</u>에 있어.
(a) 지형   (b) 틀
(c) **교외**   (d) 분배자

6 A: 댁의 풀이 정말 점점 길어지네요.
B: 그러게요. 낡은 <u>풀 베는 기계</u>를 수리해야겠어요.
(a) 세입자   (b) 기기
(c) 집주인   (d) **풀 베는 기계**

7 A: 시티 사이드 배관으로 전화 주셔서 감사합니다.
B: 안녕하세요. 저희 집에 오셔서 수도꼭지 <u>새는</u> 것을 고쳐 주셨으면 합니다.
(a) 울퉁불퉁한   (b) 찢는
(c) 답답한   (d) **새는**

8 A: 당신의 거실에는 양초가 많이 있네요.
B: 촛불 때문에 방이 <u>아늑해</u> 보이거든요.
(a) **아늑한**   (b) 필수 불가결한
(c) 두려워하는   (d) 가만히 못 있는

9 이 주에서는 방에 <u>벽장</u>에 없으면 법적으로 침실이라고 부를 수 없다.
(a) 도랑   (b) 신랑
(c) 임대   (d) **벽장**

10 그 나라의 50만 명의 <u>주민</u> 중에서 거의 1/4이 하루에 1달러 미만으로 생활한다.
(a) 위원회   (b) 무단 출입자
(c) 치안 판사   (d) **주민**

11 이상적인 큰 스위트룸은 방만큼 넓은 욕실뿐만 아니라 <u>널찍한</u> 침실을 갖추고 있다.
(a) 향기로운   (b) **널찍한**
(c) 편리한   (d) 손쉬운

12 캘리팩스 제조사는 노스 리버모어에 거대한 시설을 두고 있지만 <u>인근</u>에 직원들을 위한 아파트가 거의 없다.
(a) 조치   (b) **인근**
(c) 정전   (d) 구획

DAY
05

Communications

기출 예문

The meeting will run more smoothly if **simultaneous** interpretation of Russian and English is provided.

러시아어와 영어의 동시통역이 제공된다면 회의는 더 부드럽게 진행될 것이다.

학습 1차	년	월	일	공부 시간	시간	분
학습 2차	년	월	일	공부 시간	시간	분
학습 3차	년	월	일	공부 시간	시간	분

recount
[rikáunt]

VOCA⁺

depict 묘사하다
portray 그리다
describe 설명하다

ⓥ **자세히 이야기하다**

be vividly **recounted** 생생하게 묘사된
recount an anecdote 일화를 이야기하다

📑 기출 예문

In his new book, Mr. Turner **recounts** the lessons he learned on running a business.
터너 씨는 그의 새 책에서 사업 운영에 대해 배운 교훈을 이야기하고 있다.

aggressive
[əgrésiv]

v. aggress 공격하다
n. aggression 공격(성)
ad. aggressively 공격적으로

VOCA⁺

regress 퇴보하다
progress 진전하다
transgress 위반하다

ⓐ **공격적인; 적극적인**

an **aggressive** marketing campaign 적극적인 마케팅 활동

📑 기출 예문

Gorillas have often been portrayed as fierce and **aggressive** – perhaps because they're the largest of the primates.
고릴라는 사납고 공격적인 동물로 자주 묘사된다. 아마도 영장류 중에서 가장 몸집이 크기 때문일 것이다.

📝 take aggressive steps to ~하기 위한 적극적인 조치를 취하다

allude
[əlúːd]

n. allusion 암시

VOCA⁺

allure 매혹하다, 꾀다
elude 교묘히 피하다

ⓥ **암시하다(intimate), 넌지시 말하다(insinuate)**

allude to one's marital troubles 결혼 문제들에 대해 넌지시 말하다
allude to a historical event 고사에 빗대어 말하다

📑 기출 예문

The general manager **alluded** to the product's failure during his presentation.
총지배인은 프레젠테이션 중에 그 제품의 실패를 암시했다.

📝 ~을 암시하다: allude something (×) ⇒ allude **to** something (○)

82

assert

[əsə́:rt]

n. assertion 주장; (권리 등의) 행사
a. assertive 단정적인, 독단적인

VOCA⁺

affirm 확언하다
allege 우겨대다, (증거 없이) 단언하다

ⓥ (강력히) 주장하다(argue, maintain)

assert one's rights 권리를 주장하다
assert that he is the criminal 그가 범인이라고 주장하다

> 기출 예문
>
> Considering these factors, Dr. Lofton **asserts** that the extinction rate is currently approaching one bird species per year.
> 로프튼 박사는 이런 요인들을 감안하면 멸종률은 현재 매년 새의 한 종에 가깝다고 주장한다.

---

bilingual

[bailíŋgwəl]

n. bilingualism 2개 국어 상용

VOCA⁺

monolingual 1개 국어를 하는
multilingual 여러 언어를 하는

ⓐ 2개 국어를 하는

bilingual in English and Japanese 영어와 일어를 할 줄 아는
provide **bilingual** education 2개 국어로 교육하다

> 기출 예문
>
> One of the approaches to attacking minority languages is the movement to oppose **bilingual** education.
> 소수 언어를 공격하는 것에 대한 하나의 접근법은 이중 언어 교육을 반대하는 운동이다.

---

blunt

[blʌnt]

ad. bluntly 직설적으로

VOCA⁺

blurt 불쑥 말하다

ⓐ 직설적인; 퉁명스러운(brusque, gruff); 무딘(obtuse ↔ sharp 날카로운)

make a **blunt** statement 직설적인 발언을 하다
blunt language 퉁명스러운 말투
a **blunt** knife (날이) 무딘 칼

> 기출 예문
>
> Ms. Peterson's **blunt** style of speech often resulted in her coworkers taking offense.
> 피터슨 씨의 직설적인 말투는 종종 동료들의 반감을 샀다.

📝 a blunt pencil (심이) 뭉툭한 연필
　　to put it bluntly 좀 심하게 말하면

brag
[bræg]

n. braggart 허풍쟁이
n. braggartism 허풍, 호언

VOCA⁺
drag 질질 끌다

ⓥ 자랑하다(boast), 떠벌리다(swagger, show off)

brag about winning the game 경기에서 이긴 것을 자랑하다
brag that one's daughter is pretty 딸이 예쁘다고 자랑하다

> 기출 예문
>
> He **brags** too much about how much money he has.
> 자기가 가진 돈이 얼마나 많은지 엄청 떠벌리더군요.

coherent
[kouhíərənt]

v. cohere 밀착하다; 논리 정연하다
n. coherence 일관성

VOCA⁺
adherent 점착성의; 지지자

ⓐ 일관성 있는(consistent ↔ incoherent 앞뒤가 안 맞는); 논리 정연한(logical)

a **coherent** argument 논리 정연한 주장
a **coherent** account of the incident 사건에 대한 조리 있는 설명

> 기출 예문
>
> If your outline is well-arranged, your composition will be **coherent**.
> 개요가 잘 정리되어 있으면 작문이 논리 정연해질 것이다.

colloquial
[kəlóukwiəl]

ad. colloquially 구어체로

VOCA⁺
eloquent 웅변적인
loquacious 말이 많은

ⓐ 구어체의, 일상 회화의(informal ↔ literary 문어체의)

a **colloquial** expression 구어체 표현

> 기출 예문
>
> In general, it is best to avoid **colloquial** speech in academic writing.
> 일반적으로 학술적인 글에서는 구어체의 말은 피하는 것이 최선이다.

📖 colloquial English 구어체 영어

comment
[káment]

n. commentary 논평, 비평

VOCA⁺
commend 칭찬하다
command 명령하다; 내려다보이다

ⓥ 논평하다, 언급하다

comment on the issue 그 문제에 대해서 이야기하다

ⓝ 언급, 논평(remark)

leave a **comment** on our website 우리 웹 사이트에 댓글을 남기다

> 기출 예문
>
> Would anyone like to **comment** on his last suggestion?
> 그의 마지막 제안에 대해 누구 의견 있습니까?

communicate

[kəmjúːnəkèit]

n. communication 의사소통, 통신
a. communicable 전달할 수 있는; 전염성의

VOCA⁺
community 지역 사회
commute 통근하다

ⓥ 의사소통을 하다; 전달하다; 전염시키다(transmit)

communicate by e-mail 이메일로 연락을 주고받다
communicate the news to him 그에게 소식을 전하다
communicate the disease to the others 병을 다른 사람들에게 전염시키다

> **기출 예문**
> They **communicate** with a special kind of language–a chemical language.
> 그들은 화학적인 언어와 같은 특별한 대화로 의사소통을 한다.

---

consent

[kənsént]

VOCA⁺
consensus 일치, 합의; 여론

ⓝ 동의, 허락(permission)

ask for prior **consent** 사전 동의를 구하다

ⓥ 동의하다, 찬성하다(↔ dissent 반대하다)

consent to the plan 계획에 동의하다

> **기출 예문**
> Advertisers often collect user information, such as searches done, sites visited, and content viewed, without user **consent**.
> 광고 업체들은 종종 사용자의 동의 없이 사용자가 했던 검색과 방문한 사이트, 보았던 콘텐츠와 같은 사용자의 정보를 수집한다.

📋 the age of consent 법적 연령

---

controversial

[kàntrəvə́ːrʃəl]

n. controversy 논란
ad. controversially 논쟁적으로

ⓐ 논란이 많은(contentious, disputable)

a highly **controversial** issue 대단히 논란이 되는 이슈
remain **controversial** 논란의 여지가 남아 있다

> **기출 예문**
> The most **controversial** disputes were over this deceptively simple question: What was Christopher Columbus really like?
> 가장 논란이 되었던 논쟁은 '크리스토퍼 콜럼버스가 정말 어떤 사람이었는가'에 대한 믿을 수 없을 만큼 단순한 질문을 놓고 벌어졌다.

convey

[kənvéi]

n. conveyor 컨베이어, 운반인
a. conveyable 운반[전달]할 수 있는

VOCA⁺

convoy 호위하다
survey 설문 조사

ⓥ (사상 · 견해 등을) 전달하다(transmit, deliver); 운반하다(transfer)

convey the good news 쾌보를 전달하다

convey drugs to a prison inmate 재소자에게 마약을 나르다

> 🖊 기출 예문
>
> Though the chief producer clearly sees the message you are trying to convey, he feels that there is something missing, and I agree with him.
> 제작 책임자는 귀하가 전달하고자 하는 메시지가 무엇인지 분명히 알겠지만 뭔가 빠진 것이 있다고 느끼고 있고, 저도 그의 의견에 동의합니다.

---

denote

[dinóut]

n. denotation 명시적 의미, 표시

VOCA⁺

connote 내포하다; 암시하다
notify 통지하다
notice 통지; 알아차리다

ⓥ 나타내다(indicate); 표시하다

denote one's feelings clearly 자신의 감정을 명확히 나타내다

be denoted by an asterisk 별표로 표시되다

> 🖊 기출 예문
>
> Grammar involves the ways in which they order words and denote tense and number.
> 문법학은 단어를 배열하고 시제와 수를 표현하는 방식과 관련이 있다.

---

describe

[diskráib]

n. description 서술, 묘사

VOCA⁺

subscribe 서명하다; 구독 신청하다

ⓥ 설명하다, 묘사하다(depict, delineate)

describe the criminal 범인에 대해 묘사하다

be described as unusual 특이하다고 묘사되다

> 🖊 기출 예문
>
> To begin with, let me describe the progress made this year.
> 우선, 올해의 경과를 설명하겠습니다.

---

interpret

[intə́ːrprit]

n. interpretation 해석, 설명
n. interpreter 통역사

VOCA⁺

translate 번역하다
paraphrase 바꾸어 말하다

ⓥ 해석하다; 통역하다(↔ misinterpret 잘못 해석하다)

interpret one's silence as refusal 침묵을 거절로 해석하다

ask the guide to interpret for us 가이드에게 통역해 달라고 부탁하다

> 🖊 기출 예문
>
> Anyone who believes this poem is satirical is not interpreting it correctly.
> 이 시가 풍자적이라고 생각하는 사람은 제대로 해석하고 있는 것이 아니다.

emphasize
[émfəsàiz]
n. emphasis 강조

ⓥ 강조하다(stress, highlight ↔de-emphasize 중요시
하지 않다)

emphasize the importance of safety 안전의 중요성을 강조하다

emphasize that this is the only solution 이것이 유일한 해결책임을 강조
하다

> **기출 예문**
>
> The issue at hand is one that has been **emphasized** in the
> past, both in state and in public social forums.
> 현안은 과거에 국가와 국민 사회 포럼 양쪽 모두에서 강조된 사안이다.

VOCA⁺
empathy 감정 이입, 공감

📝 place emphasis on ~을 강조하다

---

exaggerate
[igzǽdʒərèit]
n. exaggeration 과장(tall tale)

ⓥ 과장하다(overstate, blow up)

exaggerate the difficulties 어려움을 과장하다
I'm not **exaggerating**. 과장하는 게 아냐.

VOCA⁺
exacerbate 악화시키다
excavate 발굴하다

> **기출 예문**
>
> According to a 10-year study by leading scholars, earlier
> claims regarding infants' quantitative skills were greatly
> **exaggerated**.
> 최고 학자들이 수행한 10년간의 연구를 보면 유아의 수리 능력에 대한 이전의
> 주장은 굉장히 과장되어 있다.

---

expound
[ikspáund]
n. exponent 해설자, 대표자

ⓥ 상세히 설명하다

expound one's views 견해를 상세히 설명하다

> **기출 예문**
>
> When questioned, the economist **expounded** on his
> theory in great detail.
> 경제학자는 질문을 받으면 매우 상세하게 그의 이론에 대해 설명했다.

VOCA⁺
compound 혼합물

fathom

[fǽðəm]

a. fathomable 잴 수 있는

VOCA⁺

pathos 비애감
pathology 병리학

ⓥ 헤아리다, 가늠하다(discern)

fathom one's pain 고통을 헤아리다
fathom (out) one's intention 의도를 가늠하다

> **기출 예문**
>
> A fan of murder mysteries, Brian could not **fathom** why his wife enjoyed reading romance novels so much.
> 살인 미스터리물의 팬인 브라이언은 아내가 왜 로맨스 소설을 그렇게 즐겨 읽는지 이해할 수 없었다.

---

slander

[slǽndər]

a. slanderous 중상하는

VOCA⁺

slender 날씬한, 호리호리한
libel (문서에 의한) 비방; 명예 훼손

ⓝ 비방, 중상(calumny, aspersion, defamation)

a **slander** on one's good reputation 명성에 대한 비방

ⓥ 비방하다, 중상모략하다(malign)

slander the politician 그 정치인을 비방하다

> **기출 예문**
>
> The journalist who reported on the mayor's affair was accused of **slander**.
> 시장의 추문에 관해 보도한 기자는 명예 훼손죄로 체포되었다.

📝 groundless slander 근거 없는 비방

---

implication

[ìmplikéiʃən]

v. imply 함축하다
v. implicate 연루시키다, 관련시키다
a. implicit 은연 중에; 절대적인

VOCA⁺

explicate 해명하다
complicate 복잡하게 하다
supplicate 간청하다

ⓝ 영향, 결과; 암시, 함축

consider the **implications** of the new policy 새로운 정책의 영향들을 고려하다
the obvious **implication** 명백한 암시

> **기출 예문**
>
> Please note that any political speculations should be linked to their economic **implications**.
> 정치적인 의견은 경제적 영향과 관련된 것이어야 함을 주의하시기 바랍니다.

📝 by implication 함축적으로

inarticulate
[inɑːrtíkjulət]

v. articulate 또렷하게 발음하다
n. articulation 명확한 발음[표현]

ⓐ 불분명한, (발음이) 또렷하지 않은

an **inarticulate** reply 불분명한 대답
an **inarticulate** drunk 술 취해 발음이 불분명한 사람
inarticulate murmurs 알아들을 수 없는 중얼거림

> 🖊 기출 예문
>
> Granted they were shy and **inarticulate**, but so was my son.
> 그들이 수줍음이 많고 말을 또렷하게 못한다 하더라도, 그것은 내 아들도 마찬가지였다.

inquire
[inkwáiər]

n. inquiry 문의; 조사; 연구

VOCA⁺
inquest 심문, 조사
acquire 습득하다
require 요구하다

ⓥ 묻다; 조사하다

inquire about the schedule 스케줄에 대해 물어보다
inquire into the allegation 혐의에 대해 조사하다

> 🖊 기출 예문
>
> I'm calling to **inquire** about the job opening.
> 구인에 관해 문의할 게 있어 전화했습니다.

📝 **inquire** after my wife's health 아내의 안부를 묻다

dispute
[dispjúːt]

VOCA⁺
impute ~의 탓으로 돌리다
repute 평판; ~라고 간주하다

ⓝ 논쟁(controversy, brawl, wrangle, altercation), 분쟁

settle a **dispute** 분쟁을 해결하다
a labor **dispute** between workers and management
근로자와 경영진 간의 노동 분쟁

ⓥ 반박하다, 논쟁하다

dispute the claim 그 주장을 반박하다

> 🖊 기출 예문
>
> The River Amur forms the natural border between China and Russia, where territorial **disputes** and armed conflicts have frequently occurred.
> 아무르 강은 중국과 러시아 사이의 자연 국경을 이루며, 이곳에서는 영토 분쟁과 무력 충돌이 빈발했다.

📝 be beyond[open to] dispute 논란의 여지가 없다[있다]

DAY 05

interrupt

[ìntərʌ́pt]

n. interruption 중단, 가로막음
a. interrupted 중단된, 가로막힌

VOCA⁺
irrupt 난입[침입]하다
erupt 폭발하다, 분출하다

ⓥ 중단시키다, 가로막다

interrupt the conversation 대화를 중단시키다
be **interrupted** by the war 전쟁으로 인해 중단되다

> 🖋️기출 예문
>
> I understand, sir, but he can't be **interrupted** right now.
> 선생님, 이해는 합니다만 지금 당장은 그를 방해할 수는 없습니다.

📝 Don't interrupt me. 내 말 가로막지 마.

---

mention

[ménʃən]

VOCA⁺
mansion 대저택
mentor 스승, 조언자
above-mentioned 앞서 언급한
aforementioned 앞서 언급한

ⓥ (간단히) 말하다, 언급하다

mention that he has a problem 그에게 문제가 있다는 것을 말하다

ⓝ (간단한) 언급, 거론

avoid any **mention** 언급을 피하다
deserve a **mention** 거론할 만하다

> 🖋️기출 예문
>
> Morgan's loathing became so strong that his grandchildren
> were not even allowed to **mention** Roosevelt's name.
> 모건의 혐오감은 너무나 심해져서 그의 손주들은 루스벨트라는 이름조차 입에
> 올리지 못할 정도였다.

📝 Don't mention it. 별 말씀을요.
　 not to mention ~은 말할 것도 없고

---

wrangle

[ræŋgl]

VOCA⁺
strangle 목 졸라 죽이다
wriggle 꿈틀거리다

ⓥ 말다툼하다, 언쟁하다(bicker, brawl)

wrangle with one's wife 부인과 다투다
wrangle over money 돈 문제로 다투다

ⓝ 언쟁, 다툼(quarrel, altercation, contention)

a bitter **wrangle** over copyright 저작권에 관한 격렬한 다툼

> 🖋️기출 예문
>
> The two friends **wrangled** over who would get the last
> slice of pizza.
> 두 친구는 마지막 남은 피자 조각을 누가 먹느냐로 말다툼을 했다.

90

oral

[ɔ́(ː)rəl]

ⓐ 입의, 구강의; 말로 하는(verbal)

oral proficiency 구술 능력

an **oral** agreement 구두 합의

VOCA⁺

coral 산호의
moral 도덕의
orator 연설가
oration 연설, 웅변

📝 기출 예문

At about age five, your child is ready to use an **oral** thermometer. 자녀가 5세 정도 되면 구강 온도계를 사용할 수 있습니다.

📖 oral hygiene 구강 위생
　an oral contraceptive 경구용 피임약

---

pronounce

[prənáuns]

n. pronunciation 발음

ⓥ 발음하다; 선언하다(declare)

practice **pronouncing** English 영어 발음하는 것을 연습하다

pronounce her the winner 그녀를 우승자로 선언하다

be **pronounced** dead 사망한 것으로 발표되다

📝 기출 예문

Linguist Noam Chomsky **pronounced** the concept of postmodernism meaningless, saying it added nothing to analytical or empirical knowledge.
언어학자인 노암 촘스키는 포스트모더니즘의 개념이란 것은 분석적 또는 실증적인 지식에 어떠한 도움도 되지 않기 때문에 무의미하다고 표명했다.

VOCA⁺

announce 발표하다
renounce 포기하다
denounce 비난하다

DAY 05

---

refute

[rifjúːt]

n. refutation 반박

ⓥ 반박하다(confute, rebut, retort); 부인하다

refute one's argument 주장을 반박하다

refute the allegations against oneself 자신에 대한 혐의를 부인하다

📝 기출 예문

The findings of our report **refute** the idea that there has to be a trade-off between immigration and economic progress.
우리 보고서의 연구 결과는 이민과 경제 발전 사이의 균형이 있어야 한다는 생각에 반박한다.

VOCA⁺

repute 평판, ~이라고 간주하다
refuse 거절하다

respond

[rispánd]

n. response 대답; 반응

VOCA⁺

correspond 교신하다; 일치하다;
~에 상당하다

ⓥ 대답하다, 답장하다(reply); 반응하다

respond to one's question 질문에 대답하다
respond favorably to the new product 신제품에 대한 반응이 좋다

🖋 기출 예문

Please take a few minutes to **respond** to this confidential
survey.
몇 분만 할애해서 이 비밀 설문 조사에 응해 주시기 바랍니다.

---

simultaneous

[sàiməltéiniəs]

ad. simultaneously 동시에

VOCA⁺

spontaneous 자발적인, 자연스러운

ⓐ 동시에 일어나는(coincident)

simultaneous translation 동시통역
simultaneous bomb explosions 폭탄의 동시 폭발

🖋 기출 예문

The meeting will run more smoothly if **simultaneous**
interpretation of Russian and English is provided.
러시아어와 영어의 동시통역이 제공된다면 회의는 더 부드럽게 진행될 것이다.

---

gist

[dʒist]

VOCA⁺

fist 주먹
mist (옅은) 안개

ⓝ 요지, 골자(point, pith)

the **gist** of one's argument 주장의 요지

🖋 기출 예문

The **gist** of the report is that poverty in the region is
decreasing.
보고서의 요지는 그 지역의 빈곤이 줄어들고 있다는 것이다.

📖 get the gist of ~의 요점을 파악하다

---

succinct

[səksíŋkt]

ad. succinctly 간결하게

VOCA⁺

prolix 장황한
wordy 장황한

ⓐ 간결한, 간단명료한(concise, terse)

a **succinct** answer 간결한 대답
succinct and to the point 간결하고 요점에 맞는

🖋 기출 예문

Succinct writing tends to be better received than overly
wordy prose.
간결한 글쓰기는 지나치게 장황한 산문보다 더 잘 받아들여지는 경향이 있다.

trenchant

[tréntʃənt]

n. trenchancy 예리함

VOCA⁺

enchant 매혹하다
penchant 경향, 강한 기호

ⓐ 신랄한, 예리한(acrimonious, mordant, stinging)

a **trenchant** analysis 예리한 분석
a writer with a **trenchant** wit 신랄한 기지를 갖고 있는 작가

🖊 기출 예문

The spokesperson could not come up with a reply to the customer's **trenchant** criticism.
대변인은 고객의 예리한 비판에 대해 답변을 낼 수 없었다.

---

unctuous

[ʌ́ŋktʃuəs]

VOCA⁺

impetuous 충동적인; 맹렬한
sumptuous 사치스러운

ⓐ (말·행동이) 번지르르한, (사람이) 느끼한

an **unctuous** manner[voice] 번지르르한 태도[목소리]
an **unctuous** way of speaking 느끼한 말투

🖊 기출 예문

The speaker's **unctuous** tone caused many in the audience to walk out of the theater.
말하는 사람의 번지르르한 말투 때문에 객석의 많은 사람들이 극장을 나갔다.

---

verbose

[vərbóus]

n. verbosity 장황함

VOCA⁺

verbal 언어의, 말의

ⓐ 말이 많은, 장황한(talkative, prolix)

a **verbose** politician 말이 많은 정치인
a **verbose** writing style 장황한 문제

🖊 기출 예문

The more **verbose** an e-mail, the less likely the recipient is to read it.
이메일이 장황할수록 받는 사람은 덜 읽고 싶어진다.

---

mordant

[mɔ́:rdənt]

n. mordancy 신랄함
ad. mordantly 신랄하게

VOCA⁺

remorse 참회, 가책

ⓐ 신랄한, 통렬한(stinging, biting, acrimonious)

a **mordant** remark 신랄한 말
mordant satire[humor] 신랄한 풍자[유머]

🖊 기출 예문

No politician wanted to be the punchline of the comedian's **mordant** jokes.
어떤 정치인도 그 코미디언이 하는 신랄한 농담의 주인공이 되고 싶지 않았다.

DAILY TEPS TEST

Choose the best answer for the blank.

Part I

1

A: I speak fluent Chinese.

B: Excellent, because we're looking for someone who's _____ .

(a) coherent
(b) fortunate
(c) bilingual
(d) controversial

2

A: So the new phone plans are 25% cheaper?

B: Yes, that's the _____ of it.

(a) gist
(b) slander
(c) cramp
(d) fist

3

A: Does Mr. Turner ever stop talking?

B: I know, he's quite _____ .

(a) mordant
(b) verbose
(c) ambient
(d) unctuous

4

A: Have you signed a contract with your client?

B: No, but we have a(n) _____ agreement.

(a) prolix
(b) oral
(c) blunt
(d) timely

5

A: Heather must have told you about her family trouble.

B: She _____ to it but didn't say anything outright.

(a) alluded
(b) asserted
(c) articulated
(d) accorded

6

A: How did you do in the science fair?

B: I don't want to _____ , but I got first place.

(a) expound
(b) respond
(c) brag
(d) curb

7

A: Why would Seth take so long to get back to me?

B: I couldn't _____ a reason.

(a) fathom
(b) communicate
(c) stammer
(d) dispute

8

A: This text is pretty dense, don't you think?

B: I'm unable to _____ its meaning.

(a) refresh
(b) mend
(c) author
(d) interpret

Part II

9

One should not adopt a(n) _____ tone when offering constructive criticism.

(a) inarticulate
(b) trenchant
(c) eloquent
(d) colloquial

10

Please contact us at 555-2905 or e-mail info@hammonddesigns.com to _____ about our rates.

(a) answer
(b) describe
(c) mention
(d) inquire

11

Résumés should be used to _____ work experience relevant to the position being sought.

(a) consent
(b) refute
(c) soften
(d) emphasize

12

Small-scale farmers are extremely concerned about the _____ of the recent free trade deal.

(a) commentary
(b) exaggerations
(c) implications
(d) mordancy

DAY 05

1 (c)	2 (a)	3 (b)	4 (b)	5 (a)	6 (c)
7 (a)	8 (d)	9 (b)	10 (d)	11 (d)	12 (c)

1 A: 저는 중국어를 유창하게 해요.
   B: 잘됐군요. <u>2개 언어를 하는</u> 사람을 찾고 있어요.
   (a) 일관성 있는　　　　(b) 운이 좋은
   (c) **2개 언어를 하는**　(d) 논란이 많은

2 A: 그럼 새 전화 요금제는 25퍼센트가 더 저렴하나요?
   B: 네, 그게 바로 <u>요지</u>이죠.
   (a) **요지**　　　　　　(b) 중상모략
   (c) 경련　　　　　　　(d) 주먹

3 A: 터너 씨가 말하는 걸 멈추던가요?
   B: 제 말이요, 그는 정말 <u>말이 많아요</u>.
   (a) 신랄한　　　　　　(b) **말이 많은**
   (c) 주위의　　　　　　(d) 번지르르한

4 A: 고객과 계약에 사인했습니까?
   B: 아니요, 하지만 <u>구두로</u> 합의했습니다.
   (a) 장황한　　　　　　(b) **구두의**
   (c) 직설적인　　　　　(d) 시기적절한

5 A: 헤더가 당신에게 자기 가족 문제를 얘기했겠네요.
   B: <u>넌지시 비쳤지만</u> 분명하게 얘기하진 않았어요.
   (a) **넌지시 말하다**　　(b) 주장하다
   (c) 또렷하게 발음하다　(d) 조화시키다

6 A: 과학 박람회에서 어떻게 하셨어요?
   B: <u>떠벌리려는</u> 건 아니지만 제가 1등을 했어요.
   (a) 상세히 설명하다　　(b) 대답하다
   (c) **떠벌리다**　　　　(d) 억제하다

7 A: 세스가 저한테 다시 연락하는 데 왜 그렇게 오래 걸렸을까요?
   B: 이유를 <u>알 수</u> 없네요.
   (a) **헤아리다**　　　　(b) 의사소통하다
   (c) 말을 더듬다　　　　(d) 반박하다

8 A: 이 본문은 너무 빽빽하네요, 그렇죠?
   B: 의미를 <u>해석할</u> 수가 없어요.
   (a) 상쾌하게 하다　　　(b) 고치다
   (c) 저술하다　　　　　(d) **해석하다**

9 건설적인 비판을 할 때에는 <u>신랄한</u> 어조를 쓰지 마세요.
   (a) 불분명한　　　　　(b) **신랄한**
   (c) 웅변적인　　　　　(d) 구어체의

10 저희 요금에 관해 <u>문의하시려면</u> 555-2905로 전화하시거나 info@hammonddesigns.com으로 이메일 주세요.
   (a) 대답하다　　　　　(b) 설명하다
   (c) 언급하다　　　　　(d) **묻다**

11 이력서는 채용하는 직책과 관련 있는 경력을 <u>강조하도록</u> 써야 합니다.
   (a) 동의하다　　　　　(b) 논박하다
   (c) 부드럽게 하다　　　(d) **강조하다**

12 소규모 농부들은 최근 자유 무역 거래의 <u>영향</u>에 대해 매우 염려한다.
   (a) 논평　　　　　　　(b) 과장
   (c) **영향**　　　　　　(d) 신랄함

DAY
06

Emotions

The people here are so friendly and welcoming; they're very **hospitable**.

여기 사람들은 아주 친절하고 반갑게 맞아줘요. 굉장히 호의적이에요.

학습 1차	년	월	일	공부 시간	시간	분
학습 2차	년	월	일	공부 시간	시간	분
학습 3차	년	월	일	공부 시간	시간	분

Emotions 감정

affectionate
[əfékʃənət]

v. affect 영향을 미치다; ~인 체하다
n. affection 애정, 호의; 질환
a. affected 병에 걸린; 거짓의

ⓐ 다정한, 애정 어린(loving)

an **affectionate** kiss 애정 어린 입맞춤
be **affectionate** toward one's children 자식들에게 다정하다

VOCA⁺

affectation 가장, 허세
infection 감염, 전염
confectioner 제과업자
effect 영향, 효과, 초래하다(result in)

> 기출 예문
>
> In an **affectionate** and stable family unit, a child develops a sense of personal integrity and security.
> 사랑이 넘치고 안정적인 가정에서 자라는 어린이는 개인의 성실성과 안전성이 발달한다.

---

aloof
[əlúːf]

n. aloofness 무관심

ⓐ 냉담한(callous, phlegmatic); 떨어져 있는(detached)

keep[remain, stand] **aloof** from the politics 정치에 대해 냉담하다
hold oneself **aloof** from one's coworkers 동료들과 가까이 지내지 않다

VOCA⁺

loom 불쑥 나타내다
loot 약탈하다

> 기출 예문
>
> Jenny's quiet nature made her seem **aloof** to people who did not know her.
> 조용한 성품 때문에 제니는 그녀를 잘 모르는 사람들에게 쌀쌀맞은 것처럼 보였다.

---

annoying
[ənɔ́iiŋ]

v. annoy 짜증 나게 하다

ⓐ 짜증 나게 하는(irritating)

the **annoying** noise 짜증 나는 소리

VOCA⁺

allay 가라앉히다
alloy 합금

> 기출 예문
>
> A plague of gnats in the summer months can be very annoying.
> 여름철 각다귀들이 몰려오면 매우 성가실 수 있다.
>
> 📝 annoyed 짜증이 나 있는 심리 상태

appreciate
[əpríːʃièit]

n. appreciation 감사; 감상, 이해; 가
치 상승

**ⓥ ~을 고맙게 여기다(thank for); 진가를 알다, 감상하다
(understand); 값이 오르다**

appreciate another's help 남의 도움을 고맙게 여기다
like to appreciate movies 영화 감상을 좋아하다
land appreciating yearly 해마다 값이 오르는 땅

VOCA⁺
depreciate 경시하다; 값이 하락하다
deprecate 반대하다, 비난하다

기출 예문
I really appreciate your coming over tonight.
오늘 저녁 방문해 주셔서 진심으로 감사드립니다.

---

arrogant
[ǽrəgənt]

v. arrogate 부당하게 요구하다,
사칭하다
n. arrogance 거만함, 오만

ⓐ 거만[오만]한(haughty, pompous)

be unbearably arrogant 참을 수 없을 정도로 거만하다
an arrogant boss 거만한 상사

VOCA⁺
derogate 깎아내리다; 헐뜯다
surrogate 대리인; 대용의

기출 예문
Nancy was acting a bit arrogant when she started bragging
about her test scores.
낸시는 자신의 시험 점수에 대해 떠벌리기 시작했을 때 조금 오만하게 행동했다.

---

assuage
[əswéidʒ]

n. assuagement 완화(물), 진정

**ⓥ (안 좋은 감정을) 누그러뜨리다(mitigate), ~을 달래다
(relieve, alleviate)**

assuage one's fear[anxiety] 두려움[걱정]을 누그러뜨리다
assuage one's guilt 죄책감을 덜어 주다
assuage one's thirst 갈증을 달래다

VOCA⁺
dosage 복용량
massage 마사지

기출 예문
The day after her emotional tantrum, Martha tried hard to
assuage the anger of her husband and make amends.
짜증을 부린 다음 날, 마사는 남편의 화를 달래고 보상해 주기 위해 열심히 애
썼다.

audacious
[ɔːdéiʃəs]

n. audacity 대담함; 뻔뻔함

VOCA⁺
tenacious 집요한
veracious 진실한
perspicacious 명민한

ⓐ **대담한(daring, dauntless, intrepid, valiant); 뻔뻔한**

make an **audacious** plan 대담한 계획을 세우다
an **audacious** suggestion 용감한 제안

📝 기출 예문

The **audacious** explorer set off into the wilderness with only a week's worth of food and water.
그 대담한 탐험가는 일주일치의 식량과 물만 가지고 미개지로 떠났다.

---

awesome
[ɔ́ːsəm]

n/v. awe 외경; 경외하게 하다

VOCA⁺
awful 끔찍한
lawful 합법적인

ⓐ **굉장한, 훌륭한(amazing)**

put on **awesome** sunglasses 멋진 선글라스를 끼다
throw an **awesome** party 멋진 파티를 열다

📝 기출 예문

We saw an **awesome** band play at the club last night.
우린 어젯밤 클럽에서 굉장한 밴드의 연주를 봤어.

---

complacent
[kəmpléisənt]

n. complacency 안주

VOCA⁺
complaisant 남의 말을 잘 듣는

ⓐ **자기 만족적인(self-satisfied); 무관심한**

a **complacent** attitude 현실에 안주하는 태도
wear a **complacent** smile 만족해하는 미소를 짓다
be **complacent** about one's achievement 자신의 성취에 대해 안주하다

📝 기출 예문

The company's employees are too **complacent** to go on strike for higher wages.
그 회사의 직원들은 임금 인상을 위해 파업을 하기에는 너무 현실에 안주하는 성향이 있다.

---

compliment
[kámpləmənt]

a. complimentary 칭찬하는; 무료의

VOCA⁺
complement 보완물; 보충하다
supplement 추가; 보충하다

ⓝ **칭찬, 찬사(praise)**

receive a **compliment** 찬사를 받다
return the **compliment** 받은 칭찬에 대해 답례하다

📝 기출 예문

I hope that's a **compliment**.
칭찬이길 바랍니다.

confidence

[kánfidəns]

v. confide 신뢰하다; 믿고 털어놓다
a. confident 자신감 있는; 확신하는

VOCA⁺

diffident 수줍어하는, 자신이 없는
confidant 절친한 친구

ⓝ 자신감; 신뢰(trust)

lack the **confidence** to succeed 성공에 대한 자신감이 부족하다
win the **confidence** of voters 유권자들에게 신뢰를 얻다

📝 기출 예문

Grace and self-**confidence** will make you stand out far more than will dyed hair or a face-lift.
머리를 염색하고 얼굴 피부를 탱탱하게 하는 것보다는 오히려 품위와 자신감이 당신을 한층 더 돋보이게 만들 것이다.

📋 have full confidence in ~을 전폭적으로 신뢰하다

---

distraught

[distrɔ́ːt]

v. distract 산만하게 하다
a. distrait (불안·근심으로) 멍한, 넋이 나간

VOCA⁺

fraught ~으로 가득한

ⓐ (흥분해서) 제정신이 아닌; 곤혹스러운

be **distraught** over his death 그의 죽음에 대해 제정신이 아니다
be too **distraught** to speak 완전히 제정신이 아니어서 말도 못 하다

📝 기출 예문

Fans of the novelist will no doubt be **distraught** to learn that his latest effort is hugely disappointing.
그 소설가의 팬들은 그의 최근 작품이 대단히 실망스러운 것을 알면 분명히 곤혹스러워할 것이다.

---

depressed

[diprést]

v. depress 우울하게 하다; 침체시키다
n. depression 우울(증); 불경기

VOCA⁺

suppress 진압하다, 억제하다
oppress 억압하다, 박해하다
repress 진압하다, 억제하다

ⓐ 우울한; 불경기의

in a **depressed** mood 우울한 기분으로
the **depressed** economy 침체된 경제

📝 기출 예문

I got an F in biology. I'm so **depressed**.
생물학에서 F를 받았어. 기분이 아주 울적해.

📋 Great Depression (1930년대 미국) 대공황

DAY 06

consolation

[kὰnsəléiʃən]

v. console 위로하다, 위안을 주다
a. consolable 위안이 되는

VOCA⁺

condolence 조문, 애도
consolidation 통합, 합병

ⓝ 위로, 위안(comfort, solace)

find **consolation** in music 음악에서 위안을 찾다
offer a few words of **consolation** 몇 마디 위로의 말을 해 주다

> **기출 예문**
>
> As a **consolation** prize, runners-up will receive a new stainless steel toaster.
> 위로상으로 차점자들은 스테인리스로 만든 빵 굽는 기구를 받을 것이다.

---

exuberant

[igzjúːbərənt]

n. exuberance 활력, 풍부

VOCA⁺

exude 스며 나오다
exultant 기뻐 날뛰는

ⓐ 활기[열의]가 넘치는; 원기 왕성한(vigorous)

young and **exuberant** girls 젊고 활기 넘치는 아가씨들
give an **exuberant** performance 활기 넘치는 공연을 하다

> **기출 예문**
>
> Ms. Dandridge is the only **exuberant** server among the otherwise dull waitstaff.
> 댄드릿지 양은 다른 무딘 종업원들 사이에서 유일하게 활력이 넘치는 웨이트리스이다.

---

fascinating

[fǽsənèitiŋ]

v. fascinate 마음을 사로잡다, 매혹하다

VOCA⁺

fascism 파시즘
fascist 파시스트

ⓐ 매력적인(engaging, glamorous, compelling)

find the film **fascinating** 그 영화가 아주 재미있다고 느끼다

> **기출 예문**
>
> You read this book, too, right? Isn't the plot **fascinating**?
> 너도 이 책 읽었지? 줄거리가 정말 재미있지 않아?

---

frantic

[frǽntik]

VOCA⁺

antic 익살, 장난

ⓐ 제정신이 아닌(fanatic, frenetic); 정신없는

be **frantic** with fear 두려움으로 제 정신이 아니다
make a **frantic** effort 미친 듯이 노력하다
make **frantic** preparations for the party 파티를 준비하느라 정신이 없다

> **기출 예문**
>
> The parents were **frantic** when they found out their son was missing.
> 아들이 실종되었다는 사실을 알게 되자 그 부모들은 제정신이 아니었다.

frightened
[fráitnd]

v. frighten 겁먹게 만들다
n. fright 공포, 경악
a. frightening 무서운

ⓐ 겁먹은, 무서워하는(scared, timid)

get **frightened** 겁먹다
be **frightened** to speak 말하는 데 겁을 먹다

VOCA+
plight 곤경, 궁지
freight 화물
flight 비행; 도주

🖋 기출 예문

She wasn't seriously hurt but very shocked and **frightened**.
그녀는 중상을 입지는 않았지만 큰 충격을 받고 놀랐다.

📋 frightening dream 악몽

frivolous
[frívələs]

n. frivolity 경박, 까부는 것

ⓐ 경솔한, 어리석은(flippant, reckless); 사소한, 하찮은
(trivial, trifling)

one's **frivolous** behavior 경솔한 행동
a **frivolous** conversation 쓸데없는 대화
a **frivolous** lawsuit 사소한 소송

VOCA+
scrupulous 꼼꼼한; 양심적인

🖋 기출 예문

Work time is too valuable to waste on **frivolous** games.
근무 시간은 시시한 게임으로 써 버리기에는 너무나 귀중한 시간이다.

furious
[fjúəriəs]

n. fury 격노, 분노

ⓐ 몹시 화가 난; 맹렬한(violent)

be **furious** at the decision 그 결정에 격노하다
have a **furious** argument 격렬한 논쟁을 벌이다

VOCA+
curious 호기심 많은
spurious 가짜의, 위조의

🖋 기출 예문

Stephen was **furious** with me when I arrived at the
restaurant an hour late.
한 시간 늦게 식당에 도착했더니 스티븐이 나에게 몹시 화를 냈어.

📋 a furious storm 맹렬한 폭풍

DAY 06

grim
[grim]

ad. grimly 진지하게; 엄하게

ⓐ 암울한(bleak); 엄한, 비장한(serious)

the **grim** prospect 암울한 전망
a **grim** face 진지한 얼굴
with **grim** determination 비장한 각오로

VOCA⁺
grimy 더러운, 때 묻은
grimace 얼굴을 찡그리다;
찡그린 얼굴, 우거지상

> 🎤 기출 예문
> The atmosphere in the office was grim following news of
> the layoffs.
> 해고 소식에 사무실의 분위기가 침울해졌다.

---

grudge
[grʌdʒ]

ⓝ 원한, 악의(malice, rancor)

bear a **grudge** against ~에 대해 원한을 품다

ⓥ 인색하게 굴다

grudge me money 나에게 돈 주기를 아까워하다

VOCA⁺
begrudge 시기하다; 주기를 꺼리다
drudge (일을) 꾸준히 하는 사람;
판에 박은 지겨운 일

> 🎤 기출 예문
> We're truly sorry. I hope you won't hold a grudge against us.
> 대단히 죄송합니다. 저희에게 악의는 갖지 않으셨으면 좋겠네요.

---

hilarious
[hilɛ́əriəs]

ad. hilariously 아주 재미있게,
유쾌하게

ⓐ 유쾌한, 즐거운(amusing, comical)

a **hilarious** joke[comedy] 아주 우스운 농담[코미디]
Do you know Danny? He's **hilarious**. 너 대니 아니? 걔 정말 재미있어.

VOCA⁺
exhilarate 흥겹게 하다

> 🎤 기출 예문
> The new comedy starring Danny Whitman is supposed to
> be hilarious.
> 대니 휘트먼이 나오는 새 코미디는 아주 재미있을 것이다.

hospitable

[háspítəbl]

n. hospitality 환대, 접대

ⓐ **환대하는, 친절한(amiable); (환경이) 쾌적한, 알맞은**

be **hospitable** to the guests 손님들에게 친절하다

the climate **hospitable** to many plants 여러 식물에 알맞은 기후

> 🖋 기출 예문
>
> The people here are so friendly and welcoming; they're very **hospitable**.
> 여기 사람들은 아주 친절하고 반갑게 맞아줘요. 굉장히 호의적이에요.

VOCA⁺

welcoming 환대하는, 친절한

---

hostile

[hástəl]

n. hostility 적대감

ⓐ **적대적인(inhospitable)**

get a **hostile** reception 적대적인 반응을 받다

a **hostile** country 적대국

> 🖋 기출 예문
>
> Most people are born with the capacity for cooperation and love as well as the capacity for aggressive and **hostile** behavior.
> 대부분의 사람들은 공격적이고 악의적인 행동 능력뿐만 아니라 협동과 사랑의 능력 또한 가지고 태어난다.

VOCA⁺

unsympathetic 인정이 없는; 호감이 안 가는

📝 the hostile economic environment 어려운 경제적 여건

DAY 06

---

intimidate

[intímidèit]

n. intimidation 위협, 협박

ⓥ **위협[협박]하다(threaten)**

intimidate one another by growling 으르렁거리며 상대를 위협하다

intimidate one's opponents with threats 협박으로 적들을 위협하다

> 🖋 기출 예문
>
> The dog's bark is meant to **intimidate** strangers entering its territory.
> 개가 짖는 것은 자신의 영역에 침범한 낯선 사람을 위협하기 위한 것이다.

VOCA⁺

intimate 친밀한; 암시하다

📝 an intimidating manner 겁을 주는 태도

---

jealous

[dʒéləs]

n. jealousy 질투, 시샘

ⓐ **질투하는**

feel **jealous** of one's good looks 잘생긴 외모에 질투가 나다

be **jealous** of one's success 성공을 시기하다

> 🖋 기출 예문
>
> Emily keeps trying to make me **jealous**.
> 에밀리는 계속 내가 질투하게 만들려고 해요.

VOCA⁺

zealous 열정적인

melancholy

[mélənkὰli]

VOCA⁺

E. coli 대장균

ⓝ 우울감, 비애(depression)

a mood of **melancholy** 우울한 기분

suffer from **melancholy** 우울한 감정에 시달리다

> 🖊 기출 예문
>
> Some poets are best at dealing with upbeat themes, while others seem to prefer more **melancholy** subjects.
> 어떤 시인들은 낙관적인 주제를 가장 잘 다루는 반면, 어떤 시인들은 좀 더 구슬픈 주제를 선호하는 것 같다.

---

nostalgia

[nɑstǽldʒə]

a. nostalgic 향수를 불러일으키는; 향수에 빠진

VOCA⁺

nostril 콧구멍
nostrum 특효약, 묘책

ⓝ 향수(homesickness)

a wave of **nostalgia** for one's hometown 확 밀려드는 고향에 대한 향수

feel **nostalgia** for one's schooldays 학창 시절에 대한 향수를 느끼다

> 🖊 기출 예문
>
> Songs from the 1990s fill me with **nostalgia** because they remind me of my childhood.
> 1990년대 음악은 내 어린 시절이 생각나서 향수에 젖게 해 준다.

---

panic

[pǽnik]

a. panicky 공황 상태에 빠진

VOCA⁺

organic 유기농의
volcanic 화산의

ⓝ 극심한 공포, 공황, 패닉(terror)

get into a **panic** 공황에 빠지다

be in a state of **panic** 공황 상태에 있다

a **panic** disorder 공황 장애

> 🖊 기출 예문
>
> Astronomers nearly created a global **panic** for nothing.
> 천문학자들은 아무것도 아닌 일로 국제적 공황을 일으킬 뻔했다.

📄 **panic** selling (주식의) 투매 장세

---

penchant

[péntʃənt]

VOCA⁺

pendant 장식물
pendent 매달린; (문제가) 미결의

ⓝ 애호, 경향(fondness, propensity)

have a **penchant** for wine 와인을 애호하다

> 🖊 기출 예문
>
> Cathy's **penchant** for high fashion got her into serious debt.
> 최신 패션을 매우 좋아하는 성향 때문에 캐시는 많은 빚을 지게 되었다.

pessimistic

[pèsəmístik]

n. pessimism 비관주의
n. pessimist 비관주의자

VOCA⁺
gloomy 희망이 없는

@ 비관적인(↔ optimistic 낙관적인)

a **pessimistic** view 비관적인 견해
be deeply **pessimistic** about the future 미래에 대해 매우 비관적이다

📝 기출 예문

Others are **pessimistic**, as they witness speakers of these endangered languages abandoning their native tongues in favor of English.
다른 사람들은 사멸 위기에 처한 언어를 구사하는 사람들이 영어를 선호하여 자신들의 모국어를 저버리는 것을 보며 비관적인 입장을 취한다.

---

pretentious

[priténʃəs]

v. pretend ~인 체하다
n. pretense 가식, 허위; 구실
n. pretension 허세; 요구

VOCA⁺
contentious 논쟁의 소지가 있는
tentative 잠정적인

@ 허세 부리는, 가식적인(ostentatious, posturing)

deliver a **pretentious** speech 허세 부리는 연설을 하다
a **pretentious** and boring film 젠체하고 지루한 영화

📝 기출 예문

Joseph has been saying some **pretentious** things ever since he was awarded the promotion.
조셉은 승진을 한 후로 약간 건방진 말들을 하고 다닌다.

---

stubborn

[stʌ́bərn]

n. stubbornness 완고, 완강

VOCA⁺
pliant 얌전한
tractable 유순한

@ 완고한, 고집 센(obstinate, tenacious); 잘 사라지지 않는

be too **stubborn** to admit 너무 고집스러워 인정하지 않다
a **stubborn** resistance 완강한 저항
stubborn stains and dirt 잘 지워지지 않는 얼룩 먼지

📝 기출 예문

Maze tried her best to change Stan's mind, but he proved much too **stubborn**.
메이즈는 스탠의 마음을 돌리기 위해 최선을 다했지만 그는 너무 완고했다.

📝 as stubborn as a mule 황소고집인
   a stubborn cough 잘 낫지 않는 기침

DAY 06

107

sympathy
[símpəθi]

v. sympathize 동정하다; 공감하다
a. sympathetic 동정적인; 공감하는

ⓝ 동정심, 연민(pity, compassion); 공감

a **sympathy** vote 동정표
express **sympathy** for ∼에게 연민을 표하다
my **sympathy** with his views 그의 견해에 대한 나의 지지

VOCA⁺

apathy 무관심, 냉담
antipathy 반감, 혐오

> **✎ 기출 예문**
>
> Friends and family gathered here today, I would like to express my **sympathies** to you on behalf of the Solomon Foundation.
> 솔로몬 재단을 대신해 오늘 이 자리에 모인 친구와 가족들 여러분께 애도의 말씀을 전합니다.

---

tantrum
[tǽntrəm]

ⓝ (아이의) 떼, 투정, 짜증

have[throw] a **tantrum** 떼를 쓰다, 투정부리다
temper **tantrums** 짜증, 성질

VOCA⁺

tandem 앞뒤로 연결되어

> **✎ 기출 예문**
>
> Parents should not give in to children who throw fits or **tantrums** because it sets a poor precedent.
> 떼를 쓰거나 짜증을 부리는 아이에게 부모가 져 주면 나쁜 선례를 남기게 되므로 그러지 말아야 한다.

---

thwart
[θwɔ:rt]

ⓥ 좌절시키다(frustrate, stymie)

thwart one's plan 계획을 좌절시키다
be **thwarted** in one's ambitions 야망이 꺾이다

VOCA⁺

twist 비틀다, 왜곡하다
twitter 새가 지저귀다

> **✎ 기출 예문**
>
> British authorities are readying new laws that will give police greater powers toward **thwarting** terror attacks.
> 영국 당국은 테러 공격을 저지하는 데 있어 경찰에 더 많은 권한을 부여할 새로운 법안들을 마련 중에 있다.

upset
[ʌpsét]

ⓐ 속상한, 기분이 상한

feel **upset** by ~로 속이 상하다
have an **upset** stomach 배탈이 나다

ⓥ 속상하게 하다; 망치다(spoil, ruin, screw up)

upset a plan 계획을 망치다
Don't upset yourself about it. 그것 때문에 속상해 하지 마.

VOCA⁺
onset 시작, 시초
offset 벌충하다, 상쇄하다

> 기출 예문
>
> I guess John got pretty **upset** when Cook criticized his work.
> 쿡이 존의 작업에 대해 비판해서 존이 무척 화가 난 것 같아요.

---

vacillate
[vǽsəlèit]

n. vacillation 동요, 망설임
a. vacillating 동요하는, 망설이는

VOCA⁺
vaccinate 백신을 접종하다

ⓥ 머뭇거리다(hesitate, waver, oscillate), 오락가락하다, 동요하다

vacillate on this issue 이 문제에 대해 머뭇거리다
vacillate between hope and despair 희망과 절망 사이를 오락가락하다

> 기출 예문
>
> He's been **vacillating** between two options.
> 그는 두 가지 선택 사이에서 망설이고 있다.

---

volatile
[válətail]

n. volatility 불안정; 휘발성

VOCA⁺
ductile 연성이 있는, 유연한
fertile 비옥한, 풍부한
futile 소용없는, 쓸데없는

ⓐ 변덕스러운(fickle, capricious); 휘발성의

a **volatile** disposition 변덕스러운 성질
a **volatile** exchange rate 불안정한 환율

> 기출 예문
>
> Beethoven had a very **volatile** personality.
> 베토벤은 매우 변덕스러운 성격이었다.

DAY 06

DAILY TEPS TEST

Choose the best answer for the blank.

Part I

1

A: Why the long face?

B: I'm still pretty _____ about not getting a bonus.

(a) oppressed
(b) honest
(c) frivolous
(d) depressed

2

A: We have to leave now or we're going to be late!

B: There's no reason to get into a _____.

(a) pardon
(b) penchant
(c) promise
(d) panic

3

A: Can you recommend a good comedy?

B: I found *Three Blind Mice* absolutely _____.

(a) drastic
(b) hilarious
(c) frantic
(d) welcoming

4

A: The stock could have dropped a lot more than it did.

B: That's not much _____, but thanks.

(a) confidence
(b) commitment
(c) compliment
(d) consolation

5

A: What's Joanne's problem?

B: I think she's _____ of my new smartphone.

(a) pressed
(b) upset
(c) jealous
(d) grim

6

A: Hey, I thought you were supposed to be camping right now.

B: The poor weather _____ those plans.

(a) thwarted
(b) mediated
(c) assuaged
(d) vacillated

7

A: I can't stand that beeping noise!

B: I know it's _____, but I can't turn it off.

(a) demanding
(b) annoying
(c) fascinating
(d) surrounding

8

A: We're never going to find an apartment.

B: There's no reason to be _____.

(a) symbolic
(b) hostile
(c) pessimistic
(d) careless

Part II

9

Having missed their chance at winning a medal, the team appeared very _____.

(a) distraught
(b) exuberant
(c) stupendous
(d) audacious

10

There's a certain _____ one feels when visiting one's childhood home after a long absence.

(a) condolence
(b) nostalgia
(c) timidity
(d) pretension

11

One theory for dealing with a child's _____ says to simply ignore the behavior.

(a) sympathies
(b) harbors
(c) tantrums
(d) antipathy

12

The soldiers were so _____ when facing the superior force that many of them turned and fled.

(a) confident
(b) stiffened
(c) awesome
(d) frightened

| 1 (d) | 2 (d) | 3 (b) | 4 (d) | 5 (c) | 6 (a) |
| 7 (b) | 8 (c) | 9 (a) | 10 (b) | 11 (c) | 12 (d) |

1 A: 왜 우울하세요?
B: 보너스를 못 받아서 아직도 아주 <u>우울하</u>네요.
(a) 억압받는   (b) 정직한
(c) 경솔한   **(d) 우울한**

2 A: 우리 지금 가야 해요, 아니면 늦어요!
B: <u>허둥지둥할</u> 이유가 없어요.
(a) 용서   (b) 애호
(c) 약속   **(d) 공황**

3 A: 좋은 코미디 추천해 주실래요?
B: 〈세 마리 눈먼 생쥐〉가 정말 재미있어요.
(a) 과감한   **(b) 유쾌한**
(c) 제정신이 아닌   (d) 환대하는

4 A: 주식이 그보다 더 많이 떨어질 수 있었을 거예요.
B: <u>위로</u>는 별로 안 되지만 감사해요.
(a) 자신감   (b) 헌신
(c) 칭찬   **(d) 위로**

5 A: 조앤은 왜 그러는 거야?
B: 내 새 스마트폰을 <u>질투하는</u> 거 같아.
(a) 압축한   (b) 속상한
(c) 질투하는   (d) 엄한

6 A: 지금쯤 캠핑에 가 있는 줄 알고 있었는데요.
B: 날씨가 안 좋아서 <u>못</u> 가게 됐습니다.
(a) 좌절시키다   (b) 중재하다
(c) 누그러뜨리다   (d) 머뭇거리다

7 A: 삐 소리를 정말 참을 수가 없네요!
B: <u>짜증 나는</u> 건 알지만 저도 끌 수가 없어요.
(a) 힘든   **(b) 짜증 나게 하는**
(c) 매력적인   (d) 주위의

8 A: 우리는 아파트를 절대 못 찾을 거예요.
B: <u>비관적일</u> 이유는 없어요.
(a) 상징적인   (b) 적대적인
(c) 비관적인   (d) 부주의한

9 메달을 딸 기회를 놓쳤기 때문에 그 팀은 <u>제정신이 아닌</u> 것으로 보였다.
(a) 제정신이 아닌   (b) 활기가 넘치는
(c) 엄청난   (d) 대담한

10 오랜 부재 후에 어린 시절의 집을 방문했을 때 어떤 <u>향수</u>를 느끼게 된다.
(a) 조문   **(b) 향수**
(c) 수줍음   (d) 허세

11 아이의 <u>짜증</u>을 다루는 것에 관한 한 이론은 그런 행동을 그냥 무시하라고 한다.
(a) 동정   (b) 피난처
(c) 짜증   (d) 반감

12 군인들이 우세한 병력과 마주했을 때 <u>겁을 먹어</u> 많은 이들이 등을 돌려 달아났다.
(a) 자신감 있는   (b) 뻣뻣해진
(c) 굉장한   **(d) 겁먹은**

DAY
07

Clothing & Shopping

기출 예문

Advertisers should be held responsible for making **spurious** claims about their products.

광고주들은 자사의 상품에 대해 허위 주장을 한 책임을 져야 한다.

학습 1차	년	월	일	공부 시간	시간	분
학습 2차	년	월	일	공부 시간	시간	분
학습 3차	년	월	일	공부 시간	시간	분

laundry
[lɔ́:ndri]

ⓝ 세탁물

do the **laundry** 세탁하다
a pile of dirty **laundry** 더러운 빨래 더미

> **기출 예문**
>
> When you put in your dirty **laundry**, the washing machine will display how much detergent you need to clean your clothes.
> 더러워진 세탁물을 넣으면 옷을 빨기 위해 필요한 세제가 얼마나 필요한지 세탁기에 나타날 것이다.

VOCA⁺
Laundromat (동전을 넣고 사용하는) 빨래방

garment
[gáːrmənt]

ⓝ 옷

outer **garments** 겉옷
the **garment** industry 의류업

> **기출 예문**
>
> Before doing the laundry, I separate my **garments** into white and dark piles.
> 세탁하기 전에 나는 옷을 흰색과 짙은 색 더미로 분리한다.

VOCA⁺
apparel 의류, 의복
attire 의복, 복장

adore
[ədɔ́:r]
n. adoration 흠모

ⓥ 아주 좋아하다[사랑하다], 흠모하다

adore baseball 야구를 아주 좋아하다
the star's **adoring** fans 그 스타를 아주 좋아하는 팬들

> **기출 예문**
>
> The Peuster Silver Lizard Brooch was made for people who **adore** high-quality, handcrafted accessories at a reasonable price.
> 퓨스터 실버 리저드 브로치는 적당한 가격의 고급 수제 액세서리를 애호하는 사람들을 위해 만들어졌습니다.

VOCA⁺
adorn 장식하다

afford
[əfɔ́ːrd]
a. affordable (가격이) 알맞은

VOCA⁺

affirm 확언하다
confirm 확인하다
conform 순응하다

ⓥ (~할[살]) 여유가 되다

afford to travel abroad 해외여행 갈 여유가 되다
can't **afford** a new car 새 차를 살 여유가 없다

💬 기출 예문

How on earth could you **afford** that?
대체 돈이 어디서 났어?

📝 at an affordable price 적당한 가격에

---

appreciation
[əpriːʃiéiʃən]
v. appreciate 진가를 알다, 인식하다;
　고마워하다
a. appreciative 감식력 있는;
　감사해하는
a. appreciable 눈에 띄는, 뚜렷한

VOCA⁺

depreciate ~의 가치를 떨어뜨리다;
얕보다

ⓝ 감사; 감상

token of **appreciation** 감사의 표시
an **appreciation** of literature 문학에 대한 감상

💬 기출 예문

In **appreciation** of our customers, we are bucking the
current trend of shortening payment periods.
고객님 감사의 뜻으로, 저희는 지불 기한을 줄이는 요즘 추세에 역행하고
있습니다.

📝 have an appreciation of ~을 이해[인지]하다
　express one's appreciation for ~에 대해 감사를 표하다
　be appreciative of ~에 감사해 하다

---

voucher
[váutʃər]

VOCA⁺

vouch 보증하다
vouchee 피보증인
avouch 단언하다, 보증하다

ⓝ 상품 교환권, 쿠폰(coupon)

redeem a **voucher** 상품권을 물건으로 교환하다

💬 기출 예문

Cash or **vouchers** are more effective against famine than
food aid.
현금이나 상품권은 기근에 대비하여 식량 원조보다 더 효과적이다.

📝 a luncheon voucher 점심 식권

DAY 07

115

bargain

[báːrgin]

n. bargaining 협상, 흥정

ⓝ (정가보다) 싸게 파는 물건; 매매 계약, 거래

bargain hunters 싸고 질 좋은 물건을 찾아다니는 사람들

strike a **bargain** 합의에 도달하다, 매매 계약하다

ⓥ 협상[흥정]하다(negotiate)

Unions **bargain** with employers. 노조가 고용주와 협상하다.

> **기출 예문**
>
> Our special price is $40 cheaper than normal, so don't miss this great **bargain**.
> 정가보다 40달러 싼 특별가에 모십니다. 그러니 이번 대 바겐 세일을 놓치지 마세요.

VOCA⁺

ungainly 볼품없는, 어색한
gainsay ~을 부정하다, ~에 반대하다

It's a real bargain. (가격이) 정말 싸군.
bargain for ~을 기대하다
collective bargaining 단체 협상

---

bid

[bid]

n. bidder 입찰자

ⓥ 값을 부르다[제시하다], 입찰하다

bid $20,000 for the painting 그 그림에 대해 2만 달러를 제시하다

ⓝ 입찰 (가격)

place the highest **bid** 가장 높은 입찰 가격을 제시하다

a takeover **bid** for the company 그 회사에 대한 기업 인수 시도

> **기출 예문**
>
> Do you really think someone will **bid** that high?
> 누군가가 정말 그렇게 높은 가격을 부를 거라고 생각하세요?

VOCA⁺

kid 꼬마, 아이
lid 뚜껑
rid 없애다

make[put in] a bid for ~에 입찰하다

---

brochure

[brouʃúər]

ⓝ 안내 책자, 브로슈어(pamphlet)

hand out a travel **brochure** 여행안내 책자를 나주어 주다

> **기출 예문**
>
> I have a few **brochures**. What do you want to see most?
> 나한테 팸플릿 좀 있는데, 어디를 제일 보고 싶니?

VOCA⁺

leaflet (낱장으로 된) 인쇄물
flier 광고지, 전단

browse
[bráuz]

VOCA⁺
drowse 꾸벅꾸벅 졸다

ⓥ **둘러보다, 훑어보다**
browse in the bookstore 서점에서 이것저것 둘러보다
browse the Internet 인터넷을 검색하다

> 📝 기출 예문
>
> Keep **browsing** until you find a style of jacket that you like.
> 마음에 드는 스타일의 재킷을 찾을 때까지 둘러보세요.

📋 browse for ~을 찾아보다
　browse around the shops 가게들을 둘러보다
　Feel free to browse. 맘껏 보세요.

---

charge
[tʃɑːrdʒ]

VOCA⁺
overcharge 과다 요금
surcharge 추가 요금, 할증료

ⓝ **요금; 혐의, 고발(accusation); 책임(responsibility)**
free of **charge** 무료인
admission **charges** 입장료
be arrested on a **charge** of ~의 혐의로 체포되다
be in **charge** of ~을 책임지다[맡다]

ⓥ **(요금을) 청구하다; 기소[고발]하다; 충전하다**
charge $60 for dinner 저녁 식사비로 60달러를 청구하다
be **charged** with murder 살인죄로 기소되다
charge a cell phone 휴대폰을 충전하다

> 📝 기출 예문
>
> There's no extra **charge** for vegetarian meals on the flight.
> 기내에서 채식주의자용 식사에 대한 추가 비용은 없습니다.

📋 A를 B 혐의로 고소하다: charge A of B (×) ⇨ charge A **with** B (○)

---

clientele
[klàiəntél]

n. client (변호사 등 전문직의)
　의뢰인, 고객

VOCA⁺
clinic 진료소, 클리닉
clinch 꼬부리다; 매듭짓다

ⓝ **(어떤 기관·상점 등의) 모든 의뢰인들[고객들]**
attract a young **clientele** 젊은 고객들을 끌어들이다
a very high class **clientele** 최상류층 고객들

> 📝 기출 예문
>
> The design store is attempting to market to a wealthier clientele.
> 디자인 가게는 돈이 많은 고객들을 상대로 판매하려 하고 있다.

DAY 07

complimentary

[kàmpləméntəri]

v. compliment 칭찬하다

ⓐ 무료의(free)

complimentary tickets 무료 티켓, 초대권

hand out **complimentary** brochures 무료 안내 책자를 나누어 주다

provide a **complimentary** bottle of wine 와인 한 병을 서비스로 제공하다

> **🖊 기출 예문**
>
> The bookstore gave away **complimentary** tote bags on its opening day.
> 그 서점은 개점일에 무료로 토트백을 나누어 주었다.

VOCA⁺

complement 보충하다; 보충물, 보어 📝 compliment A on B B에 대하여 A를 칭찬하다

---

credit

[krédit]

n. creditor 채권자

ⓝ 신용; 외상, 신용 거래; 융자(금); 학점

credit rating 신용 등급

buy a product on **credit** 물건을 외상으로(신용 카드로) 사다

refuse **credit** to the company 회사에 대출을 거절하다

get[earn] a **credit** 학점을 따다

> **🖊 기출 예문**
>
> What are the last four digits of your **credit** card number?
> 신용 카드의 끝 번호 네 자리가 무엇입니까?

VOCA⁺

creed 교리, 신조
credo 신조
credence 신빙성, 믿음

📝 credit bureau 신용 평가 기관
   letter of credit 신용장

---

custom-made

[kʌ́stəmméid]

v. customize 주문 제작하다
n. customization 주문 제작

ⓐ 맞춤의, 주문 제작의

a **custom-made** suit 맞춤 정장

custom-made furniture 주문 제작한 가구

> **🖊 기출 예문**
>
> The **custom-made** suit was one of the finest he had ever seen.
> 그 맞춤 정장은 그가 여태껏 본 정장 중에 가장 훌륭한 것이었다.

VOCA⁺

ready-made 기성품의
accustomed 익숙한

📝 custom은 단수로는 '관습', 복수로 쓰이면 '세관'을 의미

defective

[diféktiv]

n/v. defect 결함, 결점; 망명하다

ⓐ 결함이 있는, 하자 있는(faulty)

defective goods[merchandise] 불량품

return a **defective** product 결함이 있는 제품을 반품하다

기출 예문

We will repair any sunglasses found to be **defective** during the warranty period.
보증 수리 기간 동안 하자가 있는 선글라스는 수리해 드립니다.

VOCA⁺

detective 형사, 탐정

📝 defect to South Korea 남한으로 귀순하다

---

discount

[dískaunt]

ⓝ 할인

get a **discount** 할인받다

give a (20%) **discount** (20퍼센트) 할인해 주다

large **discount** store 대형 할인 매장

기출 예문

Discounts anywhere from 25% to 40% are not uncommon.
25~40퍼센트의 할인은 어디서나 흔하다.

VOCA⁺

markdown 가격 인하
fixed price 정가

📝 at a discount 할인된 가격에

---

exchange

[ikstʃéindʒ]

ⓝ 교환

currency **exchange** 환율

an **exchange** of prisoners 포로의 교환

ⓥ 교환하다, 주고받다(swap)

exchange the black jacket for a blue one 검은색 재킷을 파란색 재킷으로 교환하다

exchange phone numbers 전화번호를 주고받다

기출 예문

I'm an **exchange** student from Canada.
캐나다에서 교환 학생으로 왔어요.

VOCA⁺

interchange 교환하다; (고속도로의)
입체 교차점

DAY 07

exorbitant

[igzɔ́ːrbitənt]

ad. exorbitantly 터무니없이

VOCA⁺

orbit 궤도를 돌다, 선회하다
deorbit 궤도를 벗어나다

ⓐ 과도한, 터무니없는(excessive, inordinate)

an **exorbitant** charge 터무니없는 요금
exorbitant housing prices 터무니없이 높은 집값

기출 예문

Farmers in developed nations often receive **exorbitant** subsidies that give them an unfair advantage.
선진국의 농민들은 종종 그들에게 불공평한 이득이 되는 과도한 보조금을 받는다.

---

gorgeous

[gɔ́ːrdʒəs]

VOCA⁺

gorge 게걸스레 먹다; 협곡, 골짜기

ⓐ 눈부시게 아름다운, 매우 화려한

a **gorgeous** dress 아주 멋있는 드레스
You look **gorgeous**! 당신 아주 아름다워!

기출 예문

Machu Picchu is one of the most **gorgeous** and mysterious ancient locales in the world.
마추픽추는 세계에서 가장 멋있고 신비스러운 고대 유적지 중 하나이다.

---

guarantee

[gæ̀rəntíː]

VOCA⁺

warranty 품질 보증서

ⓥ 보장[보증]하다(assure)

be **guaranteed** against defects 제품 결함에 대해 보증되다
guarantee freedom of speech 언론의 자유를 보장하다

ⓝ 보증(서), 보장

have a two-year **guarantee** 품질 보증 기간이 2년이다

기출 예문

Protections ordinarily afforded by the rule of law are not **guaranteed**.
통상 법률이 제공하는 보호는 보장할 수 없습니다.

📝 money-back guarantee 환불 보증
   be under guarantee (제품이) 보증 기간 중에 있다

haggle

[hǽgl]

n. haggling 흥정, (가격 · 조건에
대한) 실랑이

VOCA+
quote 가격을 제시하다

ⓥ 흥정하다

haggle over[about] the price 가격에 대해 흥정하다
haggle with a salesman 세일즈맨과 흥정하다

> 🗨 기출 예문
>
> At Cars4U, we've eliminated the negotiation and **haggling**
> process, so your shopping experience is pleasant and
> hassle-free.
> 카스포유에서는 협상과 흥정의 과정을 없앴기 때문에 고객님의 쇼핑이 즐겁고
> 번거롭지 않습니다.

📝 be good at haggling 흥정을 잘하다

---

inventory

[ínvəntɔ̀:ri]

VOCA+
inventor 발명가
investor 투자자

ⓝ 재고품, 재고 목록(stock)

dispose of the **inventory** 재고품을 처리하다
inventory control 재고 관리

> 🗨 기출 예문
>
> To make way for next year's new models, Deerbar is
> selling off its entire remaining **inventory** at wholesale
> prices!
> 내년도 신형 모델 입고를 위해 디어바에서는 남아 있는 전 재고 물량을
> 도매가에 처분하고 있습니다!

📝 take an inventory of ~의 재고 목록을 만들다
　　keep a large inventory of 많은 재고의 ~를 확보해 두다

---

luxurious

[lʌɡʒú(:)riəs]

n. luxury 호화로움, 사치(품)
ad. luxuriously 호화롭게, 사치스럽게

VOCA+
luxuriant (식물 · 머리카락이 보기 좋
게) 무성한, 풍성한

ⓐ 호화로운, 고급의(sumptuous)

live in a **luxurious** house 호화로운 집에 살다
enjoy a **luxurious** lifestyle 호화로운 삶을 누리다

> 🗨 기출 예문
>
> Although we tend to think of castles as **luxurious**, they
> were strictly functional and had very few comforts.
> 우리는 성을 사치스럽다고 생각하는 경향이 있지만, 성은 철저히 기능적이었으
> 며 아주 적은 편의 시설들만 갖추고 있었다.

📝 luxurious와 달리 luxuriant는 긍정적인 의미
　　luxuriant forest 울창한 숲
　　luxuriant crops 풍부한 수확량

DAY 07

ostentatious
[àstentéiʃəs]

ⓐ **과시하는, 호화로운(showy, pretentious)**

ostentatious jewelry 호화로운 보석
an **ostentatious** display of wealth 부의 과시, 돈 자랑

📝 기출 예문

Nonsensical ideas expressed with **ostentatious** verbiage and gobbledygook—that's how one critic described postmodernist theories.
한 비판론자는 포스트모더니즘 이론을 과시적인 장황함과 현학성으로 표현된 터무니없는 개념이라고 설명했죠.

VOCA⁺
ostensible 표면적인; 명백한

---

outgrow
[àutgróu]

ⓥ **~보다 더 커지다, 더 크게 자라다**

Kids **outgrow** their clothes. 아이들이 커서 옷이 안 맞는다.
outgrow his older brother (동생이) 형보다 더 커지다

VOCA⁺
outgoing 외향적인
outfit 옷; 장비
outnumber ~보다 수가 더 많다

📝 기출 예문

The Smiths are moving into a larger house since they have **outgrown** their current one.
스미스 씨 가족은 지금 사는 집이 비좁아져서 더 큰 집으로 이사할 것이다.

---

priceless
[práislis]

ⓐ **매우 귀중한(invaluable)**

a **priceless** collection of antiques 매우 귀중한 골동품 수집품
priceless information 매우 귀중한 정보

📝 기출 예문

The woman refused to sell the jewelry, as she considered it **priceless**.
그 여자는 그 보석을 매우 귀중하게 여겼기 때문에 팔려고 하지 않았다.

VOCA⁺
pricey 값비싼
valueless 무가치한

📖 priceless: '공짜인' (×) ⇒ 값을 매길 수 없을 정도로 '매우 귀중한' (○)
the priceless painting 매우 귀중한 그림

purchase

[pə́:rtʃəs]

n. purchasing (기업의) 구매 (행위)

ⓥ 구입[구매]하다(buy)

purchase goods on credit 신용 카드로 제품을 구매하다

ⓝ 구입, 구매

cash[credit card] **purchases** 현금[신용 카드] 구매

🗨️ 기출 예문

Those of you who have not **purchased** the textbook may get it from the student union bookstore.
여러분 중 교과서를 구입하지 않은 사람은 학생 조합 서점에서 책을 구할 수 있습니다.

VOCA⁺

chase 추적하다
chaste 순결한, 정숙한

📑 purchasing power 구매력, 살 수 있는 능력
   make a purchase of ~을 구매하다

---

wardrobe

[wɔ́:rdroub]

ⓝ 옷장; (갖고 있는) 옷(a collection of clothes)

hang the jacket in the **wardrobe** 재킷을 옷장 안에 걸다
have an extensive **wardrobe** 옷이 많다

VOCA⁺

closet 벽장, 찬장
ward 병동, 감방
robe 예복, 관복

🗨️ 기출 예문

This is the darkest tie I have in my **wardrobe**.
이게 제 옷장에서 가장 짙은 색 넥타이에요.

---

reasonable

[rí:zənəbl]

n. reason 이유, 근거; 이성

ⓐ 합리적인, (가격이) 적정한(↔ unreasonable 불합리한, 부당한)

a **reasonable** decision[price] 합리적인 결정[가격]
have **reasonable** grounds for ~에 대한 타당한 근거가 있다

VOCA⁺

affordable (가격이) 알맞은
high-end 최고급인, 고액인
competitive (가격이) 경쟁력이 있는

🗨️ 기출 예문

Do you know any good restaurants downtown that offer meals at a **reasonable** price?
시내에 가격이 적당한 괜찮은 식당을 알고 있나요?

receipt

[risíːt]

v. receive 받다, 받아들이다

ⓝ 영수증; 받음, 수취

make out[write] a **receipt** 영수증을 쓰다
keep one's **receipt** 영수증을 보관해 두다

VOCA⁺
reception (호텔의) 프런트; 환영(회)
receptive 수용적인, 선뜻 받아들이는
recipient 수령인, 수취인

> 🖊 기출 예문
>
> If you have your **receipts**, your travel expenses can be reimbursed.
> 만약 영수증을 갖고 있으면 여행 경비를 환급받을 수 있어요.

---

refund

ⓝ [ríːfʌnd]
ⓥ [rifʌnd]

ⓝ 환불(금)

demand a **refund** 환불을 요구하다
a tax **refund** 세금 환급(금)

ⓥ 상환[환불]하다(reimburse)

refund the purchase price 구입 가격을 환불해 주다

> 🖊 기출 예문
>
> He has not been given a **refund** for the returned product.
> 그는 반품한 제품에 대한 환불을 받지 못했다.

VOCA⁺
rebate (대금의) 일부를 되돌려 주다

> 📘 receive a full refund of ~에 대해 전액 환불받다
> No refunds are allowed. 환불되지 않습니다.

---

retail

[ríːteil]

n. retailer 소매업(자), 소매상

ⓝ 소매(↔ wholesale 도매의)

a **retail** outlet[shop] 소매점
retail price 소매가

VOCA⁺
curtail 단축하다
entail 수반하다

> 🖊 기출 예문
>
> Vitamins and supplements can be purchased over the Internet and in **retail** stores.
> 비타민과 영양 보충제는 인터넷과 소매점에서 구입할 수 있다.

secondhand
[sékəndhǽnd]

ⓐ **간접의; 중고의(used)**
secondhand smoke 간접흡연

ⓐ **간접적인(indirect); 중고로**
hear the news **secondhand** 그 소식을 전해 듣다
buy the camera **secondhand** 카메라를 중고로 사다

기출 예문
Save money by visiting some local **secondhand** stores.
인근에 있는 중고 상점을 이용해서 돈을 절약하십시오.

VOCA⁺
firsthand 직접의; 직접, 바로

---

select
[silékt]

n. selection 선택, 선발; 엄선된 것
a. selective 선택적인

ⓥ **선택[선발]하다**
select one item from the list 목록에서 한 항목을 선택하다
be **selected** at random 무작위로 선발되다

ⓐ **엄선된(choice)**
a **select** wine list 엄선된(최고급) 와인 리스트
a few **select** employees 소수의 엄선된 직원들

기출 예문
He should **select** someone who he feels can handle it.
그는 그가 생각하기에 그 일을 처리할 수 있는 사람을 골라야겠지요.

VOCA⁺
collect 수집하다
elect (선거로) 선출하다

DAY 07

---

spree
[spri:]

ⓝ **흥청망청하기, 흥청거림(binge)**
spend money on a drinking **spree** 흥청거리며 술을 마시는 데 돈을 쓰다
go on a shopping **spree** 흥청망청 쇼핑하다

기출 예문
Susie went on a shopping **spree**.
수지는 쇼핑에 푹 빠졌어.

VOCA⁺
spry 활발한, 기운찬

spurious

[spjú(ː)əriəs]

n. spuriousness 가짜, 위조

VOCA+
genuine 진짜의
authentic 진짜의

ⓐ 거짓의, 겉만 그럴싸한(fake, insincere)

spurious gem 가짜 보석

be downright spurious 완전히 거짓이다

> 기출 예문
>
> Advertisers should be held responsible for making spurious claims about their products.
> 광고주들은 자사의 상품에 대해 허위 주장을 한 책임을 져야 한다.

📄 spurious sympathy 거짓 동정

---

suit

[sjuːt]

VOCA+
suite (호텔의) 스위트룸; 수행원
sue 고소하다
fit (사이즈가) 맞다

ⓥ 적합하다; ~에 어울리다(match)

ⓝ 정장, (특정 목적의) 옷; 소송

wear a business suit 비즈니스 정장을 입다

file a suit against ~을 상대로 소송을 제기하다

> 기출 예문
>
> Find out which charity has a mission and goals that best suit your priorities.
> 어떤 자선 단체가 당신이 가장 중요하게 생각하는 일에 가장 적합한 사명과 목적을 가지고 있는지 알아보십시오.

---

auction

[ɔ́ːkʃən]

VOCA+
Dutch auction 역경매(살 사람이 나올 때까지 가격을 낮춰 가며 진행하는 경매)

ⓝ 경매

buy the picture at auction 그림을 경매에서 사다

ⓥ 경매에서 팔다

The house was auctioned. 집이 경매로 팔렸다.

> 기출 예문
>
> Activities will include a silent auction, an arts and crafts show, a battle of the bands, dancing, and picnic games.
> 입찰식 경매와 미술 및 수공예품 전시, 음악 밴드 경연, 춤, 야외 게임의 활동이 진행될 예정입니다.

📄 be up for auction 경매에 나와 있다
  hold an auction of ~에 대한 경매를 열다

range
[reindʒ]

ⓝ **범위, 다양성**

a wide **range** of (범위가) 대단히 다양한
a narrow **range** of 한정된 종류의

ⓥ **(범위가) ～에서 ～까지 이르다**

children **ranging** in age from 7 to 13 나이가 7세에서 13세인 아이들

🗨 기출 예문

What price **range** did you have in mind?
어느 정도의 가격대를 생각하셨습니까?

📑 top of the range 최고 수준
within the range of ～의 사정거리 내에서
out of range 사정거리 밖의

VOCA⁺

arrange 배열하다; 준비하다

DAY 07

127

DAILY TEPS TEST

Choose the best answer for the blank.

Part I

1

A: This gold watch really suits you.

B: Come on, you know I can't _____ that.

(a) admit
(b) select
(c) afford
(d) infer

2

A: What does the winner of the drawing receive?

B: A $500 shopping _____ at a store of their choice.

(a) spark
(b) spree
(c) suit
(d) stand

3

A: Did you hear about the department store sale?

B: Yes, everything is marked down 20% from the _____ price.

(a) withdrawal
(b) inventory
(c) retail
(d) secondary

4

A: Any ideas on where I can buy a cheap jacket?

B: You should try the _____ store.

(a) designer
(b) foundation
(c) credit
(d) secondhand

5

A: What do you think of these cute little shoes for your son?

B: He'll only _____ them in a few months.

(a) auction
(b) conform
(c) register
(d) outgrow

6

A: I'm not so sure I like the color of this new sweater.

B: The store is bound to let you _____ it.

(a) purchase
(b) exchange
(c) browse
(d) finalize

128

7

A: Did you spend $500 on computer equipment?

B: No, that must be a fraudulent
_____.

(a) postage
(b) signal
(c) discount
(d) charge

8

A: I'd like to learn more about this eco-friendly clothing line.

B: Here's a _____ that tells all about it.

(a) novel
(b) receipt
(c) brochure
(d) milestone

Part II

9

The company has issued a full recall as a result of a _____ temperature gauge.

(a) sensitive
(b) priceless
(c) righteous
(d) defective

10

Some shoppers are uncomfortable _____ with sellers, while others relish the negotiation.

(a) haggling
(b) sparring
(c) bidding
(d) fiddling

11

The five-star Winthrop Resort and Spa offers a combination of Old World charm and _____ modern amenities.

(a) luxurious
(b) complimentary
(c) reasonable
(d) tenuous

12

Your satisfaction is guaranteed, or we will be happy to issue you a full
_____.

(a) refund
(b) wardrobe
(c) range
(d) portrayal

1	(c)	2	(b)	3	(c)	4	(d)	5	(d)	6	(b)
7	(d)	8	(c)	9	(d)	10	(a)	11	(a)	12	(a)

1 A: 이 금시계 정말 잘 어울리세요.
B: 에이, 제가 이런 거 살 형편이 안 되는 거 아시잖아요.
(a) 인정하다　　　　　(b) 선택하다
(c) **여유가 되다**　　　(d) 추론하다

2 A: 추첨 당첨자는 뭘 받게 되죠?
B: 그들이 고른 상점에서 500달러어치 마음껏 쓸 수 있는 것이요.
(a) 불꽃　　　　　　　(b) **흥청망청 쓰기**
(c) 정장　　　　　　　(d) 입장

3 A: 백화점 세일 소식 들었어요?
B: 네, 모든 제품을 소매 가격에서 20퍼센트 할인한대요.
(a) 철수　　　　　　　(b) 재고
(c) **소매**　　　　　　(d) 이차적인

4 A: 저렴한 재킷을 어디서 사야 할까요?
B: 중고 매장을 가 보세요.
(a) 디자이너　　　　　(b) 기초
(c) 신용　　　　　　　(d) **중고의**

5 A: 당신 아들에게 이 작고 귀여운 신발 어떠세요?
B: 그가 많이 커져서 신발은 몇 달 만에 작아질 거예요.
(a) 경매로 팔다　　　　(b) 따르다
(c) 등록하다　　　　　(d) **더 크게 자라다**

6 A: 이 새 스웨터 색깔이 별로인 것 같아요.
B: 상점에서 교환할 수 있을 거예요.
(a) 구입하다　　　　　(b) **교환하다**
(c) 둘러보다　　　　　(d) 마무리 짓다

7 A: 컴퓨터 기기 사는 데 500달러나 썼어요?
B: 아니요, 그건 분명 사기성 요금이죠.
(a) 우편 요금　　　　　(b) 신호
(c) 할인　　　　　　　(d) **요금**

8 A: 이 친환경 의류에 관해 더 알고 싶습니다.
B: 여기 안내 책자를 보시면 다 나와 있어요.
(a) 소설　　　　　　　(b) 영수증
(c) **안내 책자**　　　(d) 획기적인 사건

9 그 회사는 결함 있는 온도계 때문에 전체 리콜을 발표했다.
(a) 민감한　　　　　　(b) 대단히 귀중한
(c) 옳은　　　　　　　(d) **결함 있는**

10 일부 쇼핑객들은 판매자와의 흥정을 불편해 하고 다른 이들은 협상을 즐긴다.
(a) **흥정하다**　　　　(b) 말다툼하다
(c) 입찰에 응하다　　　(d) 만지작거리다

11 5성급인 윈스롭 리조트와 온천은 올드 월드의 매력과 호화로운 현대식 편의 시설의 조합을 제공한다.
(a) **호화로운**　　　　(b) 무료의
(c) 합리적인　　　　　(d) 빈약한

12 귀하께서 완전히 만족하지 않으신다면 저희는 기꺼이 전액 환불해 드리겠습니다.
(a) **환불**　　　　　　(b) 옷장
(c) 범위　　　　　　　(d) 묘사

DAY
08

Food

기출 예문

Specialty shops generally **cater** to a particular kind of customer by providing personalized service and unique merchandise.

전문점들은 일반적으로 개인 맞춤형 서비스와 독특한 상품을 제공함으로써 특정 고객의 요구를 만족시킨다.

학습 1차	년	월	일	공부 시간	시간	분
학습 2차	년	월	일	공부 시간	시간	분
학습 3차	년	월	일	공부 시간	시간	분

protein
[próuti:n]

ⓝ **단백질**

rich in **protein** 단백질이 풍부한
a source of **protein** 단백질원

🖋️기출 예문

You need to consume enough **protein** to build muscles.
근육을 키우려면 단백질 섭취가 필요하다.

---

serving
[sə́:rviŋ]

ⓝ **1인분**

enough for four **servings** 4인분으로 충분한

🖋️기출 예문

Eating two to four **servings** of fish a week reduces the risk of strokes by 6%.
일주일에 생선을 두 번 내지 네 번 먹으면 뇌졸중 위험을 6%까지 줄여 준다.

VOCA⁺
portion 1인분

---

gourmet
[gúərmei]

ⓐ **미식가의**

ⓝ **미식가, 식도락가**

gourmet restaurant 고급 식당
gourmet meal 고급 요리

🖋️기출 예문

Gourmet chefs put much thought into preparing dishes.
일류 요리사들은 요리를 준비하는 데 많은 생각을 쏟는다.

VOCA⁺
connoisseur 전문가

---

quench
[kwentʃ]

ⓥ **(갈증을) 해소하다**

quench one's thirst 목을 축이다
quench a fire 불을 끄다

🖋️기출 예문

Cold green tea is great for **quenching** your thirst.
차가운 녹차는 갈증을 해소하는데 최고다.

VOCA⁺
moisten 적시다, 촉촉하게 하다

additive
[ǽdətiv]

ⓝ 첨가물

food **additives** 식품 첨가제

📝 기출 예문

Our yogurt contain only organic ingredients, with no **additives** or preservatives.
우리 요거트는 첨가제나 방부제 없이 오직 유기농 재료만 쓰고 있습니다.

VOCA⁺
preservative 방부제
supplement 보충물, 보충제

gratuity
[grətʃúːəti]

ⓝ 팁, 사례금

a 15 percent **gratuity** 15퍼센트 팁
give a small **gratuity** 약간의 사례를 하다

📝 기출 예문

This bill includes a **gratuity**.
이 계산서에는 팁이 포함되어 있다.

VOCA⁺
tip 팁

exceptional
[iksépʃənəl]

n. exception 예외

ⓐ 특출한, 뛰어난; 극히 예외적인

an **exceptional** student in math 수학에서 두각을 보이는 학생
an **exceptional** promotion 이례적인 승진

📝 기출 예문

The article gave J&J Restaurant its highest accolade for **exceptional** food and service.
그 기사는 J&J 식당의 뛰어난 음식과 서비스에 대해 최고의 칭찬을 했다.

VOCA⁺
extraordinary 비범한
notable 주목할 만한
phenomenal 경이로운
ordinary 평범한

DAY 08

delicacy
[déləkəsi]

ⓝ 진미, 별미

local **delicacies** 지역의 별미들

📝 기출 예문

When bananas first came to Korea, they were a prized **delicacy**.
바나나가 처음 한국에 들어왔을 때 그것은 귀중한 진미였다.

VOCA⁺
feast 연회, 잔치

appetite

[ǽpətàit]

n. appetizer 식욕을 돋우는 것, 전채

ⓝ 식욕; 욕구(desire)

have a good[poor] **appetite** 식욕이 왕성하다[별로 없다]

an **appetite** for pleasure 쾌락의 욕구

기출 예문

In spite of her large **appetite**, Gloria manages to stay thin.
글로리아는 식욕이 왕성함에도, 날씬한 몸매를 간신히 유지하고 있다.

VOCA⁺

aperitif 식전에 마시는 반주

whet an appetite 식욕을 돋우다
lose one's appetite 식욕을 잃다

---

beverage

[bévəridʒ]

ⓝ 음료(drink)

May I offer you a **beverage**? 마실 것 한 잔 드릴까요?

기출 예문

All **beverages** at the music festival will be free.
음악 페스티벌의 모든 음료가 무료입니다.

VOCA⁺

leverage 영향력, 효력; 차입에 의한 경영

alcoholic beverages 알코올음료
cooling beverages 청량음료

---

bill

[bil]

ⓝ 계산[청구]서; 법안; (새의) 부리

pay[foot] the **bill** 계산하다, 돈을 지불하다

pass[approve] the **bill** 법안을 통과시키다

ⓥ 청구서를 발송하다; 홍보하다(advertise)

bill A for B A에게 B에 대한 청구서를 발송하다

be **billed** as ~으로 광고되다

기출 예문

For questions regarding credit card usage or other billing matters, please call 237-8056.
신용 카드 사용이나 다른 청구서 발송 문제에 대한 문의는 237-8056으로 전화 주세요.

VOCA⁺

beak (날카로운) 부리

utility bills (전기 · 수도 등의) 공공요금
Bill of Rights 권리 장전
veto the bill 법안에 거부권을 행사하다

bland
[blænd]

ⓐ 맛없는(flat), 밍밍한; 단조로운, 재미없는(dull, boring)

bland-tasting 특별한 맛이 안 나는
a **bland** face 별 표정이 없는 얼굴
a **bland** film 재미없는 영화

VOCA⁺

blend 섞다, 어울리다
brand 상표, 브랜드; 낙인
flat (맥주 등이) 김이 빠진

기출 예문

This soup doesn't have much taste; it really is quite **bland**.
이 수프는 별 맛이 없다. 꽤 싱거워.

---

cater
[kéitər]

n. catering (행사를 대상으로 하는)
음식 공급업

**ⓥ (사업으로 행사에) 음식을 공급하다(provide);
(요구 · 필요에) 맞춰 주다, 충족시키다**

cater the banquet 연회에 음식을 공급하다
cater to foreign tourists 외국인 관광객들을 충족시키다

기출 예문

Specialty shops generally **cater** to a particular kind of
customer by providing personalized service and unique
merchandise.
전문점들은 일반적으로 개인 맞춤형 서비스와 독특한 상품을 제공함으로써
특정 고객의 요구를 만족시킨다.

VOCA⁺

skater 스케이트를 타는 사람
crater 분화구

---

cutlery
[kʌ́tləri]

ⓝ (나이프 · 포크 · 스푼 등의) 식탁용 날붙이(silverware)

a stainless steel **cutlery** set 스테인리스 수저류 세트
good quality **cutlery** made from silver 은으로 된 좋은 품질의 수저류

기출 예문

You can't pass through airport security with **cutlery** in
your bag.
가방에 날붙이들을 넣고 공항 보안 검색대를 통과할 수 없습니다.

VOCA⁺

cutlet 얇게 저민 고기
pork cutlet 돈가스

DAY 08

dairy

[déəri]

VOCA+
diary 일기
daily 매일의

ⓐ 유제품의, 낙농의

dairy products 유제품들

the **dairy** industry 낙농업

> 기출 예문
>
> It's in aisle three, across from the **dairy** section.
> 3번 통로에 있어요. 유제품 코너 맞은편이에요.

---

decay

[dikéi]

VOCA+
decoy 꾀다
decade 10년

ⓝ 부패, 부식; 쇠퇴, 퇴락

the moral **decay** 도덕적 타락

fall into **decay** 쇠퇴[쇠락]하다

ⓥ 썩다, 부패하다(rot)

decaying food[teeth] 썩어 가는 음식물[치아]

dead plants **decayed** by bacteria 박테리아에 의해 썩는 죽은 식물들

> 기출 예문
>
> Bacteria in the mouth that cause tooth **decay** also inhibit some throat infections and pneumonia.
> 충치의 원인이 되는 입안의 박테리아는 또한 인후 감염과 폐렴을 억제합니다.

---

diet

[dáiət]

n. dieter 다이어트 중인 사람
a. dietary 규정식의, 식이 요법의

VOCA+
fast (종교적인) 단식; 단식하다
hunger strike 단식 투쟁

ⓝ 식사, 식습관; 규정식, 다이어트

have a balanced **diet** 균형 잡힌 식사를 하다

lose weight through **diet** 다이어트로 살을 빼다

> 기출 예문
>
> You look slim. Have you been on a **diet**?
> 날씬해 보여요. 다이어트를 하나요?

📓 다이어트를 하다: do a diet (×) ⇒ go **on** a diet (○)

---

spicy

[spáisi]

n. spice 양념

VOCA+
auspice 길조; 원조, 찬조

ⓐ 매운, 매콤한(hot); 흥미로운, 약간 충격적인

a **spicy** tomato sauce 매콤한 토마토소스

a **spicy** story 흥미로운 이야기

> 기출 예문
>
> How about something **spicy**, like Mexican or Thai?
> 멕시코나 태국 음식 같이 매운 게 어때요?

digest
ⓥ [didʒést]
ⓝ [dáidʒest]

n. digestion 소화
a. digestive 소화를 돕는,
소화력이 있는

VOCA⁺

congest 혼잡하게 하다
gestate 임신하다

ⓥ 소화하다; (완전히) 이해하다

digest meat 고기를 소화하다
digest the information 정보를 완전히 이해하다

ⓝ 요약(summary)

a compact **digest** of today's news 오늘 뉴스의 요약

🖋 기출 예문

A bulky diet promotes a laidback lifestyle, in which
Gorillas spend plenty of time resting and **digesting**.
상당한 식사량으로 느긋한 생활을 하게 되는데, 고릴라는 쉬면서 소화시키는
데 많은 시간을 보낸다.

📝 digestive system 소화 기관
an easily digested protein 쉽게 소화되는 단백질

---

edible
[édəbl]

VOCA⁺

potable 마실 수 있는

ⓐ 먹을 수 있는, 식용의(↔ inedible 식용이 아닌)

edible snails 식용 달팽이들
a plant with **edible** leaves 먹을 수 있는 잎을 가진 식물

🖋 기출 예문

Companies are now working to grow potatoes and other
vegetables that contain **edible** vaccines.
기업들은 현재 식용 가능한 백신을 함유한 감자와 기타 채소들을 재배하려고
연구 중이다.

---

fermentation
[fə:rmentéiʃən]

v. ferment 발효되다, 발효시키다
a. fermented 발효된

VOCA⁺

foment 선동하다, 조장하다

ⓝ 발효

the process of **fermentation** 발효 과정
become wine through **fermentation** 발효를 통해 와인이 되다

🖋 기출 예문

Alcohol is a product of the **fermentation** of certain
substances.
술은 특정한 물질이 발효된 상품이다.

📝 leave grape juice to ferment 포도 주스를 발효되게 두다
fermented foods 발효 식품

DAY 08

gluttonous

[glʌ́tənəs]

v. gluttonize 대식[폭식]하다
n. glutton 대식가
n. gluttony 폭식, 과식

ⓐ 폭식하는(voracious)

a **gluttonous** eater 대식가
have **gluttonous** habits 폭식하는 습관이 있다

기출 예문

Mark embarrassed himself at dinner with this **gluttonous** behavior.
마크는 저녁 식사 중에 게걸스럽게 먹는 행동으로 자신을 부끄럽게 만들었다.

VOCA⁺
glutinous 아교질의, 끈적끈적한

---

hangover

[hǽŋòuvər]

ⓝ 숙취; 유물

wake up with a **hangover** 숙취로 잠에서 깨다
a **hangover** from the past 과거의 유물

기출 예문

It is a myth that you can drink fine wine all night without getting very drunk or suffering a bad **hangover**.
좋은 와인은 밤새도록 마셔도 아주 많이 취하거나 심한 숙취로 고생하지 않는다는 것은 근거 없는 낭설이다.

VOCA⁺
hangout 단골로 가는 곳, 아지트

---

ingredient

[ingrí:diənt]

ⓝ (음식의) 재료, 성분

a basic **ingredient** for a curry 카레 요리의 기본 재료
the essential **ingredients** for success 성공의 필수 요소

기출 예문

Fortunately, the medicinal **ingredients** of most plants used for medical purposes can be synthesized, which lowers the demand for plants in the wild.
다행스럽게도 의학적 목적으로 사용되는 대다수 식물들의 약용 성분들은 합성이 가능하기 때문에 야생 식물에 대한 수요를 낮춰 준다.

VOCA⁺
ingress 입구
egress 출구

treat
[tri:t]

n. treatment 치료; 처리

VOCA+
treaty 협정
treatise 논문

ⓥ 대접하다; 다루다; 치료하다

I'll **treat** you (to lunch). (점심) 내가 살게.
treat the issue 그 문제를 다루다
treat the symptoms 증상들을 치료하다

ⓝ 대접, 접대

🗒 기출 예문

Thanks for **treating** me to a great dinner.
멋진 저녁 대접해 줘서 고마워.

luscious
[lʌʃəs]

VOCA+
luxurious 사치스러운
luxuriant 무성한

ⓐ 감미로운, 달콤한(delicious, delectable); 관능적인

a **luscious** wine 감미로운 와인
a **luscious** actress 관능적인 여배우

🗒 기출 예문

Each diner was served a piece of an absolutely **luscious** chocolate cake.
식사하는 사람들에게 정말 달콤한 초콜릿 케이크가 한 조각씩 나왔다.

mince
[mins]

VOCA+
dice 깍둑썰기하다
slice 얇게 썰다
chop 잘게 썰다
grill 굽다
simmer 약한 불로 끓이다

ⓥ (고기·야채를) 잘게 썰다, 다지다; (말을) 삼가서 하다

mince the onions 양파들을 잘게 썰다
minced meat[garlic] 다진 고기[마늘]
not **mince** words 까놓고[직설적으로] 말하다

🗒 기출 예문

Couldn't you pick up some **minced** garlic and rice?
다진 마늘과 쌀 좀 사다 줄 수 없어요?

📝 make mincemeat of ~을 찍소리도 못 하게 하다

DAY 08

nutrient

[njúːtriənt]

n. nutrition 영양
n. nutritionist 영양사
a. nutritional 영양상의
a. nutritious 영양가 높은

VOCA⁺
alimentary 소화의, 영양의
digestive 소화를 돕는

ⓝ 영양소, 영양분

a lack of essential **nutrients** 필수 영양소의 결핍
absorb **nutrients** from the soil 흙에서 영양분을 흡수하다

🖊️ 기출 예문

Not only do growing bodies need the **nutrients**, but eating a healthy breakfast is important for kids to reach their full potential at school and in sports activities.
성장기 아이들의 신체는 영양소를 필요로 할 뿐만 아니라 건강한 아침 식사를 하는 것은 아이들이 학교와 스포츠 활동에서 자신의 능력을 최고로 발휘하는 데 중요하다.

📝 nutrient deficiency 영양실조

---

order

[ɔ́ːrdər]

a. orderly 질서정연한

ⓝ 주문, 주문서[품]; 순서; 질서

receive[cancel] an **order** 주문을 받다[취소하다]
in alphabetical **order** 알파벳순으로
restore public **order** 공공질서를 회복하다

ⓥ 주문하다

ordered item 주문한 물품

🖊️ 기출 예문

Your **order** will be ready soon, sir.
주문하신 음식은 곧 준비될 것입니다.

📝 out of order 고장이 난

---

pasteurize

[pǽstʃəràiz]

n. pasteurization 저온 살균

VOCA⁺
pasture 목장

ⓥ 저온 살균하다(sterilize)

pasteurized milk[cheese/ beer] 저온 살균된 우유[치즈/ 맥주]

🖊️ 기출 예문

Milk must be **pasteurized** before it is considered safe for consumption.
우유는 소비에 안전하다고 여겨지기 전에 살균되어야 한다.

140

provision

[prəvíʒən]

v. provide 제공하다
n. provider 제공자
a. provisional 임시의

VOCA+
prevision 예견, 예감

ⓝ 제공, 공급; 대비; (-s) 식량, 양식

housing **provision** 주택 공급
the **provision** of childcare facilities 보육 시설 제공

🖋 기출 예문

I recently had knee surgery, so I'll need some special
provisions on the flight.
저는 최근에 무릎 수술을 받았기 때문에 특별 기내식이 필요할 겁니다.

📓 provided that ~이라면
make provision for ~에 대비하다
information provider 정보 제공자

---

recipe

[résəpì:]

VOCA+
recipient 수령인, 수취인

ⓝ 조리[요리]법(cookery, cuisine); 방안, 비결

a **recipe** for chicken soup 닭고기 수프 조리법
a **recipe** for success 성공의 비결

🖋 기출 예문

When his magical **recipe** for chocolate-dipped macadamia
nuts created a sensation on his home island of Maui, he
decided it was time.
초콜릿을 씌운 마카다미아 땅콩의 놀라운 제조법이 그의 고향인 마우이 섬에서
선풍을 일으키자, 그는 때가 되었다고 생각했다.

---

refreshing

[rifréʃiŋ]

v. refresh 생기를 되찾게 하다
n. refreshments 다과, 가벼운 식사

VOCA+
fresh 신선한
flesh 살, 고기
flash 번쩍임, 섬광

ⓐ 신선한, 상쾌하게 하는; 기억을 새롭게 하는

a **refreshing** drink 청량음료
refreshing breeze 상쾌한 미풍

🖋 기출 예문

Let me begin today by **refreshing** your memory on human
teeth development.
오늘은 인간의 치아 발달에 대한 기억을 되살리는 것으로 시작하겠습니다.

DAY 08

regimen
[rédʒəmən]

ⓝ 식이 요법(diet); 계획

a strict **regimen** 엄격한 식이 요법
a daily **regimen** of exercise 매일 매일의 운동 (요법)
plan your workout **regimen** 운동 계획을 세워라

VOCA⁺
regime 정권
regiment 연대

기출 예문
His training **regimen** includes two hours in the pool every day.
그의 훈련 요법에는 매일 두 시간 동안 수영하기가 있다.

---

savor
[séivər]

ⓥ ~의 맛[향]을 즐기다, 음미하다(relish)

savor the aroma 향을 즐기다

ⓝ (좋은) 맛, 향, 풍미(flavor)

have a **savor** of onion 양파 맛이 나다
enjoy the **savor** of a baking pie 파이 굽는 향을 즐기다
the **savor** of victory 승리의 맛[기쁨]

기출 예문
Despite their prosperity, people continue the tradition of eating insects and actually **savor** them as delicacies.
번영에도 불구하고 주민들은 곤충을 먹는 전통을 지속하고 있는데, 사실상 그들은 진미로 곤충을 즐기고 있다.

VOCA⁺
favor 호의를 베풀다; 좋아하다
flavor 맛; 맛을 내다

---

slice
[slais]

ⓝ (얇게 썬) 조각, 슬라이스

a **slice** of bread[pizza] 빵[피자] 한 조각
cut the meat into thin **slices** 고기를 얇게 썰다

ⓥ 얇게 자르다

slice the beef thinly 쇠고기를 얇게 썰다

기출 예문
I made an apple pie. Would you like to try a **slice**?
사과 파이를 만들었어요. 한 조각 드실래요?

📋 a slice of life 인생의 한 단면

VOCA⁺
morsel 한 입, 소량
chunk 큰 덩어리

sufficient

[səfíʃənt]

v. suffice 충분하다

VOCA⁺
self-sufficient 자급자족할 수 있는

ⓐ 충분한(↔ deficient 부족한)

be **sufficient** for five people 5명에게 충분하다

be **sufficient** to satisfy the audience 관객을 만족시키기에 충분하다

> **기출 예문**
>
> Certain plant species have dense, fat, tough-skinned leaves that keep **sufficient** water in storage.
> 특정 식물종은 충분한 수분을 저장해 둘 수 있는 치밀하고 도톰하며 표피가 질긴 잎을 가지고 있다.

---

leftover

[léftòuvər]

VOCA⁺
dessert 디저트, 후식
doggy bag 남은 음식을 싸 주는 봉지

ⓝ 남은 음식; (과거의) 잔재

refrigerate any **leftovers** 남은 음식들을 냉장고에 넣다

a **leftover** from earlier times 이전 시대의 유물

> **기출 예문**
>
> I'll wrap up the **leftovers**.
> 내가 남은 음식을 싸 둘게.

---

vegetarian

[vèdʒitɛ́əriən]

VOCA⁺
vegetation 식물, 초목
vegetable 야채, 채소

ⓝ 채식주의자

a strict **vegetarian** diet 엄격한 채식주의자 식단

a special menu for **vegetarians** 채식주의자들을 위한 특별 메뉴

> **기출 예문**
>
> The **vegetarian** meal I requested wasn't available.
> 제가 요청한 채식주의자용 식사는 제공되지 않았습니다.

---

voracious

[vɔːréiʃəs]

VOCA⁺
veracious 진실한

ⓐ 식욕이 왕성한, 게걸스러운

a **voracious** eater 식욕이 왕성한 사람

a **voracious** appetite for knowledge 왕성한 지식욕

> **기출 예문**
>
> Our **voracious** appetite for seafood has brought many species to the brink of extinction.
> 해산물에 대한 인간의 왕성한 식욕으로 많은 종들이 멸종의 위기에 처하게 되었다.

📝 a voracious reader 열렬한 독서광

DAY 08

DAILY TEPS TEST

Choose the best answer for the blank.

Part I

1

A: Should I add a bit more chili powder?

B: No, Rebecca doesn't like her food too _____.

(a) tasty
(b) spicy
(c) gluttonous
(d) luscious

2

A: Yes, is something the matter?

B: I _____ my steak medium rare, but this is well done.

(a) minced
(b) ordered
(c) grilled
(d) served

3

A: We'd better start baking this pie.

B: We're still missing some of the _____.

(a) ingredients
(b) regimens
(c) packets
(d) beverages

4

A: How about a nice bowl of ice cream?

B: Thanks for the offer, but I'm allergic to _____.

(a) celery
(b) dairy
(c) cutlery
(d) decay

5

A: I'll take another serving of the casserole, please.

B: You have such a healthy _____.

(a) fortress
(b) vitamin
(c) appetite
(d) calorie

6

A: Can I get you a box for that?

B: Yes, I'd like to take the _____ home, thanks.

(a) hangovers
(b) castoffs
(c) sendoffs
(d) leftovers

7

A: Exactly how big are your large pizzas?

B: They're 18 inches in diameter and are cut into eight _____.

(a) slices
(b) circles
(c) processes
(d) settings

8

A: Does your party have any special dietary requirements?

B: My mother is a _____ and my uncle can't eat nuts.

(a) treat
(b) gourmand
(c) chef
(d) vegetarian

Part II

9

The stranded hikers found enough _____ in the cabin to last them for weeks.

(a) paraphernalia
(b) luggage
(c) bills
(d) provisions

10

You should refrain from consuming wild mushrooms unless you know for a fact that they are _____.

(a) rigorous
(b) bland
(c) edible
(d) careless

11

Manatees are such _____ eaters that they consume up to 10% of their body weight every day.

(a) gregarious
(b) sufficient
(c) refreshing
(d) voracious

12

Health-conscious diners should understand that deep-frying vegetables destroys any beneficial _____ they may have.

(a) textures
(b) diets
(c) containers
(d) nutrients

DAY 08

1 (b)	2 (b)	3 (a)	4 (b)	5 (c)	6 (d)
7 (a)	8 (d)	9 (d)	10 (c)	11 (d)	12 (d)

1 A: 칠리 파우더 좀 더 넣어야 할까요?
B: 아니요, 레베카가 너무 매운 건 안 좋아해요.
(a) 맛있는　　　　　(b) 매운
(c) 게걸스러운　　　(d) 감미로운

2 A: 네, 무슨 문제가 있나요?
B: 스테이크를 미디엄 레어(조금 익힌 것)로 주문했
는데 이건 웰던(아주 많이 익힌 것)이네요.
(a) 다지다　　　　　(b) 주문하다
(c) 석쇠에 굽다　　　(d) 제공하다

3 A: 이제 파이를 굽기 시작하죠.
B: 아직 재료를 좀 빠뜨렸어요.
(a) 재료　　　　　　(b) 식이 요법
(c) 소포　　　　　　(d) 음료수

4 A: 아이스크림 한 그릇 드릴까요?
B: 제안은 고맙지만, 전 유제품에 알레르기가 있어요.
(a) 셀러리　　　　　(b) 유제품
(c) 날붙이류　　　　(d) 부패

5 A: 캐서롤 한 그릇 더 주세요.
B: 식욕이 참 좋네요.
(a) 요새　　　　　　(b) 비타민
(c) 식욕　　　　　　(d) 칼로리

6 A: 저것 한 박스 드릴까요?
B: 네, 남은 음식은 집에 가져가고 싶습니다. 감사
합니다.
(a) 숙취　　　　　　(b) 버리는 물건
(c) 송별　　　　　　(d) 남은 음식

7 A: 큰 피자가 정확히 사이즈가 어떻게 되죠?
B: 지름이 18인치이고 8조각이 나와요.
(a) 조각　　　　　　(b) 원
(c) 절차　　　　　　(d) 배경

8 A: 파티 식사에 특별한 요구 사항이 있습니까?
B: 엄마는 채식주의자이고 삼촌은 견과류를 안 드
세요.
(a) 대접　　　　　　(b) 대식가
(c) 요리사　　　　　(d) 채식주의자

9 오도 가도 못하게 된 도보 여행자들이 통나무집에
서 몇 주 동안 견딜 수 있는 충분한 식량을 발견했
다.
(a) 용품　　　　　　(b) 짐
(c) 계산서　　　　　(d) 식량

10 야생 버섯이 식용인지 알지 못한다면 먹어서는 안
됩니다.
(a) 철저한　　　　　(b) 맛없는
(c) 먹을 수 있는　　(d) 부주의한

11 바다소는 매일 자기 체중의 10퍼센트까지 먹는 대
식가들이다.
(a) 사교적인　　　　(b) 충분한
(c) 신선한　　　　　(d) 식욕이 왕성한

12 건강을 신경 쓰는 손님들은 채소를 튀기면 채소에
들어 있는 이로운 영양소들을 파괴한다는 것을 알
고 있다.
(a) 질감　　　　　　(b) 식이 요법
(c) 용기　　　　　　(d) 영양소

DAY
09

Law & Crime

The two parties involved in the dispute needed an **impartial** judge
to settle the matter fairly.

다툼에 연관된 양측은 그 문제를 공명정대하게 풀기 위해서 공정한 재판관이 필요했다.

학습 1차	년	월	일	공부 시간	시간	분
학습 2차	년	월	일	공부 시간	시간	분
학습 3차	년	월	일	공부 시간	시간	분

elude

[ilú:d]

a. elusive 찾기 힘든

ⓥ 교묘히 피하다

elude the police 경찰을 피하다

> 📝 기출 예문
>
> The former manager, who is accused of embezzling company funds, has **eluded** capture for years.
> 회사 자금 횡령으로 고소된 전임 경영진이 수년간 체포를 피했다.

conspire

[kənspáiər]

n. conspiracy 음모

VOCA⁺
collude 공모하다

ⓥ 공모하다

conspire to overthrow the government 정부 전복 음모를 꾸미다
conspire against the king 왕에 대항하여 모반을 꾀하다

> 📝 기출 예문
>
> A group of traders **conspired** to reap unlawful profits by secretly manipulating stock prices.
> 어떤 거래자 모임은 주가를 은밀히 조작해서 불법 수익을 공모했다.

deprive

[dipráiv]

n. deprivation 박탈

VOCA⁺
strip 빼앗다

ⓥ 박탈하다

deprive many fishermen of their livelihood 많은 수산업자들의 생계를 빼앗다

> 📝 기출 예문
>
> No one should be **deprived** of human rights.
> 어느 누구도 인권이 박탈당하면 안 된다.

accuse

[əkjú:z]

n. accusation 고발, 혐의, 비난

VOCA⁺
defendant (민사) 피고

ⓥ 고발하다, 비난하다

be **accused** of stealing the money 돈을 훔친 혐의로 고발되다
accuse her of lying 그녀가 거짓말을 하고 있다고 비난하다

> 📝 기출 예문
>
> Having been **accused** of using illegal substances, the politician was bombarded with questions at a press conference.
> 불법 약물 사용으로 기소되었던 그 정치인은 기자 회견장에서 질문 세례를 받았다.

accomplice

[əkámplis]

ⓝ 공범(partner)

an **accomplice** in a crime 범죄의 공범자

an unwitting **accomplice** 부지불식간에 연루된 공범자

VOCA⁺
accomplish 성취하다
principal 주범
accessory 종범

기출 예문

The killer was not acting alone and probably had multiple **accomplices**.
그 살인자는 혼자 행동하지 않고 아마도 다수의 공범이 있었을 것이다.

---

adjourn

[ədʒə́ːrn]

n. adjournment 연기, 휴회

ⓥ (재판 · 회의 등을) 중단하다, 휴정[휴회]하다(postpone, defer, put off)

adjourn the trial 재판을 휴정하다

be **adjourned** until next month 다음 달로 연기되다

기출 예문

Justice Percy Granger **adjourned** the trial until the photographs are determined to be genuine or not.
퍼시 그레인저 재판관은 그 사진이 진짜인지 아닌지 확인될 때까지 재판을 휴정했다.

VOCA⁺
adjoin 인접하다

---

allegation

[æligéiʃən]

v. allege (증거 없이) 주장하다, 혐의를 제기하다

ad. allegedly 주장한[전해진] 바에 의하면, 이른바

ⓝ (잘못을 저질렀다는) 혐의, 주장

refute the **allegation** 혐의를 부인하다

an **allegation** of bribery 뇌물 수수 혐의

기출 예문

Officials speaking for the mayor have claimed that the recent **allegations** come from people connected to opponents of Mayor Cayonto and his leadership.
시장을 대변하는 관계자들은 최근의 근거 없는 주장이 케이온토 시장과 그의 리더십에 반대하는 세력과 관련된 사람들로부터 나온다고 주장했다.

VOCA⁺
allegiance 충성
alligator 악어

DAY 09

149

amendment

[əméndmənt]

v. amend (법 등을) 수정하다; 고치다
a. amendatory 개정의

🔊 (법 등의) 개정, 수정

propose an **amendment** to the law 그 법의 개정을 제의하다
adopt an **amendment** 수정안을 채택하다

VOCA⁺

emend (인쇄 전에 글을) 교정하다
amends 보상, 변상

기출 예문

The Governor has proposed several sweeping **amendments** to the unpopular law.
주지사는 평판이 좋지 않은 법에 대해 전면적인 수정을 여러 개 제안했다.

📄 a constitutional amendment 헌법 개정

---

amnesty

[ǽmnisti]

🔊 사면, 특사; (범행의) 자진 신고 기간

give[grant] **amnesty** for all political prisoners 모든 정치범들을 사면하다
an **amnesty** on illegal weapons 불법 무기들에 대한 자진 신고

VOCA⁺

amnesia 기억상실증
anemia 빈혈(증)

기출 예문

Once they are granted **amnesty**, the illegal immigrants will no longer fear arrest.
불법 이민자들이 한 번 사면을 받으면 더 이상 체포를 두려워하지 않을 것이다.

---

apprehend

[æ̀prihénd]

n. apprehension 체포; 걱정, 우려
a. apprehensive 우려하는, 불안한;
   이해가 빠른

🔊 체포하다(arrest); 이해[파악]하다(perceive, grasp)

apprehend a criminal 범인을 체포하다
apprehend the danger 위험을 감지하다

VOCA⁺

comprehend 포함하다; 이해하다
reprehend 비난하다
appendage 첨가물, 부속물

기출 예문

His attacker was **apprehended** by police.
그를 공격한 사람이 경찰에 체포되었다.

attorney

[ətə́:rni]

VOCA⁺

prosecutor 검사
juror 배심원
jury 배심원단

ⓝ 변호사, 대리인(lawyer)

a defense **attorney** 피고측 변호사
an **attorney** for the plaintiff 원고측 변호사

📝 기출 예문

I'm here to speak to Mr. Bellows. I'm his **attorney**.
벨로우즈 씨께 드릴 말씀이 있어 왔습니다. 저는 그의 변호사입니다.

📄 a district attorney 지방 검사
Attorney General 법무 장관

---

commit

[kəmít]

n. commitment 약속; 헌신, 전념
a. committed 헌신적인, 전념하는

VOCA⁺

violate (법 · 규칙을) 위반하다

ⓥ (범죄를) 저지르다; 전념하다; 약속하다

commit a crime 범죄를 저지르다
commit oneself to ~에 헌신하다

📝 기출 예문

After all, someday any one of us might **commit** an error, a
shameful action, or even a crime.
결국, 언젠가 우리들 가운데 누구든 실수나 부끄러운 행동, 심지어 범죄까지 저
지를지도 모른다.

📄 filial commitment 자식의 도리

---

condemn

[kəndém]

n. condemnation 비난

VOCA⁺

contemn 경멸하다

ⓥ 비난[규탄]하다; (안전) 부적격 판정을 내리다;
(사형을) 선고하다

be **condemned** as a racist 인종 차별주의자로 비난받다
a **condemned** building 안전 부적격 판정을 받은 건물
be **condemned** to death 사형 선고를 받다

📝 기출 예문

Instead of **condemning** other people, let's try to
understand them.
다른 사람들을 비난하는 대신, 그들을 이해하려고 노력하자.

DAY 09

convict

ⓥ [kənvíkt]
ⓝ [kánvikt]

n. conviction 유죄 선고[판결]; 신념, 확신

VOCA+

convince 확신시키다
culprit 범인; 미결수; 문제의 원인이 되는 것

ⓥ **유죄를 선고하다(↔ acquit 무죄를 선고하다)**

a **convicted** criminal 유죄 판결을 받은 범인
be **convicted** of arson 방화죄로 유죄를 선고받다
sufficient evidence to **convict** 유죄를 입증할 충분한 증거

ⓝ **기결수, 죄수**

an escaped **convict** 탈옥수

🖊 기출 예문

In the late 1980s, hundreds of gangsters were **convicted** and put behind bars in Italy.
1980년대 후반 이탈리아에서는 폭력배 수백 명이 유죄를 선고받고 감옥에 들어갔다.

---

custody

[kʌ́stədi]

VOCA+

custom 관습; 관세
costume 복장, 의상

ⓝ **(재판 전) 유치, 구류(detention); 양육권**

be kept in **custody** 구속되어 있다
grant **custody** to the grandparents 조부모에게 양육권을 주다

🖊 기출 예문

The police have several suspects in **custody** but have not charged anyone with the crime.
경찰은 여러 명의 용의자를 구류하고 있지만 누구도 기소하지는 않았다.

---

detain

[ditéin]

n. detention 구금, 구류
n. detainee 억류된 사람

VOCA+

contain 포함하다; 억제하다
sustain 지탱하다; (부상을) 입다, 겪다

ⓥ **구금[억류]하다**

be illegally **detained** 불법 억류되다
be **detained** in a mental hospital 정신 병원에 수용되다

🖊 기출 예문

Police can only **detain** suspects for 24 hours without charging them.
경찰은 용의자를 기소 없이 24시간 동안 구금할 수 있을 뿐이다.

152

deter
[ditə́:r]

n. deterrent 제지(물)

ⓥ 단념시키다, ~하지 못하게 하다(prevent, discourage), ~을 방지하다

deter people from going out 사람들을 밖에 나가지 못하게 하다
deter an enemy attack 적의 공격을 저지하다

기출 예문

Suspicious spouses from all walks of life do not seem **deterred** by the investigation fee equivalent to $1,500 US.
사회 각계각층의 의심 많은 배우자들은 1,500달러에 해당하는 조사 비용에 개의치 않는 듯하다.

VOCA+
defer 미루다
desist 단념하다

---

embezzle
[imbézl]

n. embezzlement 횡령

ⓥ 횡령하다

embezzle a large sum of public money 거액의 공금을 횡령하다
embezzle money from the clients 고객들이 맡긴 돈을 횡령하다
be convicted of **embezzling** 횡령으로 유죄를 선고받다

기출 예문

The corrupt politician **embezzled** several thousand dollars of campaign funds.
그 부패한 정치인은 수천 달러의 선거 자금을 횡령했다.

VOCA+
dazzle 눈부시게 하다
drizzle 이슬비가 내리다

---

evade
[ivéid]

n. evasion 회피, 모면
a. evasive 회피하는, 얼버무리는

ⓥ (책임을) 회피하다, 빠져나가다(elude)

evade arrest[capture] 체포를 모면하다
evade the difficult question 어려운 질문을 피해가다
evade the law 법망을 피해가다

기출 예문

Do you think he **evaded** any taxes?
그가 탈세를 했을 거라고 생각하세요?

VOCA+
invade 침략하다
wade (물을) 걸어서 건너다

---

ransom
[rǽnsəm]

ⓝ (납치·유괴된 사람에 대한) 몸값

demand a **ransom** 몸값을 요구하다
hold the child for **ransom** 아이를 인질로 몸값을 요구하다

기출 예문

The President said that his country would pay no **ransom** for the hostages.
대통령은 인질에 대한 몸값을 지불하는 일은 없을 거라고 말했다.

VOCA+
reward 현상금, 사례금
damages 배상금

DAY 09

153

exonerate

[igzánərèit]

n. exoneration 면죄, 면책

ⓥ 무죄임을 밝혀 주다, 용서하다(acquit, absolve, exculpate)

exonerate the defendant 피고가 무죄임을 밝혀 주다

be **exonerated** from all charges of corruption 모든 부패 혐의에서 벗어 나다

기출 예문

Since 1987, DNA testing has been used to **exonerate** and free 64 wrongly convicted prisoners, including eight who had been on death row.

1987년 이후 DNA 검사는 잘못 기소된 수감자 64명의 결백을 입증하고 석방하는 데 사용되었으며, 이 가운데는 사형 선고를 받았던 8명이 포함되어 있었다.

VOCA⁺

onerous 귀찮은, 부담스러운

---

felony

[féləni]

n. felon 중죄인, 흉악범

ⓝ 중범죄

commit a **felony** 중범죄를 저지르다

a charge of **felony** 중범죄 혐의

기출 예문

Defendants as young as 17 can be convicted of **felony** murder in this state.

아직 17살밖에 되지 않은 피고도 이 주에서는 흉악 살인죄로 유죄를 선고받을 수 있다.

VOCA⁺

misdemeanor 경범죄

---

file

[fail]

ⓥ (소장·서류 등을) 제기[제출]하다

file for divorce 이혼 소송을 제기하다

file a tax return 소득세 신고서를 제출하다

기출 예문

You'd better **file** for unemployment benefits.

실업 수당을 청구하는 게 좋겠어.

📝 file a lawsuit against ~을 상대로 소송을 제기하다

　　file a complaint against ~을 고소하다

　　file into 줄지어 ~에 들어가다

VOCA⁺

pile 쌓다; 더미

154

forge

[fɔːrdʒ]

n. forgery 위조

VOCA⁺
forage 여물; 샅샅이 뒤지다
foliage (집합적) 잎

ⓥ **위조[모조]하다; (관계를) 구축하다**

forge a check 수표를 위조하다

a **forged** passport 위조 여권

forge a peaceful relationship 평화로운 관계를 구축하다

forge a long career 오랜 경력을 구축하다

기출 예문

Distinctive watermarks are often added to official documents such as transcripts, making them harder to forge.
특정한 투명무늬가 종종 성적 증명서와 같은 공식 문서에 첨가되는데, 이는 위조를 어렵게 한다.

---

fraud

[frɔːd]

n. fraudulence 사기, 기만
a. fraudulent 사기 치는

VOCA⁺
defraud 사기 치다, 횡령하다
laud 칭찬하다

ⓝ **사기(guile); 사기꾼**

an insurance **fraud** 보험 사기

He turned out to be a **fraud**. 그는 사기꾼으로 판명되었다.

기출 예문

Credit fraud is a growing problem, which affects each and every one of us.
신용 사기 문제가 우리 모두에게 영향을 미치며 날로 커지고 있다.

---

testimony

[téstəmòuni]

v. testify (법정에서) 증언[진술]하다

VOCA⁺
witness 목격자; 증인; 증거
affidavit 선서 진술서

ⓝ **(법정에서의) 증언; 증거, 입증(testament)**

refuse to give **testimony** 증언하기를 거부하다

the oral[written] **testimonies** 구두[서면] 증언들

기출 예문

The police officer contradicted himself at least three times during his **testimony** on the first day of the trial.
그 경찰관은 공판 첫날에 증언하는 동안 최소 세 번은 스스로 모순되는 진술을 했다.

📄 bear testimony to ~을 증언하다

DAY 09

155

homicide

[hámisàid]

a. homicidal 살인(범)의

ⓝ 살인(murder)

justifiable **homicide** 정당방위 살인

accidental **homicide** 과실 치사

the scene of the **homicide** 살인 사건 현장

기출 예문

Did you know that gun-related murders account for more than half of all **homicides** committed every year in the United States?

매년 미국에서 발생하는 모든 살인 사건의 절반 이상이 총기 관련 살인이라는 사실을 아십니까?

VOCA⁺

manslaughter (고의적이 아닌) 살인

---

verdict

[vɔ́:rdikt]

ⓝ (배심원단의) 평결; 판단(judgment, decision)

reach a **verdict** 평결을 내리다

the critic's **verdict** about the novel 소설에 대한 비평가의 평가

기출 예문

After the controversial **verdict**, the news team rushed to cover the violence that had broken out in the streets.

논란이 되었던 평결이 있은 후, 뉴스 보도 팀은 거리에서 발생한 폭력 사태를 취재하기 위해 급히 달려갔다.

VOCA⁺

sentence (판사의) 선고, 판결

valediction 작별, 고별

📝 a verdict of guilty 유죄 평결

　a unanimous verdict 만장일치의 평결

---

impartial

[impá:rʃəl]

n. impartiality 공평무사

ⓐ 공정한(detached, unprejudiced ↔ partial 편파적인; 편애하는)

an **impartial** trial[judge] 공정한 재판[재판관]

give **impartial** advice 편견 없는 충고를 하다

기출 예문

The two parties involved in the dispute needed an **impartial** judge to settle the matter fairly.

다툼에 연관된 양측은 그 문제를 공명정대하게 풀기 위해서 공정한 재판관이 필요했다.

VOCA⁺

impart 알리다; 나누어 주다

156

larceny

[lá:rsəni]

VOCA⁺
robbery 강도질

ⓝ 절도, 도둑질(theft)

be charged with **larceny** 절도죄로 구속 기소되다
be arrested for grand **larceny** 중절도 죄로 체포되다

📄 기출 예문

The CEO was promptly fired after being convicted of **larceny**.
최고경영자는 절도죄를 선고받은 후 즉각 해고되었다.

legal

[lí:gəl]
v. legalize 합법화하다
n. legality 합법성

VOCA⁺
regal 왕의
regale ~을 매우 즐겁게 하다

ⓐ 법률의, 합법적인(legitimate ↔ illegal 불법적인)

exceed the **legal** limit 법적 한계를 넘다[위반하다]
legal proceedings 소송[법적] 절차

📄 기출 예문

I had to meet with my lawyer over some **legal** troubles.
저는 법적인 문제로 변호사를 만나야 했어요.

📝 take legal action against ~을 상대로 소송을 걸다

legislate

[lédʒislèit]
n. legislation 제정(법)

VOCA⁺
legalize 합법화하다
register 등록하다

ⓥ (법률을) 제정하다(enact)

legislate a new law 새로운 법을 제정하다
legislate to protect a right 권리를 보호하는 법률을 제정하다

📄 기출 예문

Public law is **legislated** differently in the United Kingdom
and the United States.
공법을 제정하는 방법은 영국과 미국이 서로 다르다.

pirate

[páiərət]
n. piracy 해적질; 불법 복제

VOCA⁺
plagiarism 표절

ⓝ 해적; 불법 복제자

the infamous **pirate** 악명 높은 해적
a software **pirate** 소프트웨어 불법 복제자

ⓥ 해적질하다

a **pirated** edition 해적판, 불법 복제물

📄 기출 예문

A loose network of fast ships protected the coastline
from **pirates** in the late 1800s.
1800년대 후반에 고속선들의 느슨한 네트워크가 해적들로부터 해안선을 보호했다.

plead
[pli:d]

n. plea 애원, 간청; (피고측) 답변

VOCA⁺
flea 벼룩
flee 도망치다

ⓥ (법정에서) 변론하다, 진술하다; 간청[탄원]하다(beg, entreat, implore)

plead guilty[innocent] 유죄[무죄]라고 답변하다
plead for mercy 자비를 간청하다
plead with the judge 판사에게 탄원하다

🖊 기출 예문

Former Congresswoman Kate Winslow **pleads** guilty to receiving illegal campaign donations.
케이트 윈슬로 전 하원 의원이 불법 선거 자금 수수 혐의를 인정했습니다.

probation
[proubéiʃən]

v/n. probe 자세히 조사하다; 조사;
시험, 시도

VOCA⁺
approbation 승인, 허가
amnesty 사면
parole 가석방
bail 보석

ⓝ 보호 관찰, 집행유예(respite, reprieve); 수습 기간(trial); (행동·자격 등의) 시험

the **probation** system 보호 관찰 제도
be on **probation** 보호 관찰[수습 기간] 중이다
be off **probation** 근신이 끝나다

🖊 기출 예문

According to a report just issued, 6.6 million people were behind bars or on **probation** last year.
얼마 전 발표된 보고에 의하면, 작년에 660만 명이 수감되거나 보호 관찰을 받았습니다.

prosecute
[prásəkjù:t]

n. prosecution 기소; 검찰 측
n. prosecutor 검사

VOCA⁺
persecute 박해하다; 괴롭히다

ⓥ 기소[고발]하다(litigate, indict)

be **prosecuted** for fraud 사기죄로 기소되다
prosecute the perpetrators 범법자들을 기소하다

🖊 기출 예문

The government will **prosecute** anyone hunting elephants illegally.
정부는 불법으로 코끼리를 사냥하는 사람을 모두 기소할 것이다.

📝 a prosecuting attorney 지방 검사

scrutiny
[skrú:təni]

v. scrutinize 정밀히 조사하다

crime scean

ⓝ 정밀 조사(inspection)

be subject to **scrutiny** 정밀 조사를 받다
undergo any independent **scrutiny** 독립적으로 정밀 조사를 받다

> 📋 기출 예문
>
> C&S Securities finds itself under increasing government **scrutiny** because of reported illegal stock trading.
> C&S 증권사는 보도된 불법 주식 거래로 인해 정부의 점점 확대되는 감시 아래에 있다.

📝 조사를 받고 있는: **on** scrutiny (×) ⇒ **under** scrutiny (○)

surveillance
[sə:rvéiləns]

VOCA⁺
survey (설문) 조사; 사찰; 조사하다; 측량하다

ⓝ (죄수 등의) 감시, 감독

keep a suspect under **surveillance** 용의자를 감시하다
a **surveillance** camera 감시 카메라

> 📋 기출 예문
>
> The government is preparing a **surveillance** system for tracking Internet users and monitoring all activity on certain websites.
> 정부는 인터넷 사용자들을 추적하고, 특정 웹 사이트에서의 모든 활동을 감시하는 감시 시스템을 준비하고 있다.

heinous
[héinəs]

n. heinousness 악랄함

VOCA⁺
hideous 흉측한, 끔찍한

ⓐ 악랄한, 극악무도한(egregious)

heinous attack against innocent civilians 무고한 시민들에 대한 극악무도한 공격

> 📋 기출 예문
>
> Details of the crime are so **heinous** that they shall not be repeated.
> 그 범죄의 세부적인 것들이 너무 극악무도해서 다시는 되풀이되어서는 안 된다.

hostage
[hástidʒ]

VOCA⁺
hostess 여주인, 여종업원

ⓝ 인질

release the **hostage** 인질을 석방하다

> 📋 기출 예문
>
> A middle-aged doctor was taken **hostage** yesterday and is now being held for ransom at an undisclosed location.
> 어제 인질로 잡힌 한 중년 의사는 현재 알 수 없는 장소에 몸값 때문에 붙잡혀 있다.

DAY 09

Choose the best answer for the blank.

Part I

1

A: Where were you the evening of June 17th?

B: I won't answer any questions without my _____ present.

(a) mastery
(b) custody
(c) penalty
(d) attorney

2

A: Have they caught the guy who robbed the liquor store?

B: He's managed to _____ police thus far.

(a) prosecute
(b) evade
(c) menace
(d) summon

3

A: I wonder if there were any witnesses to the crime.

B: At this point, no one has come forward to offer _____.

(a) verdict
(b) testimony
(c) ransom
(d) sentence

4

A: Have you ever served time in prison?

B: No, but I was on _____ for several years.

(a) probation
(b) maximum
(c) amnesty
(d) panel

5

A: You absolutely should not text while driving.

B: I know it's dangerous, but it's still _____ in this state.

(a) evasive
(b) heinous
(c) virtuous
(d) legal

6

A: I don't believe the defendant committed the crime.

B: Well, he was _____ by a jury and is going to jail.

(a) exonerated
(b) solicited
(c) deterred
(d) convicted

7

A: Did the police arrest anyone after the accident?

B: No, they only _____ people for questioning.

(a) deferred
(b) deterred
(c) detained
(d) defraud

8

A: That house is known for being used by criminals.

B: Agents have the building under _____.

(a) assistance
(b) surveillance
(c) allegation
(d) monitor

Part II

9

The objective of a jury trial is to deliver a fair and _____ verdict.

(a) impartial
(b) simplistic
(c) fraudulent
(d) diabolic

10

Because the credit card thief _____ guilty and cooperated with authorities, he was given a lighter sentence.

(a) pledged
(b) legislated
(c) committed
(d) pled

11

The committee has not found evidence of wrongdoing but is keeping the governor's office under

_____.

(a) hostage
(b) felony
(c) scrutiny
(d) judiciary

12

Congress has passed a constitutional _____ to allow provinces to set their own marriage licensing rules.

(a) apprehension
(b) accomplice
(c) amendment
(d) appendage

DAILY TEPS TEST 정답 및 해석

1	(d)	2	(b)	3	(b)	4	(a)	5	(d)	6	(d)
7	(c)	8	(b)	9	(a)	10	(d)	11	(c)	12	(c)

1 A: 6월 17일 저녁에 어디 계셨죠?
B: 제 변호사 참석 없이는 어떤 질문에도 대답하지 않겠습니다.
(a) 숙달　　　　　(b) 구금
(c) 처벌　　　　　**(d) 변호사**

2 A: 주류점을 털었던 남자가 잡혔나요?
B: 지금까지 용케도 경찰을 피했네요.
(a) 기소하다　　　**(b) 회피하다**
(c) 위협하다　　　(d) 소환하다

3 A: 그 범죄의 어떤 목격자라도 있는지 궁금하네요.
B: 이 시점에 누구도 증언을 하겠다고 나서지 않네요.
(a) 평결　　　　　**(b) 증언**
(c) 몸값　　　　　(d) 선고

4 A: 감옥에서 복역하신 적이 있습니까?
B: 아니요, 하지만 몇 년간 보호 관찰을 받았습니다.
(a) 보호 관찰　　(b) 최대
(c) 사면　　　　　(d) 패널

5 A: 운전 중에 절대 문자를 보내시면 안 됩니다.
B: 위험하다는 걸 알지만 아직도 이 주에서는 합법입니다.
(a) 회피하는　　　(b) 악랄한
(c) 덕이 있는　　　**(d) 합법적인**

6 A: 피고가 범죄를 저질렀다고 생각하지 않습니다.
B: 글쎄요, 배심원이 유죄를 선고했고 그는 감옥에 갈 거예요.
(a) 무죄임을 밝히다　(b) 간청하다
(c) 단념시키다　　　**(d) 유죄를 선고하다**

7 A: 사고 이후 경찰이 범인을 잡았나요?
B: 아니요, 심문을 위해 구금하고 있을 뿐이죠.
(a) 미루다　　　　(b) 단념시키다
(c) 구금하다　　(d) 횡령하다

8 A: 저 집은 범죄자들이 이용하던 곳으로 알려져 있어요.
B: 요원들이 건물을 감시 하에 두었어요.
(a) 도움　　　　　**(b) 감시**
(c) 혐의　　　　　(d) 모니터

9 배심원 재판의 목적은 공정한 평결을 내리는 것이다.
(a) 공정한　　　(b) 지나치게 단순화한
(c) 사기 치는　　　(d) 악마의

10 신용 카드 절도범은 자신이 유죄라고 진술했고 정부 당국에 협조했기 때문에 가벼운 형량을 받았다.
(a) 약속하다　　　(b) 법을 제정하다
(c) 저지르다　　　**(d) 진술하다**

11 위원회는 부정행위의 증거를 찾을 수가 없었지만 주지사의 사무실을 계속 면밀히 조사하고 있다.
(a) 인질　　　　　(b) 중범죄
(c) 정밀 조사　　(d) 사법부

12 의회는 주 자체적으로 결혼 허가 규범 제정을 허용하는 헌법 개정안을 통과시켰다.
(a) 체포　　　　　(b) 공범
(c) 개정　　　　(d) 부속물

DAY
10

Economy

China's spiraling divorce rate is proving to be a **lucrative** business,
not just for law firms but for the booming field of marital investigations.

중국의 이혼율 증가는 법률 회사뿐만 아니라 성업 중인 결혼 관련 수사 분야에서도
돈벌이가 되는 사업인 것으로 입증되고 있다.

학습 1차	년	월	일	공부 시간	시간	분
학습 2차	년	월	일	공부 시간	시간	분
학습 3차	년	월	일	공부 시간	시간	분

supplement
[sÁpləmənt]

ⓥ 보충하다

supplement one's income 수입을 보충하다

> 기출 예문
>
> Simon is looking for a part-time job to **supplement** his income.
> 사이먼은 그의 수입을 보충하기 위해서 시간제 일자리를 찾고 있다.

VOCA⁺
supply 제공하다

stock
[stɑk]

ⓝ 주식

invest in **stocks** 주식에 투자하다
stock prices 주식 가격

> 기출 예문
>
> A lot of people are debating pulling out of the **stock** market.
> 많은 사람들이 주식 시장에서 발을 뺄까 고심하고 있다.

VOCA⁺
bond 채권

swipe
[swaip]

ⓥ 카드를 읽히다

swipe one's employee ID card 사원증을 읽히다

> 기출 예문
>
> All you need to do is **swipe** your card through the reader.
> 당신은 리더기에 카드를 긁으면 됩니다.

consumer
[kənsjúːmər]
v. consume 소비하다
n. consumption 소비

ⓝ 소비자

green **consumers** 환경을 생각하는 소비자
consumer goods 소비재
consumer demand 소비자 수요

> 기출 예문
>
> KB Electronics decided to change the advertisement to convince more **consumers** to buy its products.
> KB 전자는 더 많은 소비자들이 자사의 제품을 사도록 설득하기 위해 광고를 바꾸기로 결정했다.

precarious

[prikέ(:)əriəs]

VOCA+
insecure 불안정한
stable 안정적인

ⓐ 위태로운

a **precarious** situation 위태로운 상황

🖊 기출 예문

The company's finances have become **precarious** after a series of bad decisions made by upper management.
고위 경영진의 몇 차례 잘못된 결정으로 인해 회사의 재정이 위태로워졌다.

---

investment

[invéstmənt]
v. invest 투자하다

VOCA+
contribute 기여하다

ⓝ 투자

offshore **investment** 해외 투자

an **investment** portfolio (개인이나 회사의) 보유 투자 종목

🖊 기출 예문

A lot of naive investors have been out of their savings by con artists promoting dubious high-yield **investments**.
많은 순진한 투자자들은 미심쩍은 수익성이 높은 투자를 홍보하는 사기꾼들에 의해 저축한 돈을 사기당했다.

---

affiliated

[əfílièitid]
v/n. affiliate 부속시키다; 자회사
n. affiliation 부속

VOCA+
filial 자식의

ⓐ 소속된, 연계된(associated)

a government–**affiliated** institute 정부 산하 기관

a hospital **affiliated** to the university 대학의 부속 병원

🖊 기출 예문

Since 1990, the Oregon Educational Homestay Program has been introducing American students to the marvelous culture of Japan via partnership alliances with several **affiliated** Japanese cities.
1990년 이래로 오리건 교육 홈스테이 프로그램은 일본의 몇몇 자매결연을 맺은 도시들과 파트너십 제휴를 통해 미국 학생들에게 일본의 놀라운 문화를 접하게 해 주었다.

---

merger

[mɔ́:rdʒər]
v. merge 합병하다, 합치다

VOCA+
emerge 나오다, 나타나다
submerge 물에 담그다

ⓝ 합병(amalgamation)

a **merger** between the two companies 두 회사 간의 합병

propose[oppose] a **merger** with ~와 합병을 제안하다[반대하다]

🖊 기출 예문

The pace of bank **mergers** is likely to accelerate.
은행 합병의 속도가 가속화될 전망이다.

DAY 10

165

barter
[bά:rtər]

VOCA⁺
banter 농담하다

ⓝ 물물 교환

ⓥ 물물 교환하다(exchange, trade, swap)
barter eggs for cheese 계란과 치즈를 맞바꾸다
barter with the owner of the store 상점 주인과 물물 교환하다

🖊 기출 예문
It can be nearly impossible to keep track of transactions in a barter economy.
물물 교환의 경제에서 거래 내역을 추적하는 것은 불가능에 가까울 것이다.

boost
[bu:st]
n. booster 후원자; 촉진제, 증폭기

VOCA⁺
booth 부스, 칸막이 박스

ⓥ 밀어 올리다, 북돋우다
boost profits 이윤을 늘리다
boost the immune system 면역 체계를 강화하다
boost morale 사기를 북돋우다

ⓝ 밀어 올림, 경기 부양

🖊 기출 예문
Why don't we run a full-page ad in major daily newspapers to boost sales?
판매 증진을 위해 주요 일간 신문에 전면 광고를 내는 건 어때요?

commercial
[kəmə́:rʃəl]
v. commercialize 상업화하다
n. commercialization 상업화
n. commerce 상업, 교역
n. commerciality 상업성
ad. commercially 상업적으로

VOCA⁺
commence 시작하다, 착수하다
commend 칭찬하다; 권하다
mercenary 돈을 목적으로 하는

ⓐ 상업의; 이윤을 목적으로 하는, 상업적인
a commercial city 상업 도시
a commercial trick 상업적인 속임수

ⓝ (텔레비전 · 라디오의) 광고 (방송)
appear in TV commercials TV 광고에 출연하다

🖊 기출 예문
A child who watches three or more hours of commercial television could be exposed to as many as 30 minutes of advertising.
3시간 이상 상업 방송을 보는 아이는 광고에 30분씩이나 노출될 수 있다.

📓 commercial crop 경제 작물
commercial port 상업항

conglomerate
[kənglámərət]

ⓝ (거대) 복합 기업, 대기업

a financial **conglomerate** 복합 금융 그룹
a industrial **conglomerate** 산업 재벌
a media **conglomerate** 언론 복합 기업

Many of today's **conglomerates** began as small, regional enterprises.
오늘날의 많은 대기업들은 소규모의 지역 기업으로 시작했다.

VOCA⁺

agglomerate 덩어리(의)

---

constitute
[kánstitjù:t]

n. constitution 구성; 헌법; 체질
a. constitutional 조직상의; 헌법의; 체질상의

ⓥ 구성하다(make up, form); ~와 다름없다

constitute a committee 위원회를 구성하다
Twelve months **constitute** a year. 12개월은 1년이 된다.

기출 예문

Together they **constitute** a common labor market and a common passport area, much like the European Union.
이들은 함께 EU처럼 공동 노동 시장과 공동 여행 지역을 구성한다.

VOCA⁺

destitute 궁핍한, 빈곤한
institute 설립하다; 실시하다

📝 written constitution 성문법

---

downsize
[dáunsàiz]

ⓥ (비용 절감을 위해) 줄이다, 축소하다(reduce, curtail)

downsize the workforce 직원의 수를 줄이다
downsize a company 회사의 규모를 줄이다

기출 예문

It plans to **downsize** the number of staff.
회사는 직원 수를 축소할 계획이다.

VOCA⁺

downpour 폭우
downright 솔직한; 철저한

---

downturn
[dáuntə̀:rn]

ⓝ (경기) 하락, 침체(recession, depression ↔ upturn 상승, 호전)

a **downturn** in sales[trade/ business] 매출 감소[거래 위축/ 사업 부진]
suffer a **downturn** 침체를 겪다

기출 예문

They say the economic **downturn** has made this a lean year.
경기 침체 때문에 올해 영 실적이 안 좋대요.

VOCA⁺

overturn 뒤집다; 전복; 타도
turnover 총 매상, 거래액; 이직률

DAY 10

establish

[istǽbliʃ]

n. establishment 설립; 기관; 기득권층
a. established 인정받는; 기존의

VOCA⁺
reestablish 복구하다
anti-establishment 반체제 운동의

ⓥ 설립[확립]하다(set up); (사실을) 규명하다, 밝히다(prove)

establish a school 학교를 설립하다
establish a good relationship with ～와 좋은 관계를 확립하다
establish the cause of the accident 사고의 원인을 규명하다

🖋 기출 예문

What is certain is that by 1592 Shakespeare had **established** himself as an actor and a playwright of note.
분명한 것은, 1592년에 이르러 셰익스피어는 유명한 배우이자 극작가로 이미 그 이름을 알렸다는 것이다.

📝 **establish** one's innocence 결백을 밝히다

---

executive

[igzékjətiv]

v. execute 실행하다; 사형 집행하다
n. execution 실행; 처형, 사형 (집행)

VOCA⁺
consecutive 연속적인
persecutive 괴롭히는
diminutive 작은

ⓝ (기업·조직의) 이사, 중역, 간부

Chief **Executive** Officer 최고경영자(CEO)
top **executives** on high salaries 높은 연봉을 받는 고위 간부들

ⓐ 경영의, 행정[집행]의

🖋 기출 예문

The ascension of a Western **executive** in corporate Japan reflects the distance that the nation has traveled from the insularity of the late 1980s.
일본 기업에서 서양 임원의 승진은 일본이 1980년대 후반의 편협성으로부터 얼마나 크게 달라졌는지를 보여 준다.

---

franchise

[frǽntʃaiz]

VOCA⁺
enfranchise 참정권[선거권]을 주다

ⓝ 판매권, 사업권; 투표권(suffrage); 체인점

grant an exclusive **franchise** 독점 판매권을 주다
extend the **franchise** to women 투표권을 여성에게 확대하다

🖋 기출 예문

Today, the restaurant announced new **franchise** opportunities in the New York area.
오늘 그 식당은 뉴욕 지역에서 새로운 체인점의 기회가 있음을 알렸다.

indication

[ìndəkéiʃən]

v. indicate ~을 나타내다, 보여 주다
n. indicator 지표, 지시하는 사람
a. indicative 시사하는, 나타내는

VOCA⁺

vindication 옹호, 지지; 해명, 입증

ⓝ 징조, 조짐(sign, signal)

indication of the economic recovery 경제 회복의 조짐

🖋 기출 예문

To community outsiders, the town of Melville gives every indication that it is prosperous.

이 지역에 살지 않는 사람에게 멜빌이라는 마을은 풍요롭다는 인상을 충분히 준다.

📝 give no indication of ~에 대한 어떠한 조짐도 없다

---

initiate

[iníʃièit]

n. initiation 시작, 개시
n. initiative 시작; 주도권;
  (문제 해결을 위한) 계획, 구상
a/n. initial 처음의; 머리글자

VOCA⁺

iterate 반복하다

ⓥ 시작[착수]하다(enter into)

initiate a new business 새 사업을 시작하다
initiate political reforms 정치 개혁을 시작하다

🖋 기출 예문

In some Mozambique tribes, ritual scarring is performed during a special life event, such as when a boy is initiated into manhood.

일부 모잠비크 부족들의 경우 상흔 의식은 소년이 성인 남자로 신고식을 치를 때와 같은 특별히 일생의 큰 행사 중에 치러졌다.

📝 be initiated into drug use 마약을 접하게 되다

---

lucrative

[lúːkrətiv]

n. lucre 수익, 이득

VOCA⁺

ludicrous 우스운, 터무니없는

ⓐ 수익성이 좋은(profitable, rewarding)

a lucrative job[market] 수익성이 좋은 일[시장]
inherit a lucrative business 돈 되는 사업을 물려받다

🖋 기출 예문

China's spiraling divorce rate is proving to be a lucrative business, not just for law firms but for the booming field of marital investigations.

중국의 이혼율 증가는 법률 회사뿐만 아니라 성업 중인 결혼 관련 수사 분야에서도 돈벌이가 되는 사업인 것으로 입증되고 있다.

DAY 10

barrier
[bǽriər]

ⓝ 장벽, 장애물(obstacle, impediment)

trade **barriers** 무역 장벽
break through a **barrier** 장벽을 뚫다

기출 예문

Political boundaries can act as **barriers** to the spread of
ideas or knowledge, thereby retarding cultural diffusion.
정치적 경계는 사상과 지식 전파에 장애물로 작용하기 때문에 문화 확산을 지
체시킨다.

VOCA⁺
barrel 통, 다량

📝 lens barrier 렌즈 덮개
  a language barrier 언어 장벽

---

monopolize
[mənápəlàiz]
n. monopoly 독점, 전매

ⓥ 독점하다

monopolize the market 시장을 독점하다
monopolize all the information 모든 정보를 독점하다

기출 예문

China has effectively **monopolized** many of the markets
that Singapore used to compete for.
중국은 싱가포르와 다투곤 했던 다수의 시장을 효과적으로 독점했다.

VOCA⁺
oligopoly 소수 독점, 과점
monotony 단조로움

📝 monopolize the conversation 대화를 독점하다
  monopolize popularity 인기를 독차지하다

---

negotiate
[nigóuʃièit]
n. negotiation 협상, 교섭
a. negotiable 협상[절충] 가능한

ⓥ 협상[교섭]하다

negotiate over[about] the price 가격에 대해 협상하다
negotiate for a wage rise 임금 인상을 위해 협상하다

기출 예문

Max Electronics wants to **renegotiate** the contract that
they signed with us.
맥스 전자가 우리와 이미 체결한 계약을 놓고 다시 협상하기를 원해요.

VOCA⁺
compromise 타협하다(협상의 과정
이 끝나고 양측의 의견을 조정한 이후)

niche
[nitʃ]

ⓝ (시장의) 틈새; 꼭 맞는 자리[일], 적소

spot a **niche** in the market 시장의 틈새를 찾아내다
find one's **niche** as a teacher 교사라는 꼭 맞는 일을 찾다

🖋 기출 예문

Now, 20 years later, the festival has carved out a **niche** as one of the best of its kind in the world.

20년이라는 세월이 흐른 지금, 이 축제는 세계 최고의 영화제 중 하나로 자리매김했습니다.

VOCA⁺
richen 부유하게 하다

📝 carve out a niche 자리매김하다

---

outsource
[àutsɔ́ːrs]

n. outsourcing 아웃소싱, 외부 위탁

ⓥ (작업·생산을) 외부에 위탁하다, 아웃소싱하다

outsource the management of their facilities 그들의 시설 관리를 외부에 위탁하다
outsource to cut costs 비용을 절감하기 위해 외부에 위탁하다

🖋 기출 예문

Morgan Stanley estimates that the number of US jobs **outsourced** to India will double to about 150,000 in the next three years.

모건 스탠리는 인도로 아웃소싱된 미국의 일자리의 수가 두 배로 뛰어 3년 후에는 약 15만 개에 이를 것으로 전망하고 있다.

VOCA⁺
source 원천, 출처
resource 자원, 자산, 부

---

plummet
[plʌ́mit]

ⓥ 급락하다, 곤두박질치다(plunge, nosedive ↔ soar 급등하다)

plummet 30% 30퍼센트 급락하다
plummet to the bottom 바닥으로 곤두박질치다

🖋 기출 예문

Homeowners in America are worried because the value of their real estate has **plummeted** in recent months.

미국의 주택 보유자들은 자기 소유의 부동산 가치가 최근 몇 달간 곤두박질쳤기 때문에 우려하고 있다.

VOCA⁺
plumb 연추; 깊이를 재다
plumber 배관공

DAY 10

privatize
[práivətàiz]

n. privatization 민영화
a. private 사적인, 사유의

VOCA⁺

privation 궁핍; 박탈, 몰수
deprive 빼앗다

ⓥ 민영화하다(denationalize ↔ nationalize 국유화하다)

privatize state industries 국유 산업들을 민영화하다
privatize the municipal power company 시가 소유한 전력 회사를 민영화하다

> 📋 기출 예문
>
> In the 1990s, President Fujimori **privatized** the mining and oil industries and implemented austerity measures.
> 1990년대에는 후지모리 대통령이 광업과 석유 산업을 민영화했고 긴축 정책을 실행했다.

---

product
[prádəkt]

v/n. produce 생산[제조]하다; 낳다; 농작물
n. production 생산(량)
n. productivity 생산성
a. productive 생산적인; 다산의

VOCA⁺

by-product 부산물
counter-productive 역효과의, 비생산적인
reproduce 번식하다

ⓝ 상품, 제품(goods, merchandise, commodity); 산물, 결과물

a finished **product** 완제품
a **product** of one's study 연구의 성과[산물]

> 📋 기출 예문
>
> If your skin or eyes are sensitive, look for **products** that are hypoallergenic and nonstinging.
> 피부나 눈이 민감하다면 저자극성 및 무통성 제품을 찾아라.

> 📖 Gross Domestic Product 국내 총생산(GDP)
> Gross National Product 국민 총생산(GNP)

---

proprietor
[prəpráiətər]

n. proprietorship 소유권
a. proprietary 소유주의, 독점적인

VOCA⁺

property 재산; 부동산; 특성
propriety 적절성; 예절

ⓝ (사업체·호텔 등의) 소유주(owner)

a restaurant **proprietor** 식당 소유주
the **proprietor** of the department store 백화점의 소유주

> 📋 기출 예문
>
> Please share any concerns you have with the **proprietor** of the establishment.
> 그 기관의 소유주에 대해 갖고 있는 우려는 무엇이든지 공유해 주세요.

questionnaire

[kwèstʃənέər]

n/v. question 질문; 질문하다

VOCA+
quest 추구, 탐구
inquest 심문, 조사
request 부탁, 요청(하다)
conquest 정복

ⓝ 설문지

complete[fill out/ fill in] a **questionnaire** 설문지를 작성하다

a **questionnaire** on diet and exercise 식습관과 운동에 관한 설문지

> **기출 예문**
>
> In addition to the survey **questionnaires**, Alpha Omega will be interviewing some of you.
> 설문지로 조사하는 것 외에도, 알파 오메가는 여러분들 중 몇몇을 인터뷰할 것입니다.

---

quote

[kwout]

n. quotation 견적, 시세; 인용(문)

VOCA+
quota 할당량, 몫
quarter 4분의 1; 15분; 25센트

ⓥ 가격을 제시하다; 인용하다, (남의 말을 그대로) 옮기다(cite)

be **quoted** at 200 dollars 시세가 200달러이다

quote a passage from the Bible 성경에서 한 구절을 인용하다

ⓝ 거래 가격(quotation); 인용(구)

stock **quotations** 주식 시세

> **기출 예문**
>
> At no time did I attempt to, **quote** unquote, unionize them into a political lobby.
> 저는 말하자면, 그들을 규합해 정치적 압력 단체로 만들려고 시도한 적이 단 한 번도 없습니다.

📝 quote unquote 말하자면, 다시 말해서(인용하는 말을 나타낼 때 쓰는 표현)

---

rate

[reit]

VOCA+
overrate 과대평가하다
underrate 과소평가하다

ⓝ 속도(speed); 비율(~율); 요금(~료)

increase at an alarming **rate** 무서운 속도로 증가하다

an hourly **rate** of pay 시간당 급료

ⓥ 평가하다, 등급을 매기다(rank)

be **rated** above average 평균 이상으로(훌륭한 것으로) 평가되다

> **기출 예문**
>
> The Department of Labor announces a decline in the nation's jobless **rate**.
> 노동부는 국내 실업률이 줄었다고 발표했습니다.

📝 일정 속도로: in a steady rate (×) ⇒ **at** a steady rate (○)
   at any rate 하여튼

recession

[riséʃən]

v. recede 후퇴하다, 물러가다
n. recess 휴식, 휴정

VOCA⁺

cession 할양, (권리의) 양도
cessation 중지, 중단

⑪ 불황, 불경기(depression)

pull the country out of recession 나라를 불황에서 벗어나게 하다
fall into **recession** 불황에 빠지다

🖉 기출 예문

We're going through a bad **recession** right now.
우리는 지금 심한 불황을 겪고 있다.

replace

[ripléis]

n. replacement 교체, 대체(물)

VOCA⁺

substitute B for A
A 대신 B를 대용하다

ⓥ 대신[대체]하다(substitute, supersede, supplant)

replace workers with robots 근로자들을 로봇으로 대체하다
replace plastic bags with paper bags 비닐봉투를 종이봉투로 대체하다

🖉 기출 예문

Many blue-collar workers and clerks have been **replaced** by computers due to the advance and spread of the efficient modern device.
많은 육체 노동자들과 점원들은 효율적인 근대 기기들의 발전과 확산으로 인하여 컴퓨터로 대체되었다.

revenue

[révənjùː]

VOCA⁺

venue 개최지
avenue 가로수길, 대로

⑪ (기업의) 수익; (정부의) 세입

the company's annual **revenues** 회사의 연간 수익

🖉 기출 예문

Phone network operators are looking to profit from pay-per-click advertising **revenue** in much the same way Internet giants like Google have.
휴대전화 네트워크 운영자들은 구글과 같은 거대 인터넷 기업들이 하는 것과 똑같은 방식으로 클릭당 광고료를 지불하는 광고 수입에서 이득을 얻기를 기대하고 있습니다.

soar

[sɔːr]

VOCA⁺

sour 신
sore 아픈

ⓥ 급등하다, 치솟다(skyrocket, jump)

soar to 18% 18퍼센트로 급등하다
soaring prices[temperatures] 치솟고 있는 물가[기온]

🖉 기출 예문

The cost of buying goods and services over the Internet is soaring.
인터넷으로 상품을 사거나 서비스를 이용하는 비용이 급등하고 있다.

transaction

[trænsǽkʃən]

v. transact 거래하다; 집행하다
n. transactor 취급자

VOCA⁺
reaction 반응
interaction 상호 작용

ⓝ 거래, 매매(dealings)

business[financial] **transactions** 사업[금융] 거래
a real estate **transaction** 부동산 거래
electronic commerce **transactions** 전자 상거래

🔖 기출 예문

We use the latest technology to protect your personal data when making a **transaction** online.
당사는 온라인 거래 시 귀하의 개인 정보를 보호하기 위해 최신식 기술을 사용합니다.

---

tycoon

[taikún]

VOCA⁺
typhoon 태풍

ⓝ (재계의) 거물(mogul)

a business[property] **tycoon** 재계[부동산계] 거물
an oil **tycoon** 석유왕

🔖 기출 예문

This wing of the university building is named after an old mining **tycoon**.
대학의 이 부속 건물은 옛날 광산업의 거물의 이름에서 온 것이다.

---

undertake

[ʌndərtéik]

n. undertaker 착수자, 사업가;
    장의사(mortician)

VOCA⁺
intake 섭취
overtake 따라잡다
partake 참가하다

ⓥ 떠맡다, 착수하다(assume, launch)

undertake important assignments 중요한 임무를 떠맡다
undertake to campaign for the presidency 대통령 선거전에 나서다

🔖 기출 예문

I think that the comfort of my surroundings and environment is far more important than **undertaking** a new challenge.
저는 편안한 주변과 환경이 새로운 일에 착수하는 것보다 훨씬 더 중요하다고 생각해요.

📝 undertake responsibility for ~에 대한 책임을 떠맡다

DAY 10

Choose the best answer for the blank.

Part I

1

A: Unemployment is down for the third straight month.

B: That should give the economy a _____.

(a) conglomerate
(b) boost
(c) swap
(d) franchise

2

A: Did they tell you why you're being let go?

B: They're _____ my job overseas.

(a) monopolizing
(b) outsourcing
(c) initiating
(d) constraining

3

A: How much are you paying for Internet service?

B: Our _____ just went up to $60 per month.

(a) rate
(b) fix
(c) state
(d) post

4

A: The sticker price of the car is $31,000.

B: I assume you're open to _____.

(a) executing
(b) affiliating
(c) negotiating
(d) conditioning

5

A: Your company seems to be doing well lately.

B: Actually, we're preparing to _____ our staff.

(a) downsize
(b) maintain
(c) establish
(d) propel

6

A: What do you know about Edelston Hardware?

B: Only that they run nonstop _____ on television.

(a) executives
(b) permissions
(c) commercials
(d) commissions

7

A: How did you get this $10 gift certificate?

B: I completed a(n) _____ on the company's Web site.

(a) error
(b) itinerary
(c) niche
(d) questionnaire

8

A: Goldman Industries brought in record profits this year.

B: It's because their _____ are so high quality.

(a) mottos
(b) products
(c) demands
(d) revenues

9

A: My firm has retained all of its clients from last year.

B: That's a good _____ of a business's success.

(a) tycoon
(b) equation
(c) indication
(d) traction

Part II

10

Following the _____ with Nielsen Technologies, VYR's stock price jumped a full 15%.

(a) mission
(b) clientele
(c) duration
(d) merger

11

Before the advent of paper money, trade was conducted according to a _____ system.

(a) barter
(b) message
(c) downturn
(d) barrier

12

Carrying out an in-store _____ with a debit card can put one at high risk of identity theft.

(a) quote
(b) cutback
(c) recession
(d) transaction

DAY 10

1 (b)	2 (b)	3 (a)	4 (c)	5 (a)	6 (c)
7 (d)	8 (b)	9 (c)	10 (d)	11 (a)	12 (d)

1 A: 실업률이 3개월 연속 하락하고 있어요.
B: 경기 부양책이 되겠네요.
(a) 대기업   **(b) 경기 부양**
(c) 교환물   (d) 판매권

2 A: 당신을 해고한 이유를 그들이 말했습니까?
B: 그들은 제 일을 해외로 위탁할 거래요.
(a) 독점하다   **(b) 외부에 위탁하다**
(c) 착수하다   (d) 강요하다

3 A: 인터넷 요즘을 얼마나 내고 계세요?
B: 요금이 한 달에 60달러까지 올랐어요.
(a) 요금   (b) 수리
(c) 상태   (d) 기둥

4 A: 그 차의 정가는 3만 1천 달러입니다.
B: 흥정할 여지가 있을 것 같은데요.
(a) 실행하다   (b) 제휴하다
(c) 협상하다   (d) 조건을 붙이다

5 A: 최근에 회사가 잘되나 봅니다.
B: 사실, 인원 감축을 준비하고 있어요.
(a) 줄이다   (b) 유지하다
(c) 설립하다   (d) 추진하다

6 A: 에델스톤 하드웨어에 대해 아는 것 있으세요?
B: 텔레비전에서 연속 광고하는 것만 알아요.
(a) 간부   (b) 허가
(c) 광고   (d) 위원회

7 A: 이 10달러짜리 상품권은 어디에서 났어요?
B: 회사 웹 사이트에서 설문지를 작성했어요.
(a) 실수   (b) 여행 일정표
(c) 틈새   **(d) 설문지**

8 A: 골드만 산업이 올해 기록적인 이익을 냈어요.
B: 그들 제품의 품질이 아주 좋기 때문이죠.
(a) 좌우명   **(b) 제품**
(c) 수요   (d) 수입

9 A: 우리 회사는 작년도의 고객들을 모두 유지하고
있습니다.
B: 사업 성공의 좋은 조짐이에요.
(a) 거물   (b) 방정식
(c) 조짐   (d) 견인

10 닐슨 테크놀로지와의 합병 후에 VYR의 주가는 15
퍼센트가 올랐다.
(a) 임무   (b) 고객
(c) 지속   **(d) 합병**

11 지폐가 출현하기 전에 물물 교환 제도에 따라 무역
이 이루어졌다.
(a) 물물 교환   (b) 메시지
(c) 감소   (d) 장벽

12 매장 내 직불 카드로 거래하는 것은 신분 도용의 위
험이 크다.
(a) 거래 가격   (b) 축소
(c) 불황   **(d) 거래**

DAY
11

Workplace

기출 예문

Things have been so **hectic**, but soon we'll have a little time to relax.

일이 좀 바쁘지만 곧 여유로워질 것이다.

학습 1차	년	월	일	공부 시간	시간	분
학습 2차	년	월	일	공부 시간	시간	분
학습 3차	년	월	일	공부 시간	시간	분

management
[mǽnidʒmənt]

v. manage 경영하다, 관리하다
a. managerial 경영상의, 관리의,

VOCA⁺

administration 행정
authority 지휘권, 권한
executive 경영 간부
employer 고용자

ⓝ 경영진; 관리

asset **management** 자산 관리
risk **management** 위기 관리

> 🖊 기출 예문
>
> Some employees are trying hard to ingratiate themselves with **management**.
> 일부 직원들은 경영진한테 환심을 사려고 애쓴다.

---

opening
[óupəniŋ]

VOCA⁺

opportunity 기회
availability 이용 가능성

ⓝ 빈자리, 공석; 개막, 개장

a job **opening** 빈 일자리
the **opening** of a film festival 영화제 개막

> 🖊 기출 예문
>
> More than 100 job seekers have called to inquire about job **openings**.
> 100명이 넘는 구직자가 일자리를 알아보기 위해 전화했다.

---

remuneration
[rimjùːnəréiʃən]

v. remunerate 보상하다
a. remunerative 보수가 많은

VOCA⁺

bonus 상여금
incentive 장려금

ⓝ 보수, 급료(pay, salary)

receive great **remuneration** 많은 급료를 받다
make **remuneration** for one's work 업무에 대해 보수를 지불하다

> 🖊 기출 예문
>
> The volunteer made it clear that she did not expect any remuneration.
> 그 자원봉사자는 어떤 보수도 기대하지 않는다는 점을 분명히 했다.

application

[æpləkéiʃən]

v. apply 신청[지원]하다; 쓰다, 적용하다; 바르다

n. applicant 지원자, 신청자

n. appliance 가전제품

VOCA⁺

complication 복잡함; 합병증
implication 함축, 암시; 연루

ⓝ 신청, 지원(서); 적용, 응용; (약을) 바름, 붙임

submit a job **application** 구직 신청서를 제출하다

the **application** of the new law 새로운 법의 적용

lotion for external **application** only 피부 외부에만 바르는 연고

기출 예문

If you haven't yet joined, please stop by our information desk and fill out an **application**.

아직 가입하지 않으셨다면, 저희 안내 데스크에 오셔서 신청서를 작성해 주십시오.

appoint

[əpɔ́int]

n. appointment (업무 관련) 약속; 임명, 지명

VOCA⁺

self-appointed 자기 멋대로 정한; 독단적인
disappoint 실망시키다

ⓥ 임명[지명]하다(designate); (시간·장소를) 정하다

appoint him (as) a new principal 그를 새 총장으로 임명하다

on the **appointed** day 정해진 날짜에

기출 예문

I wonder whom they will **appoint** as the new manager.

새로운 경영자로 누구를 임명할지 궁금하군요.

📝 make[set up] an appointment 약속을 정하다

arrange

[əréindʒ]

n. arrangement 정돈; 준비; 배치; 조정, 합의

VOCA⁺

array 정렬, 정렬시키다
range 범위; 산맥
disarrange 어지럽히다

ⓥ 정리[배열]하다; 준비[마련]하다

arrange the books on the shelf 책꽂이의 책들을 정리하다

arrange a wedding 결혼식을 준비하다

arrange a meeting with ~와 만나는 자리를 마련하다

기출 예문

I'd like to **arrange** a meeting for next Monday afternoon around 3:00 p.m.

회의를 다음 주 월요일 오후 3시로 정하고 싶어요.

📝 arrange to meet the buyer 구매자와 약속을 잡다

attend
[əténd]

n. attendance 출석, 참석(자 수)
n. attention 주의, 주목
a. attentive 주의를 기울이는

VOCA⁺
VOCA⁺
unattended 참가자가 없는, 방치된
tend ~하는 경향이 있다

ⓥ 참석[출석]하다; ~에 다니다; 처리하다, 돌보다
attend a funeral[school] 장례식에 참석하다[학교에 다니다]
attend to the urgent business 긴급한 일을 처리하다
attend on a patient 환자를 시중들다

🗨 기출 예문
An estimated 3,000 youngsters **attended** the rock concert.
3천 명으로 추정되는 젊은이들이 그 록 콘서트에 참가했다.

📄 draw attention 주의를 끌다
    call attention to ~에 주의를 환기시키다

---

blunder
[blʌ́ndər]

n. blunderer 큰 실수를 저지른 사람

VOCA⁺
blender 혼합기, 믹서

ⓝ (어리석은) 실수(bungle)
make a terrible **blunder** 끔찍한 실수를 저지르다
a series of **blunders** 일련의 실수들

ⓥ 실수하다
blunder in its handling of the affair 문제를 처리하는 데 있어 실수를 저지르다

🗨 기출 예문
We do not believe in assuming the responsibility for a **blunder** we have not committed.
우리는 우리가 저지르지 않은 실수에 대해 책임을 져야 한다고는 생각하지 않는다.

---

certificate
[sərtífikət]

v. certify 증명하다; 자격증[면허증]을 교부하다
n. certification 증명(서)

VOCA⁺
ascertain (검토하여) 확인하다

ⓝ 증명서; 자격증, 면허증
birth[death] **certificate** 출생[사망] 증명서
earn a teaching **certificate** 교사 자격증을 따다

🗨 기출 예문
Minors must bring their parents' marriage **certificate** with them.
미성년자들은 반드시 부모의 결혼 증명서를 지참해야 한다.

📄 gift certificate 상품권

colleague
[káːlíːg]

ⓝ (함께 일하는) 동료(coworker, associate)

one's long-time **colleague** 오랜 동료
the president and his Cabinet **colleagues** 수상과 그의 내각 동료들

기출 예문

I would like to counter my esteemed **colleague's** argument on the necessity of military action in Bosnia.
보스니아에 군사 행동이 필요하다는 저의 존경하는 동료분의 주장에 반박하고자 합니다.

VOCA⁺
league 동맹, 연맹; 동맹하다
college 대학

competent
[kámpitənt]

n. competence 능력; 능숙함
ad. competently 유능[충분]하게

ⓐ 능숙한, 유능한(able ↔ incompetent 무능한)

a **competent** mechanic 유능한 정비공
a **competent** performance 수준 높은 공연
be **competent** to carry out the work 일을 능숙하게 하다

기출 예문

Your replacement seems pretty **competent** so far.
당신의 후임자는 지금까지는 꽤 유능한 것 같아요.

VOCA⁺
competitive 경쟁의, 경쟁력 있는

conference
[kánfərəns]

v. confer 상의하다; 수여하다

ⓝ (대규모) 회의, 학회, 회담

hold a press **conference** 기자 회견을 열다
a **conference** call (여럿이 하는) 전화 회담

기출 예문

Many alternative medicines have been discussed at this **conference**.
이번 학술 대회에서 많은 대체 의학들이 논의되었습니다.

VOCA⁺
deference 복종, 경의
preference 선호, 편애

video conference 화상 회의
a conference of foreign ministers 외무 장관 회의

deadline
[dédlàin]

ⓝ 마감 시한[일자]

miss the **deadline** 마감 시한을 놓치다
have a tight **deadline** 일정이 빡빡하다

기출 예문

I don't think I can meet the **deadline**.
마감 기한에 못 맞출 것 같아요.

VOCA⁺
deadlock 막다른 골목, 교착 상태
deadpan 무표정한
deadhead 무임 승객

discharge

[distʃάːrdʒ]

ⓥ 내보내다, 떠나게 하다; 방출[배출]하다

discharge several employees 직원 몇 명을 해고하다
discharge the prisoners 죄수들을 석방시키다
be **discharged** from the hospital 병원에서 퇴원하다
discharge chemicals into the river 화학 물질을 강으로 배출하다

ⓝ 배출(물), 방출

the **discharge** of pollution 오염 물질 배출

> 🖊 기출 예문
>
> Doctor, could I be **discharged** by Friday?
> 의사 선생님, 금요일쯤에 퇴원할 수 있을까요?

VOCA⁺
recharge 재충전하다

---

dismiss

[dismís]

n. dismissal 해고; 묵살
a. dismissive 무시하는; 거부하는

ⓥ 해고하다(fire); 해산시키다; 묵살[일축]하다

dismiss the employee for incompetence 무능한 직원을 해고하다
dismiss one's idea as unrealistic 생각이 비현실적이라고 묵살하다
dismiss the case 사건을 기각하다

> 🖊 기출 예문
>
> The government **dismisses** such accusations, maintaining
> that academies are indeed bringing about "noteworthy
> changes" to conventional classroom culture.
> 정부는 학교들이 실로 전통적인 교실 문화에 '주목할 만한 변화'를 일으키고 있
> 다고 주장하며, 이 같은 비판을 일축하고 있다.

VOCA⁺
remiss 태만한; 무기력한
demise 서거, 죽음

---

hectic

[héktik]

ⓐ 정신없이 바쁜; 소모열의

lead a **hectic** social life 정신없이 바쁜 사회생활을 하다

> 🖊 기출 예문
>
> Things have been so **hectic**, but soon we'll have a little
> time to relax.
> 일이 좀 바쁘지만 곧 여유로워질 것이다.

VOCA⁺
heretic 이단자, 이교도
hermetic 밀봉한, 밀폐된; 기밀의

🗒 a hectic fever 소모열

hire
[haiər]

VOCA⁺
fire 해고하다
dire 무시무시한

ⓥ 고용하다(employ)

a **hired** worker 고용된 노동자

🖋 기출 예문

You should talk to your manager about **hiring** more people.
더 많은 사람을 고용하는 것에 관해 팀장과 얘기하세요.

incentive
[inséntiv]

VOCA⁺
inceptive 시초의, 발단의
incense 향; 경의; 격분시키다

ⓝ 장려책, 혜택

give financial **incentives** for reaching the goal 목표 도달에 대해 금전적인 인센티브를 주다

offer tax **incentives** for entrepreneurs 기업인들에게 세제 혜택을 주다

🖋 기출 예문

I'd also like to acknowledge this year's winner of the global Pander's reseller **incentive** scheme competition.
저는 또한 전 세계 팬더 사의 재판매업자 장려책 기획 대회의 올해 수상자를 인정하고자 합니다.

interview
[íntərvjùː]

n. interviewer 면접관
n. interviewee 면접받는 사람

VOCA⁺
overview 개관; 개요
preview 시사회, 미리 보기

ⓝ 면접, 회견, 인터뷰

go for an **interview** 면접 보러 가다

hold an **interview** for a job 일자리에 대한 면접을 실시하다

🖋 기출 예문

How did your **interview** go?
면접은 어땠어요?

novice
[návis]

VOCA⁺
novel 소설; 새로운, 진기한
innovation 개혁, 혁신

ⓝ 초보자(beginner, apprentice, tyro)

a **novice** at driving 초보 운전자

a book for the **novice** chess player 체스 초보자를 위한 책

🖋 기출 예문

Research shows that there is a stark difference between the way problems are solved by experts and by **novices**.
연구는 전문가와 초심자 간에 문제를 해결하는 방법에 뚜렷한 차이가 있음을 보여 준다.

occupation

[àkjupéiʃən]

v. occupy (장소를) 차지하다,
점유하다; 종사하다

ⓝ 직업; 점령; 거주

list one's **occupation** on the form 문서 양식에 자신의 직업을 기입하다

the **occupation** of a town by the enemy 적군에 의한 도시의 점령

기출 예문

Traditional sociologists define class in terms of **occupation** and generally identify five classes: upper, upper-middle, lower-middle, working, and lower classes.
종래의 사회학자들은 계급을 직업에 따라 정의하며 일반적으로 5개의 계급, 즉 상위, 중상위, 중하위, 노동자, 하위 계급으로 분류한다.

VOCA⁺
preoccupation 선취; 몰두

off-duty

[ɔ́ːf-djúːti]

ⓐ 근무 중이 아닌, 비번의 (↔ on-duty 근무 중인, 당번인)

an **off-duty** cop 근무 중이 아닌 경찰

be **off-duty** on Thursday 목요일에 비번이다

기출 예문

The criminal was caught by an **off-duty** security guard on his way home.
범인은 비번이라 집으로 가고 있던 경비원에게 붙잡혔다.

VOCA⁺
duty-free 면세의

organize

[ɔ́ːrgənàiz]

n. organizer 준비[조직] 위원
n. organization 조직(화); 단체

ⓥ 조직하다; (일을) 준비하다(arrange); 정리하다

organize the workers 노동자들을 모아 노조를 결성하다

organize a meeting 회의를 준비하다

organize one's thoughts 생각을 정리하다

기출 예문

Last month a committee was formed to **organize** a benefit concert for charity.
지난달 자선기금 마련을 위한 음악회를 준비하기 위해 위원회가 구성되었다.

VOCA⁺
organ 〈몸〉 기관, 조직
organism 유기체
organic 유기농의
reorganize 재조직하다

📋 partner organization 협력 단체

overwork

ⓝ [óuvərwə̀ːrk]
ⓥ [òuvərwə́ːrk]
a. overworked 혹사당한

ⓝ 과로, 혹사

be exhausted from **overwork** 과로로 지치다

ⓥ 혹사시키다; 과로하다

overwork the staff 직원들을 혹사시키다
overwork oneself 과로하다

VOCA⁺

overtime 초과 근무, 잔업
overwrought 잔뜩 긴장한, 과로한

🗨 기출 예문

Health problems can result from **overwork**.
과로 때문에 건강 문제가 생길 수 있다.

📝 **overwork** the phrase 특정 구절을 너무 많이 사용하다

---

paycheck

[péitʃèk]

ⓝ 봉급, 급여(wage)

a weekly[monthly] **paycheck** 주급[월급]
earn a steady **paycheck** 꾸준한 봉급을 받다

VOCA⁺

checkpoint 검문소
checkup 검사, 검진

🗨 기출 예문

Set aside as much as you can, even if it's just a small
amount, from every **paycheck**.
매번 봉급을 받을 때마다, 비록 적은 액수일지라도 할 수 있는 만큼 저축하라.

---

performance

[pərfɔ́ːrməns]

v. perform (일을) 수행하다; 공연하다
n. performer 연기자, 연주자

ⓝ 성과, 실적; 공연

an impressive **performance** 인상적인 성과
be fired for poor job **performance** 업무 성과가 안 좋아 해고되다
the band's live **performance** 밴드의 라이브 공연

VOCA⁺

reform 개편하다
conform 순응하다
transform 변형하다

🗨 기출 예문

The effects of steroids and other **performance**-enhancing
drugs on girls can be devastating.
소녀들이 복용하는 스테로이드와 그 외 경기력 향상을 위한 약들은 치명적인
결과를 가져올 수 있다.

📝 high performance cars 고성능 자동차

personnel
[pə̀:rsənél]

ⓝ (조직의) 인원, 직원; 인사과

reduce[increase] the number of **personnel** 직원들 수를 줄이다[늘리다]
the director of **personnel** 인사과 과장

기출 예문

Military **personnel** are covered by other pension plans administered by the Department of Veterans Affairs.
군인은 재향 군인회가 관리하는 별도의 연금 제도에 포함된다.

VOCA⁺
personal 개인적인

---

position
[pəzíʃən]
n. positioning 위치 설정, 포지셔닝

ⓝ 직위; 위치, 자리(place); 자세; 입장

leave one's **position** 일을 그만두다
be in[out of] **position** 제 위치에 있다[제 위치가 아니다]
a sitting[lying] **position** 앉아[누워] 있는 자세
the **position** of women in society 여성의 사회적 지위

ⓥ (특정한 위치에) 두다, 배치하다(place)

position the chairs around the table 테이블 주위에 의자들을 두다

기출 예문

I would like to apply for the **position** of manager at Honest Henry's Staffing Co.
저는 아니스트 헨리 스태핑 사의 관리직에 지원하고 싶습니다.

VOCA⁺
composition 구성; 작곡
disposition 배열; 성질
juxtaposition 병렬, 병치

---

process
[práses]
v. proceed 진행하다
n. proceeds 수익
n. proceedings (법적인) 절차
n. procession 행렬
n. procedure 절차

ⓝ 과정, 절차

the aging **process** 노화 과정
the manufacturing **process** 제조 과정

ⓥ (음식을) 가공하다; (조직적으로) 처리하다

processed meat 가공육
processed data 정리된 데이터

기출 예문

How is the recruiting **process** going?
채용 절차는 어떻게 되어 가고 있나요?

VOCA⁺
precede 선행하다

postpone
[pous*t*póun]
n. postponement 연기

VOCA+
proponent 제안자, 지지자
opponent 반대자
component 구성 요소

ⓥ 뒤로 미루다(delay, defer, put off)
postpone the meeting until next week 모임을 다음 주로 연기하다
postpone building the new factory 새 공장 건설을 연기하다

기출 예문
Due to technical difficulties, the meeting had to be **postponed**.
기술상의 어려움 때문에 회의를 연기해야 했다.

project
ⓥ [prədʒékt]
ⓝ [prádʒekt]
n. projection 예상, 추정; 영사, 영상

ⓥ 예상[추정]하다(estimate); 계획하다(plan); (좋은 모습을) 보여 주다(show)
the **projected** cost 예상 비용
project an air of confidence 자신감 있는 태도를 보이다

ⓝ 계획, 설계

기출 예문
It is **projected** to grow by 50 percent, to 7.5 million, by 2030.
2030년쯤에는 50퍼센트 증가해 750만 명이 될 것으로 전망된다.

promote
[prəmóut]
n. promotion 승진; 홍보

VOCA+
demote 강등시키다
remote 먼, 외진

ⓥ 승진시키다; 홍보하다; 촉진하다(encourage)
be **promoted** to manager 매니저로 승진하다
promote one's new album 새 앨범을 홍보하다
promote economic growth 경제 성장을 촉진하다

기출 예문
My wife is getting **promoted** next month.
아내가 다음 달에 승진해요.

qualification
[kwàləfikéiʃən]
v. qualify 자격을 얻다; 자격을 주다
n/a. quality 품질, 자질; 고급의
a. qualified 자격(증)이 있는

VOCA+
quantity 양

ⓝ 자격(증), 자격 요건
academic[professional] **qualifications** 학위증[전문 자격증]
have the **qualifications** for the job 일에 대한 자격을 갖추다

기출 예문
Some employers demand very high **qualifications**.
어떤 고용주들은 굉장히 높은 자격을 요구한다.

recruit

[rikrú:t]

n. recruitment 신규 채용; 신병 모집
n. recruiter 인사 담당자

VOCA+

dismissal 해고; 해산
layoff 정리 해고

ⓥ (새로운 사람을) 모집하다, 뽑다

recruit new employees 새 직원들을 뽑다
be **recruited** into the army 군대에 충원되다

ⓝ 신병, 신입 회원

a raw **recruit** 신참자

> **기출 예문**
>
> Don't you think the **recruiting** process was very simple this time?
> 이번 채용 절차는 아주 간단한 것 같지 않아요?
>
> 📋 recruitment drive 신병 모집 운동

---

agenda

[ədʒéndə]

VOCA+

arena 원형 투기장; 경쟁 장소
agency 소속사, 대행

ⓝ 안건, 의제 (목록)

set the **agenda** 의제를 정하다
be at the top of the **agenda** 가장 중요한 의제이다

> **기출 예문**
>
> That's the main **agenda** for today's meeting.
> 그것이 오늘 회의의 주요 의제입니다.

---

shift

[ʃift]

VOCA+

sift 체로 치다; 엄밀히 조사하다

ⓝ 교대 근무(relief); 변화(change)

the day[night] **shift** 주간[야간] 교대 근무
a **shift** in policy 정책상의 변화

ⓥ (장소를) 옮기다, (자세를) 바꾸다

shift him to a different department 그를 다른 부서로 이동시키다

shift one's position 자세를 바꾸다

> **기출 예문**
>
> Over the past decade, there has been a **shift** in the way scientists regard the Earth's climate.
> 지난 십 년간 과학자들이 지구의 기후를 관찰하는 방법에 변화가 있었습니다.

retire
[ritáiər]

n. retirement 은퇴, 퇴직
a. retiring 내성적인(reserved)

ⓥ 은퇴[퇴직]하다

retire from one's job 직장에서 은퇴하다
retire on medical grounds 건강상의 이유로 은퇴하다

> **기출 예문**
>
> He used to work at the post office, but now he's retired.
> 그는 우체국에서 일했는데 지금은 퇴직하셨어요.

VOCA⁺
resign 사임하다

📋 retirement package 퇴직 종합 대책
　 retirement allowance 퇴직금

---

résumé
[rézumèi]

ⓝ 이력서(curriculum vitae)

a handwritten **résumé** 자필 이력서

> **기출 예문**
>
> Send your résumé along with your salary expectation, to
> 213 Main St., San Jose, CA 92345.
> 이력서에 귀하의 희망 연봉을 적어, 캘리포니아 92345 산호세 메인 가 213번지
> 로 보내 주십시오.

VOCA⁺
resume 재개하다, 다시 시작하다

---

submit
[səbmít]

n. submission 항복; 제출
a. submissive 순종적인
　 (compliant)

ⓥ 제출하다; 항복[굴복]하다(yield, give in)

submit one's résumés to the company 그 회사에 이력서를 제출하다
submit to threats 협박에 굴복하다
submit to one's demands 요구를 들어주다

> **기출 예문**
>
> People may **submit** entry forms when entering the festival.
> 축제에 입장할 때 응모 양식을 제출하면 된다.

VOCA⁺
summit 정상, 정상 회담

---

supervise
[sjúːpərvàiz]

n. supervisor 감독관, 관리자

ⓥ 감시하다, 감독하다(oversee, monitor, superintend)

supervise the work of the staff 직원들의 업무를 감독하다

> **기출 예문**
>
> Our one-hour tour is along concrete walkways and is
> **supervised** by a certified guide.
> 우리의 1시간짜리 투어는 콘크리트로 된 보도를 따라 이루어지며 자격증이 있
> 는 가이드가 통제합니다.

VOCA⁺
supersede 대신하다
overlook 내려다 보다; 조사하다;
간과하다

DAILY TEPS TEST

Choose the best answer for the blank.

Part I

1

A: Can we discuss my staffing concerns at today's meeting?

B: Our _____ is already pretty full.

(a) tally
(b) certificate
(c) menu
(d) agenda

2

A: What other information do you need from me?

B: Just your _____ and yearly income.

(a) colleague
(b) default
(c) competence
(d) occupation

3

A: Is your company still hiring marketers?

B: Yeah, you should _____ an application.

(a) invest
(b) adjourn
(c) submit
(d) persist

4

A: How are the department's finances looking?

B: I _____ that we'll come in under budget this quarter.

(a) retain
(b) appoint
(c) project
(d) bestow

5

A: I'm going to need some more time on this report.

B: Okay, we can probably push the _____ back.

(a) deadline
(b) personnel
(c) blunder
(d) station

6

A: There's a sales conference in Memphis next month.

B: Someone from our team should probably _____.

(a) reform
(b) attend
(c) discharge
(d) connect

7

A: Are you still in the running for the position?

B: Yeah, I'm going in for a(n) _____ tomorrow.

(a) interview
(b) application
(c) novice
(d) bonus

8

A: The entire staff seems a little rundown.

B: Maybe we've been _____ them.

(a) preoccupying
(b) hiring
(c) overworking
(d) wavering

Part II

9

Tyrol Corp. will begin offering its sales team financial _____ to encourage overtime work.

(a) inmates
(b) investments
(c) interns
(d) incentives

10

Mr. Bills is looking for a few helpers to _____ a going away party for Selena.

(a) generate
(b) organize
(c) recruit
(d) attest

11

Interested applicants should send their contact information and a _____ to the address indicated below.

(a) position
(b) decision
(c) résumé
(d) wage

12

Factory workers on the late _____ don't get home until 2 or 3 in the morning.

(a) shift
(b) paycheck
(c) supervisor
(d) process

1 (d)	2 (d)	3 (c)	4 (c)	5 (a)	6 (b)
7 (a)	8 (c)	9 (d)	10 (b)	11 (c)	12 (a)

1 A: 오늘 회의에서 직원 채용 문제를 논의할 수 있을까요?
　　 B: 의제가 이미 꽉 찼습니다.
　　 (a) 기록　　　　　　 (b) 증명서
　　 (c) 메뉴　　　　　　 **(d) 의제**

2 A: 저한테 물어 보실 게 또 있으신가요?
　　 B: 직업과 연간 소득을 알려 주세요.
　　 (a) 동료　　　　　　 (b) 채무 불이행
　　 (c) 능숙함　　　　　 **(d) 직업**

3 A: 당신 회사에서 아직 마케터를 뽑고 있습니까?
　　 B: 네, 지원서를 제출하세요.
　　 (a) 투자하다　　　　 (b) 연기하다
　　 (c) 제출하다　　　 (d) 주장하다

4 A: 부서의 재정이 어떤가요?
　　 B: 이번 분기는 예산에 맞을 것으로 예상됩니다.
　　 (a) 보유하다　　　　 (b) 임명하다
　　 (c) 예상하다　　　 (d) 수여하다

5 A: 이 보고서에 더 많은 시간이 필요할 거예요.
　　 B: 좋아요, 마감 시한을 더 늦출 수 있을 겁니다.
　　 (a) 마감 시한　　　 (b) 직원
　　 (c) 실수　　　　　　 (d) 역

6 A: 다음 달 멤피스에서 영업 회의가 있어요.
　　 B: 우리 팀에서 누군가가 참석해야겠네요.
　　 (a) 개편하다　　　　 **(b) 참석하다**
　　 (c) 내보내다　　　　 (d) 연결하다

7 A: 그 자리에 여전히 입후보하실 건가요?
　　 B: 네, 내일 인터뷰를 할 겁니다.
　　 (a) 인터뷰　　　　 (b) 신청
　　 (c) 초보자　　　　　 (d) 보너스

8 A: 전 직원이 좀 지쳐 있는 것 같아요.
　　 B: 우리가 계속 과로해서 그런가 봅니다.
　　 (a) 선취하다　　　　 (b) 고용하다
　　 (c) 과로하다　　　 (d) 동요하다

9 타이롤 사는 초과 근무를 장려하려고 영업부에 금전적인 우대를 제공할 것이다.
　　 (a) 수감자　　　　　 (b) 투자
　　 (c) 인턴　　　　　　 **(d) 장려책**

10 빌즈 씨는 세레나의 작별 파티를 준비하는 것을 도와줄 사람 몇 명을 찾고 있다.
　　 (a) 발생시키다　　　 **(b) 준비하다**
　　 (c) 모집하다　　　　 (d) 증명하다

11 관심이 있는 지원자들은 아래에 나와 있는 주소로 연락처와 이력서를 보내세요.
　　 (a) 직위　　　　　　 (b) 결정
　　 (c) 이력서　　　　 (d) 급료

12 야간 교대조 공장 근로자들은 새벽 2시 또는 3시가 되어야 귀가한다.
　　 (a) 교대 근무　　　 (b) 봉급
　　 (c) 관리자　　　　　 (d) 절차

DAY
12

Finance

The reasons why Sweden rejected the adoption of the Euro,
Europe's common **currency**, are clear to all.
스웨덴이 유럽의 공통 화폐인 유로화를 채택하지 않는 이유는 매우 분명하다.

학습 1차	년	월	일	공부 시간	시간	분
학습 2차	년	월	일	공부 시간	시간	분
학습 3차	년	월	일	공부 시간	시간	분

DAY 12   Finance 금융

scrimp
[skrimp]

ⓥ 절약하다, 긴축하다

scrimp and save for one's retirement 은퇴를 위해 아껴 모으다

VOCA⁺

skimp (돈, 시간을) 절약하다
curtail 줄이다, 삭감하다

> **기출 예문**
>
> Apparently, Mr. Jackson had to **scrimp** for years to save enough money.
> 들리는 바에 의하면, 잭슨 씨는 충분한 돈을 저축하려고 수년간 절약해야 했다.

pension
[pénʃən]

ⓝ 연금

pension benefits 연금 혜택
pension fund 연금 기금
receive a **pension** 연금을 받다
live on one's **pension** 연금을 받아 살아가다

VOCA⁺

allowance 수당
annuity 연금
social security 사회 보장
subsidy 보조금

> **기출 예문**
>
> Angry protesters are demonstrating against the national **pension** reforms.
> 화가 난 시위대가 국가 연금 개혁에 반대하는 시위를 벌이고 있다.

fiscal year
[fískəl jiər]

ⓝ 회계 년도

last[current, next] **fiscal year** 지난[올해, 다음] 회계 년도

VOCA⁺

fiscal cliff 재정 절벽
fiscal drag 세수 초과 등이 경제 성장에 미치는 억제 효과

> **기출 예문**
>
> In spite of starting out the **fiscal year** 2017 with financial difficulties, GT Telecom has ended the year on a positive note.
> GT 텔레콤은 2017 회계 연도를 어려운 재정 상태에서 출발했지만 긍정적으로 마무리했습니다.

shareholder

[ʃέərhòuldər]

ⓝ 주주

a majority[controlling] **shareholder** 대[지배]주주
a minority **shareholder** 소주주
an institutional **shareholder** 기관 주주

VOCA⁺
share 주
investor 투자자

> **기출 예문**
>
> The CEO has been under considerable pressure from
> **shareholders** to reap healthy profits.
> 대표이사는 주주들로부터 탄탄한 이익을 내는 상당한 압박을 받아왔다.

---

bankruptcy

[bǽŋkrəptsi]

n. bankrupt 파산

ⓝ 파산

be on the brink[verge] of **bankruptcy** 파산 직전인
be in **bankruptcy** 파산 상태인
file for **bankruptcy** 파산 신청하다
declare **bankruptcy** 파산을 선언하다
bankruptcy proceedings 파산 절차

VOCA⁺
default 채무 불이행
insolvency 지불 불능, 파산 상태
liquidation
(빚을 갚기 위한) 사업 정리

> **기출 예문**
>
> A confluence of multiple problems drove the company
> into **bankruptcy**.
> 여러 문제들이 합쳐져서 그 회사를 파산으로 몰고 갔다.

---

bond

[bɑnd]

ⓝ 채권; 유대감

long-term **bonds** 장기 채권
government **bonds** 정부 채권
issue **bonds** 채권을 발행하다
invest in **bonds** 채권에 투자하다
redeem[cash in] **bonds** 채권을 현금으로 바꾸다

VOCA⁺
stock, share 주식

> **기출 예문**
>
> Evan's grandfather bought investment **bonds** in the newly
> established town of Granville.
> 에반의 조부가 새로 생긴 그랜빌 마을에서 투자 채권을 구입했다.

account
[əkáunt]

n. accounting 회계 (업무)
n. accountant 회계사

VOCA⁺
recount 다시 세다
discount 할인하다

ⓝ 계좌; (-s) (회계) 장부; (정보 서비스) 이용 계정; (있었던 일에 대한) 설명

open[close] an **account** 계좌를 개설하다[해지하다]
an **accounts** department 회계 부서, 경리부
an e-mail **account** 이메일 계정
give an **account** of ~에 대해 설명하다

> **기출 예문**
>
> If you would like to check your **account** information, press one.
> 고객님의 계좌 정보를 확인하고 싶으시다면 1번을 눌러 주세요.

📋 take ~ into account ~을 고려하다
account for ~을 설명하다; ~의 원인이 되다; ~을 차지하다

---

ambivalent
[æmbívələnt]

n. ambivalence 양면 가치

VOCA⁺
ambiguous 다의적인, 애매한
amphibian 양서류(의)

ⓐ 양면 가치의, 상반된(conflicting)

be **ambivalent** with the decision 그 결정에 대해 양면적이다

> **기출 예문**
>
> The government seems **ambivalent** about whether to use the new currency or not.
> 새로운 화폐의 사용 여부에 대해 정부는 양면적인 태도를 취하고 있는 것 같다.

---

benefit
[bénəfit]

a. beneficial 이로운

VOCA⁺
profit (금전상의) 이윤
perquisite 부수입; (임원의) 특전

ⓝ 이익; 수당, 보조금

collect unemployment **benefits** 실업 수당을 받다

ⓥ 이익을 얻다

benefit from the tax cuts 세금 감면으로 도움을 받다

> **기출 예문**
>
> The job offered seems to pay well and have good **benefits**.
> 제의받은 일자리는 보수도 좋고 복리 혜택도 좋은 것 같다.

📋 fringe benefit 복리 후생 급부
tax benefit 세제 혜택
child benefit (정부의) 육아 수당[보조금]

asset
[ǽset]

VOCA⁺
assert 주장하다
beset 포위 공격하다

ⓝ 자산, 재산(↔ liabilities 부채)
fixed[current] **assets** 고정[유동] 자산
the value of a company's **assets** 회사의 자산 가치
a great **asset** to the team 팀에 큰 자산

🗨기출 예문
Good work habits formed now will be an **asset** in the future.
지금 형성된 좋은 근무 습관은 미래의 자산이 될 것이다.

---

balance
[bǽləns]

VOCA⁺
counterbalance 균형을 맞추다
imbalance 불균형

ⓝ (계좌의) 잔고; 균형
account **balance** (은행 계좌의) 잔고
strike a **balance** 균형을 잡다
throw him off **balance** 그의 균형을 잃게 하다

ⓥ 균형을 잡다
balance the budget 수지 균형을 맞추다

🗨기출 예문
A month later, new symptoms began, including severe headaches, vomiting, and **balance** problems.
한 달 후 심한 두통과 구토, 평형 감각의 문제 등 새로운 증상이 나타났다.

📝 a balance sheet 대차 대조표
  balance of trade (국가의) 무역 수지

---

appraise
[əpréiz]
n. appraisal 평가(액), 판단

VOCA⁺
apprise 알리다
praise 칭찬하다

ⓥ 평가하다(assess)
appraise the painting at $1.2 million 그림의 가치를 120만 달러로 평가하다

🗨기출 예문
First, **appraise** a source by examining the bibliographic citation.
우선 서지학적 인용을 조사함으로써 자료를 평가한다.

budget
[bʌ́dʒit]

ⓝ 예산(안), (예상) 비용

start one's business on a small **budget** 적은 예산으로 사업을 시작하다

ⓥ 예산을 세우다

budget millions of dollars to make the film 영화 제작에 수백 만 달러의 예산을 책정하다

> 기출 예문
>
> The **budget** deficit requires reductions in all government programs, including defense.
> 예산 부족은 국방을 포함한 정부의 모든 프로그램의 축소를 요구한다.

VOCA⁺
gadget (작은) 기계 장치,
새로운 고안품

📝 a tight budget 긴축 예산
   a big-budget movie 제작비가 많이 드는 영화
   defense[education] budget 국방[교육] 예산

currency
[kə́:rənsi]
a. current 현재의; 통용되는

ⓝ 통화; 통용(use)

pay in U.S. **currency** 미국 통화로 지불하다

win widespread **currency** 널리 통용되다

> 기출 예문
>
> The reasons why Sweden rejected the adoption of the Euro, Europe's common **currency**, are clear to all.
> 스웨덴이 유럽의 공통 화폐인 유로화를 채택하지 않는 이유는 매우 분명하다.

VOCA⁺
cursory 서두르는, 대충하는
cursive 흘림체의

📝 hard currency 경화
   foreign currency 외화
   undervalued currency 평가 절하된 통화
   a single European currency 단일 유럽 통화

curtail
[kərtéil]
n. curtailment 단축, 삭감

ⓥ 축소[삭감]시키다(reduce, downsize, cut back)

curtail the expenses 비용을 삭감하다

curtail the number of troops 병력 규모를 축소하다

VOCA⁺
entail 수반하다, 필요로 하다

> 기출 예문
>
> Something had to be done to **curtail** the national debt.
> 국가 부채를 삭감하려면 어떤 조치를 취해야 한다.

cutback
[kʌ́tbæ̀k]

ⓝ 삭감, 축소(reduction)

cutbacks in public spending 공공 지출의 삭감

sharp **cutbacks** in military spending 군비 지출의 급격한 삭감

〔기출 예문〕

What do you think about the government's **cutbacks**?
정부의 감축에 대해 어떻게 생각하세요?

VOCA⁺
drawback 흠, 결함
setback 방해물; 경기후퇴

📝 staff cutbacks 직원 감축

default
[difɔ́ːlt]

ⓥ (채무를) 변제하지 않다, 체납하다

default on the loan 대출금을 체납하다

ⓝ 채무 불이행; 부전승, 부재

be in **default** on the loan 대출금에 대해 채무 불이행의 상태에 있다

win the game by **default** 부전승으로 경기에서 이기다

〔기출 예문〕

China's first modern republic issued the bonds in 1913, **defaulting** 26 years later amid civil war and the Japanese invasion.
중국의 첫 근대 공화국은 1913년 채권을 발행했으며, 26년 후 내전과 일본의 침략 와중에 채무를 이행하지 않았다.

VOCA⁺
fault 결점
moratorium 지불 유예

deficit
[défisit]

ⓝ 적자, 부족(액)

face a **deficit** 적자에 직면하다

have a big **deficit** in food supply 식량 공급이 크게 부족하다

〔기출 예문〕

I'm sure everyone in the audience sees the need for our government to reduce the budget **deficit** by increasing taxes.
저는 여기 계신 청중들 모두 우리 정부가 세금 징수를 늘려서 재정 적자를 줄여야 한다고 생각하실 것으로 확신합니다.

VOCA⁺
deficiency 결핍, 부족
surplus 잔여, 과잉

📝 a budget[trade] deficit 예산[무역 수지] 적자

deposit

[dipázit]

ⓥ 예금하다, 맡겨두다(↔ withdraw 인출하다); 퇴적시키다

deposit money in a bank account 돈을 은행 계좌에 입금하다
deposit a layer of soil 흙을 퇴적시키다

ⓝ 보증금, 예금; 퇴적물; 매장층

a **deposit** account 예금 계좌
rich **deposits** of gold 풍부한 금 매장층

> **기출 예문**
>
> When you make out a check to a person, he or she can **deposit** it into their bank account.
> 당신이 어떤 사람에게 수표를 발행하면 그 사람은 자신의 은행 계좌에 수표를 예치할 수 있다.

VOCA⁺

depose 물러나게 하다; 퇴위시키다
dispose 배열하다; 처분하다

📑 돈을 은행에 예금하다: deposit money **to** a bank (×) ⇒ deposit money **in[at]** a bank (O)

---

destitute

[déstitʃùːt]

n. destitution 극빈, 궁핍

ⓐ 극빈한, 궁핍한(impecunious, indigent)

be left **destitute** by the war 전쟁으로 인해 궁핍해지다

> **기출 예문**
>
> HP will introduce the lab concept to other **destitute** communities around the world.
> HP는 전 세계의 다른 극빈 지역에도 이 실습실 개념을 도입할 것이다.

VOCA⁺

institute 세우다; 시행하다
constitute 구성하다

📑 ~이 없다: be destitute **with** (×) ⇒ be destitute **of** (O)

---

disparity

[dispǽrəti]

a. disparate 다른, 차이가 나는

VOCA⁺

parity 동등, 일치
disparage 얕보다, 깔보다

ⓝ 차이(difference, discrepancy, inequality)

the economic **disparity** 경제적 차이
the wide **disparity** between income levels 소득 수준의 큰 차이

> **기출 예문**
>
> There is a widening **disparity** between the rich and poor in developing countries.
> 개도국의 빈부 격차가 벌어지고 있다.

estimate

ⓥ [éstəmèit]
ⓝ [éstəmət]

n. estimation 판단, 평가(치)
a. estimated 견적의; 추정되는

ⓥ 견적하다; (대략) 추정하다

estimate it would cost about $8,000 비용이 약 8천 달러가 들 것으로 추산하다

ⓝ 추정(치), 추산; 견적서

a rough **estimate** 대충의 추정(치), 어림잡은 계산

an **estimate** for the work 작업에 대한 견적서

기출 예문

It is **estimated** that these days, 300,000 homeless people live on the streets of America's big cities.
오늘날 30만 명의 노숙자들이 미국 대도시의 거리에서 사는 것으로 추정된다.

VOCA⁺
overestimate 과대평가하다
underestimate 과소평가하다

📝 a conservative estimate 낮게 잡은(보수적인) 추정치

---

frugal

[frú:gəl]

n. frugality 검소, 절약

ⓐ 검소한, 절약하는(economical)

a **frugal** life[shopper] 검소한 생활[쇼핑객]

be **frugal** with money 돈을 절약하다

기출 예문

Shopping for groceries at discount stores is one way to be **frugal** and save money.
할인점에서 장을 보는 것은 검소하게 살고 돈을 절약하는 한 가지 방법이다.

VOCA⁺
stingy 인색한, 구두쇠의
miserly 구두쇠의; 쩨쩨한

---

income

[ínkʌm]

a. incoming 들어오는; 신입의

ⓝ 소득, 수입

earn a good **income** 벌이가 좋다

taxable **income** 과세 소득

a two-**income** family 맞벌이 가정

기출 예문

There are many countries whose annual per capita **income** is barely above US$200.
1인당 국민소득이 겨우 200달러를 넘기는 나라들이 많이 있다.

VOCA⁺
outcome 결과
outgo 지출

📝 income은 개인의 '근로 소득'이며, revenue는 회사의 '수익'을 의미
근로 소득세: revenue tax (×) ⇒ **income** tax (○)

DAY 12

203

indebted

[indétid]

n. indebtedness 부채; 신세, 은혜

ⓐ 부채가 있는(in debt); 신세를 진, 고마워하는(grateful)

heavily **indebted** companies 부채가 많은 회사들

be deeply **indebted** to donors 기부자들에게 대단히 고마워하다

VOCA⁺
indented 톱니 모양의, 들쭉날쭉한

> **기출 예문**
> The financial crisis left several large companies heavily
> **indebted** to the government.
> 금융 위기는 여러 대기업들에게 막대한 정부 부채만을 남겨 주었다.

---

itemize

[áitəmàiz]

n. item 항목; (물건의) 품목
n. itemization 항목별 기재

ⓥ 항목별로 적다, 명세서를 작성하다(list)

itemize all of the household expenses 모든 가계비를 항목별로 작성하다

an **itemized** bill 명세서

VOCA⁺
atomize 원자화하다
anatomize 해부하다

> **기출 예문**
> Managers need to **itemize** the skills of their staff members.
> 관리자는 부하 직원들의 특기를 명세화해야 한다.

---

liability

[làiəbíləti]

a. liable 책임이 있는; ~하기 쉬운

ⓝ 부채(debt ↔ asset 자산); 책임(responsibility)

business assets and **liabilities** 회사 자산과 부채

accept **liability** for any damage 어떠한 피해에 대해서도 책임을 지다

VOCA⁺
reliability 신뢰성
stability 안정성

> **기출 예문**
> The **liability** of the company is so large that it has no
> chance of recovering.
> 그 회사는 부채가 너무 많아 회복 가능성이 전혀 없다.

liquidate

[líkwidèit]

n. liquidation 청산

VOCA⁺

liquidity 유동성

ⓥ (빚을) 청산하다; 숙청하다

liquidate a debt 빚을 청산하다

liquidate the political enemy 정적을 죽이다

DAY 12

> 🖋 기출 예문
>
> After the corporation was forced to **liquidate** its assets, it began to fire employees.
> 강제로 자산을 청산하게 된 후, 회사는 직원들을 해고하기 시작했다.

---

monetary

[mánitèri]

v. monetize 화폐로 주조하다
n. money 돈

VOCA⁺

mercenary 돈을 목적으로 하는
monitory 권고하는, 훈계의

ⓐ 통화[화폐]의

a **monetary** policy 통화 정책

a crime committed for **monetary** gain 금전적 이익을 얻기 위해 저질러진 범죄

> 🖋 기출 예문
>
> In recent times, a new movement has been attempting to receive **monetary** compensation by suing the U.S. government for wrongs against their ancestors.
> 최근 그들의 조상들에게 저지른 잘못에 대해 미국 정부를 상대로 소송을 제기함으로써 금전적인 보상을 받고자 하는 새로운 움직임이 일어나고 있다.

---

mortgage

[mɔ́:rɡidʒ]

VOCA⁺

mortality 죽을 운명; 사망률

ⓝ (담보) 대출(금)

a monthly **mortgage** payment 매월 담보 대출금 납입

> 🖋 기출 예문
>
> Most people arrange a **mortgage** with a bank before they buy a house.
> 대부분 사람들은 주택을 구입하기 전 은행에 담보 대출을 설정한다.

📝 take out a mortgage 담보 대출을 받다
   pay off the mortgage 담보 대출을 다 갚다

portfolio
[pɔ:rtfóuliòu]

ⓝ (보유 중인) 금융 자산 목록, 포트폴리오
an investment **portfolio** 투자한 금융 자산 목록
a share **portfolio** 주식 투자 목록

VOCA⁺
portage 운반
portable 휴대용의

> **기출 예문**
> So it's no surprise that we offer a broad **portfolio** of support and network services.
> 그래서 저희가 지원과 네트워크 서비스에 대해 광범위한 포트폴리오를 제공한다는 것은 놀라운 일이 아닙니다.

---

premium
[prí:miəm]

ⓝ 보험료; 할증료, 추가 요금
car insurance **premiums** 차 보험료
pay a **premium** for organic vegetables 유기농 채소에 추가 요금을 내다

ⓐ 우수한, 고급의
premium gasoline 고급 휘발유

VOCA⁺
premier 첫째의, 으뜸의

> **기출 예문**
> **Premiums** have risen an average of 63% over the last five years.
> 지난 5년간 보험료는 평균 63퍼센트 올랐다.

---

reimburse
[rì:imbə́:rs]
n. reimbursement 변상, 배상

ⓥ 배상[변제]하다(compensate, indemnify)
reimburse any expenses incurred 발생한 모든 비용을 배상하다

VOCA⁺
disburse 지불하다

> **기출 예문**
> Please note that we will only **reimburse** return shipping costs once the returned item has been verified as an incorrect delivery.
> 일단 반품된 물품이 오배송으로 확인된 후에야 반송 배송비를 변상해 드린다는 점을 유념해 주십시오.

📖 **reimburse** A for B A에게 B에 대해 변상하다

stable

[stéibl]

n. stability 안정(성)

@ 안정적인(steady ↔ precarious 불안정한); 마구간

stable prices 안정된 물가

get a **stable** job 안정적인 일자리를 얻다

기출 예문

World interest rates have remained **stable** for the last ten weeks.

국제 금리가 지난 10주간 안정적인 추세이다.

VOCA⁺

stab 찌르다
table 제의하다; (의안을) 연기하다

statement

[stéitmənt]

v/n. state (공식적으로) 진술하다; 국가; 상태

ⓝ 계산서, 명세서; 진술, 성명(서)

a financial **statement** 재무제표

a **statement** of credit 신용 카드 사용 내역서

a written **statement** 진술서

issue an official **statement** 공식 성명을 발표하다

기출 예문

You will be helping to make a global **statement** about our commitment to solving the climate change problem.

당신은 기후 변화 문제 해결에 대한 우리의 약속을 국제적으로 선언하는 데 도움을 줄 것입니다.

VOCA⁺

overstate 과장하다
understate 줄여서 말하다

stock

[stɑk]

ⓝ 주식; 비축, (상품의) 재고

buy and sell **stocks** 주식을 사고팔다

a country's housing **stock** 국가의 주택 보유량

ⓥ (제품을) 갖추고 있다, 보유하다

stock only the finest goods 좋은 물건들만 갖추고 있다

기출 예문

The **stock** market rose so quickly that it smashed all previous records.

이전 기록을 모두 갱신하며 주가가 급상승했다.

📋 stock selection 구비된 물품

VOCA⁺

stack 쌓다; 더미
stick 찌르다; 들러붙다
stockpile 비축량
livestock 가축

DAY 12

subsidy

[sʌ́bsidi]

v. subsidize 보조금을 지급하다

ⓝ 보조금

housing[agricultural] **subsidies** 주택[농업] 보조금

abolish **subsidies** to farmers 농민들에 대한 보조금을 폐지하다

기출 예문

The New York Housing Authority has implemented a new guideline to deter public misuse of apartment **subsidies**.

뉴욕 주택 공사에서는 대중들의 아파트 보조금 악용을 방지하기 위한 새로운 지침을 이행했다.

VOCA⁺

subside 가라앉다, 진정되다
subsidiary 부수적인; 자회사

🖹 government subsidy 정부 보조금

---

tally

[tǽli]

ⓥ ~와 일치[부합]하다, 합산하다

Your plans don't **tally** with mine. 당신의 계획과 제 계획은 일치하지 않아요.

ⓝ (누적된) 기록(record)

the final **tally** 최종 기록

improve on one's **tally** 기록을 향상시키다

기출 예문

Just give me a moment to **tally** your expenses.

귀하의 비용을 합산하는 동안 잠시만 기다려 주십시오.

VOCA⁺

rally 집회; 반등; 재집결하다
sally 출격, 돌격

---

withdraw

[wiðdrɔ́:]

n. withdrawal 철수, 철회; 인출

ⓥ (돈을) 인출하다; 철수[철회]하다

withdraw $200 from one's bank account 계좌에서 200달러를 인출하다

withdraw a charge 고소를 취하하다

withdraw troops (from the region) (지역에서) 군대를 철수시키다

기출 예문

Customers seeking to **withdraw** money can do so at the ATMs outside.

돈을 인출하려는 고객은 밖에 있는 ATM 기기를 이용하실 수 있습니다.

VOCA⁺

drawback 결점, 결함

yield
[ji:ld]

ⓥ (제품 · 작물 등을) 산출하다; (결과를) 초래하다; 항복[굴복]하다

yield a profit 이익을 내다

yield a good[bad] harvest 풍작[흉작]이다

yield to the enemy 적에게 굴복하다

yield to the temptation 유혹에 지다

ⓝ 산출[수확]량

a high crop **yield** 높은 작물 수확량

DAY 12

기출 예문

Ads using MegaAd have **yielded** click-through rates 5 times higher than average online ads.

메가애드를 이용한 광고는 보통의 온라인 광고보다 5배나 높은 클릭률을 가져왔다.

VOCA⁺

field 들판; 분야; 현장의
shield 방패; 막다

Choose the best answer for the blank.

Part I

1

A: There were a lot of unexpected costs.

B: I'll need to see a(n) _____ expenditure list.

(a) itemized
(b) ordinary
(c) balanced
(d) monetary

2

A: Is the market continuing to fluctuate?

B: Looks like prices are _____ for now.

(a) dormant
(b) frugal
(c) off-duty
(d) stable

3

A: Do you need any cash for your trip abroad?

B: No, I can _____ some from an ATM once I land.

(a) withdraw
(b) monopolize
(c) appraise
(d) deserve

4

A: So, are you interested in emerging market bonds?

B: Yes, I'm looking to diversify my _____.

(a) portfolio
(b) premium
(c) purview
(d) portion

5

A: Welcome to Haverford Bank. How can I help you?

B: I just need to check my account _____.

(a) rally
(b) balance
(c) stock
(d) interest

6

A: This office building must have cost you a fortune.

B: Actually, we got an extremely generous _____ rate.

(a) recession
(b) earnings
(c) statement
(d) mortgage

7

A: How quickly can we get this cash into our account?

B: _____ of over $10,000 take 48 hours to process.

(a) Purses
(b) Sessions
(c) Yields
(d) Deposits

8

A: I spent a small fortune wining and dining those clients.

B: I'm sure Accounting will _____ you for that.

(a) commend
(b) appraise
(c) reimburse
(d) divest

Part II

9

Norway ranks first in the measure of median annual _____ at $52,500 per household.

(a) account
(b) income
(c) benefit
(d) layaway

10

The government is providing electronics manufacturers _____ to enable them to compete internationally.

(a) cutbacks
(b) deficits
(c) subsidies
(d) merits

11

In many cases, expansions of free trade have only increased the _____ between rich and poor.

(a) compulsion
(b) disparity
(c) remuneration
(d) liability

12

Researchers _____ that there are approximately 1,400 businesses started each month in this country.

(a) rank
(b) default
(c) estimate
(d) liquidate

1	(a)	2	(d)	3	(a)	4	(a)	5	(b)	6	(d)
7	(d)	8	(c)	9	(b)	10	(c)	11	(b)	12	(c)

1 A: 예상치 못한 비용이 많았습니다.
B: 항목별 지출 리스트를 봐야겠네요.
(a) **항목별로 구분한** (b) 보통의
(c) 안정된 (d) 통화의

2 A: 시장이 계속 변동할까요?
B: 가격이 지금은 안정된 것 같습니다.
(a) 휴지 상태에 있는 (b) 검소한
(c) 근무 중이 아닌 (d) **안정된**

3 A: 해외여행에 현금이 필요할까요?
B: 아니요, 도착하면 ATM기기에서 인출할 겁니다.
(a) **인출하다** (b) 독점하다
(c) 평가하다 (d) ~할 만하다

4 A: 그럼, 성장하는 시장 채권에 관심이 있나요?
B: 네, 제 포트폴리오를 다양하게 하려고요.
(a) **포트폴리오** (b) 보험료
(c) 범위 (d) 몫

5 A: 하버포드 은행에 오신 걸 환영합니다. 뭘 도와
드릴까요?
B: 그냥 제 계좌 잔액을 확인하려고요.
(a) 집회 (b) **잔고**
(c) 재고 (d) 이자

6 A: 이 사무실 건물은 돈이 많이 들었겠습니다.
B: 사실, 주택 담보 대출율을 아주 후하게 받았죠.
(a) 경기 침체 (b) 소득
(c) 명세서 (d) **대출**

7 A: 이 현금을 얼마나 빨리 우리 계좌에 넣을 수 있
을까요?
B: 1만 달러가 넘는 예금은 처리하는 데 48시간 걸
립니다.
(a) 지갑 (b) 회기
(c) 산출량 (d) **예금**

8 A: 고객들에게 술과 음식을 대접하느라 돈을 좀 썼
어요.
B: 그 돈은 회계팀에서 변제해 줄 겁니다.
(a) 칭찬하다 (b) 평가하다
(c) **변제하다** (d) 박탈하다

9 노르웨이는 가구당 5만 2천 5백 달러로 연평균 소
득에서 1위를 차지했다.
(a) 계좌 (b) **소득**
(c) 이익 (d) 상품 예약 구입

10 정부는 전자제품 제조업체들에게 해외에서 경쟁할
수 있도록 보조금을 제공한다.
(a) 삭감 (b) 부족액
(c) **보조금** (d) 장점

11 많은 경우 자유 무역의 확대는 부와 빈곤의 격차를
증가시켰을 뿐이다.
(a) 강요 (b) **차이**
(c) 보수 (d) 부채

12 이 나라에서 매월 약 1,400개의 업체가 사업을 시작
한다고 연구자들은 추정한다.
(a) 순위를 차지하다 (b) 체납하다
(c) **추정하다** (d) 청산하다

DAY
13

Traffic & Travel

Drivers on Freeway 53 will be forced to take a **detour** at exit 11.

53번 고속도로의 운전자들은 11번 출구에서 강제로 우회해야 할 것이다.

학습 1차	년	월	일	공부 시간	시간	분
학습 2차	년	월	일	공부 시간	시간	분
학습 3차	년	월	일	공부 시간	시간	분

Traffic & Travel 교통과 여행

mileage
[máilidʒ]

VOCA⁺
distance 거리

ⓝ 연비, 주행거리

fuel[gas] **mileage** 연비

> **기출 예문**
> Matt worries that the SUV's **mileage** is suspiciously low.
> 매트는 SUV의 주행 거리가 의심스러울 정도로 짧다고 걱정한다.

---

license
[láisəns]

a. licensed 허가를 받은, 면허증이
있는

VOCA⁺
certificate 증명서
permit 허가증

ⓝ 면허

issue a **license** 면허증을 발급하다
revoke one's **license** 면허증을 취소하다
make an application for a **license** 면허증을 신청하다

> **기출 예문**
> You don't need to be discouraged just because you failed
> your driver's **license** test.
> 운전면허 시험에서 떨어졌다고 낙담할 필요 없어.

---

pedestrian
[pədéstriən]

VOCA⁺
motorist 운전자

ⓝ 보행자

a **pedestrian** mall 보행자 전용로

ⓐ 보행자의

pedestrian accidents 보행자 사고

> **기출 예문**
> The city government approved the long-term plan to
> construct new **pedestrian** lanes throughout the city.
> 시 정부는 시내 전역에 새로운 보행자 길을 짓는 장기 계획안을 가결했다.

---

speed limit
[spiːd límit]

ⓝ 제한 속도

break[exceed] the **speed limit** 제한 속도를 어기다[초과하다]

> **기출 예문**
> The **speed limits** need to be heightened on highways.
> 고속도로의 최고 제한 속도를 더 높여야 해.

round trip
[raund trip]

ⓝ 왕복 여행

a **round trip** ticket 왕복표

a 50-mile **round trip** to her house 그녀의 집까지 왕복 50마일의 여행

a **round-trip** fare 왕복 여행 비용

🎙️기출 예문

The **round trip** from New York City to Boston costs $60.
뉴욕시에서 보스턴까지의 왕복 여행은 60달러이다.

VOCA⁺

one-way trip 편도 여행

DAY 13

block
[blɑk]

ⓝ 구역, 단지; 사각형 덩어리

live on the same **block** 같은 단지에 살다

a **block** of concrete 한 블록의 콘크리트

ⓥ 막다, 차단하다(clog)

block the road 도로를 차단하다

🎙️기출 예문

For general groceries, there is a mini-supermarket called Alex's about 10 **blocks** away from here.
일반 잡화류는 여기서 10블록 떨어진 곳에 알렉스라는 작은 슈퍼마켓에서 구입할 수 있습니다.

VOCA⁺

black 음흉한; 더럽히다

📒 stumbling block 장애물
   a chopping block 도마

bound
[baund]

ⓐ (비행기 · 기차가) ~으로 향하는; ~할 것 같은[가능성이 큰] (likely)

get on a plane **bound** for London 런던행 비행기에 타다

be **bound** to succeed[fail] 성공할[실패할] 가능성이 크다

🎙️기출 예문

Excuse me. Is the next train **bound** for Rome?
실례합니다. 다음 열차가 로마행 기차인가요?

VOCA⁺

abound 풍부하다
rebound 반동; 도로 튀다
spellbound 매혹된, 마법에 걸린

📒 Paris-bound 파리행의

215

casualty

[kǽʒjuəlti]

VOCA+
causality 인과 관계

ⓝ 사상자, 피해자

incur countless **casualties** 무수한 사상자를 일으키다
heavy[light] **casualties** 많은[적은] 사상자

🗨️ 기출 예문

An official from the National Transportation Safety Board has provided us with an initial **casualty** report of about 140 injuries, some serious.
미연방 교통안전 위원회 관계자가 부상자는 약 140명이며, 몇 명은 중상을 입었다는 첫 번째 피해 상황 발표를 했습니다.

---

congested

[kəndʒéstid]

v. congest 혼잡하게 하다
n. congestion 혼잡
a. congestive 혼잡성의; 충혈성의

VOCA+
digest 소화하다; 요약하다
suggest 제안하다; 암시하다

ⓐ 붐비는, 혼잡한(crowded); 충혈된

be **congested** with cars 차로 붐비다
congested eyes 충혈된 눈

🗨️ 기출 예문

The dry cleaners is on the **congested** road.
세탁소는 혼잡한 길에 있다.

📋 congestive heart failure 충혈성 심장 마비

---

curb

[kəːrb]

VOCA+
curve 커브; 속이다
curt 퉁명스러운
curdle 응고시키다

ⓥ 억제하다, 저지하다(restrict, check)

curb price and wage increases 가격과 임금 인상을 억제하다
curb the spread of the virus 바이러스의 확산을 억제하다
curb one's appetite 식욕을 억제하다

ⓝ 연석

🗨️ 기출 예문

The travel agency is seeking to **curb** the number of customers canceling their vacation packages.
여행사에서는 패키지여행을 취소하는 고객의 수를 억제하는 방안을 모색하는 중이다.

destination

[dèstənéiʃən]

v. destine 운명 짓다
n. destiny 운명

VOCA⁺

coordination 조정; 조화
inclination 경향, 성향

ⓝ 목적지, 도착지

arrive at the **destination** 목적지에 도착하다
a popular tourist **destination** 인기 있는 관광지

🗨 기출 예문

Everyone with a bike is welcome to come out on Sundays and ride with us to a new **destination** every week.
자전거가 있는 사람은 누구나 매주 일요일에 새로운 장소로 저희와 함께 자전거를 탈 수 있습니다.

📝 destined for ~할 운명인

---

detour

[dí:tuər]

VOCA⁺

tour 순회하다
contour 윤곽, 외형; 〈지리〉 등고선
devour 게걸스레 먹다

ⓝ 둘러 가는 길, 우회(로)

ⓥ 우회하다

detour around the downtown traffic 차 막히는 시내를 돌아 (다른 도로로) 우회하다

🗨 기출 예문

Drivers on Freeway 53 will be forced to take a **detour** at exit 11.
53번 고속도로의 운전자들은 11번 출구에서 강제로 우회해야 할 것이다.

---

direction

[dirékʃən]

v/a. direct 지도하다; 직접적인
n. director 지도자; 책임자; 감독

VOCA⁺

correction 수정
erection 직립, 설립

ⓝ 방향; 지시, 지휘(control)

provide **direction** 방향을 제시하다
under the **direction** of ~의 지휘하에 있는

🗨 기출 예문

Let's pull over and ask for **directions**.
차를 세우고 길을 물어보자.

facility
[fəsíləti]
v. facilitate 용이하게 하다
a. facile 손쉬운

① (편의) 시설; 용이함, 재능(talent)

a medical **facility** 의료 시설
have a **facility** for languages 언어에 재능이 있다

> **기출 예문**
> Her treatment **facility** in Laguna Niguel is spacious, clean, and relaxing.
> 라구나 니겔에 있는 그녀의 치료 시설은 공간이 넓고, 깔끔하며 여유롭다.

VOCA⁺
faculty 교수진; (창조적) 재능

📖 handle the crisis with facility 위기를 수월하게 대처하다

---

fare
[fɛər]

① (교통) 요금, 차비

pay the **fare** 차비를 내다

> **기출 예문**
> This guide compares all passes with ordinary train and bus fares, rental car prices, and airfares.
> 이 안내서는 모든 패스를 일반 열차 및 버스 요금, 렌터카 가격, 항공 요금과 비교합니다.

VOCA⁺
fear 공포
pare 껍질을 벗기다
pear 배

📖 fee (전문직의) 수수료
   rate (단위당) 요금
   charge (서비스의) 요금

---

fine
[fain]

① 벌금

impose a **fine** on him 그에게 벌금을 부과하다

ⓐ 가는, 미세한(thin)

a **fine** thread 아주 가느다란 실
fine sand 고운 모래

VOCA⁺
pine 소나무
fin 지느러미
pin 핀

> **기출 예문**
> The actor could plead guilty and receive merely a small fine.
> 그 배우는 유죄를 인정하면 소정의 벌금만 부과받을 수 있을 것이다.

218

pack
[pæk]

n. package 소포; 포장 상자; 일괄
(거래 · 처리 등)
n. packet (포장된) 한 통, 갑

**ⓥ (짐을) 싸다; (물건을) 포장하다(↔ unpack 짐을 풀다);
가득[빽빽이] 채우다**

pack the gift 선물을 포장하다
pack the hall to see the band 밴드를 보려고 홀을 가득 채우다

ⓝ 묶음, 꾸러미; 배낭; 무리, 떼

a **pack** of cigarettes 담배 한 갑
a **pack** of journalists 한 무리의 기자들

DAY 13

VOCA⁺
backpacking 배낭여행

🖋 기출 예문

Make sure your children have their clothes picked out and
bags **packed** with homework and gym attire.
자녀가 스스로 입을 옷을 고르고, 숙제와 체육복을 가방에 넣어 두게 하십시오.

📄 retirement package 퇴직 종합 대책

---

landmark
[lǽndmàːrk]

**ⓝ (멀리서도 쉽게 보이는) 대형 건물, 랜드마크; 획기적인 사건
(milestone)**

landmark buildings 역사적 건물, 명소
a **landmark** in history 역사상 획기적 사건

VOCA⁺
benchmark 기준
trademark 상표
postmark (우편물의) 소인

🖋 기출 예문

The war memorial is the best-known **landmark** in the city.
전쟁 기념관은 도시에서 가장 유명한 명소예요.

---

locate
[lóukeit]

n. location 장소, 위치

ⓥ ～에 위치시키다(situate); ～의 위치를 찾아내다

be **located** near the airport 공항 근처에 위치해 있다
locate the missing sailors 실종된 선원들의 위치를 파악하다

VOCA⁺
relocate (위치를) 이전하다
collocate 나란히 놓다; 배치하다

🖋 기출 예문

We're **located** on Westview Boulevard just across from
Westview Mall.
저희는 웨스트뷰 몰의 건너편인 웨스트뷰 대로에 있습니다.

navigate
[nǽvəgèit]

n. navigation 항해, 운항
n. navigator 조종사, 항해사

VOCA⁺

navy 해군
naval 해군의

ⓥ 방향을[길을] 찾다; (배·비행기를) 조종[항해]하다(steer)

navigate one's way 길을 찾다
navigate by the stars 별을 통해 방향을 잡다
navigate the ship[airplane] 배를[비행기를] 조종하다

📝 기출 예문

In 1542, Portuguese mariners **navigating** to Macao were pushed up the shore by powerful winds to a Japanese island near the port of Kyushu.
1542년 마카오로 항해하던 포르투갈 선원들은 강풍에 의해 규슈항 근처에 있는 한 일본 섬의 해변으로 밀려갔다.

---

overtake
[òuvərtéik]

VOCA⁺

undertake 착수하다
intake 섭취

ⓥ 앞지르다, 따라잡다(catch up with); (불시에) 엄습하다

overtake a truck 트럭을 추월하다
overtake one's father in height 아들이 아버지보다 키가 더 커지다
be **overtaken** by a storm[misfortune] 폭풍우[불행]가 닥치다

📝 기출 예문

America's information technology workforce has **overtaken** that of the manufacturing sector.
미국의 정보 기술 노동력은 제조업 분야의 노동력을 능가했다.

---

itinerary
[aitínərèri]

a. itinerant (특히 일자리를 찾아) 떠돌아다니는, 순회하는

VOCA⁺

iterate 반복하다

ⓝ 여행 일정(표)

the next place on our **itinerary** 우리의 여행 일정표상의 다음 행선지

📝 기출 예문

This tour takes a leisurely pace but has a comprehensive **itinerary**.
이 투어는 여유롭게 진행되지만 여행 일정은 다채롭습니다.

quaint
[kweint]

n. quaintness 진기함
ad. quaintly 진기하게

VOCA+
acquaint 익숙하게 하다
aquatic 수생의

ⓐ (매력 있게) 독특한, 예스러운

a **quaint** little village 예스러운 작은 마을
quaint old customs 진기한 옛날 풍습

📝 기출 예문

The Curtain Bluff Hotel cordially invites you to stay as our guest and enjoy our luxurious, yet **quaint** accommodations.
커튼 블러프 호텔은 여러분이 이곳에 투숙하여 저희 호텔의 호화롭지만 색다른 숙박 시설을 즐길 수 있도록 초대합니다.

---

resort
[rizɔ́ːrt]

VOCA+
sort 분류하다

ⓝ 휴양지, 리조트; 의지, 수단(recourse)

a popular vacation **resort** 인기 있는 휴양지
without **resort** to violence 폭력을 쓰지 않고
as a last[final] **resort** 최후의 수단으로

ⓥ 의지하다

resort to violence 폭력에 의지하다

📝 기출 예문

Ski lessons start at different ages at different **resorts**.
연령에 따라 스키 강좌가 있는 리조트가 각각 다릅니다.

📝 ~에 의지하다: resort **on** (×) ⇒ resort **to** (○) *depend on

---

roam
[roum]

n/a. roaming (휴대 전화의) 로밍; 방랑하는

VOCA+
road 도로
load 짐; 짐을 싣다

ⓥ 돌아다니다, 배회하다(wander, rove)

children **roaming** the streets 거리를 돌아다니는 아이들
roam in search of water 물을 찾아 돌아다니다

📝 기출 예문

They saw a pack of wolves **roaming** in that area.
그들은 그 지역을 돌아다니는 한 무리의 늑대를 보았다.

📝 roam through the woods 숲 속을 돌아다니다

routine
[ru:tí:n]

ⓝ 일과; (틀에 박힌) 일상

a daily **routine** 매일 하는 일과

ⓐ 정기적인, 일상적인(regular, ordinary)

routine business practices 일상적인 사업 관행들

기출 예문

Some psychologists claim that it is important for children to have **routines** in their daily lives.
몇몇 심리학자들은 아이들이 규칙적으로 일상생활을 하는 것이 중요하다고 주장한다.

VOCA⁺
route 길; 방법
rout 완패시키다

📋 a routine check 정기 점검

---

scenic
[sí:nik]

n. scene 장면; 현장; 풍경
n. scenery 경치, 풍경; (무대의) 배경

ⓐ 경치가 좋은

an area of **scenic** beauty 경치가 아름다운 지역
a **scenic** route 경치가 아름다운 길

기출 예문

The Midway Islands appeal to vacationers looking for a unique, exotic, and **scenic** location.
미드웨이 제도는 독특하고 이국적이며 경치가 좋은 장소를 찾는 피서객들의 흥미를 끈다.

VOCA⁺
scent 향기

---

secluded
[siklú:did]

v. seclude 은둔하다
n. seclusion (혼자 있는) 호젓함; 격리

ⓐ 한적한, 외딴(isolated)

look for a **secluded** spot (사람이 없는) 한적한 곳을 찾다
lead[live] a **secluded** life 유유자적하며 살다

VOCA⁺
exclude 배제하다
recluse 은둔자
preclude 미리 막다

기출 예문

The writer lived and worked in a **secluded** cabin in the woods.
그 작가는 숲 속의 외딴 오두막에서 살며 작업했다.

secure
[sikjúər]

n. security 안전; 증권; 담보

ⓥ 얻다, 확보하다(obtain, come by)
secure a position 지위를 얻다
secure a proof 증거를 확보하다

ⓐ 안전한, 확실한(safe); 안심하는, 확신하는
a **secure** fortress[lock] 안전한 요새[자물쇠]
be **secure** of victory 승리를 확신하다

기출 예문
The home is always fully booked during high season, so please book early to **secure** your dates.
그 숙소는 성수기에는 항상 예약이 마감되므로 일정을 확보하시려면 조기에 예약해 주십시오.

VOCA⁺
obscure 애매한; 숨기다
procure 얻다, 획득하다

---

sojourn
[sóudʒəːrn]

ⓝ 체류
a three-day **sojourn** 3일간의 체류
during the period of **sojourn** 체류 기간 동안

ⓥ 체류하다(stay)
sojourn for two weeks 2주 동안 체류하다

기출 예문
Jacob embarked on a week-long **sojourn** in Sicily this morning.
제이콥은 오늘 아침 시실리에서의 일주일간의 체류에 나섰다.

VOCA⁺
adjourn (회의 · 재판을) 연기하다
journey 여행

---

spectacular
[spektǽkjələr]

n. spectacle 장관; (-s) 안경

ⓐ 장관을 이루는, 극적인(dramatic)
a **spectacular** sunset 장관을 이루는 일몰
a **spectacular** success 극적인 성공

기출 예문
You can climb the **spectacular** Himalayas or just sit back and admire the view.
장엄한 히말라야 산맥을 등정하실 수도 있고, 그저 편히 쉬면서 경치를 감상하실 수도 있습니다.

VOCA⁺
speculate 추측하다; 투기하다
spectator 관객

steer
[stiər]

ⓥ (차 · 배를) 몰다, 조종하다[되다]

steer a car 차를 몰다
steer the guest into the dining room 손님을 식당으로 안내하다

🗨️기출 예문

It was difficult to **steer** the car on the slippery mountain roads.
미끄러운 산길에서 차를 운전하는 것은 어렵다.

VOCA⁺
steel 강철
steal 훔치다

📝 steering wheel (자동차의) 핸들

---

toll
[toul]

ⓝ 통행료, 전화 요금; (재난 등의) 사상자 수

collect a **toll** 통행료를 징수하다
the **toll** of the disaster 사고의 사상자 수

🗨️기출 예문

Call our **toll**-free number today for a home demonstration.
가정에서의 제품 시연을 원하시면 오늘 바로 무료 전화를 주세요.

VOCA⁺
poll 투표; 여론 조사
roll 구르다, 돌다

📝 toll road (통행료가 부과되는) 유료 도로
　　death toll 사망자 수

---

tow
[tou]

ⓝ (자동차의) 견인, (보트의) 예인

a **tow** truck 견인차

ⓥ (자동차 · 보트를) 끌다, 견인하다

tow a ship into a harbor 배를 항구로 견인하다

VOCA⁺
stow 싣다, 채워 넣다
bow 인사하다
vow 맹세하다

🗨️기출 예문

My car won't start. Could you send a **tow** truck?
시동이 안 걸려요. 견인 차량을 보내 주시겠어요?

traffic

[trǽfik]

n. trafficking 밀매

VOCA⁺

tragic 비극적인

ⓝ **교통(량), 수송; 밀매, 암거래**

traffic congestion[jam] 교통 혼잡

the volume of **traffic** 교통량

ⓥ **밀매하다, 암거래하다**

traffic in drugs 마약을 밀매하다

기출 예문

A recent study ranked the Miami area fifth-worst nationally for urban **traffic** congestion.
최근의 한 조사에서 마이애미 지역은 전국에서 시내 교통 체증이 최악인 곳 5위를 차지했다.

📝 human traffic 인신 매매

---

wobble

[wɑbl]

VOCA⁺

gobble 게걸스레 먹다
hobble 발을 절다

ⓥ **(불안정하게) 비틀거리다, 흔들리다**

wobbling chair 흔들거리는 의자

wobble on a bike 자전거 위에서 뒤뚱거리다

기출 예문

The exhausted traveler **wobbled** as she made her way to the immigration checkpoint.
완전히 지쳐버린 여행자는 입국 검문소를 향해 가면서 비틀거렸다.

📝 wobble on the issue 문제에 대해 갈팡질팡하다

---

vehicle

[víːikl]

VOCA⁺

article 기사; 품목
particle 작은 조각, 입자

ⓝ **탈것, 운송 수단; (전달) 수단, 매개체(medium)**

a **vehicle**-free zone 차량 통행금지 구역

a **vehicle** of infection 전염병의 매개물

기출 예문

What size are your airport shuttle service **vehicles**?
공항 셔틀 서비스 차량의 크기가 어떻게 되나요?

📝 a sport-utility vehicle 스포츠 유틸리티 차량(SUV)

DAY 13

transport

[trǽnspɔ̀ːrt]

n. transportation 운송, 수송

ⓥ 수송하다, 실어 나르다

transport goods[passengers] 물품[승객]을 수송하다
transport guests to the airport 손님들을 공항으로 실어 나르다

ⓝ 수송, 차량

the **transport** of goods 물품의 수송
travel on public **transport** 대중교통으로 다니다

VOCA⁺

comport 처신하다
deport 처신하다; 추방하다

기출 예문

Transporting ice around the world was a lucrative business in 19th-century America.
전 세계로 얼음을 운반하는 일은 19세기 미국에서 수지맞는 사업이었다.

📝 mass transportation 대중교통

---

traverse

[trǽvəːrs]

a. traversable 통과할 수 있는

ⓥ 가로지르다, 횡단하다 (cut across)

traverse the continent 대륙을 횡단하다
traverse a bridge 다리를 횡단하다

ⓐ 가로의, 횡단하는

VOCA⁺

adverse 반대의; 불리한
reverse 반대 방향의

기출 예문

The hikers **traversed** seven mountain passes over 10,000 feet on their trek.
도보 여행자들은 1만 피트가 넘는 여행길에서 일곱 개의 산길을 횡단했다.

transfer

ⓥ [trænsfɔ́:r]
ⓝ [trǽnsfər]

VOCA⁺

confer 수여하다; 협의하다
defer 연기하다; 순순히 따르다

ⓥ 갈아타다; 이직[전학]하다; (장소·위치를) 옮기다, 이동하다; 넘겨주다

transfer from the train to a bus 기차에서 버스로 갈아타다
transfer to the sales department 판매 부서로 옮기다
transfer the patient to a different hospital 환자를 다른 병원으로 옮기다
transfer money to his account 돈을 그의 계좌로 이체하다

ⓝ 환승, 이동

a **transfer** ticket 환승표
a **transfer** of power 권력 이동

기출 예문

Hold on while I **transfer** your call.
전화를 연결해 드리는 동안 기다리세요.

transfer fee 이적료
transfer student 전학생

DAY 13

DAILY TEPS TEST

Choose the best answer for the blank.

Part I

1

A: Where's the nearest travel agency?

B: Go down two _____ and hang a left.

(a) sets
(b) sticks
(c) fares
(d) blocks

2

A: Is that the U.S. Capitol Building?

B: Yes, it's probably Washington's best-known _____.

(a) landmark
(b) routine
(c) evidence
(d) casualty

3

A: Let's just park by the red curb there.

B: I'm afraid the car will be _____.

(a) roamed
(b) towed
(c) wobbled
(d) torn

4

A: You can see the whole city and the beach from up here.

B: What a(n) _____ view!

(a) quaint
(b) spectacular
(c) expectant
(d) tiresome

5

A: Westward Airlines, may I help you?

B: I'm having trouble _____ your office.

(a) orienting
(b) navigating
(c) pointing
(d) locating

6

A: Looks like this road is closed for maintenance.

B: Follow the signs for the _____.

(a) detour
(b) direction
(c) destination
(d) division

7

A: Can I use your computer to do some online banking?

B: Sure, our connection is _____.

(a) proper
(b) durable
(c) secure
(d) blank

8

A: I guess the weather's pretty warm in Jackson City.

B: Well, _____ a light jacket anyway.

(a) pack
(b) fit
(c) make
(d) curb

Part II

9

More businesspeople drove to conferences in rented _____ than flew last year.

(a) traffic
(b) sojourns
(c) operators
(d) vehicles

10

Hikers must _____ a high mountain pass before arriving in the next town.

(a) trample
(b) transport
(c) traverse
(d) transmit

11

All guests at the seaside _____ are promised the finest service and world-class amenities.

(a) motel
(b) facility
(c) resort
(d) hospital

12

Passengers should check at the ticket office for schedule updates for buses _____ for New York City.

(a) shot
(b) bound
(c) grouped
(d) congested

DAY 13

1 (d)	2 (a)	3 (b)	4 (b)	5 (d)	6 (a)
7 (c)	8 (a)	9 (d)	10 (c)	11 (c)	12 (b)

1 A: 가장 가까운 여행사가 어디죠?
B: 두 블록 계속 가다가 좌회전하세요.
(a) 세트　　　　　　　(b) 막대기
(c) 요금　　　　　　　**(d) 블록**

2 A: 저게 미국 국회 의사당 건물인가요?
B: 네. 워싱턴의 가장 유명한 랜드마크죠.
(a) 랜드마크　　　　(b) 일상
(c) 증거　　　　　　　(d) 사상자

3 A: 그냥 저기 빨간 연석 옆에 주차하죠.
B: 차가 견인될 것 같아요.
(a) 돌아다니다　　　　**(b) 견인하다**
(c) 비틀거리다　　　　(d) 찢다

4 A: 여기서 위에서는 도시 전체와 해변을 볼 수 있습니다.
B: 멋진 장관이네요!
(a) 진기한　　　　　　**(b) 장관을 이루는**
(c) 기대하는　　　　　(d) 귀찮은

5 A: 웨스트워드 항공입니다. 무엇을 도와 드릴까요?
B: 사무실을 못 찾고 있네요.
(a) 적응시키다　　　　(b) 방향을 찾다
(c) 가리키다　　　　　**(d) 위치를 찾아내다**

6 A: 이 도로는 보수 관리로 폐쇄된 것 같군요.
B: 우회하려면 이 표지판을 따라가세요.
(a) 우회　　　　　　(b) 방향
(c) 목적지　　　　　　(d) 분할

7 A: 인터넷 뱅킹을 하려는 데 컴퓨터를 좀 써도 될까요?
B: 물론입니다. 저희의 접속은 안전합니다.
(a) 적절한　　　　　　(b) 내구성이 있는
(c) 안전한　　　　　(d) 텅 빈

8 A: 잭슨 시티의 날씨가 아주 포근한 것 같습니다.
B: 어쨌든 가벼운 재킷 챙겨 가세요.
(a) 싸다　　　　　　(b) 적합하다
(c) 만들다　　　　　　(d) 억제하다

9 더 많은 기업인들이 작년 회의에 비행기보다 차를 빌려서 운전해서 왔다.
(a) 교통　　　　　　　(b) 체류
(c) 조작하는 사람　　　**(d) 차량**

10 도보 여행자들이 옆 마을에 도착하기 전에 큰 산길을 통과해야 한다.
(a) 짓밟다　　　　　　(b) 수송하다
(c) 가로지르다　　　(d) 전송하다

11 해변에 있는 리조트의 모든 손님들은 가장 훌륭한 서비스와 세계 정상급의 편의 시설을 약속받는다.
(a) 모텔　　　　　　　(b) 시설
(c) 리조트　　　　　(d) 병원

12 승객들은 뉴욕행 버스의 시간표 업데이트를 위해 매표소에서 확인해야 합니다.
(a) 쏜　　　　　　　　**(b) ~행인**
(c) 무리 지어진　　　　(d) 혼잡한

DAY
14

Travel Abroad

The visa is **valid** until September, at which time it must be renewed.

비자는 9월까지 유효한데, 그때 갱신해야 한다.

학습 1차	년	월	일	공부 시간	시간	분
학습 2차	년	월	일	공부 시간	시간	분
학습 3차	년	월	일	공부 시간	시간	분

Travel Abroad 해외여행

grace period
[greis pí(:)əriəd]

ⓝ **지불 유예 시간**

allow for a ten-day **grace period** 10일의 지불 유예 기간을 허용하다

> **기출 예문**
> Thankfully, the hotel gave us a short grace period.
> 고맙게도 호텔 측이 우리에게 서비스 시간을 조금 줬다.

VOCA⁺
moratorium 활동 중단; 지불 유예

expedition
[èkspidíʃən]

ⓝ **탐험**

go on an **expedition** 탐험하다
embark[set off] on an **expedition** 탐험을 시작하다
an archaeological[scientific] **expedition** 고고학[과학] 탐험

> **기출 예문**
> Roald Amundsen is famous for his South Pole expedition.
> 로알 아문센은 그의 남극 탐험으로 유명하다.

VOCA⁺
excursion (짧은) 여행
exploration 탐사, 탐험
quest 탐구, 탐색
outing 야유회

luggage
[lʌ́giʤ]

ⓝ **짐, 가방, 수화물**

a piece of **luggage** 수하물 하나
claim[collect] one's **luggage** 짐을 찾아가다
check in one's **luggage** 짐을 부치다
load[unload] one's **luggage** 짐을 싣다[내리다]

> **기출 예문**
> Some of the luggage hasn't come down the carousel.
> 컨베이어 벨트에 짐의 일부가 실려 오지 않았다.

VOCA⁺
baggage 짐, 수하물

passenger
[pǽsənʤər]

ⓝ **승객**

a **passenger** aircraft[ship] 여객기[여객선]
a **passenger** seat 조수석

> **기출 예문**
> Passengers are advised not to unlock their seatbelts for now.
> 승객들은 현재로서는 안전벨트를 풀지 말라고 주의를 받는다.

VOCA⁺
commuter 통근자

carry-on
[kǽriàn]

VOCA⁺

overnight bag 작은 여행 가방
briefcase 서류 가방

ⓐ 기내 휴대용의

a **carry-on** luggage[baggage] 기내 휴대용 가방

📎 기출 예문

Only one **carry-on** bag for each person is recommended for efficient travel.
효율적인 여행을 위해 1인당 기내 휴대용 가방은 1개만 지참해 주실 것을 권합니다.

---

in-flight
[ínflàit]

VOCA⁺

top-flight 최고의, 일류의
maiden flight 처녀 비행

ⓐ 기내의

an **in-flight** meal 기내식
an **in-flight** movie 기내 영화

📎 기출 예문

The items at **in-flight** duty-free shops are so limited.
기내 면세점의 물품은 너무 제한적이다.

---

leg room
[leg ru(:)m]

VOCA⁺

headroom 머리와 차량 지붕 사이의 공간

ⓝ 다리를 뻗을 수 있는 공간

a car with a lot of **leg room** 다리를 뻗을 수 있는 공간이 충분한 차

📎 기출 예문

The interior of economy class has been completely refurbished with more **leg room**, larger overhead compartments.
일반석의 내부는 다리를 뻗을 수 있는 공간이 넓어지고, 머리 위 짐칸을 더 크게 만들어서 완전히 재단장했다.

---

accommodate
[əkámədèit]

n. accommodation 숙소; 합의
a. accommodating 친절한

VOCA⁺

accumulate 축적하다

ⓥ (인원을) 수용하다; (의견·요구를) 맞추다, 편의를 제공하다

accommodate about 100 people 약 100명을 수용하다
accommodate the special needs of the disabled 장애인들의 특별 요구에 맞추다

📎 기출 예문

The new plan will **accommodate** roughly 30 tourists at a time to raise awareness of the island's historical significance.
새 계획을 통해 섬의 역사적 중요성에 대한 인식을 재고하기 위해 한 번에 약 30명의 관광객을 받게 될 것이다.

📋 accommodate (oneself) to the new market conditions 새로운 시장 상황에 맞추다

aisle
[ail]

VOCA⁺
isle 작은 섬

ⓝ 통로

an **aisle** seat (비행기의) 통로 쪽 좌석
sit on the **aisle** 통로 쪽 좌석에 앉다

🗨 기출 예문

The dairy section is in **aisle** 2.
유제품은 2번 통로에 있습니다.

📝 walk down the aisle 결혼하다

---

available
[əvéiləbl]

v. avail 도움이 되다, 쓸모 있다
n. availability 입수 가능성

ⓐ 이용할[구할] 수 있는(accessible ↔ unavailable 이용할 수 없는); 시간이 되는

available facilities[resources] 이용할 수 있는 편의 시설[자원]
Are you **available** now? 지금 시간 있으세요?

🗨 기출 예문

Simplified Life Insurance is now **available** for older Americans.
이제 노령자 미국인도 간소화 생명 보험에 가입할 수 있습니다.

📝 She is available. 그녀는 사귀는 사람이 없다.

---

baggage
[bǽgidʒ]

VOCA⁺
load (많은 양의) 짐, 화물
cargo (선박·비행기의) 화물

ⓝ 짐, 수하물(luggage)

collect one's **baggage** 자기 짐을 찾다
check in one's **baggage** 짐을 부치다

🗨 기출 예문

Can you keep an eye on my **baggage**?
제 짐 좀 봐 주시겠어요?

📝 excess baggage (항공기 탑승 시) 초과 수하물

board

[bɔːrd]

n. boarding 탑승; (학교) 기숙

DAY 14

VOCA+

aboard 탑승하여
cardboard 판지; 비현실적인
dashboard 계기판
keyboard 건반

ⓥ 탑승하다; 하숙하다

board a plane[train] 비행기[기차]에 탑승하다
board near the school 학교 근처에서 하숙하다
board at the college 대학에서 기숙사 생활을 하다

ⓝ 판자; 게시판; 위원회

on **board** 탑승하여
bulletin **board** 게시판
board of directors 이사회

🖊 기출 예문

We are now **boarding** American Airlines flight 308 bound for Hong Kong at gate 30.
홍콩행 아메리칸 항공 308기 탑승객 여러분들은 30번 탑승구에서 탑승하여 주시기 바랍니다.

📝 across the board 전면적으로

---

concierge

[kànsiέərʒ]

VOCA+

receptionist 접수원
porter 짐꾼
bellboy 벨 보이

ⓝ (호텔의) 안내원; (아파트) 수위

work as a **concierge** at the hotel 호텔에서 안내 직원으로 일하다
use the **concierge** service 호텔 직원 서비스를 이용하다

🖊 기출 예문

Speak to the hotel **concierge** in order to arrange a tour of local attractions.
지역의 명소를 여행하는 일정을 짜려면 호텔 안내원에게 말하세요.

---

concourse

[kánkɔːrs]

VOCA+

concur 동시에 일어나다; 동의하다
courier 배달원, 택배 회사; (여행사의) 관광 안내원

ⓝ 중앙 광장, 홀(hall)

walk along the **concourse** 광장을 따라 걷다

🖊 기출 예문

Several duty-free shops are located in the airport's main **concourse**.
여러 개의 면세점이 공항의 중앙 홀에 위치해 있다.

confirm

[kənfɔ́ːrm]

n. confirmation 확인

ⓥ 확실히 하다; 확정하다

confirm a reservation 예약을 확인하다

confirm him as a chairman 그를 의장으로 확정하다

VOCA⁺

conform 순순히 따르다
affirm 확언하다, 주장하다

기출 예문

DNA tests **confirmed** that the skull couldn't have belonged to the Renaissance Italian poet Petrarch.
DNA 테스트 결과, 그 유골은 르네상스 시대의 이탈리아 시인인 페트라르카의 것일 수 없음이 확인되었다.

📝 The rumor was **confirmed**. 그 소문은 사실로 드러났다.

---

custom

[kʌ́stəm]

a. customary 관례적인
ad. customarily 습관적으로, 관례상

ⓝ (-s) 세관, 관세; 관습, 풍습

clear[go through] **customs** 세관을 통과하다

local **customs** 지역 풍습들

VOCA⁺

accustomed 익숙한
customer 고객
customize 주문 제작하다

기출 예문

Ordinarily, passengers returning to Canada from the United States would only fill out a **Customs** Declaration form.
원래, 미국에서 캐나다로 돌아가시는 승객들은 세관 신고서만 작성하면 되었습니다.

---

declare

[diklέər]

n. declaration 신고서; 선언문

ⓥ (물품 · 소득을) 신고하다; 선언[선포]하다

Do you have anything to **declare**? 신고하실 물건 있으세요?

VOCA⁺

clarify 명백히 하다; (액체 등을) 맑게 하다

기출 예문

The government did not **declare** an emergency even after a week of the desert-like weather pattern.
정부는 일주일 동안 사막과 같은 기상 패턴이 계속됐음에도 불구하고 비상사태를 선포하지 않았다.

📝 **declare** one's income 소득을 신고하다
be **declared** bankrupt 파산 선고를 받다

delay
[diléi]

ⓥ **미루다, 연기하다(postpone, put off)**
delay surgery 수술을 연기하다
delay the meeting 회의를 연기하다

ⓝ **지연, 지체**
flight **delay** 항공기 지연
without **delay** 지체 없이, 즉시

VOCA⁺
overlay ~을 씌우다; 칠하다; 위에 덮
는 것
outlay 지출, 경비

기출 예문
They said takeoff will be **delayed** for three hours.
출발이 세 시간 지연될 거라고 했어요.

---

duty
[djúːti]
a. dutiful 본분을 지키는; 공손한

ⓝ **(주로 수입품에 대한) 세금(tax); 의무, 임무(task)**
a **duty**-free shop 면세점
customs **duties** 관세
do[carry out] one's **duty** 의무를 하다[수행하다]

기출 예문
Citizens should ask for privileges only after they fulfill their **duties**.
시민은 그들의 의무를 다한 다음에 특권을 요구해야 한다.

📄 on[off] duty 당번[비번]인

---

embark
[imbáːrk]
n. embarkation 승선; 착수

ⓥ **(배에) 승선하다(board ↔ disembark 내리다);**
   (여행·일을) 시작하다(enter into)
embark for America 미국행 배에 승선하다
embark on a new career 새로운 일을 시작하다

기출 예문
Your tour guide will meet you each morning when it's time to **embark** on the day's outing.
그날의 여행을 시작할 때 여행 가이드가 매일 아침 당신을 만나러 올 것입니다.

VOCA⁺
bark 짖다; 나무껍질
bank 둑; 은행

exotic
[igzátik]

ⓐ 외국의, 이국적인; 색다른

an **exotic** atmosphere 이국적인 분위기
exotic plants 외래 식물들

> **기출 예문**
> The nature reserve in the Florida Everglades is home to all kinds of **exotic** animals.
> 플로리다 에버글레이즈의 자연 보호 구역은 모든 종류의 외래 동물들의 안식처이다.

VOCA⁺
extinct 멸종된
exoteric 대중적인, 공개적인

---

genuine
[dʒénjuin]

ⓐ 진짜인(real, authentic)

a **genuine** diamond[antique] 진짜 다이아몬드[골동품]
make **genuine** efforts 성실히 노력하다

> **기출 예문**
> Our tour is the only one where you can enjoy seeing the sites of London in **genuine** London taxi cabs.
> 저희 관광은 진짜 런던 택시를 타고 런던의 관광지를 즐길 수 있는 유일한 관광 상품입니다.

VOCA⁺
ingenuous 순진한, 꾸밈없는
ingenious 영리한, 독창적인

---

layover
[léiòuvər]

ⓝ 도중하차, 경유(stopover)

a brief **layover** in Hong Kong 홍콩에서의 짧은 경유
have a two-hour **layover** 2시간 경유하다

VOCA⁺
leftovers 남은 음식; 유물
hangover 숙취
turnover (직원의) 이직률; (기업의) 매출액

> **기출 예문**
> The **layover** was so boring that I fell asleep.
> 환승 시간이 너무 지루해서 잠이 들었어요.

---

page
[peidʒ]

n. pager 호출기

ⓥ (공항·호텔에서 방송으로) 안내 방송을 하다, 호출하다

have him **paged** at the airport 공항에서 그를 찾는 안내 방송을 하다
page a concierge 호텔 안내 직원을 호출하다

VOCA⁺
pagan 이교도
pageant 야외극, 가장행렬
pageantry 겉치장; 구경거리

> **기출 예문**
> I was **paged** to cover a shift in an emergency.
> 응급실에서 근무를 교대해 달라고 호출한 거였어.

option

[ápʃən]

v. opt 택하다
a. optional 선택적인

DAY 14

ⓝ 선택(권), 옵션

have no **option** but to ～하는 것밖에는 다른 선택이 없다
every available **option** to ～에 대한 이용 가능한 모든 선택 방안

📝 기출 예문

Pleasure on the Water Cruises offers you three different cruise **options**.
워터 크루즈의 즐거움은 세 가지의 옵션을 제공합니다.

VOCA⁺

adopt 채택하다; 입양하다
optimum 최적 조건

📑 opt for ～을 선택하다
There are no other options. 다른 선택 방안은 없다.

passport

[pǽspɔ:rt]

ⓝ 여권

issue a **passport** 여권을 발급하다
go through **passport** control 여권 심사대를 통과하다

📝 기출 예문

Aliens must show documentation of employment along with their **passport** and visa at Immigration.
외국인들은 이민국에 여권, 비자와 함께 고용 증거 서류를 제시해야 한다.

VOCA⁺

seaport 항구 (도시)
rapport (친밀한) 관계

quarantine

[kwɔ́(:)rəntì:n]

ⓝ (질병 확산을 막기 위한) 격리, 검역

be kept in **quarantine** 격리되다

ⓥ 검역하다, 격리하다(seclude)

quarantine the infected patients 감염 환자들을 격리하다

📝 기출 예문

Any passengers found to be ill will be placed in **quarantine** for 24 hours.
병에 걸린 것으로 나타난 승객은 누구든지 24시간 동안 격리될 것입니다.

VOCA⁺

quarter 4분의 1; 15분; 25센트
quarterly 1년에 4번인; 3개월 마다

📑 put A under quarantine A를 격리하다

queasy
[kwíːzi]

VOCA⁺
squeaky 끼익 소리 나는, 삐걱거리는

ⓐ 메스꺼운, 멀미가 나는(nauseous)

a **queasy** stomach 메스꺼운 위
begin to feel **queasy** 멀미가 나기 시작하다

💬 기출 예문
Please note that boat rides during rough weather may make you **queasy**.
악천후에 배를 타면 멀미를 할 수 있다는 점에 유의하십시오.

---

receptionist
[risépʃənist]

v. receive 받다
n. reception 환영회, 피로연
n. receipt 영수증

VOCA⁺
recipient 수취인

ⓝ (호텔·병원 등의) 접수 담당자, 안내 직원

ask the **receptionist** to page a bellboy 안내 직원에게 벨 보이를 불러 달라고 부탁하다

💬 기출 예문
For more information, ask our **receptionists** about recreational activities for guests.
더 많은 정보를 원하시면 숙박객을 위한 여가 활동에 대해 저희 접수원에게 문의하십시오.

---

request
[rikwést]

n. requisition (공식적인) 요청, 신청

VOCA⁺
quest 추구, 탐구
inquest 검사, 조사
conquest 정복, 승리

ⓥ (정중히) 요청[부탁]하다

request information[aid] 정보[도움]를 요청하다

ⓝ (공식) 요청, 요구

receive[refuse] a **request** 요청을 받다[거절하다]
be available by **request** 요청하면 얻을 수 있다

💬 기출 예문
The National Traffic Safety Administration **requested** a recall of GM's pickups.
미연방 교통안전 위원회는 GM사 픽업트럭의 리콜을 요청했다.

📝 require(요구하다)는 상황이 어떤 것을 필요로 한다는 의미이고, request는 사람이 어떤 것을 요구한다는 의미

reservation

[rèzərvéiʃən]

v. reserve 예약하다; 남겨 두다
a. reserved 내성적인; 예약한

ⓝ 예약(booking); (마음속에 남는) 의구심, 거리낌 (misgiving)

have a hotel **reservation** 호텔에 예약해 두다

without **reservation** 기탄없이[주저 없이]

VOCA⁺
reservoir 저수지, 저장소

> **기출 예문**
>
> I'll call reception and check your **reservation**.
> 안내 데스크에 전화해서 손님의 예약 사항을 확인하겠습니다.

---

roughly

[rʌ́fli]

a. rough 거친; 대충[대강]의

ⓐⓓ 대략, 대충(approximately); 거칠게, 마구(violently)

estimate the cost of a trip **roughly** 어림잡아 여행 경비를 계산하다

two rocks of **roughly** equal size 크기가 대략 같은 두 개의 바위

throw the package **roughly** into the truck 포장 상자를 트럭에 마구 던져 넣다

VOCA⁺
tough 강한, 질긴

> **기출 예문**
>
> The lower front teeth emerge at **roughly** six months of age.
> 아래쪽 앞니는 생후 약 6개월 정도에 난다.

DAY 14

---

overhead

[óuvərhèd]

ⓐ 머리 위의

stow the carry-on luggage in the **overhead** compartment 기내 휴대용 짐을 머리 위 짐칸에 싣다

ⓝ 경상비, 간접비

reduce **overhead** to remain competitive 경쟁력을 유지하기 위해 경상비를 줄이다

ⓐⓓ 머리 위에

an airplane flying **overhead** 머리 위로 날아가는 비행기

VOCA⁺
forehead 이마
headquarters 본부

> **기출 예문**
>
> His luggage can fit in an **overhead** compartment.
> 남자의 짐은 머리 위 짐칸에 들어갈 수 있다.

stow
[stou]

VOCA+
bestow 수여하다
stew 천천히 끓이다

ⓥ (안전한 곳에) 집어넣다, 넣어 두다

stow one's gear in a locker 소지품을 로커에 집어넣다
stow the camping equipment away in the attic 캠핑 장비를 다락방에 넣어 두다

🖊 기출 예문

All electronic devices and other belongings must be **stowed** during takeoff and landing.
모든 전자 기기와 기타 소지품들은 이착륙 중에는 집어넣으셔야 합니다.

---

suite
[swiːt]

VOCA+
suit 어울리다; 정장; 소송

ⓝ 스위트룸, 특실

stay in the hotel's honeymoon **suite** 신혼부부용 스위트룸에 묵다

🖊 기출 예문

Our newly renovated facility has 70 sea-view deluxe rooms and **suites** on the surf side of the magnificent Curtain Bluff.
저희의 새로 개조된 시설은 장엄한 커튼 블러프의 파도가 보이는 쪽에 바다와 면한 70개의 특실과 스위트룸을 구비하고 있습니다.

---

tamper
[tǽmpər]

VOCA+
temper 성질, 기질; 완화하다

ⓥ (망가지도록) 건드려 놓다, (함부로) 변경하다

tamper with the machine 기계를 건드려 놓다
tamper with official records 공식 기록을 변조하다

🖊 기출 예문

Tampering with the smoke detector in the airplane bathroom is a federal offense.
기내 화장실에서 연기 탐지기를 함부로 건드리는 것은 연방법 위반이다.

📄 **tamper-proof** 봉인 포장의; 쉽게 조작할 수 없는

---

terrific
[tərífik]

VOCA+
horrific 소름 끼치는, 끔찍한
terrible 끔찍한

ⓐ 아주 좋은, 훌륭한(excellent)

have a **terrific** time 아주 좋은 시간을 갖다
a **terrific** opportunity 아주 좋은 기회

🖊 기출 예문

That was a **terrific** meal; I really enjoyed it.
식사 참 맛있었어요. 정말 잘 먹었어요.

vacancy

[véikənsi]

a. vacant 비어 있는

ⓝ (호텔 등의) 빈 객실; 결원, 공석

have no **vacancies** 빈방이 없다

information about job **vacancies** 구인 정보

fill a **vacancy** 결원을 채우다

VOCA+

vacuum 진공; 공백

기출 예문

Sorry we have no **vacancy** for tomorrow night.

죄송하지만 내일 저녁 빈방이 없습니다.

valid

[vǽlid]

v. validate 정당성을 입증하다

n. validity 유효함; 타당성

ⓐ 유효한; 근거 있는(reasonable ↔ invalid 효력 없는)

a **valid** passport[contract] 유효한 여권[계약]

a **valid** argument 타당한 주장

VOCA+

valorous 용맹한

valuable 가치 있는, 귀중한

기출 예문

The visa is **valid** until September, at which time it must be renewed.

비자는 9월까지 유효한데, 그때 갱신해야 한다.

📝 a valid password 유효한 비밀번호

weigh

[wei]

n. weight 무게, 체중

ⓥ 무게가 ~이다, 무게[체중]을 재다; (잘) 따져 보다

How much do you **weigh**? 체중이 얼마예요?

weigh the pros and cons 장단점을 잘 따져 보다

weigh every available option 모든 이용 가능한 선택 방안을 잘 따져 보다

VOCA+

outweigh ~보다 더 크다[무겁다]

overweight 과체중의, 비만의

기출 예문

Most coffee companies don't know that a coffee bean basket called a "canasta" **weighs** twenty pounds when full of beans.

대부분의 커피 회사는 '카나스타'라고 불리는 커피 원두를 담는 바구니가 커피 콩으로 가득 차면 20파운드가 나간다는 것을 알지 못한다.

DAILY TEPS TEST

Choose the best answer for the blank.

Part I

1

A: Do you have a seat preference?

B: Yes, I'd like to be on the _____.

(a) height
(b) door
(c) page
(d) aisle

2

A: I'll need to see some identification, please.

B: Sure, I have my _____ right here.

(a) prescription
(b) registry
(c) passport
(d) concourse

3

A: We're not sharing a room with the Hendersons, are we?

B: We are, so let's book a _____.

(a) veranda
(b) concierge
(c) suite
(d) hospitality

4

A: In India, you should never eat with your left hand.

B: Interesting, I've never heard of that _____.

(a) system
(b) baggage
(c) custom
(d) duty

5

A: I'm thinking of going to Madagascar on vacation.

B: That certainly is a(n) _____ location.

(a) exotic
(b) fellow
(c) queasy
(d) ironic

6

A: Do we have a hotel yet?

B: Nowhere in town has any _____.

(a) voyages
(b) functions
(c) layovers
(d) vacancies

7

A: Let me run out and buy a coffee.

B: But the train is about to _____!

(a) embark
(b) bypass
(c) accommodate
(d) disturb

8

A: What day are we leaving for Istanbul?

B: I think it's the 5th, but let me _____ that.

(a) activate
(b) confirm
(c) deserve
(d) request

Part II

9

All travelers arriving from the infected area will be _____ until their medical status can be determined.

(a) conferred
(b) impounded
(c) boarded
(d) quarantined

10

If you need to reach me while I'm away, please leave a message with the _____ at the hotel.

(a) reminder
(b) reservation
(c) receptionist
(d) reporter

11

Passengers are typically not allowed to access the _____ compartments until the plane has reached cruising altitude.

(a) overhead
(b) available
(c) airborne
(d) border

12

After a 15-hour _____, the train to Brussels was finally set to depart.

(a) option
(b) delay
(c) mission
(d) vessel

1	(d)	2	(c)	3	(c)	4	(c)	5	(a)	6	(d)
7	(a)	8	(b)	9	(d)	10	(c)	11	(a)	12	(b)

1 A: 선호하는 자리가 있으십니까?
B: 네, 통로 자리 주세요.
(a) 높이　　　　　(b) 문
(c) 페이지　　　**(d) 통로**

2 A: 신분증 좀 보여 주세요.
B: 그럼요, 여기 제 여권 있습니다.
(a) 처방전　　　(b) 등기소
(c) 여권　　　(d) 중앙 홀

3 A: 핸더슨 씨네와 방을 함께 쓰지 않죠?
B: 함께 쓰게 되니 스위트룸을 예약합시다.
(a) 베란다　　　(b) 안내원
(c) 스위트룸　(d) 환대

4 A: 인도에서는 절대 왼손으로 먹어서는 안 됩니다.
B: 흥미롭네요. 그런 관습은 처음 듣습니다.
(a) 체제　　　　(b) 짐
(c) 관습　　　(d) 의무

5 A: 휴가로 마다가스카르로 갈까 합니다.
B: 분명 이국적인 곳이네요.
(a) 이국적인　(b) 동료의
(c) 메스꺼운　　(d) 반어적인

6 A: 호텔 방은 예약했나요?
B: 시내 어떤 호텔도 빈방이 없더군요.
(a) 항해　　　　(b) 행사
(c) 경유　　　　**(d) 빈방**

7 A: 뛰어 나가서 커피 사 올게요.
B: 하지만 기차에 곧 탑승해야 하는데요!
(a) 승선하다　(b) 우회하다
(c) 수용하다　　(d) 방해하다

8 A: 우리가 며칠에 이스탄불로 출발하죠?
B: 5일인 것 같은데 확인할게요.
(a) 활성화시키다　　**(b) 확실히 하다**
(c) ~할 만하다　　　(d) 요청하다

9 감염 지역에서 오는 모든 여행자들은 그들의 건강 상태가 밝혀질 때까지 격리됩니다.
(a) 수여하다　　(b) 압수하다
(c) 탑승하다　　**(d) 격리하다**

10 제가 없는 동안 연락하셔야 한다면 호텔 데스크 담당자에게 메시지를 남기세요.
(a) 상기시키는 사람　(b) 예약
(c) 접수 담당자　　(d) 기자

11 승객들은 보통 비행기가 순항 고도에 도달할 때까지 머리 위 짐칸을 열어서는 안 된다.
(a) 머리 위의　(b) 이용 가능한
(c) 비행 중인　　(d) 가장자리

12 15시간 지연된 후에 브뤼셀행 기차가 마침내 출발했다.
(a) 선택　　　　**(b) 지연**
(c) 임무　　　　(d) 큰 배

DAY
15

Sports & Leisure

기출 예문

People today can enjoy many forms of **entertainment**.
현대인들은 여러 형태의 오락을 향유할 수 있다.

학습 1차	년	월	일	공부 시간	시간	분
학습 2차	년	월	일	공부 시간	시간	분
학습 3차	년	월	일	공부 시간	시간	분

spectator

[spékteitər]

v. spectate 지켜보다

ⓝ 관중

a large crowd of **spectators** 많은 관중
football **spectators** 축구 관중
attract[draw] **spectators** 관중들을 끌어들이다

> **기출 예문**
>
> The **spectators** were surprised to see that the sprinter could break the world record so easily.
> 관중들은 그 달리기 선수가 세계 기록을 쉽게 경신할 수 있는 것을 보고 놀랐다.

VOCA⁺

spectacular 장관을 이루는

---

dexterous

[dékstərəs]

n. dexterity 재주, 솜씨
ad. dexterously 솜씨 좋게

ⓐ 손재주가 좋은

dexterous handling of the problem 문제를 능수능란하게 처리함
a **dexterous** maneuver 능숙한 움직임
a **dexterous** carpenter 손재주 좋은 목수

> **기출 예문**
>
> Look at Joi's sculpture! She's so **dexterous**.
> 조이의 조각품 좀 봐! 그녀는 정말 손재주가 있어.

VOCA⁺

ambidextrous 양손잡이의
right-handed 오른손잡이의
left-handed 왼손잡이의

---

complex

[kámpleks]

ad. complexly 복잡하게
n. complexity 복잡성

ⓐ 복잡한

a complex problem 복잡한 문제

ⓝ 복합시설; 콤플렉스, 강박관념

a leisure[shopping] **complex** 레저[쇼핑] 단지
a housing[residential] **complex** 주거 단지
inferiority **complex** 열등감

> **기출 예문**
>
> We are proud to announce that the renovation to the sports **complex** has completed successfully.
> 우리는 체육관 시설 개조가 성공적으로 끝났음을 알리게 되어 자랑스럽습니다.

VOCA⁺

complicated 복잡한
anxiety 불안
obsession 집착, 강박증
phobia 공포증

championship
[tʃǽmpiənʃip]

ⓝ 선수권 대회

a world **championship** 세계 선수권 대회

compete[take part] in **championships** 선수권 대회에 참가하다

기출 예문

Washington High School's baseball team didn't lose a single game in the state **championship** last year.
워싱턴 고등학교 야구팀은 작년 주 챔피언전에서 한 게임도 지지 않았다.

VOCA⁺
tournament 토너먼트
play-off 플레이오프

---

odds
[ɑdz]

ⓝ 가능성; 차이, 불화

even **odds** 반반의 확률

against all **odds** 모든 역경에도 불구하고

beat the **odds** 낮은 가능성을 극복하여 성공하다

be at **odds** (with someone) ~와 의견이 일치하지 않는

기출 예문

None of us were surprised when the White Socks lost the game, since the **odds** were so strongly against the team.
화이트 삭스가 시합에 졌을 때 우리는 아무도 놀라지 않았는데, 이길 확률이 그 팀에게 매우 불리했기 때문이다.

VOCA⁺
likelihood, chance 가능성

DAY 15

---

athlete
[ǽθli:t]

a. athletic 운동을 잘하는
n. athleticism 운동 신경

ⓝ 운동선수

amateur[professional] **athletes** 아마추어[프로] 선수들

a born **athlete** 타고난 운동선수

기출 예문

Recovery periods needs to be incorporated into exercise programs to maximize **athletes'** performance.
운동선수들의 실적을 극대화하기 위해서 운동 프로그램에 회복기를 포함시켜야 한다.

VOCA⁺
contender 경쟁자

scratch
[skrætʃ]

ⓝ 할퀸 상처
without a **scratch** 상처 하나 없이

ⓥ (가려운 데를) 긁다; (상처가 나도록) 할퀴다
scratch one's head (헷갈려서) 머리를 긁적이다

VOCA⁺
scar 상처
injury 부상

> 🖊️ 기출 예문
> How did she scratch her elbow?
> 그녀는 어쩌다가 팔꿈치를 긁혔니?

gym
[dʒim]

ⓝ 체육관, 헬스장
a **gym** membership 헬스 회원권

VOCA⁺
gymnastics 체조

> 🖊️ 기출 예문
> Nick wants to get in shape, but he thinks the gym's too boring.
> 닉은 몸을 만들고 싶지만 헬스장이 너무 지루하다고 생각한다.

root
[ru(:)t]

ⓥ 응원하다
root for the home team[underdog] 홈팀을[약자를] 응원하다

VOCA⁺
advocate 지지하다
assist 도와주다
support 지원하다

> 🖊️ 기출 예문
> I was secretly rooting for the opposing team.
> 나는 몰래 상대 팀을 응원하고 있었다.

extraordinary
[ikstrɔ́:rdənèri]

ⓐ 비범한
an **extraordinary** person 비범한 사람

VOCA⁺
outstanding 뛰어난, 두드러진
phenomenal 경이로운
unheard-of 전례 없는, 유별난
unprecedented 전례 없는

> 🖊️ 기출 예문
> Mozart showed signs of his extraordinary talent from an early age.
> 모차르트는 어린 나이에 비범한 재능의 조짐을 보였다.

offense

[əféns]

v. offend 공격하다
a. offensive 모욕적인, 공격적인

VOCA⁺

breach (법, 의무, 조약의) 위반
misdemeanor 경범죄
transgression (법에 대한) 위반
wrongdoing (도덕적, 법적으로) 잘못된 행동

ⓝ 반칙, 위반; 공격

commit an **offense** 법을 위반하다
a criminal **offense** 범죄 행위
a serious[minor] **offense** 심각한[경] 범죄
take **offense** 모욕감을 느끼다, 모욕적으로 받아들이다

📝 기출 예문

Some bellicose players often start fights for even minor offenses.
일부 호전적인 선수들은 경미한 반칙에도 종종 싸움을 시작한다.

---

strenuous

[strénjuəs]

ad. strenuously 열렬히

VOCA⁺

arduous 어려운
demanding 부담이 큰
exhausting 지치게 하는
laborious 힘든, 고된

ⓐ 몹시 힘든; 불굴의

a **strenuous** objection 맹렬한 반대

📝 기출 예문

The doctor warned me that my exercise routine is too strenuous.
의사 선생님이 나에게 내 운동 스케줄이 너무 격렬하다고 경고했다.

DAY 15

---

moviegoer

[múːvìgòuər]

VOCA⁺

theatergoer 연극을 자주 보는 사람
partygoer 파티에 잘 출입하는 사람

ⓝ 영화관에 자주 가는 사람

attract a lot of **moviegoers** 많은 영화 관람객을 끌어들이다

📝 기출 예문

Moviegoers often complain about expensive prices that theaters charge for candy, popcorn, and soda.
영화 관람객은 종종 사탕, 팝콘, 음료수 값으로 극장에서 청구하는 과도한 가격에 불만의 목소리를 낸다.

---

participate

[pɑːrtísəpèit]

n. participant 참가자

VOCA⁺

take part in ~에 참여하다

ⓥ 참가하다

participate in a project 프로젝트에 참여하다

📝 기출 예문

The tennis coach was convinced that Mindy could qualify to participate in Olympic trials.
테니스 코치는 민디가 올림픽 대표 선수 선발전에 참가할 자격이 있다는 확신이 들었다.

adroit
[ədrɔ́it]

n. adroitness 능숙함

VOCA⁺
skillful 능숙한

ⓐ 능숙한, 노련한(skillful, proficient, adept ↔ maladroit 서투른)

an **adroit** movement of the hand 능숙한 손놀림
be **adroit** at handling problems 문제들을 처리하는 데 능숙하다

기출 예문

The young artist's **adroit** use of color and skillful brushstrokes clearly show that he is a gifted painter.
젊은 예술가의 능숙한 색의 사용과 숙련된 붓놀림이 그가 재능 있는 화가임을 분명히 보여 준다.

---

amuse
[əmjúːz]

n. amusement 오락, 즐거움

VOCA⁺
amaze 놀라게 하다
muse 사색하다
maze 미로

ⓥ 즐겁게[재미있게] 하다(entertain)

His jokes **amused** me. 그의 농담이 나를 즐겁게 했다.
My funny drawings **amused** the kids. 내 재미있는 그림들이 아이들을 즐겁게 했다.

기출 예문

The smartphone game may be **amusing** but is not particularly educational.
스마트폰 게임은 재미있을지도 모르지만 특별히 교육적이지는 않다.

---

avid
[ǽvid]

n. avidity 욕망

VOCA⁺
avian 조류의
avaricious 탐욕스러운, 욕심 많은

ⓐ 열심인, 열렬한(passionate, enthusiastic, ardent)

an **avid** fan[supporter] 열렬한 팬[지지자]
take an **avid** interest in ~에 열렬한 관심을 보이다

기출 예문

Since she was four, the girl has been an **avid** reader of everything she could get her hands on.
네 살 때부터 그 소녀는 손에 넣을 수 있는 것은 닥치는 대로 읽었다.

📄 be avid for success 성공을 갈망하다

ball
[bɔːl]

n 공; 무도회

throw[catch] the **ball** 공을 던지다[잡다]
go to the **ball** 무도회에 가다

기출 예문

Japanese homeowners are not bothered by neighborhood children kicking a **ball** into their backyard.
일본인 주택 소유자들은 이웃집 어린이들이 자기 집 뒤뜰로 공을 차도 성가셔 하지 않는다.

📖 have a ball 신나게 놀다

VOCA⁺
bowl 그릇; 공을 굴리다[던지다]
bawl 고함치다
ballroom 무도회장

---

banquet
[bǽŋkwit]

n (성대한) 연회, 만찬

hold a **banquet** 만찬을 개최하다
attend a state **banquet** 국빈 만찬에 참석하다

기출 예문

The award includes a crystal plaque, a special **banquet** honoring the recipient, and a $10,000 cash donation toward furthering the winner's charity work.
이 상에는 크리스털 상패와 수상자를 축하하기 위한 특별 연회, 수상자의 자선 활동을 촉진하기 위한 현금 1만 달러의 상금이 포함됩니다.

VOCA⁺
feast 잔치; 축제
bandit 노상강도, 악한

DAY 15

---

beat
[biːt]

n (심장) 맥박, 고동; 박자, 리듬

a heart rate of 80 **beats** a minute 분당 80회 뛰는 심장 박동 수
play on the **beat** 박자에 맞게 연주하다

v 이기다, 물리치다(defeat); (계속) 때리다, 두드리다

beat the team narrowly 팀을 가까스로 이기다
be **beaten** to death 맞아 죽다

기출 예문

It was also found that the heart rate of the gum chewers was three **beats** per minute faster than the non-chewers.
껌을 씹은 사람들의 심장 박동 속도가 껌을 씹지 않은 사람들보다 분당 3회 더 빠르다는 사실도 밝혀졌다.

📖 on the beat (경찰이 담당 구역을) 순찰 중인
beat around the bush 에둘러 말하다
beat a dead horse 헛수고하다
It beats me. 도저히 모르겠다.

VOCA⁺
offbeat 색다른
bit 조금, 소량

collect
[kəlékt]

n. collection 수집(품); 모금
a. collective 집단적인, 공동의

VOCA+
correct 올바른
recollect 회상하다

ⓥ 모으다, 수집하다; 모금[징수]하다

collect information 정보를 수집하다
collect one's thoughts 생각을 추스르다
collect money for orphans 고아들을 위해 모금하다
collect a tax 세금을 징수하다

> 🗣 기출 예문
>
> Judy started **collecting** the paintings when they weren't worth anything.
> 주디는 그 그림들이 별로 가치가 없을 때 수집하기 시작했다.

📘 collective bargaining (노사 간의) 단체 교섭

---

competition
[kàmpitíʃən]

v. compete 경쟁하다;
  (시합에) 참가하다
a. competitive 경쟁의, 경쟁력 있는

VOCA+
competent 유능한, 적임의

ⓝ 경쟁; (경연) 대회, 시합(contest)

fierce **competition** for the top spots 최고 자리에 오르기 위한 치열한 경쟁
win[lose] a **competition** 시합에서 이기다[지다]

> 🗣 기출 예문
>
> Surprisingly, given all the challenges, as many as 200 candidates have formally entered the **competition**.
> 놀랍게도, 온갖 어려움에도 불구하고 200명이나 되는 후보자들이 그 시합에 공식적으로 참가했다.

📘 price competition 가격 경쟁

---

cramp
[kræmp]

VOCA+
clamp 단속하다; 꽉 물다
cram 채워 넣다
cramped 비좁은

ⓝ (근육의) 경련, 쥐

get a **cramp** in one's leg 다리에 쥐가 나다
have muscle **cramps** 근육 경련을 일으키다

ⓥ 막다, 방해하다(check, clog, stunt)

cramp economic growth 경제 성장을 방해하다

> 🗣 기출 예문
>
> The runner had to drop out of the race due to a severe stomach **cramp**.
> 그 주자는 극심한 위경련 때문에 경기를 포기해야 했다.

entertainment
[èntərtéinmənt]
v. entertain 대접하다; 즐겁게 하다
n. entertainer 연예인

DAY 15

VOCA⁺
attainment 달성, 성취

ⓝ **(영화·음악 등의) 오락(물), 즐거움(amusement, pleasure)**
family **entertainment** 가족 오락물
provide a wide choice of **entertainment** 폭 넓은 오락을 제공하다

> 🏷️ 기출 예문
> People today can enjoy many forms of **entertainment**.
> 현대인들은 여러 형태의 오락을 향유할 수 있다.

enthusiasm
[inθjúːziǽzəm]
a. enthusiastic 열렬한, 열정적인
ad. enthusiastically 열심히, 열정적으로

VOCA⁺
enthrall 매혹하다
enthrone 왕위에 앉히다

ⓝ **열정, 열의(passion, eagerness, zeal)**
lack[generate] **enthusiasm** 열정이 부족하다[불러일으키다]
dampen one's **enthusiasm** 열의를 꺾다

> 🏷️ 기출 예문
> The modern Olympics are the result of Pierre de Coubertin's **enthusiasm** for sport and love of history.
> 근대 올림픽은 피에르 드 쿠베르탱의 스포츠를 향한 열정과 역사에 대한 애정의 산물이다.

feat
[fiːt]

VOCA⁺
feet 발; 피트
fit (사이즈가) 맞다

ⓝ **업적, 위업(achievement, accomplishment)**
achieve astonishing **feats** 놀라운 업적을 달성하다
a **feat** of engineering 기술 공학의 위업

> 🏷️ 기출 예문
> The development of democracy in Athens was a **feat** that did not happen overnight.
> 아테네의 민주주의의 발전은 하룻밤 사이에 갑자기 일궈낸 업적이 아니었다.

fervid
[fə́ːrvid]
n. fervor 열렬, 열정

VOCA⁺
effervescent 쾌활한, 활기찬

ⓐ **열렬한, 강렬한(ardent, impassioned, zealous)**
a **fervid** supporter 열렬한 지지자
a **fervid** debate 열띤 토론
a **fervid** appeal for peace 평화에 대한 강렬한 호소

> 🏷️ 기출 예문
> The striker's goal was met with **fervid** cheering from the stands. 스트라이커의 골이 관람석의 열렬한 환호를 받았다.

fit
[fit]

n. fitness 건강; 적합함

ⓐ **건강한, 탄탄한(healthy); 적합한, 알맞은(proper, suitable)**

keep **fit** by jogging 조깅으로 건강을 유지하다
a subject not **fit** for discussion 토론에 적합하지 않은 주제

ⓝ **발작; 욱하는 감정**

a **fit** of coughing 발작적인 기침

ⓥ **적합하다**

fit into ~와 어울리다

> 📋 **기출 예문**
>
> How do you keep yourself looking so **fit**?
> 그렇게 몸매 관리를 잘하는 비결이 뭔가요?

VOCA⁺

pit 구덩이; (움푹 팬) 자국을 만들다

📑 as fit as a fiddle 아주 건강한
  throw a fit 버럭 화를 내다

---

frail
[freil]

n. frailty 허약함

ⓐ **허약한(weak, feeble)**

mentally[physically] **frail** 정신적으로[육체적으로] 약한

> 📋 **기출 예문**
>
> My 75-year-old father was so **frail** that he was unable to dress himself.
> 75세가 되신 아버지는 매우 노쇠하셔서 혼자서는 옷을 입지 못하셨다.

VOCA⁺

fragile 부서지기 쉬운, 깨지기 쉬운

---

partake
[pɑ:rtéik]

ⓥ **참가하다(participate, take part)**

partake in the festivity[celebration] 축제[축하] 행사에 참가하다

> 📋 **기출 예문**
>
> Audience members are encouraged to **partake** in the performance by shouting out directions.
> 관객들은 방향을 외침으로써 공연에 참가하도록 유도된다.

VOCA⁺

particle 입자
partisan 당원
partition 분할하다

pastime

[pǽstàim]

VOCA⁺
past 과거
paste 풀, 반죽
pest 해충

ⓝ 취미, 여가 활동(hobby)

What's your **pastime**? 취미가 뭐예요?

a national **pastime** 전 국민의 여가 활동

🖋 기출 예문

A Gallup poll found gardening to be Britain's leading **pastime**.
갤럽 조사에 의하면 원예는 영국에서 인기 있는 여가 활동으로 밝혀졌다.

---

referee

[rèfərí:]

VOCA⁺
umpire (야구, 배구, 테니스 등의) 심판

ⓝ (권투 · 축구 등의) 심판; 중재자(mediator, arbitrator)

act as a **referee** between the parties involved 관련 당사자들 사이에서 중재자 역할을 하다

🖋 기출 예문

At the last soccer game, the **referee** called a lot of offsides.
지난번 축구 경기에서 심판은 오프사이드 판정을 많이 내렸다.

---

section

[sékʃən]

n. sectionalism 지역주의; 지역감정
a. sectional 구분의; 조립식의

VOCA⁺
intersection 교차로
dissection 해부; 분석

ⓝ (잘라낸) 부분, 구획(segment); 절개(incision)

a residential **section** 주거 지구

Caesarean **section** 제왕절개 수술

🖋 기출 예문

I'm sorry, but you can't sit in this **section** with that ticket.
죄송하지만 그 표로는 이 구역에 앉을 수 없습니다.

---

stake

[steik]

VOCA⁺
steak 스테이크
stack 더미; 쌓다

ⓝ (내기에) 건 돈; 지분; 이해관계

play cards for high **stakes** 큰 판돈을 걸고 카드를 치다

hold a 51% **stake** 51퍼센트의 지분을 보유하다

🖋 기출 예문

As members of the board, we all have a **stake** in the outcome of our decision.
이사회의 일원으로서 우리 모두는 우리 결정의 결과에 이해관계를 가지고 있습니다.

📝 at stake 위험에 처한, 위태로운

DAY 15

stretch

[stretʃ]

ⓥ (팔·길이·폭을) 뻗다, 펴다, 늘이다; 계속되다

stretch before you exercise 운동 전 스트레칭을 하다
stretch across the table 식탁을 가로질러 팔을 뻗다

ⓝ 뻗기; (길게) 뻗은 지역; (계속되는) 기간

a **stretch** of beach 길게 뻗은 해변
for a long **stretch** of time 긴 시간 동안

> 🖊 기출 예문
>
> The baby **stretched** his arms toward his mother because he wanted to be picked up from his crib.
> 아기는 유아용 침대에서 나오고 싶어서 자신의 팔을 어머니 쪽으로 내뻗었다.

VOCA⁺
strain 긴장시키다
stress 스트레스; 강조하다

📋 at a stretch 단번에, 단숨에

---

stroll

[stroul]

ⓥ 거닐다, 산책하다(saunter, ramble)

stroll along[down/ across] the beach 해변을 따라 거닐다
stroll the street 거리를 거닐다

ⓝ 거닐기, 산책

go for a **stroll** 산책하다

> 🖊 기출 예문
>
> John loves to **stroll** down a street that has plenty of trees.
> 존은 나무가 많은 거리를 산책하기를 좋아한다.

VOCA⁺
stall 마구간; 매점, 진열대

---

sturdy

[stə́ːrdi]

n. sturdiness 튼튼함

ⓐ 튼튼한, 견고한(robust)

sturdy boots[furniture/ legs] 튼튼한 부츠[가구/ 다리]
a man of **sturdy** build 튼튼한 체격의 남자

> 🖊 기출 예문
>
> There are now lots of cameras on the market that are inexpensive, **sturdy**, easy to use, and take very good pictures.
> 이제 저렴하고 견고하고 사용하기 쉽고 아주 괜찮은 사진들을 찍을 수 있는 카메라들이 시중에 많이 나와 있다.

VOCA⁺
stubby 뭉툭한, 짧고 굵은

tough
[tʌf]

ⓐ 힘든, 어려운(hard, difficult); 튼튼한, 질긴(strong)

a **tough** assignment[question] 어려운 과제[질문]

tough competition 치열한 경쟁

a **tough** pair of shoes 튼튼한 신발 한 켤레

VOCA⁺
rough 거친; 대강의
stuff 물건, 물질; 채워 넣다

🖊️기출 예문
Because of their camouflage, frogfish are **tough** to find and even **tougher** to identify.
위장술 때문에 빨간 씬벵이는 찾기가 힘들고 식별하기는 더 힘들다.

---

venue
[vénjuː]

ⓝ 개최지, 장소

pick the **venue** of an exposition 박람회 개최지를 선정하다

be chosen as a **venue** for a summit conference 정상 회담 개최지로 선정되다

VOCA⁺
avenue 가로수길, 대로
revenue 소득; 세입

🖊️기출 예문
Call 123-3245 by October 12th for more details on the time and date as well as the **venue** for the audition.
오디션 장소뿐 아니라 시간과 날짜에 관한 더 자세한 내용을 알고 싶다면 10월 12일까지 123-3245번으로 전화 주세요.

---

workout
[wɔ́ːrkàut]

ⓝ 운동(exercise); 기업 가치 회생 작업

do a **workout** 운동하다

a bank's debt **workout** team 은행의 대출 워크아웃 팀

VOCA⁺
warm-up 준비 운동
warm-down 마무리 운동

🖊️기출 예문
My back is sore after yesterday's **workout**.
어제 운동을 마치고 나서부터 등이 쑤시네요.

DAILY TEPS TEST

Choose the best answer for the blank.

Part I

1

A: What are you all dressed up for?

B: I'm going to a company awards
   _____ .

(a) banquet
(b) steak
(c) bouquet
(d) stake

2

A: Do many teams compete in the
   tournament?

B: No, because it's very _____ to
   qualify.

(a) main
(b) slight
(c) tough
(d) casual

3

A: It looks like Tyson is clutching his
   thigh.

B: I bet he has a _____ .

(a) stretch
(b) cramp
(c) beat
(d) muscle

4

A: How long have you been
   crocheting?

B: It's been my _____ of choice for
   years.

(a) habit
(b) workout
(c) cast
(d) pastime

5

A: Margaret will make a great
   cheerleader.

B: She certainly is full of _____ .

(a) mystery
(b) nerve
(c) enthusiasm
(d) depth

6

A: I thought you were a tennis player.

B: I'm a(n) _____ fan, but I don't
   play.

(a) avid
(b) wrathful
(c) dull
(d) adroit

7

A: Is this gown too fancy?

B: No, it should be perfect for the _____ .

(a) stitch
(b) ball
(c) march
(d) feat

8

A: That player was obviously offside!

B: Complain to the _____ , not me.

(a) referee
(b) caterer
(c) venue
(d) police

Part II

9

This evening's _____ will feature a performance by the Woburn String Quartet.

(a) aggravation
(b) relationship
(c) entertainment
(d) pleasure

10

Though _____ in appearance, the bicyclist proved to be a formidable opponent.

(a) fervid
(b) festive
(c) frail
(d) frigid

11

The winner of the _____ will receive a trophy and a $50 dollar gift certificate to Tom's Sports.

(a) principle
(b) industry
(c) ceremony
(d) competition

12

Only those who are in good physical shape should _____ in the adventure race.

(a) compose
(b) collect
(c) pertain
(d) partake

DAY 15

| 1 (a) | 2 (c) | 3 (b) | 4 (d) | 5 (c) | 6 (a) |
| 7 (b) | 8 (a) | 9 (c) | 10 (c) | 11 (d) | 12 (d) |

1 A: 왜 그렇게 차려 입었습니까?
B: 회사 수상 <u>연회</u>에 가려고요.
(a) **연회**　　(b) 스테이크
(c) 부케　　(d) 지분

2 A: 토너먼트에서 많은 팀들이 경쟁합니까?
B: 아니요. 예선을 통과하려면 많이 <u>힘들</u>거든요.
(a) 주된　　(b) 약간의
(c) **힘든**　　(d) 대충하는

3 A: 타이슨이 허벅지를 움켜잡는 것 같은데요.
B: <u>경련</u>이 났군요.
(a) 뻐기　　(b) **경련**
(c) 맥박　　(d) 근육

4 A: 코바늘뜨기를 얼마나 오래 했습니까?
B: 수년간 제 <u>취미</u>였어요.
(a) 습관　　(b) 운동
(c) 배역　　(d) **취미**

5 A: 마가레트는 훌륭한 치어리더가 될 겁니다.
B: 그녀는 분명 <u>열정</u>적이죠.
(a) 수수께끼　　(b) 긴장
(c) **열정**　　(d) 깊이

6 A: 당신이 테니스 선수라고 생각했어요.
B: 전 <u>열렬한</u> 팬이지 선수는 아닙니다.
(a) **열렬한**　　(b) 몹시 노한
(c) 따분한　　(d) 노련한

7 A: 이 드레스는 너무 화려하지 않나요?
B: 아니요, <u>무도회</u>에 완벽하게 어울립니다.
(a) 바늘땀　　(b) **무도회**
(c) 행진　　(d) 업적

8 A: 저 선수는 분명 오프사이드네요!
B: 저 말고 <u>심판</u>한테 얘기하세요.
(a) **심판**　　(b) 음식 공급자
(c) 개최지　　(d) 경찰

9 이번 주 저녁 <u>여흥</u>은 워번 현악 4중주 공연이 특별히 포함됩니다.
(a) 악화　　(b) 관계
(c) **여흥**　　(d) 즐거움

10 외적으로 <u>허약함</u>에도 불구하고 그 사이클리스트는 엄청난 상대로 드러났다.
(a) 열렬한　　(b) 축제의
(c) **허약한**　　(d) 냉랭한

11 <u>대회</u> 우승자는 트로피와 톰 스포츠의 50달러 상품권을 받을 것이다.
(a) 원리　　(b) 산업
(c) 의식　　(d) **대회**

12 체형이 좋은 사람들만이 어드벤처 경주에 <u>참가해야</u> 한다.
(a) 구성하다　　(b) 수집하다
(c) 존재하다　　(d) **참가하다**

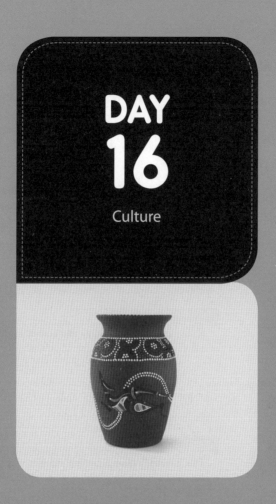

DAY
16

Culture

기출 예문

Smaller ethnic groups that are **assimilated** into larger societies
often lose their language.
더 큰 사회에 동화된 작은 민족 집단들은 종종 자신들의 언어를 잃는다.

학습 1차	년	월	일	공부 시간	시간	분
학습 2차	년	월	일	공부 시간	시간	분
학습 3차	년	월	일	공부 시간	시간	분

DAY 16 Culture 문화

MP3 듣기

totally
[tóutəli]
a. total 전체의

VOCA⁺
totalitarian 전체주의의
totalitarianism 전체주의

ad 완전히

totally free[different/ surprised] 완전히 자유로운[다른/ 놀란]
be **totally** against the idea 그 생각에 완전히 반대하다

기출 예문

The boys, who had been spending the whole day playing in the mud, were **totally** bedraggled and unkempt.
진흙 속에서 하루 종일 논 소년들은 완전히 더러워져서 너저분했다.

embrace
[imbréis]

VOCA⁺
accept 받아들이다
adopt 채택하다

ⓥ 포용하다, 받아들이다

embrace a concept wholeheartedly 개념을 진심으로 받아들이다

기출 예문

Korea is a tolerant country that **embraces** different religions.
한국은 다양한 종교를 수용하는 관용 있는 국가이다.

civil rights
[sívəl raits]

VOCA⁺
human rights 인권
animal rights 동물의 권리

ⓝ 시민 평등권

fight for **civil rights** 시민권을 위해 싸우다

기출 예문

The famous "I Have a Dream" speech was delivered by Dr. Martin Luther King Jr. during a peaceful **civil rights** rally on August 28, 1963.
"나에게는 꿈이 있습니다"라는 유명한 연설은 마틴 루터 킹 주니어 박사가 1963년 8월 28일에 비폭력 민권 집회에서 한 것이다.

nomadic
[noumǽdik]
n. nomad 유목민

VOCA⁺
gypsy 집시
migratory 이동하는

ⓐ 유목의, 방랑의

nomadic tribes 유목민 부족
a **nomadic** lifestyle 유목 생활 양식

기출 예문

Early humans led **nomadic** lifestyles, not settling in any particular area.
초기 인류는 어떤 특정 지역에 정착하지 않는 유목 생활을 했다.

general public
[dʒénərəl pʌblik]

(n) **일반 대중**

be open to the **general public** 일반 대중에 공개된

VOCA+
republic 공화국

기출 예문

Gary Goodchild's new film is well received by the **general public**.
개리 굿차일드의 새 영화는 일반 대중에게 호평을 받고 있다.

---

community
[kəmjúːnəti]

(n) **지역사회, 공동체**

a sense of **community** 공통체 의식
community values 공통체 가치
a close-knit **community** 긴밀한 공동체

VOCA+
communal 집단의

기출 예문

The businessman wants to give back to the **community** by making donations.
그 사업가는 기부를 함으로써 사회에 환원하기를 원한다.

---

prominence
[prάmənəns]
a. prominent 두드러지는

(n) **두드러짐**

rise to **prominence** as an artist 예술가로 부상하다

VOCA+
eminence 명성
prestige 위신, 명망
reputation 평판
standing 지위

기출 예문

I want to look at the rise to **prominence** of social media platforms such as Facebook and Twitter.
오늘 저는 페이스북과 트위터와 같은 소셜미디어가 중요한 위치를 차지하고 있는 현상에 대해 살펴보고자 합니다.

---

ensconce
[inskάns]

(v) **안락하게 자리를 잡다**

be comfortably **ensconced** 편안하게 자리잡다

VOCA+
situate 위치시키다
locate 위치시키다, 위치를 찾다
nestle 눕다, 자리 잡다

기출 예문

The piece of art is safely **ensconced** behind glass.
그 예술품은 유리 뒤에 안전하게 자리 잡았다.

DAY 16

attitude

[ǽtitʃùːd]

VOCA⁺
prejudice 편견
demeanor 처신, 거동
mindset 마음 가짐

ⓝ 태도
attitudes toward[to] foreign cultures 외국 문화에 대한 태도
positive[negative] **attitudes** 긍정적[부정적] 태도
an **attitude** of mind 마음 가짐

> 🔖 기출 예문
>
> Lots of people have a positive **attitude** about technological advance, but this kind of optimism can blind one to its possible dangers.
> 많은 사람들은 기술의 발전에 관해 긍정적인 태도를 지니고 있으나 이런 류의 낙관주의는 잠재적인 위험에 대해 판단력을 잃게 한다.

---

norm

[nɔːrm]

a. normal 표준적인, 정상적인

VOCA⁺
barometer (사회, 정치, 경제적) 지표

ⓝ 규범, 표준
social[cultural] **norms** 사회[문화] 규범
above[below] the **norm** 평균 이상[이하]인

> 🔖 기출 예문
>
> Open adoptions, in which the biological parents contact with the adoptive family, are increasingly the norm.
> 친부모가 입양 가정과 연락을 하는 개방 입양이 점점 일반화되고 있다.

---

crude

[kruːd]

ad. crudely 조잡하게, 상스럽게
n. crudeness 조아함, 노골적임, 상스러움

VOCA⁺
raw 원자재의, 날것의
unrefined 정제되지 않은
natural 자연 그대로의
unprocessed 가공되지 않은

ⓐ 천연 그대로의; 상스러운; 투박한
crude oil[metal] 원유[조금속]
crude jokes 저속한 농담

> 🔖 기출 예문
>
> The earliest sculptures were quite **crude**, but over time sculptures became more refined as artists' skills developed.
> 초기 조각품들은 매우 투박했지만 시간이 흐르면서 예술가들의 기술이 발달함에 따라 조각품들은 더욱 세련되어졌다.

pace

[peis]

VOCA+
momentum 가속도, 탄력
progress 발전
rate 속도, 비율
velocity 속도

ⓝ 속도

at a snail's **pace** 매우 느린 속도로

🗨️ 기출 예문

The **pace** of the story built up very fast until it culminated in a thrilling finale.
그 이야기는 흥분되는 마지막 장면에 이를 때까지 속도가 빠르게 전개되었다.

antagonistic

[æntǽgənístik]

v. antagonize 적대감을 불러일으키다

VOCA+
hostile 적대적인
unfriendly 불친절한

ⓐ 적대적인

antagonistic to[toward] new ideas 새로운 생각에 대해 적대적인

🗨️ 기출 예문

The aboriginal tribe was infamously **antagonistic** to outsiders, attacking whoever was not a member of their group.
그 원주민 부족은 자신들의 일원이 아닌 사람들은 누구든지 공격하여 외부인들에게 악명이 높을 정도로 적대적이었다.

milieu

[miljú]

VOCA+
environment 환경

ⓝ (사회적) 환경

different cultural **milieus** 다른 문화적 환경

🗨️ 기출 예문

The social **milieus** that novelists portray in their novels are often closely related to the society they have experienced firsthand.
소설가들이 그들의 소설에서 묘사하는 사회적 환경은 종종 그들이 경험해 왔던 사회와 긴밀한 관계가 있다.

articulate

ⓥ [ɑ:rtíkjuleit]
ⓐ [ɑ:rtíkjələt]
ad. articulately 뚜렷하게, 명료하게

VOCA+
inarticulate
불분명한, 표현을 제대로 하지 못하는

ⓥ 분명히 표현하다

articulate one's thoughts 생각을 분명히 표현하다

ⓐ (생각, 의견을) 분명히 표현하는

be **articulate** about one's thoughts 생각을 분명히 표현하다

🗨️ 기출 예문

Some book reviews reflect the confusion of amateurs who cannot **articulate** their opinions clearly.
어떤 서평은 자신들의 의견을 명료하게 전달할 수 없는 아마추어들의 혼란을 반영하고 있다.

DAY 16

vernacular

[vərnǽkjələr]

ad. vernacularly 고유하게

VOCA⁺

indigenous 토종의
local 현지의
dialectal 방언의

ⓝ 토속어

speak in the local **vernacular** 지역 방언으로 말하다

ⓐ 고유한

the **vernacular** architecture of the region 그 지역 고유의 건축술

기출 예문

Written in the local **vernacular**, much of Moor's poetry shows how Scottish people really spoke.
현지 언어로 쓰인 무어의 많은 시들은 스코틀랜드 사람들이 실제로 말하는 방식을 반영한다.

---

acknowledge

[əknάlidʒ]

n. acknowledgement 인정; 감사

VOCA⁺

knowledgeable 박식한

ⓥ 인정하다(admit)

acknowledge the fact[charge] 사실을[혐의를] 인정하다
acknowledge him as a leader 그를 지도자로 인정하다

기출 예문

Researchers **acknowledge** that insomnia can lead to serious health problems.
연구원들은 불면증이 심각한 건강 문제를 일으킬 수 있다는 것을 인정한다.

---

assimilate

[əsíməlèit]

n. assimilation 흡수; 동화

VOCA⁺

simulate ~인 체하다, 모방하다
dissimulate ~ 아닌 체하다

ⓥ (완전히) 이해[소화]하다; 동화되다, 동화시키다

assimilate new information 새로운 정보를 완전히 이해하다
assimilate to American society 미국 사회에 동화되다

기출 예문

Smaller ethnic groups that are **assimilated** into larger societies often lose their language.
더 큰 사회에 동화된 작은 민족 집단들은 종종 자신들의 언어를 잃는다.

---

ethnic

[éθnik]

ad. ethnically 민족적으로

VOCA⁺

ethical 윤리적인, 도덕상의

ⓐ 민족의, 인종의(racial)

a variety of **ethnic** groups 다양한 인종 집단들

기출 예문

What I liked most was the **ethnic** food.
내가 가장 좋아한 것은 현지 전통 음식이었어요.

📖 **ethnic** conflict 민족 대립

coin
[kɔin]
n. coinage 주조; 조어, 신조어

ⓥ (새로운 단어를) 만들어 내다; (화폐를) 주조하다
coin a new word 새로운 단어를 만들다

ⓝ 동전
collect **coins** 동전을 수집하다

🗨️ 기출 예문
The term Mesoamerica was **coined** by Austrian ethnologist Paul Kirchoff in 1943 and became the background for all Mexican anthropology, especially archaeology.
메소아메리카라는 용어는 1943년에 오스트리아의 민족학자인 폴 키르코프가 만든 것으로 모든 멕시코 인류학, 특히 고고학의 배경이 되었다.

VOCA⁺
coil 코일; 똘똘 감다, 휘감기다

---

common
[kámən]
ad. commonly 흔히, 보통

ⓐ 흔한, 평범한(↔ uncommon 흔하지 않은, 드문); 공동의
a **common** name[mistake] 흔한 이름[실수]
a **common** interest 공통의 관심사

🗨️ 기출 예문
Middle names are **common** in English, but they are not universal.
영국에선 중간 이름이 흔하지만, 보편적인 것은 아니다.

VOCA⁺
communal 공동 사회의
commonplace 흔한, 평범한

📝 by common consent 만장일치로

---

conventional
[kənvénʃənəl]
v. convene 모이다, 소집하다
n. convention 집회; (사회적) 인습, 관례; 협정

ⓐ 관습[전통]적인, 재래식의(traditional)
conventional behavior 관례적인 행위
a **conventional** wedding 전통 혼례
conventional weapons 재래식 무기

🗨️ 기출 예문
The use of the Internet for shopping has boomed in recent years, to the extent that it is starting to compete with **conventional** shopping methods.
인터넷으로 쇼핑하는 방식이 최근 붐을 일으키면서 재래식 쇼핑 방식과 경쟁을 시작하는 정도까지 이르렀다.

VOCA⁺
convenience 편리, 편의
conversion 전환, 변환

cosmopolitan

[kɑ̀zməpɑ́litən]

ⓐ (장소가) 세계적인; (태도 · 관심이) 범세계적인, 견문이 넓은

a **cosmopolitan** city 국제적인 도시

a **cosmopolitan** writer 견문이 넓은 작가

young people with a **cosmopolitan** outlook 세계주의적인 견해를 가진 젊은이들

기출 예문

With a population made up of people from many different countries, New York City is one of the most **cosmopolitan** cities in the world.
다양한 국가 출신의 사람들로 구성된 뉴욕은 전 세계에서 가장 국제적인 도시 중 하나이다.

VOCA⁺

metropolitan 대도시의

---

discrimination

[diskrìmənéiʃən]

a. discriminating 안목 있는

ⓝ 차별; 구별, 식별력(discernment)

discrimination against women 여성에 대한 차별

learn **discrimination** between right and wrong
옳고 그름의 구별을 배우다

기출 예문

I'd like to discuss the unsupported claim that minority children from underprivileged families are facing **discrimination** within the public education system.
저는 소외된 가정의 소수 집단의 아이들이 공교육 제도 내에서 차별에 직면하고 있다는 입증되지 않은 주장에 대해 논의하고 싶습니다.

🗒 racial[sexual] discrimination 인종[성] 차별
reverse discrimination 역차별
show discrimination in ~하는 데 안목을 보이다

VOCA⁺

incriminate ~에게 죄를 씌우다

---

diverse

[divə́ːrs]
[dáivərs]

v. diversify 다양[다각]화하다
n. diversity 다양성

ⓐ 다양한(various, varied)

a culturally[ethnically] **diverse** city 문화적으로[민족적으로] 다양한 도시

sell a **diverse** range of gifts 다양한 선물들을 팔다

기출 예문

With so many languages spoken in the country, India is one of the most linguistically **diverse** nations.
자국 내에서 아주 많은 언어가 사용되는 인도는 언어적으로 가장 다양한 국가 중 하나이다.

VOCA⁺

divert 다른 데로 돌리다, 기분을 전환시키다

eccentric

[ikséntrik]

n. eccentricity 기이함, 별난 행동

VOCA⁺
central 중심의
ethnocentric 자기 민족 중심적인
Eurocentric 유럽 중심적인

ⓐ 별난, 이상한(strange, unusual)

eccentric behavior 이상한 행동
an eccentric man 괴짜인 남자

🗨 기출 예문

The lifestyles of the rich and famous are sometimes very eccentric or even bizarre.
부자나 유명인의 생활 방식을 보면 가끔 매우 별나거나 심지어 기이한 경우도 있다.

---

eligible

[élidʒəbl]

n. eligibility 적임, 적격

VOCA⁺
legible 읽을 수 있는
illegible 읽을 수 없는

ⓐ 자격이 있는, 적격의(qualified, entitled ↔ ineligible 부적격의)

be eligible for a loan 대출 자격이 있는
an eligible bachelor 결혼 상대로서 적격인 남자

🗨 기출 예문

If you choose to enter your e-mail address in the optional field, you will be eligible for a prize.
고객님의 이메일 주소를 선택 영역에 입력하는 것을 택하시면 상품을 받으실 자격이 됩니다.

📝 eligible voters 유권자

---

biased

[báiəst]

VOCA⁺
viable 실행 가능한
viaduct 육교

ⓐ 편견이 있는, 편향된(prejudiced ↔ unbiased 선입견[편견] 없는)

racially biased attitudes 인종적으로 편견이 있는 태도
a biased statement[jury] 편향된 발언[배심원단]
be biased towards certain authors 특정 작가들에 편견을 품다

🗨 기출 예문

The investigations being conducted are biased against the mayor.
진행 중인 조사가 시장에게 불리하게 돌아가고 있다.

hindsight
[háindsàit]

ⓝ 뒤늦은 깨달음

look obvious in **hindsight** 나중에 생각해 보면 명백해 보이다

> **기출 예문**
>
> In **hindsight**, tight corsets were a direct reflection of the constraints imposed on women by society.
> 돌아보면 꽉 끼는 코르셋은 사회가 여성에게 부과한 제약을 직접적으로 반영한 것이었다.

VOCA⁺
insight 통찰력
foresight 선견지명, 통찰력

📝 with the benefit of hindsight 나중에 깨닫고 나서

---

identify
[aidéntəfài]

n. identification 신원 확인; 신분증; 동질감, 공감대
n. identity 신원, 정체; 독자성
a. identical 동일한

ⓥ 찾아내다; (신원을) 확인하다, 알아보다; 동일시하다

identify the source of the problem 문제의 근원을 찾아내다
identify the suspect 용의자의 신원을 확인하다

> **기출 예문**
>
> The coat of arms was developed in the 1100s as a way of **identifying** crusading knights.
> 문장(紋章)은 십자군 기사들을 구별해 내는 방법으로 1100년대에 개발되었다.

VOCA⁺
indent 톱니 모양의 자국을 내다
indenture 계약서

📝 identify A with B A를 B와 동일시하다
   identical twin 일란성 쌍둥이
   a sense of identity 자아 정체성

---

integrate
[íntəgrèit]

n. integration 통합
a. integrated 통합적인

ⓥ 합치다, 통합되다(combine ↔ disintegrate 해체되다)

integrate learning with play 학습과 놀이를 합치다
integrate into a new culture 새로운 문화에 동화되다
integrate with a team 팀에 융화되다

> **기출 예문**
>
> They believed that the Arab world could only advance by **integrating** Western modernity with traditional Arabic culture.
> 이들은 아랍권은 전통 아랍 문화와 서양의 근대성을 통합함으로써만 발전할 수 있다고 믿었다.

VOCA⁺
integral 없어서는 안 되는; 완전한
integrity 정직, 성실

investigate
[invéstəgèit]

n. investigation 조사, 수사
n. investigator 수사관, 조사관

ⓥ 조사하다, 수사하다(inspect)

investigate allegations of corruption 부패 혐의를 조사하다

> 📝 기출 예문
>
> Sociolinguists have long **investigated** the relationships between geographically dispersed varieties of the same language.
> 사회 언어학자들은 지리적으로 흩어진 동일 언어의 다양성들 간의 관계에 대해 오랫동안 조사해 왔다.

VOCA⁺
vestige 흔적, 자취

---

lag
[læg]

VOCA⁺
leg 다리
rag 헝겊, 누더기 옷

ⓥ 뒤에 처지다, 뒤떨어지다

lag behind the rest of the group 무리에서 뒤처지다
lag behind in the competition 경쟁에서 뒤처지다

ⓝ 지체, 지연

a time lag (두 가지 일 사이의) 시간적 차이, 시차

> 📝 기출 예문
>
> They invariably **lag** behind at school even if assisted.
> 도움을 받더라도 그들은 학교에서 늘 뒤떨어진다.

📝 suffer from jet lag 시차 증세를 겪다

---

lapse
[læps]

ⓥ (기한이) 소멸되다, 끝나다(expire)

allow one's membership to lapse 회원 자격이 소멸되도록 놔두다

ⓝ (시간의) 경과; 만기; (작은) 실수, 착오

a measured **lapse** of time 측정된 경과 시간
the **lapse** of an insurance policy 보험 증권의 만기
a **lapse** in decorum 예절상의 실수

> 📝 기출 예문
>
> As new cultural influences were introduced, observance of the old traditions **lapsed**.
> 새로운 문화적 영향들이 도입되면서 오래된 전통을 지키는 일은 끝났다.

VOCA⁺
elapse (시간이) 경과하다, 흘러가다
relapse 되돌아가다

DAY 16

migrate

[máigreit]

n. migration 이동, 이주
n. migrant 이주자, 철새
a. migratory 이주하는

VOCA⁺

immigrate (외국에서) 이주해 오다
emigrate (타국으로) 이민 가다

ⓥ 이주하다, 이동하다

migrating birds 철새들
the **migrating** herds of buffalo 이주하는 버펄로 떼

> 기출 예문

I've decided to **migrate** to another country.
다른 나라로 이민 가기로 결정했다.

📝 migrate from A to B A에서 B로 이주하다

---

segregate

[ségrigèit]

n. segregation 차별, 분리 (정책)
a. segregated 분리된, 인종 차별의

Black **White**

VOCA⁺

aggregate 모이다; 집합(체)
congregate 모이다

ⓥ (인종·종교를 이유로) 차별하다, 분리하다

segregate blacks and whites 흑인과 백인을 차별하다
a racially **segregated** community 인종적으로 분리된 사회

> 기출 예문

Shakers lived as a large group known as a "family," but it was a **segregated** family.
셰이커 교도들은 '가족'으로 알려진 큰 집단을 이루고 살았지만 그것은 분리된 형태의 가족이었다.

---

pervade

[pəːrvéid]

a. pervasive 만연하는, (구석구석) 스며드는

VOCA⁺

evade (의무·세금을) 회피하다; 빠져나가다
invade 침략하다

ⓥ 만연하다, 스며들다(permeate)

a **pervading** mood of fear 만연하고 있는 공포 분위기
be **pervaded** by a sour smell 시큼한 냄새가 퍼져 있다

> 기출 예문

The "frontier spirit," or the willingness to venture into the unknown, has long **pervaded** American folklore.
'개척자 정신' 즉, 미지의 세계를 과감히 탐구하려는 마음은 오랫동안 미국 민속에 자리 잡아 왔다.

multicultural

[mʌ̀ltikʌ́ltʃərəl]

n. multiculturalism 다문화주의

VOCA⁺

multilateral 다자간의; 다각적인
multilingual 여러 언어를 하는
multinational 다국적의

ⓐ 다문화의

a **multicultural** approach to education 교육에 대한 다문화적 접근

🗨 기출 예문

With globalization, the world is entering an era of
multicultural exchange like never before.
세계화로 인하여 세계는 이전과는 전혀 다른 다문화 교류의 시대로 진입하고
있다.

---

snob

[snab]

n. snobbism 속물근성, 우월 의식
   (snobbery)
a. snobbish 속물의, 고상한 체하는

VOCA⁺

nod 끄덕이다

ⓝ 속물, 고상한 척하는 사람

an art **snob** 미술에 대해 고상한 척하는 사람
an intellectual **snob** 지적인 척하는 사람

🗨 기출 예문

Some people buy designer label clothes solely for their
snob value, but the sense of superiority they might gain is
superficial.
일부 사람들은 유명 디자이너의 이름이 붙은 옷을 단지 속물근성 때문에 사지
만, 그들이 얻을지 모르는 우월감은 피상적인 것이다.

---

struggle

[strʌgl]

a. struggling 분투하는, 기를 쓰는

VOCA⁺

smuggle 밀수입[밀수출]하다
haggle 흥정하다
giggle 낄낄거리다

ⓥ 투쟁하다, 싸우다; 몸부림치다

struggle for independence 독립을 위해 투쟁하다
struggle to breathe 숨을 쉬기 위해 몸부림치다

ⓝ 투쟁, 몸부림

a **struggle** for survival 생존을 위한 투쟁

🗨 기출 예문

As a child, she **struggled** to pick out her own face in
school photos, and she has always been hard-pressed to
describe her mother's features.
어려서 그녀는 학교에서 찍은 사진들 속에서 자기 자신의 얼굴도 겨우 골라냈
으며, 어머니의 특징을 묘사할 때면 항상 난감해 했다.

📋 a power **struggle** 권력 투쟁
   struggle against cancer 암과 싸우다

DAILY TEPS TEST

Choose the best answer for the blank.

Part I

1

A: Why do you need proof of identification?

B: To check whether you're _____ to vote.

(a) curious
(b) neglected
(c) fastened
(d) eligible

2

A: How did your daughter do in the play?

B: Fantastic, I thought, though of course I'm _____.

(a) biased
(b) dependent
(c) segregated
(d) rabid

3

A: Did Dante like the wine you brought?

B: Of course not. He's such a _____.

(a) club
(b) nun
(c) snob
(d) thief

4

A: What do you like most about a big city like Chicago?

B: I love how _____ the population is.

(a) essential
(b) amused
(c) practical
(d) diverse

5

A: Immigrants should learn to speak our language.

B: It can be a lot harder for them to _____ than you think.

(a) identify
(b) disclose
(c) alienate
(d) assimilate

6

A: Does your store carry hummus from Lebanon?

B: Check the _____ food section.

(a) cosmopolitan
(b) ethnic
(c) common
(d) eccentric

276

7

A: Is it true that women aren't allowed to drive here?

B: Yes, there's still a lot of gender _____.

(a) humiliation
(b) discrimination
(c) integration
(d) ovation

8

A: Annie wrote most of the report.

B: Still, it would be nice of her to _____ your help.

(a) prefer
(b) acknowledge
(c) strike
(d) harmonize

Part II

9

The researcher Jaron Lanier is credited with _____ the term "virtual reality."

(a) abridging
(b) hanging
(c) curving
(d) coining

10

Some of America's most iconic leaders emerged from the _____ for civil rights.

(a) stable
(b) status
(c) struggle
(d) streak

11

Ancient Rome was a(n) _____ city, with people from all over the empire making their home in the capital.

(a) multicultural
(b) dispersed
(c) ethical
(d) investigative

12

Early humans followed _____ herds of game rather than living in one permanent location.

(a) migrating
(b) becoming
(c) willing
(d) gathering

DAY 16

1 (d)	2 (a)	3 (c)	4 (d)	5 (d)	6 (b)
7 (b)	8 (b)	9 (d)	10 (c)	11 (a)	12 (a)

1 A: 왜 신분 증명이 필요하지요?
B: 투표할 자격이 있는지 확인하려고요.
(a) 궁금한   (b) 방치된
(c) 잠근   **(d) 자격이 있는**

2 A: 연극에서 따님이 어땠습니까?
B: 제 편견일지도 모르지만 멋졌어요.
(a) 편견이 있는   (b) 의존하는
(c) 분리된   (d) 과격한

3 A: 단테가 당신이 산 와인을 좋아했어요?
B: 전혀요. 그는 정말 고상한 척 왕이에요.
(a) 클럽   (b) 수녀
(c) 고상한 척하는 사람   (d) 도둑

4 A: 시카고 같은 큰 도시는 어떤 부분이 가장 좋은
가요?
B: 다양한 사람들이 있는 게 좋아요.
(a) 필수적인   (b) 즐거워하는
(c) 실질적인   **(d) 다양한**

5 A: 이민자들은 우리의 언어를 배워야 합니다.
B: 당신 생각보다 그들은 동화되려면 훨씬 더 힘들
수 있어요.
(a) 찾아내다   (b) 폭로하다
(c) 멀리하다   **(d) 동화되다**

6 A: 당신의 가게는 레바논산 후무스를 파나요?
B: 외국 음식 코너에서 찾아보세요.
(a) 세계적인   **(b) 민족의**
(c) 흔한   (d) 별난

7 A: 이곳에서 여성은 운전하면 안 되는 게 사실인가
요?
B: 네, 아직 많은 성 차별이 있어요.
(a) 굴욕   **(b) 차별**
(c) 통합   (d) 박수

8 A: 애니가 보고서의 대부분을 썼어요.
B: 그래도 그녀가 당신의 도움을 인정하면 좋을 겁
니다.
(a) 선호하다   **(b) 인정하다**
(c) 치다   (d) 조화시키다

9 연구자인 재론 래니어는 '가상 현실'이라는 용어를
만든 공이 있다.
(a) 요약하다   (b) 걸다
(c) 곡선을 이루다   **(d) 말을 만들다**

10 미국에서 가장 상징적인 지도자 중 일부는 시민권
투쟁으로부터 나왔다.
(a) 안정된   (b) 지위
(c) 투쟁   (d) 연속

11 고대 로마는 모든 제국에서 온 사람들이 그 수도를
고향으로 삼았던 다문화 도시였다.
(a) 다문화의   (b) 분산된
(c) 윤리적인   (d) 조사의

12 초기 인간들은 영구적인 한곳에서 살지 않고 이동
하는 사냥감들을 따라다녔다.
(a) 이동하는   (b) 어울리는
(c) 자발적인   (d) 모이는

DAY
17

Literature

기출 예문

Metaphor is typically viewed as only having to do with words rather than with thoughts or actions.

은유는 통상적으로 생각이나 행동보다는 말과 관련되어 있다고 여겨진다.

학습 1차	년	월	일	공부 시간	시간	분
학습 2차	년	월	일	공부 시간	시간	분
학습 3차	년	월	일	공부 시간	시간	분

Literature 문학

cliché
[kliːʃéi]

ⓝ 진부한 표현

a speech filled with **clichés** 진부한 표현으로 가득 찬 연설

> 기출 예문
> Despite its focus on corrupt politicians, the documentary never lapses into cliché.
> 그 다큐멘터리는 부패한 정치인에 초점을 두고 있음에도 불구하고, 결코 상투적인 수법을 쓰지 않는다.

VOCA⁺
banality 평범함, 진부함
buzzword 유행어

idyllic
[aidílik]

ad. idyllically 목가적으로

VOCA⁺
pastoral 목가적인
picturesque (경치가) 그림 같은
rustic 시골풍의

ⓐ 목가적인

idyllic scene 목가적 풍경

> 기출 예문
> Mr. Miller has an **idyllic** cottage by a lake in the country.
> 밀러 씨는 시골 호숫가 근처에 목가적인 별장을 소유하고 있다.

protagonist
[proʊtǽgənist]

ⓝ 주인공, 주동적 인물

a **protagonist** in the independence movement 독립 운동의 주요 인물

> 기출 예문
> Compared with the **protagonists** in White's other movies, Abby has many more opportunities to climb the social ladder.
> 화이트의 다른 영화 속 주인공과 비교했을 때, 애비는 사회적 신분 상승을 이룰 수 있는 기회가 훨씬 더 많다.

VOCA⁺
leader 지도자
proponent 지지자
exponent 지지자

copy
[kápi]

ⓝ 부, 권

a back **copy** of the magazine 잡지의 지난 호

> 기출 예문
> First published in 1660, the daily newspaper the Globe Times now has a circulation of about 15,000 copies.
> 1660년에 처음 발간된 일간지 〈글로브 타임즈〉의 판매 부수는 이제 약 15,000부이다.

VOCA⁺
copycat 모방하는 사람, 모방의
photocopy 복사하다; 복사본

reminiscent
[rèmənísənt]

ⓥ 떠올리는, 생각나게 하는

be **reminiscent** of ~을 연상시키다

VOCA⁺

redolent ~을 생각나게 하는

> 🖋 기출 예문
>
> It is a modern novel that is **reminiscent** of older literature.
> 그것은 더 오래된 문학을 떠올리게 하는 현대 소설이다.

---

mysterious
[mistí(:)əriəs]

n. mystery 미스터리, 불가사의

ⓐ 불가사의한, 신비한

the novel's **mysterious** main character 베일에 싸인 소설의 주인공
the man's **mysterious** disappearance 그 남자의 의문에 싸인 실종

VOCA⁺

cryptic 수수께끼의, 아리송한
enigmatic 수수께끼의,
inexplicable 설명할 수 없는
obscure 잘 알려지지 않은, 무명의

> 🖋 기출 예문
>
> The story of the hero's birth, which was **mysterious** at first, gradually unfolds throughout the course of the myth.
> 영웅의 탄생의 이야기는 처음에 미스터리였는데, 신화가 전개되면서 점차 밝혀진다.

---

innovative
[ínəvèitiv]

n. innovation 혁신

ⓐ 획기적인

an **innovative** solution to the problem 획기적인 문제 해결법

VOCA⁺

ingenious 천재적인
original 독창적인
groundbreaking 획기적인

> 🖋 기출 예문
>
> With her highly original and unique literary works, Alisa Smith is considered one of the most **innovative** writers of our time.
> 그녀의 매우 독창적이고 독특한 문학 작품 때문에 알리샤 스미스는 우리 시대의 가장 획기적인 작가 중 한 명으로 여겨진다.

DAY 17

---

abridge
[əbrídʒ]

n. abridgement 요약(본)

ⓥ (내용을) 요약하다(summarize)

abridge a long story 긴 이야기를 요약하다
read the **abridged** edition only 요약본만 읽다

VOCA⁺

bridge 다리; 다리를 놓다
abbreviate 축약하다

> 🖋 기출 예문
>
> If the original novel is too long, look for an **abridged** version.
> 소설의 원본이 너무 길면 축약본을 찾아봐라.

anecdote

[ǽnikdòut]

ⓝ 일화

tell a personal **anecdote** 개인적인 일화를 말해 주다
publish a volume of **anecdotes** 일화집을 출판하다

VOCA⁺

donate 기부하다
condone 용서하다

> 🗨 기출 예문
>
> Look for questionable examples, exaggerated anecdotes, alarming statistics, or assertions not based on facts.
> 사실에 근거를 두지 않은 미심쩍은 예시, 과장된 일화, 놀랄 만한 통계치나 주장을 찾아보세요.

---

anonymous

[ənánəməs]

n. anonymity 익명(성)
ad. anonymously 익명으로

ⓐ 익명의

an **anonymous** benefactor 익명의 후원자
get an **anonymous** tip 익명의 제보를 받다

> 🗨 기출 예문
>
> The anonymous author of this poem was later discovered to be a famous poet.
> 이 시를 쓴 익명의 작가는 후에 유명한 시인으로 밝혀졌다.

VOCA⁺

anomalous 비정상의, 이례적인

📝 an anonymous letter 익명의 편지

---

banal

[bənáːl]

n. banality 따분함, 시시한 말

ⓐ 따분한, 진부한(commonplace, trite)

a **banal** conversation 따분한 대화
a **banal** expression 진부한 표현

VOCA⁺

venal 매수할 수 있는; 부패한
venial 용서받을 수 있는

> 🗨 기출 예문
>
> Despite its complex language, the subject of the poem is rather banal.
> 복합적인 언어에도 불구하고 그 시의 주제는 다소 진부하다.

compile

[kəmpáil]

n. compilation 편찬, 모음집
n. compiler 편집[편찬]자
a. compilatory 편집(상)의

VOCA+
stockpile 비축하다; 비축량

ⓥ (여러 자료를 하나로) 엮다, 편집하다

compile a book of poems 시들을 엮어 시집을 내다
compile a report 보고서를 편집하다

🖋 기출 예문

The Encyclopedia of Child Care was **compiled** by
professors from the top medical schools.
〈육아 백과사전〉은 정상급 의과 대학의 교수들에 의해 편찬되었다.

---

connotation

[kànətéiʃən]

v. connote 함축[내포]하다

VOCA+
denotation (문자 그대로의) 뜻, 명시적 의미

ⓝ 함축(된 의미)

a word with negative **connotations** 부정적 의미를 함축하고 있는 단어
carry a positive **connotation** 긍정적인 의미를 함축하다

🖋 기출 예문

Realism in the theater has a specific connotation.
연극에서 사실주의는 구체적인 함축성을 지니고 있다.

---

critic

[krítik]

v. criticize 비판[비평]하다
n. criticism 비판; 비평
a. critical 비판적인; 위기의, 중대한

VOCA+
criterion 판단 기준
crucial 중요한

ⓝ 비평[평론]가

a literary[film] **critic** 문학[영화] 비평가
an outspoken **critic** of the government 정부를 노골적으로 비판하는 사람

🖋 기출 예문

**Critics of the FDA argue that tuna has a little less mercury
than swordfish, but it was not included on the list.**
FDA를 비난하는 사람들은 참치가 황새치보다 약간 적은 양의 수은을 포함하
고 있지만 목록에 올라 있지 않다고 말한다.

DAY 17

decipher
[disáifər]

n. decipherment 판독, 해독
a. decipherable 판독할 수 있는

VOCA+
cipher 암호

ⓥ 해독하다(decode)

decipher a code 암호를 해독하다
decipher an ancient book 고서를 해독하다

> 🖊️ 기출 예문
>
> Alan Turing was not only a mathematician, but also a genius at **deciphering** coded messages.
> 앨런 튜링은 수학자였을 뿐 아니라 암호화된 메시지를 해독해 내는 데 천재이기도 했다.

---

deduce
[didjúːs]

n. deduction 추론; 공제
a. deducible 추론할 수 있는

VOCA+
induce 유도하다; 귀납하다
deduct 빼다, 공제하다
induct 안내하다, 취임시키다

ⓥ 추론하다, 연역하다(infer)

deduce a conclusion 결론을 추론하다
deduce the age of ancient objects 고대 유물들의 시대를 추정하다

> 🖊️ 기출 예문
>
> From the remarks of the woman he was questioning, the detective **deduced** that she must have committed the crime.
> 형사는 자신이 심문하던 여성의 말에서 그녀가 범행을 저질렀음이 틀림없다고 추론했다.

📄 **deduce** the word's meaning from its context 문맥에서 단어의 의미를 추론하다

---

discourse
[dískɔːrs]

VOCA+
discursive 산만한
concourse 광장; 중앙 홀
recourse 의지, 의뢰

ⓝ 담화, 담론; 강연

a controversial **discourse** 논란을 불러일으키는 강연

> 🖊️ 기출 예문
>
> A dominant tendency in Western culture in general and in the U.S. in particular is a combative approach to social **discourse**.
> 사회적 담론에 투쟁적으로 접근하는 것은 일반적인 서구 문화에서, 특히 미국에서 지배적인 경향이다.

📄 deliver a **discourse** on ~에 대한 강연을 하다

distribute

[distríbjuːt]

n. distribution 분배, 배부; 유통
n. distributor 배급[유통] 업자

VOCA+
tribute 공물; 찬사
attribute (~의 원인을) ~에게 돌리다; 자질, 특성

ⓥ 나누어 주다, 분배[배부]하다(hand out)

distribute leaflets to people 전단지를 사람들에게 나누어 주다

🖋 기출 예문

The novels were aimed at a young, middle-class audience and were **distributed** in massive quantities to newsstands and dry goods stores.
이 소설들은 젊은 중산층 독자들을 겨냥하여 신문 가판대와 포목상에 대량으로 배포되었다.

---

edition

[idíʃən]

v. edit 수정하다; 편집하다
n. editor 편집자

VOCA+
addition 첨가; 덧셈

ⓝ (책·방송물의) ~판, ~호, ~회

a limited **edition** 한정판
a paperback[hardback] **edition** 종이 커버[하드커버]판

🖋 기출 예문

There is no plan to publish a second **edition** of the book.
그 도서의 재판을 발행할 계획이 없습니다.

---

episode

[épisòud]

VOCA+
anecdote 일화
myth 신화
saga 무용담

ⓝ 사건; (라디오·텔레비전 연속 프로의) 1회 방송분

an **episode** of his childhood 그의 유년 시절의 사건
remember a tragic **episode** 비극적인 사건을 기억하다

🖋 기출 예문

Fans often write new **episodes** for *Buffy the Vampire Slayer*, *Star Wars*, *X-Files*, and *The Lord of the Rings*.
〈뱀파이어 해결사〉와 〈스타워즈〉, 〈엑스 파일〉, 〈반지의 제왕〉에 대해서도 팬들은 종종 새로운 에피소드를 쓴다.

DAY 17

---

fabulous

[fǽbjələs]

n. fable 우화

VOCA+
confabulate 담소를 나누다
fabricate 가공하다

ⓐ 가공의(imaginary); 멋진, 환상적인(fantastic)

the **fabulous** unicorn 상상의 동물인 유니콘

🖋 기출 예문

You made a **fabulous** speech.
정말 훌륭한 연설이었어요.

genre
[ʒáːŋrə]

VOCA⁺
VOCA⁺
gene 유전자
genesis 창조, 기원
gender 성

ⓝ (예술 작품의) 장르

a literary[musical] genre 문학[음악] 장르
films in the horror genre 공포 장르의 영화들

🖋 기출 예문

The devotion of fans to television shows, films, and books
has led to a new genre called "fan fiction."
TV 드라마와 영화, 책에 대한 팬들의 사랑은 '팬 픽션'이라는 새로운 장르를
탄생시켰다.

ironic
[airánik]

n. irony 역설적인 상황

VOCA⁺
paradoxical 역설적인
irenic 평화적인

ⓐ 반어적인, 비꼬는; (상황이) 웃기는, 아이러니컬한

an ironic writing style 반어적 문체
in an ironic twist 아이러니컬하게도

🖋 기출 예문

It is ironic that many people consider Mexican Americans
to be foreigners.
많은 사람들이 멕시코계 미국인들을 외국인으로 여기는 것은 아이러니다.

legible
[lédʒəbl]

n. legibility 읽기 쉬움

VOCA⁺
literate 읽고 쓸 줄 아는
eligible 적임의

ⓐ (글씨를) 알아볼 수 있는, 또렷한(readable ↔ illegible 읽기 어려운)

easily legible handwriting 쉽게 알아볼 수 있는 글씨
be barely legible 거의 알아볼 수가 없다

🖋 기출 예문

When you write, be sure to make your notes legible so
you can go over them and reconstruct the negotiation in
your head.
필기할 때에는 검토할 수 있고 머릿속에서 협상을 다시 그려 볼 수 있도록 반드
시 알아볼 수 있게 해라.

literary

[lítərèri]

n. literature 문학

ⓐ 문학의, 문학적인

a **literary** work[criticism] 문학 작품[비평]

a **literary** style of writing 글의 문체

> **기출 예문**
>
> The term "occasional verse" refers to poetry written for a specific occasion, usually in observation of a social, **literary**, or historical event.
>
> '행사시'라는 용어는 보통 사회적, 문학적, 역사적 사건을 기리기 위해 특별한 때를 위해 쓴 시를 나타낸다.

VOCA⁺

literal 문자 그대로의

---

lyric

[lírik]

n. lyricism 서정주의
n. lyricist 작사가
a. lyrical 서정적인

ⓝ (노래의) 가사

ⓐ 서정시의(↔ epic 서사시)

a **lyric** poet 서정 시인

the original **lyrics** of a song 노래의 원래 가사

> **기출 예문**
>
> His **lyrics** go well beyond a ghetto news flash to give us a hyper-literate visionary polemic on the state of black America.
>
> 그의 가사는 흑인 빈민가 뉴스 속보를 훨씬 뛰어넘어 사람들에게 미국 흑인의 현 상황에 대해 수준 높고 비전 있는 논쟁거리를 부여한다.

VOCA⁺

elegy 애가
dirge 장송곡

DAY 17

---

manuscript

[mǽnjuskrìpt]

ⓝ (자필) 원고, 필사본

the author's **manuscript** 작가의 자필 원고

an original **manuscript** 원본 원고

> **기출 예문**
>
> We regret to inform you that Beach Front Press will not be publishing your **manuscript**.
>
> 저희 비치 프런트 출판사에서 귀하의 원고를 출판하지 않기로 했음을 알려 드리게 되어 유감입니다.

VOCA⁺

manacles 수갑
manumit 해방하다

quirk
[kwəːrk]

n 이상한 습관, 별난 점(peculiarity, idiosyncrasy);
기이한 일, 우연

a strange **quirk** 기벽, 이상한 습관
have one's little **quirks** 약간 별난 점이 있다

🖊 기출 예문

Robert's fear of driving is just one of his adorable little
quirks.
운전에 대한 로버트의 공포는 그의 귀여운 별난 행동에 불과하다.

📝 by a **quirk** of fate 운명의 장난으로

VOCA⁺
quick 빠른
queer 기이한
quip 재치 있는 말

---

metaphor
[métəfɔːr]
a. metaphorical 은유적인

n 은유; 상징

employ a **metaphor** 은유법을 사용하다
a **metaphor** for freedom 자유에 대한 상징

🖊 기출 예문

Metaphor is typically viewed as only having to do with
words rather than with thoughts or actions.
은유는 통상적으로 생각이나 행동보다는 말과 관련되어 있다고 여겨진다.

VOCA⁺
simile 직유
analogy 비유

---

prolific
[proulífik]

a 다작의, 다산의(fecund)

a **prolific** writer 작품을 많이 쓴 작가
a **prolific** animal 새끼를 많이 낳는 동물

🖊 기출 예문

The **prolific** author seemed to publish at least one new
book a year.
그 다작을 하는 작가는 일 년에 최소 한 권의 신간을 내는 것처럼 보였다.

VOCA⁺
proliferate (빠르게) 확산되다

prose
[prouz]
a. prosaic 따분한, 평범한

ⓐ 산문

a (unique) **prose** style (독특한) 산문체
a **prose** narrative 산문체 서술

🖊 기출 예문

The novel, therefore, developed as a piece of **prose** fiction that presented characters in real-life events and situations.
그리하여 소설은 실제 삶의 사건과 상황 속에 등장인물을 제시하는 산문 픽션으로 발전했다.

VOCA+
verse 운문, 시
probe 조사하다

---

pseudonym
[súːdənim]
a. pseudonymous 필명의

ⓝ 가명, (작가의) 필명(pen-name)

write under a **pseudonym** 필명으로 글을 쓰다

🖊 기출 예문

In the 18th century, the majority of women writers used **pseudonyms** for their real names to be kept unknown.
18세기에 대부분의 여성 작가들은 정체를 감추기 위해 실제 이름 대신에 필명을 사용했다.

VOCA+
alias (범인의) 가명
synonym 동의어
antonym 반의어

---

publish
[pʌ́bliʃ]
n. publisher 출판인, 출판사
n. publication 출판, 발행

ⓥ 발행하다; (기사로) 싣다, 게재하다

publish the first edition 초판을 발행하다
publish the suspect's picture 용의자의 사진을 싣다
publish an apology 사과문을 게재하다

🖊 기출 예문

She has recently **published** a book on national economic planning.
그녀는 최근 국가 경제 계획에 관한 책을 냈다.

VOCA+
publicize 공표하다; 선전하다
republic 공화국

DAY 17

---

memoir
[mémwɑːr]

ⓝ 회고록(reminiscence)

a **memoir** of one's mother 어머니에 대한 회상록

🖊 기출 예문

The 846-page novel by Jonathan Pallet is a fictional **memoir** of a Nazi officer who is as brutal as he is remorseless.
조나단 팰릿이 쓴 846페이지 분량의 그 소설은 냉혹할 만큼이나 잔인한 어느 나치 장교의 허구적인 회상록이다.

VOCA+
memorandum 비망록, 메모

revise

[riváiz]

n. revision 수정

VOCA⁺
advise 충고하다
devise 고안하다

ⓥ 수정하다(amend), 개정하다

revise one's plan 계획을 수정하다
the **revised** edition of the book 책의 개정판

🖋 기출 예문

The professor requires that our working outline be continually **revised** in the process of writing the essay.
교수님은 우리가 논문을 써 가는 과정에서 개요를 계속 수정할 것을 요구한다.

---

satire

[sǽtaiər]

v. satirize 풍자하다
a. satiric(al) 풍자적인

VOCA⁺
satiate 만족시키다, 물리게 하다
saturate 흠뻑 적시다

ⓝ 풍자

a political[social] **satire** 정치[사회] 풍자
savage[biting] **satire** 신랄한[날카로운] 풍자
a **satire** on politics 정치에 대한 풍자

🖋 기출 예문

Heller's stinging **satire** throughout the novel remains as timeless today as when it was first written.
소설 전반에 걸쳐 전개되는 헬러의 신랄한 풍자는 소설이 쓰인 당시만큼이나 오늘날에도 시간을 초월한 가치가 있다.

---

translate

[trænsléit]

n. translation 번역, 통역
n. translator 번역가, 통역사

VOCA⁺
interpret 해석하다
paraphrase 바꾸어 쓰다

ⓥ 번역[통역]하다

translate English into Korean 영어를 한국어로 번역하다

🖋 기출 예문

To date, more than twenty million copies have been sold and *Curious George* has been **translated** into fourteen languages.
오늘날까지 〈호기심 많은 조지〉는 2천만 부 이상이 팔렸고 14개의 언어로 번역되었다.

verbal

[və́:rbəl]

v. verbalize 언어로 나타내다
ad. verbally 말로, 구두로

VOCA⁺

verbose 말이 많은
herbal 식물의

ⓐ 말의, 언어의; 구두의(oral ↔ non-verbal 비언어적인)

verbal abuse 언어폭력
give a **verbal** warning 구두 경고만 주다

> 🖋 기출 예문
>
> The author had given **verbal** consent for his work to be photocopied.
> 작가는 자신의 작품을 복사해도 좋다고 구두로 동의해 주었다.

📝 a verbal promise 언약

---

verse

[və:rs]

VOCA⁺

verbal 말의
vice versa 반대로

ⓝ 운문, 시(poetry); (시 · 성경의) 연, 절

be written in **verse** 운문으로 쓰이다
write a few lines of **verse** 몇 줄의 시를 쓰다
the first **verse** of a poem 시의 첫 소절

> 🖋 기출 예문
>
> On New Year's Eve, people often sing the first **verse** of the song "Auld Lang Syne" but do not know the rest.
> 새해 전야에 사람들은 종종 '올드 랭 사인' 노래의 1절을 부르지만 나머지 가사는 모른다.

---

version

[və́:rʒən]

VOCA⁺

conversion 전환, 개종
diversion 기분 전환

ⓝ (새로운) ~판, 버전(edition); 설명, 견해(account, view)

standard **version** 표준판
a film **version** of the novel 소설의 영화판
one's **version** of the event 사건에 대한 설명

> 🖋 기출 예문
>
> Most viewers prefer the original **version** of the movie to the remake.
> 대부분의 관객들은 리메이크 영화보다 원작을 더 선호한다.

DAY 17

DAILY TEPS TEST

Choose the best answer for the blank.

Part I

1

A: Any idea who wrote this?

B: No, it was submitted _____.

(a) prolifically
(b) lyrically
(c) anonymously
(d) disapprovingly

2

A: The *Odyssey* sure is a long novel.

B: Actually, it was originally written in _____.

(a) verse
(b) memoir
(c) italics
(d) criticism

3

A: Can you make out this note?

B: It isn't quite _____ to me.

(a) fabulous
(b) literary
(c) disguised
(d) legible

4

A: What is this short story about?

B: A tragic _____ from the author's childhood.

(a) passage
(b) specialty
(c) episode
(d) compilation

5

A: I just can't wait to read your poem.

B: Sorry, but I'm not finished _____ it.

(a) deducing
(b) revising
(c) screening
(d) handling

6

A: This is Amy's sixth blog post this week.

B: Yes, she's extremely _____.

(a) magnetic
(b) banal
(c) prolific
(d) soothing

7

A: How did you feel about the sequel?

B: I didn't find it as terrible as the _____ proclaimed.

(a) critics
(b) origins
(c) societies
(d) anecdotes

8

A: I couldn't find your work at the bookstore.

B: That's because I write under a _____ .

(a) discourse
(b) pseudonym
(c) connotation
(d) compass

Part II

9

There are multiple _____ of the Bible, with the King James being the most widely used today.

(a) panoramas
(b) satires
(c) versions
(d) followers

10

Nightingale Books has announced that they will be publishing a second _____ of the popular mystery novel.

(a) edition
(b) draft
(c) rung
(d) genre

11

The author had a particularly interesting _____ in that he refused to read his writing once it was published.

(a) source
(b) quirk
(c) prose
(d) alphabet

12

James Joyce's *Finnegan's Wake* is so impenetrable that academics have yet to fully _____ it.

(a) distribute
(b) immortalize
(c) abridge
(d) decipher

| 1 (c) | 2 (a) | 3 (d) | 4 (c) | 5 (b) | 6 (c) |
| 7 (a) | 8 (b) | 9 (c) | 10 (a) | 11 (b) | 12 (d) |

1 A: 이걸 누가 썼는지 아세요?
B: 아니요, 익명으로 제출되었어요.
(a) 다작으로　　　　(b) 서정적으로
(c) **익명으로**　　　　(d) 못마땅하여

2 A: 〈오디세이〉는 분명 긴 소설이에요.
B: 사실, 원래는 시로 쓰였죠.
(a) **시**　　　　(b) 회고록
(c) 이탤릭체　　　　(d) 비판

3 A: 이 메모 작성해 주실 수 있습니까?
B: 저는 읽기가 좀 힘드네요.
(a) 멋진　　　　(b) 문학의
(c) 위장된　　　　(d) **읽을 수 있는**

4 A: 이 짧은 얘기는 무엇에 관한 것이죠?
B: 작가의 어린 시절에 있었던 비극적인 사건입니다.
(a) 구절　　　　(b) 전문
(c) **사건**　　　　(d) 모음집

5 A: 당신의 시를 빨리 읽어 보고 싶어요.
B: 죄송하지만 수정을 아직 못 끝냈어요.
(a) 추론하다　　　　(b) **수정하다**
(c) 차단하다　　　　(d) 다루다

6 A: 이것이 이번 주 에이미의 6번째 블로그 포스팅이에요.
B: 네, 그녀는 아주 다작하는 편이군요.
(a) 자석 같은　　　　(b) 따분한
(c) **다작의**　　　　(d) 위로하는

7 A: 속편은 어땠습니까?
B: 비평가들이 말한 것만큼 나쁘지는 않았습니다.
(a) **비평가**　　　　(b) 기원
(c) 사회　　　　(d) 일화

8 A: 서점에서 당신의 작품을 찾을 수가 없었어요.
B: 제가 필명으로 썼기 때문이죠.
(a) 담론　　　　(b) **필명**
(c) 함축　　　　(d) 나침반

9 성경의 여러 가지 버전이 있지만 오늘날 흠정역 성서가 가장 널리 쓰인다.
(a) 파노라마　　　　(b) 풍자
(c) **버전**　　　　(d) 추종자들

10 나이팅게일 북스는 인기 있는 미스터리 소설의 두 번째 판을 출판한다고 발표했다.
(a) **판**　　　　(b) 초안
(c) 단계　　　　(d) 장르

11 그 작가는 특이하게 흥미로운 별난 구석이 있는데 일단 출판되면 자기 작품을 읽는 것을 거부했다.
(a) 원천　　　　(b) **별난 점**
(c) 산문　　　　(d) 알파벳

12 제임스 조이스의 〈피네간의 평야〉는 불가해한 것이라 교수들은 아직 완전히 해독하지 못했다.
(a) 나누어 주다　　　　(b) 불멸하게 하다
(c) 요약하다　　　　(d) **해독하다**

DAY
18

Philosophy

기출 예문

People have long **contemplated** the meaning of life through philosophy.

사람들은 철학을 통해 삶의 의미를 오랫동안 고찰해 왔다.

학습 1차	년	월	일	공부 시간	시간	분
학습 2차	년	월	일	공부 시간	시간	분
학습 3차	년	월	일	공부 시간	시간	분

espouse
[ispáuz]

VOCA⁺
advocate 지지하다
defend 변호하다

ⓥ (사상, 주의를) 지지하다

espouse the new theory 새 이론을 지지하다

> 🖊 기출 예문
> String theory has been **espoused** by a lot of physicists.
> 끈 이론은 많은 물리학자들이 옹호해 오고 있다.

---

dogmatic
[dɔ(:)gmǽtik]

n. dogma 신조

VOCA⁺
categorical 단정적인, 단언적인
intolerant 편협한
stubborn 고집 센

ⓐ 독단적인, 교조적인

a **dogmatic** approach 교조적 접근

> 🖊 기출 예문
> It is not easy to talk with someone who is very **dogmatic**.
> 독단적인 사람과 이야기하는 것은 쉽지 않다.

---

supernatural
[sù:pərnǽtʃərəl]

VOCA⁺
miraculous 기적적인
psychic 심령의
superstitious 미신적인
superhuman 초인적인

ⓐ 초자연적인

supernatural powers[phenomena, beings] 초자연적 힘[현상, 존재]

> 🖊 기출 예문
> Most people do not believe in superstitions, but the attraction to the **supernatural**, such as psychic powers or astrology, remains strong.
> 대부분의 사람들이 미신은 믿지 않지만, 초자연적인 힘이나 점성술 같은 초자연적인 현상에 대한 끌림은 여전히 강하다.

---

philosopher
[filásəfər]

n. philosophy 철학

VOCA⁺
physicist 물리학자
linguist 언어학자
theologian 신학자

ⓝ 철학자

the Greek **philosopher**, Aristotle 그리스 철학자 아리스토텔레스

> 🖊 기출 예문
> The **philosopher**'s ambitions for himself were lofty, as he hoped he would be remembered as history's greatest intellectual.
> 그 철학자는 역사상 가장 위대한 지성인으로 기억되길 원했기 때문에 자신을 위한 야망이 원대했다.

divine
[diváin]
ad. divinely 신의 힘으로

VOCA⁺
occupation 직업;

ⓐ 신의, 신성한; 예언하다
divine inspiration 종교적 영감
divine will 신의 뜻

📝 기출 예문
In ancient times, it was customary to attribute terrible natural disasters to **divine** forces.
고대에는, 끔찍한 자연 재해를 신성한 힘이라고 여기는 것이 관례였다.

explicate
[ékspləkèit]

VOCA⁺
elucidate 이해하기 쉽게 설명하다
expatiate 상세히 말하다
demonstrate
(증거, 예시를 통해) 설명하다

ⓥ 설명하다
explicate a concept 개념을 설명하다

📝 기출 예문
Plato presented the Allegory of the Cave to **explicate** his own philosophical views.
플라톤은 자신의 철학적 견해를 설명하기 위해 동굴의 비유를 제시했다.

doctrine
[dáktrin]
a. doctrinal 교리의

VOCA⁺
axiom 자명한 이치, 공리
concept 개념
creed 교리, 신념, 신조

ⓝ 교리
religious doctrine 종교적 교리

📝 기출 예문
The Koran is the text which set forth Islamic **doctrines**, the teachings at the foundation of the religion.
코란은 이슬람교의 교리, 즉 그 종교의 기본적 가르침을 설명한 문헌이다.

abstract
[ǽbstrækt]
n. abstraction 추상(적 개념)

VOCA⁺
attraction 매력
detraction 비방
subtraction 뺄셈

ⓐ 추상적인(↔ concrete 구체적인)
abstract ideas[concepts] 추상적인 생각들[개념들]
an abstract painting 추상화

📝 기출 예문
This course explores "taste" as an **abstract** aesthetic sensibility and examines how it functions in the world of art and literature.
이 수업에서는 추상적인 심미감으로서의 '심미안'을 탐구하고, 이것이 예술과 문학의 세계에서 어떻게 기능하는지 살펴본다.

DAY 18

acceptable

[əkséptəbl]

v. accept 받아들이다, 수용하다
n. acceptance 받아들임, 수락

VOCA⁺

available 이용할 수 있는
affordable (가격이) 적당한

ⓐ 받아들일 만한, 허용할 수 있는(satisfactory)

socially **acceptable** views 사회적으로 받아들일 만한 견해들
behave beyond acceptable limits 허용할 수 있는 한계를 넘어 행동하다

기출 예문

Behaviors that are considered socially **acceptable** can sometimes vary among cultures.
사회적으로 받아들여질 수 있다고 생각되는 행동들은 때로 문화마다 다를 수 있다.

---

adhere

[ædhíər]

n. adherence 고수
n. adherent 지지자
n/a. adhesive 접착제; 들러붙는

VOCA⁺

cohere 들러붙다; 논리 정연하다

ⓥ 충실히 지키다, 고수하다(hold fast); 달라붙다, 부착되다 (stick)

adhere to one's ideology 자신의 이념을 준수하다
adhere to the safety guidelines 안전 수칙을 충실히 지키다
adhere to the surface 표면에 달라붙다

기출 예문

Painters did not **adhere** to a distinctive American genre.
화가들은 뚜렷한 미국식 장르를 고수하지 않았다.

---

atheist

[éiθiist]

n. atheism 무신론
a. atheistic 무신론자의

VOCA⁺

agnostic 불가지론자
heretic 이단자, 이교도

ⓝ 무신론자(infidel ↔ theist 유신론자)

a professed **atheist** 무신론자라고 공언하는 사람
an argument with an **atheist** 무신론자와의 논쟁

기출 예문

He pursued the study of literature and philosophy and became well-known as an **atheist**.
그는 문학과 철학 연구에 종사하였고, 무신론자로서 널리 알려졌다.

cogent
[kóudʒənt]

n. cogency 타당성, 설득력

ⓐ 설득력 있는(convincing, persuasive)

present **cogent** evidence 설득력 있는 증거를 제시하다

put forward some **cogent** reasons for ~에 대한 몇 가지 설득력 있는 이유를 제시하다

VOCA+
exigent 긴급한
agent 행위자, 대리인
reagent 〈화학〉 시약

기출 예문
With a **cogent** argument, the lawyer convinced the jurors that he was right.
설득력 있는 논증으로 변호사는 그가 옳았음을 배심원에게 확신시켰다.

---

concrete
[kánkri:t]

ⓐ 구체적인; 현실의, 사실에 근거한(↔ abstract 추상적인); 콘크리트의

give a **concrete** example 구체적인 예를 들다

VOCA+
discrete 분리된, 별개의
excrete 배설하다

기출 예문
With no **concrete** evidence, the judge could not convict the accused man.
구체적인 증거가 없어서 판사는 피고에게 유죄 판결을 내릴 수 없었다.

📝 a concrete floor 콘크리트 바닥

---

conform
[kənfɔ́:rm]

n. conformity 순응
n. conformist 순응주의자

ⓥ ~에 따르다, 순응하다

conform to traditional standards 전통적 기준에 따르다

conform to the law[customs] 법[관습]을 따르다

VOCA+
confirm 확인하다
deform 외관을 망치다
transform 변형하다

기출 예문
The resulting tunes **conformed** to the harmonic and compositional requirements of Viennese minuets at the time.
그 결과 만들어진 곡조는 당시 비엔나 미뉴에트의 화성 및 작곡의 요건에 일치했다.

DAY 18

consistent

[kənsístənt]

v. consist 구성되다; ~에 있다
n. consistency 일관성

VOCA⁺

persistent 고집하는, 집요한
subsistent 존재하는, 존속하는

ⓐ 한결같은, 일관된(constant); ~와 일치하는

a **consistent** supporter 한결같은 지지자
show **consistent** results 일관된 결과들을 보이다

> **기출 예문**
>
> When a speaker's body language is not consistent with
> their speech, listeners will simply go with what they
> perceive from their body language.
> 화자의 몸짓 언어가 말과 일치하지 않을 때, 청자는 단지 그들의 몸짓 언어에서
> 감지한 것을 선택할 것이다.
>
> 📝 be consistent with ~와 일치하다

---

contain

[kəntéin]

n. content 내용물; 목차
a. continent 절제하는

VOCA⁺

content 만족; 만족하는
contend 다투다, 경쟁하다; 주장하다

ⓥ 함유[포함]하다; (감정을) 억누르다, 참다(restrain)

contain a lot of fat 많은 지방을 함유하다
the content **contained** in this report 그 보고서에 들어있는 내용
contain one's anger 화를 참다
contain oneself 자제하다

> **기출 예문**
>
> It contains a variety of tasks for listening activities.
> 그것은 청취 활동을 위한 다양한 과제를 포함하고 있다.
>
> 📝 contain은 전체적인 요소로 '포함하다'의 의미, include는 일부분 요소로서
> '포함하다'의 의미
> contain은 상태 동사이므로 진행형이 불가능

---

contemplate

[kántəmplèit]

n. contemplation 사색, 숙고
a. contemplative 사색하는

VOCA⁺

temple 사원, 절
template 모형, 원형

ⓥ 고려하다, 숙고하다(ponder, meditate, ruminate)

contemplate one's future 자신의 미래를 고민하다
contemplate retirement 은퇴를 고려하다

> **기출 예문**
>
> People have long contemplated the meaning of life
> through philosophy.
> 사람들은 철학을 통해 삶의 의미를 오랫동안 고찰해 왔다.

cult
[kʌlt]

ⓝ 추종, 숭배(worship); 광신적 집단, 사이비 종교 집단

a **cult** of personality 개인숭배
the **cult** of celebrity 유명인사에 대한 추종
a **cult** of readers[fans] 광적 독자층[팬들]
join a religious **cult** 사이비 종교 집단에 들어가다

VOCA⁺
occult 신비로운
cultivate 기르다, 재배하다

> 🖋 기출 예문
>
> Everyone has heard of Greek mythology and the **cults**
> surrounding the Roman emperors.
> 모든 사람은 그리스 신화와 로마 황제와 관련된 제사에 대해 들어 왔다.

---

devoted
[divóutid]

v. devote 헌신하다, 바치다
n. devotion 헌신, 전념
n. devotee 애호가, 헌신자

ⓐ 헌신적인, 충실한(committed, loyal)

the author's **devoted** readers 작가의 충실한 독자들
be **devoted** to one's children 아이들에게 헌신적이다

VOCA⁺
devout 독실한
pivoted 회전한

> 🖋 기출 예문
>
> Notable examples are the additional stories from the
> community of fans **devoted** to characters and settings
> from the *Harry Potter* books.
> 주목할 만한 예로는 〈해리포터〉 책의 등장인물과 배경에 푹 빠진 팬 동호회에
> 서 만들어 낸 추가 이야기를 들 수 있다.

---

ethical
[éθikəl]

n. ethics 윤리학
ad. ethically 윤리적으로

ⓐ 윤리적인, 도덕적인(moral ↔ unethical 비윤리적인)

ethical behavior[standards] 윤리적 행동[기준들]
the **ethical** dilemmas 윤리적 딜레마들

VOCA⁺
ethnic 인종의
mythical 신화적인

> 🖋 기출 예문
>
> The ability to clone one animal from another raises a
> whole host of **ethical** concerns.
> 동물로 동물을 복제하는 능력은 수많은 윤리적인 우려를 불러일으켰다.

DAY 18

fundamental
[fʌ̀ndəméntəl]

n. fundament 기본원리
n. fundamentalist 근본주의자

ⓐ 근본적인, 본질적인(elementary)

fundamental human rights 기본적 인권
the **fundamental** cause of the problem 문제의 근본적 원인

VOCA⁺

fund 자금, 기금
refund 환불, 반환

기출 예문

The **fundamental** belief of the ancient druids was animism.
고대 드루이드교 사제들의 근본적인 신앙은 정령 신앙이었다.

---

ignore
[ignɔ́:r]

n. ignorance 무지, 무식
a. ignorant 무지한, 무식한
a. ignorable 무시할 만한

ⓥ 무시하다, 못 본 척하다(disregard)

deliberately **ignore** one's advice 고의로 충고를 무시하다
ignore the warning signs 경고 신호를 무시하다

VOCA⁺

diagnosis 진단
prognosis 예단, 예후

기출 예문

Scientists, he also noted, **ignored** literature and were just
as ignorant of it as the literati were of science.
그도 지적했듯이, 과학자들은 문학을 무시했으며 문인들이 과학에 대해 무지했
던 만큼이나 과학자들도 문학에 대해 무지했다.

---

insight
[ínsàit]

ⓝ 통찰력, 간파(perspicacity)

a leader of great **insight** 대단한 통찰력을 지닌 지도자
insight into the economy 경제에 대한 통찰력

VOCA⁺

foresight 선견지명
hindsight 뒤늦은 깨달음

기출 예문

In his novels, Charles Dickens showed a keen **insight** into
problems in society.
찰스 디킨스는 자신의 소설에서 사회 문제에 대한 예리한 통찰을 보여 줬다.

📋 have an insight into ～에 대한 통찰력이 있다

instill
[instíl]

VOCA+
distill 증류하다
standstill 정지, 정체

ⓥ (생각을) 서서히 심어주다

instill confidence in the players 선수들에게 자신감을 불어넣다
instill a love of music in one's children 아이들에게 음악에 대한 사랑을 심어 주다

🎤 기출 예문

Looking at my own life, I can see that many problems come from not having had such routines **instilled** in me as a child.
내 자신의 삶을 보면, 어렸을 적 이런 규칙적인 일상이 몸에 배지 않았기 때문에 발생하는 여러 문제들을 볼 수 있다.

---

licentious
[laisénʃəs]

n. licentiousness 음란함

VOCA+
license 면허; 인가하다
incentive 동기, 자극

ⓐ 음란한, 방탕한(obscene, lewd, salacious)

lead a **licentious** life (성적으로) 방탕하게 살다
be addicted to **licentious** pleasures 방탕한 쾌락에 중독되다

🎤 기출 예문

The politician lost the support of the public due to his **licentious** behavior.
그 정치인은 자신의 방탕한 행동 때문에 대중의 지지를 잃었다.

---

moot
[mu:t]

VOCA+
mute 무언의, 침묵하는

ⓐ 논쟁의 소지가 있는, 미결정의(controversial, debatable)

a **moot** point 쟁점
a **moot** question 미결 문제

🎤 기출 예문

The argument for building a new dormitory is **moot**, as the university's enrollment is declining.
대학의 등록자 수가 줄어들고 있기 때문에 기숙사 신축에 대한 논의는 결정된 바가 없다.

DAY 18

pilgrimage

[pílgrəmidʒ]

n. pilgrim 순례자

VOCA⁺

pigment 도료, 안료, 그림물감

ⓝ **(성지) 순례, 참배**

go on a **pilgrimage** 성지 순례하다

a place of **pilgrimage** 성지 순례지

기출 예문

Many religious devotees make a **pilgrimage** to the holy site each year.

여러 명의 종교 신자들이 매년 성지 순례를 간다.

---

profane

[prəféin]

n. profanity 불경, 신성 모독

VOCA⁺

profuse 풍부한, 지나친; 사치스러운

ⓐ **불경스러운, 신성 모독의; 세속적인(secular)**

profane language[behavior] 불경스러운 말[행동]

기출 예문

His use of religious iconography in his pop art is considered by many to be **profane**.

그가 자신의 대중 미술에서 종교적인 도해를 이용하는 것을 여러 사람들이 신성 모독적인 것으로 생각했다.

---

profound

[prəfáund]

n. profundity 깊이, 심오함

VOCA⁺

found 설립하다
founder 침몰하다; 실패하다
confound 혼동하다, 당황케 하다

ⓐ **깊은, 심오한; 엄청난(great)**

a **profound** thinker 심오한 사상가

a **profound** silence[sleep] 깊은 침묵[수면]

make **profound** changes 엄청난 변화를 일으키다

기출 예문

I'd like to extend my **profound** gratitude to you.

심심한 감사의 말씀을 전하고 싶습니다.

---

rational

[rǽʃənəl]

n. rationality 합리성
n. rationale 이유, 근거

VOCA⁺

national 국가의; 전 국민의
ration 배급하다

ⓐ **합리적인, 이성적인(sensible, reasonable ↔ irrational 비이성적인)**

a **rational** decision 합리적 결정

a **rational** explanation for one's decision 자신의 결정에 대한 합리적인 설명

기출 예문

In order to make objective decisions, one needs to be both intelligent and **rational**.

객관적인 결정을 내리기 위해선, 이성적이고 논리적이어야 한다.

resolve

[rizálv]

n. resolution 해결; 결심; 결의안; (화면의) 해상도
a. resolute 단호한

VOCA⁺

solve 풀다, 해결하다
dissolve 용해되다

ⓥ 해결하다(solve, settle); 결심[결의]하다

resolve not to tell the truth 진실을 말하지 않기로 결심하다
resolve differences 차이점을 해소하다
resolve conflict 분쟁을 해결하다

기출 예문

The management has decided to implement a complex strategy to **resolve** the crisis.
경영진은 위기를 해결하기 위해 복합적인 전략을 이행하기로 결정했다.

---

revelation

[rèvəléiʃən]

v. reveal (비밀을) 드러내다, 폭로하다

VOCA⁺

revel 매우 기뻐하다, 흥청대다
rebel 반란을 일으키다, 반역자

ⓝ 폭로(disclosure); 계시

damaging **revelations** 악의적인 폭로 사실들
a divine **revelation** 신의 계시

기출 예문

Hathaway writes with an offbeat sense of humor that leads to subtle **revelations** of character.
해서웨이는 색다른 유머 감각으로 글을 써 가는데, 이 기법을 통해 인물이 조금씩 미묘하게 드러난다.

---

ruminate

[rú:mənèit]

n. rumination 심사숙고

VOCA⁺

illuminate 조명하다; 계몽하다
laminate 박판으로 만들다; 합판 제품

ⓥ 곰곰이 생각하다(muse, ponder, meditate); 되새김질하다(chew the cud)

ruminate on late events 최근의 사건들을 곰곰이 생각하다
ruminating animals 반추 동물들

기출 예문

Well, if I were you, I wouldn't waste time **ruminating** over what's past.
음, 나라면 지나간 일을 되새기며 시간을 낭비하진 않을 거예요.

DAY 18

secular

[sékjulər]

v. secularize 세속화하다

a 세속적인(worldly)

a **secular** society 속세

secular concerns 세속적 관심사들

VOCA⁺

secure 안전한; 확보하다
ocular 눈의

> 🔖 기출 예문
>
> Some religious leaders complain that science has undermined spirituality and led to a more **secular** society.
> 일부 종교 지도자들은 과학이 영성을 해치고 더욱 세속적인 사회로 이끌었다고 불평한다.

---

speculate

[spékjəlèit]

n. speculation 추측; 투자

v 추측하다(conjecture, surmise); (주식 · 토지에) 투기하다

speculate about the reasons for his resignation 그가 사임한 이유에 대해 추측하다

speculate on the stock market 주식 시장에 투기하다

VOCA⁺

spectacular 멋진, 볼만한
specious 그럴듯한

> 🔖 기출 예문
>
> With constant changes in the government, one can only **speculate** what will happen next.
> 정부에 끊임없이 변화가 있어 사람들은 앞으로 무슨 일이 일어날지 추측만 할 뿐이다.

📝 **speculate** in property 부동산에 투자하다

---

superficial

[sùːpərfíʃəl]

n. superficiality 피상

a 피상적인, 깊이 없는(shallow, surface)

a **superficial** knowledge[analysis] 피상적인 지식[분석]

a **superficial** injury[wound] 깊지 않은 부상

VOCA⁺

artificial 인공적인
beneficial 이로운

> 🔖 기출 예문
>
> Don't make **superficial** judgments. You haven't even met him.
> 외모만 보고 판단하지 마. 아직 그 사람을 만나 보지도 않았잖아.

tenet
[ténit]

ⓝ 원칙, 교리(credo, doctrine, dogma)

the central **tenets** of a religion 종교의 중심 교리들
the basic **tenets** of democracy 민주주의의 기본 원칙들

기출 예문

Critics allege that postmodernism is meaningless, as even its exponents can't explain its **tenets** to anyone's satisfaction.
평론가들은 대표자들조차도 그 원리를 만족스럽게 설명할 수 없기 때문에 포스트모더니즘은 의미가 없다고 주장한다.

VOCA⁺
tenure 보유; 보유기간
tenor 취지, 주제; 방향, 진로
tenement 공동 주택

---

transient
[trǽnziənt]

ⓐ 일시적인, 순간적인(temporary, transitory, short-lived, fleeting)

transient fashions 일시적 유행들
a **transient** population 단기 체류 인구

기출 예문

Mass communication can be characterized as public, rapid, and **transient**.
매스커뮤니케이션은 대중적이고, 신속하며, 일시적이라고 특징지어질 수 있다.

VOCA⁺
transit 통행; 운송, 수송
transition 변이, 변천; 과도기

---

uphold
[ʌphóuld]

ⓥ 지키다, 보호하다; (이전 판결을) 확인하다

uphold liberty and justice 자유와 정의를 수호하다
uphold a conviction 유죄 판결을 확인하다

기출 예문

The Clowes Fund, a family foundation, **upholds** a policy of maintaining and enhancing services to our grantees.
가족 재단인 클로우즈 기금은 피수여자에 대한 서비스를 유지하고 향상시키는 정책을 고수하고 있다.

VOCA⁺
withhold 보류하다, 억제하다
threshold 문턱, 문지방; 시발점
holdup 노상강도

DAY 18

---

skeptical
[sképtikəl]
ad. skeptically 회의적으로

ⓐ 회의적인, 의심 많은(dubious)

skeptical views 회의적인 견해
be **skeptical** of his claim 그의 주장에 대해 회의적이다

기출 예문

The woman is **skeptical** of the Senator's ideas.
여자는 그 상원 의원의 생각에 회의적이다.

VOCA⁺
optical 광학의, 시각의
elliptical 생략적인; 타원형의

307

DAILY TEPS TEST

Choose the best answer for the blank.

Part I

1

A: I don't really understand Buddhism.

B: Well, one of the central _____ is freedom from desire.

(a) cycles
(b) prompts
(c) adherents
(d) tenets

2

A: Do you take your kids to Sunday school?

B: Yes, I feel I should _____ in them a sense of the spiritual.

(a) discourage
(b) speculate
(c) instill
(d) glean

3

A: How was your appointment with the psychiatrist?

B: She presented some incredible _____ into my problem.

(a) fundamentals
(b) insights
(c) particles
(d) sanctions

4

A: Look at that huge crowd of people!

B: They're on a(n) _____ to the holy temple.

(a) offering
(b) revelation
(c) pilgrimage
(d) junket

5

A: Must we take off our shoes before entering the cathedral?

B: Yes, they're considered dirty and _____.

(a) proper
(b) profane
(c) profound
(d) progressive

6

A: There's simply no way to prove the existence of God.

B: Believers rely on faith, not _____ explanations.

(a) rational
(b) moot
(c) licentious
(d) domestic

7

A: We should live every day to its fullest.

B: Right, life is _____, after all.

(a) superficial
(b) discordant
(c) transient
(d) harrowing

8

A: Can you believe the scientists' findings were so far off?

B: I guess they chose to _____ contrary evidence.

(a) ignore
(b) satisfy
(c) conform
(d) pacify

Part II

9

When a new judge is sworn in, he or she _____ to uphold the right of justice for all.

(a) attempts
(b) resolves
(c) forces
(d) advises

10

When complex subjects are described without any _____ examples, they are often hard to grasp.

(a) intricate
(b) devious
(c) abstract
(d) concrete

11

Members of the _____ were convinced that their leader could predict the end of the world.

(a) cult
(b) stockade
(c) atheist
(d) vestige

12

Despite plentiful scientific proof, people remained _____ that the earth orbited the sun.

(a) ethical
(b) devoted
(c) inducted
(d) skeptical

DAY 18

1	(d)	2	(c)	3	(b)	4	(c)	5	(b)	6	(a)
7	(c)	8	(a)	9	(b)	10	(d)	11	(a)	12	(d)

1 A: 불교를 이해할 수가 없네요.
B: 핵심 교리 중 하나는 욕심을 버리는 것입니다.
(a) 사이클　　　　　(b) 프롬프트
(c) 지지자　　　　　**(d) 교리**

2 A: 주일 학교에 아이들을 데리고 가십니까?
B: 네, 그들에게 종교적인 신념을 심어 줘야 할 것 같아서요.
(a) 좌절시키다　　　(b) 추측하다
(c) 주입시키다　　(d) 어렵게 얻다

3 A: 정신과 의사와 진료는 어땠습니까?
B: 그녀는 제 문제에 대해 굉장한 통찰력을 제시했어요.
(a) 기본 원칙　　　　**(b) 통찰력**
(c) 입자　　　　　　(d) 제재

4 A: 엄청난 인파를 보세요!
B: 그들은 성지 순례를 하고 있거든요.
(a) 제공된 것　　　　(b) 폭로
(c) 성지 순례　　　(d) 시찰

5 A: 대성당에 들어가기 전에 신발을 꼭 벗어야 합니까?
B: 네, 더럽고 신성 모독적인 것으로 생각합니다.
(a) 적절한　　　　　**(b) 신성 모독한**
(c) 심오한　　　　　(d) 진보적인

6 A: 신의 존재를 증명할 방법이 없네요.
B: 신자들은 합리적인 설명이 아니라 믿음에 의지합니다.
(a) 논리적인　　　(b) 논쟁의 소지가 있는
(c) 음란한　　　　　(d) 국내의

7 A: 매일 최선을 다해 살아야 합니다.
B: 맞아요, 인생은 결국 잠시일 뿐이죠.
(a) 피상적인　　　　(b) 조화를 이루지 못하는
(c) 일시적인　　　(d) 끔찍한

8 A: 과학자들의 연구 결과가 아주 잘못되었다고 생각하십니까?
B: 그들이 상반된 증거를 무시하기로 한 것 같습니다.
(a) 무시하다　　　(b) 만족시키다
(c) 따르다　　　　　(d) 진정시키다

9 새 판사가 취임 선서를 했을 때 모두를 위한 정의의 권리를 옹호하기로 다짐하는 것이다.
(a) 시도하다　　　　**(b) 결심하다**
(c) 강요하다　　　　(d) 충고하다

10 복합적인 문제들이 어떤 구체적인 예 없이 설명되면 종종 파악하기 어렵다.
(a) 복잡한　　　　　(b) 기만적인
(c) 추상적인　　　　**(d) 구체적인**

11 사이비 종교 집단의 구성원들은 그들의 지도자가 세상의 종말을 예언할 수 있다고 확신한다.
(a) 사이비 종교 집단　(b) 방책
(c) 무신론자　　　　(d) 자취

12 풍부한 과학적인 증거에도 불구하고 사람들은 지구가 태양의 궤도를 회전한다는 것에 회의적이다.
(a) 윤리적인　　　　(b) 헌신적인
(c) 가입한　　　　　**(d) 회의적인**

DAY
19

Arts

기출 예문

The soloist was so good that she got a standing **ovation.**

독주자가 너무 훌륭해서 기립 박수를 받았다.

학습 1차	년	월	일	공부 시간	시간	분
학습 2차	년	월	일	공부 시간	시간	분
학습 3차	년	월	일	공부 시간	시간	분

scathing
[skéiðiŋ]

ⓐ 냉혹한, 가차 없는

scathing criticism 냉혹한 비평

VOCA+
scornful 멸시하는
severe 가혹한
mordant 통렬한

📝 기출 예문

Many critics were **scathing** about the paintings.
비평가들은 그 그림들을 매우 냉혹하게 비판했다.

---

fictional
[fíkʃənəl]
n. fiction 허구

ⓐ 허구의

a **fictional** character 허구의 인물

VOCA+
fabricated 날조된
imaginary 상상의
made-up 지어낸
make-believe 가상의

📝 기출 예문

While her prior novels came across as **fictional** and
unconvincing, *The Tales of the Two Families* has managed to
overcome that reputation.
그녀의 이전 소설들이 허구적이고 설득력이 떨어지는 느낌을 준 반면에, 〈두 가
문의 이야기〉는 이런 평판을 어렵사리 극복했다.

---

patron
[péitrən]

ⓝ 후원자

a **patron** of the arts 예술 후원자

📝 기출 예문

As a great **patron** of the arts, Cosimo de' Medici,
supported many artists, including Ghiberti and Donatello.
위대한 예술 후원자였던 코시모 데 메디치는 지베르티와 도나텔로를 포함하는
많은 예술가들을 지원했다.

VOCA+
sponsor 후원자

sculpt

[skʌlpt]

n. sculpture 조각

VOCA+
carve 새기다
cast 주조하다
mold 주조하다

ⓥ 조각하다

be **sculpted** from[out of] wood 나무로 조각되다

be **sculpted** in ice 얼음으로 조각되다

> **기출 예문**
>
> The marble statue *Street Musicians*, **sculpted** first as a bronze figure, was shown in New York at the Second Modern Art Exhibition of 1890.
>
> 처음 청동으로 조각되었던 대리석 조각상 〈거리의 악사들〉은 1890년 뉴욕에서 열렸던 제2회 현대미술전에서 선을 보였다.

---

dedicate

[dédəkèit]

n. dedication 헌신

VOCA+
devote 헌신하다

ⓥ 바치다, 헌신하다

a **dedicated** teacher 헌신적인 교사

> **기출 예문**
>
> The temple was **dedicated** to Zeus, the principal god of the Ancient Greeks.
>
> 그 신전은 고대 그리스의 최고의 신 제우스에게 바쳐졌다.

---

sculpture

[skʌ́lptʃər]

VOCA+
statue 조각상

ⓝ 조각품

an exhibition of **sculptures** 조각품 전시회

> **기출 예문**
>
> Some viewers find the controversial **sculpture** interesting, but others find it completely repulsive.
>
> 일부 구경꾼들은 논란이 일고 있는 조각품이 흥미롭다고 생각하는 반면, 다른 사람들은 완전히 혐오스럽다고 생각한다.

---

angle

[ǽŋgl]

VOCA+
face 향하다

ⓥ 향하다, 맞추다

angle a chair towards the window 의자를 창문으로 향하게 하다

> **기출 예문**
>
> The model's gaze in the picture is not straight but **angled** toward an object to the left of the window.
>
> 사진 속의 모델의 시선이 똑바르지 않고 창문 왼쪽에 있는 물체 쪽으로 향했다.

DAY 19

313

playwright
[pléiràit]

VOCA⁺
dramatist 극작가
scenarist 시나리오 작가

ⓝ 극작가
a play by a well-known **playwright** 유명한 극작가가 쓴 연극

> **기출 예문**
> Very little is known about the **playwright's** childhood.
> 그 극작가의 어린 시절에 대해서는 거의 알려진 것이 없다.

mastery
[mǽstəri]

v. master 숙달하다

VOCA⁺
knack 재주, 요령
proficiency 숙달, 능숙

ⓝ 숙달, 통달
achieve a complete **mastery** of French 프랑스어를 완벽하게 숙달하다

> **기출 예문**
> Violin making requires **mastery** of many areas of expertise.
> 바이올린 제작은 여러 분야의 전문 기술 숙달이 요구된다.

inspire
[inspáiər]

n. inspiration 영감

VOCA⁺
instill 불어넣다, 주입하다
arouse (감정을) 일으키다
motivate 동기를 부여하다
provoke (싸움, 웃음 등을) 유발하다

ⓥ 영감을 주다, 격려하다
inspire confidence 자신감을 불어넣다

> **기출 예문**
> Victor Hugo's works **inspired** numerous adaptations for movies and musicals.
> 빅토르 위고의 작품들은 수많은 영화와 뮤지컬로 각색되었다.

accomplished
[əkámpliʃt]

v. accomplish 성취하다, 해내다
n. accomplishment 성취; 업적; 기량; 교양

VOCA⁺
accomplice 공범

ⓐ 완성된, 숙달된(expert)
an **accomplished** artist[actor] 기량이 뛰어난 화가[배우]
an **accomplished** liar 철저한 거짓말쟁이

> **기출 예문**
> After years of intensive training, the student became an **accomplished** violinist.
> 수년간의 심화 훈련 후에, 그 학생은 뛰어난 바이올리니스트가 되었다.

adorn

[ədɔ́ːrn]

n. adornment 장식

VOCA⁺
adore 아주 좋아하다

ⓥ 꾸미다, 장식하다(decorate, ornament)

adorn the wall with paintings 벽을 그림으로 장식하다
a dress **adorned** with lace 레이스로 장식된 드레스

기출 예문

Kelly **adorned** her hair with flowers for her wedding.
켈리는 결혼식을 위해 머리를 꽃으로 장식했다.

aesthetic

[esθétik]

VOCA⁺
pathetic 측은한
antithetical 정반대의

ⓐ 심미적인, 미(학)적인

the statue's **aesthetic** beauty 조각상의 미학적인 아름다움
an **esthetic** point of view 심미적 관점

기출 예문

Theoretical physicists are guided by **aesthetic** as well as rational concerns.
이론 물리학자들은 합리적인 것뿐만 아니라 미적인 것에도 이끌린다.

applaud

[əplɔ́ːd]

n. applause 박수 (갈채)

VOCA⁺
laud 찬양[칭송]하다; 칭찬, 찬미
plausible 그럴듯한
plaudit 박수, 칭찬

ⓥ 박수를 보내다(clap)

applaud one's performance 공연에 박수갈채를 보내다
applaud one's courage 용기에 박수를 보내다

기출 예문

For the first time, the audience had heard words spoken during a movie, and they reacted immediately, rising to their feet and **applauding** ecstatically.
처음으로 관객은 영화 상영 중에 말소리를 들었고, 그들은 기립하여 열렬한 박수를 보내며 즉각적인 반응을 보였다.

DAY 19

artifact

[ɑ́ːrtəfæ̀kt]

VOCA⁺

artifice 술수, 계략
article 기사; 물품; 조항
artwork 예술품; 삽화
artful 기교를 부리는; 꾸며낸
artificial 인공적인

ⓝ (고대) 공예품, 인공물

excavate prehistoric **artifacts** 선사시대의 유물을 발굴하다
study archeological **artifacts** 고고학적 유물들을 연구하다

📝 기출 예문

Indeed, many **artifacts** in museums around the world show how iron was a major part of Hittite culture.
실제로, 전 세계 박물관에 소장된 많은 유물들은 철이 어떻게 히타이트 문화의 중요한 부분이었는지를 보여 주고 있다.

📑 artifact looter 유물 약탈자

---

compose

[kəmpóuz]

n. composition 구성; 작곡, 작문
n. component (구성) 요소, 부품
n. composure (마음의) 평정
n. composer 작곡가
a. composed 침착한

VOCA⁺

decompose 부패하다, 썩다
discompose 불안하게 하다
composite 합성의

ⓥ 작곡하다, 작성하다; 구성하다; (마음을) 가다듬다

compose a song 노래를 작곡하다
compose a letter of protest 항의 서한을 작성하다
Ten men **compose** the committee. 그 위원회는 10명으로 구성된다.
Water is **composed** of hydrogen and oxygen. 물은 수소와 산소로 구성되어 있다.
compose oneself 마음을 가다듬다

📝 기출 예문

In the 18th century, there were various methods for amateurs to **compose** music without having to know the techniques or rules of composition.
18세기에는 아마추어가 작곡의 기교나 규칙을 모르고도 작곡할 수 있는 다양한 방법이 있었다.

---

contemporary

[kəntémpərèri]

v. contemporize 동시대에 두다

VOCA⁺

temporary 일시적인
extemporaneous 즉석의, 즉흥적인

ⓐ 현대의(modern); 동시대의, (그) 당대의

a lecture on the **contemporary** novel 현대 소설에 대한 강의
contemporary accounts of the war 전쟁이 일어난 당대의 기록들

ⓝ 같은 시기의 사람

📝 기출 예문

Paintings that followed **contemporary** European standards also began to appear.
동시대의 유럽 기법을 따른 그림들 또한 나타나기 시작했다.

craft
[kræft]

a. crafty 술수가 뛰어난, 교활한

ⓝ (수)공예, 공예품(handicraft); 기술, 기교(skill); 배, 비행기

the **craft** of pottery 도자기 공예

a **craft** workshop 공방

a fishing **craft** 낚싯배

ⓥ 공들여 만들다

hand-**crafted** 수공예품인

well-**crafted** 잘 만들어진

VOCA+
cleft 쪼개진 (조각), 갈라진 (틈)

> **기출 예문**
> Children can participate in **crafts**, face painting, and even wall climbing.
> 어린이들은 공예와 페이스 페인팅, 암벽 등반에 참여할 수 있습니다.

---

curator
[kjuəréitər]

ⓝ (박물관 · 도서관 · 동물원의) 관장, 큐레이터

a museum **curator** 박물관 관장

the **curator** of the art gallery 미술관의 큐레이터

VOCA+
curio 골동품

> **기출 예문**
> Martin is **curator** of modern paintings at the National Gallery.
> 마틴은 국립 미술관의 현대 회화를 담당하는 큐레이터이다.

---

deem
[di:m]

ⓥ (~으로) 생각하다(consider)

be **deemed** a success 성공으로 여겨지다

VOCA+
redeem 되찾다; 상환하다; (약속을) 이행하다
doom 운명 짓다; 운명

> **기출 예문**
> The accused man was **deemed** mentally incompetent to stand trial.
> 그 피고인은 법정에 서기엔 정신적으로 무능력하다고 생각되었다.

DAY 19

depict
[dipíkt]

n. depiction 묘사, 서술

VOCA+
fiction 소설, 허구
feature 특장; 특집 기사; 장편 영화

ⓥ 그리다, 묘사하다(describe, delineate, portray)

depict a famous battle scene 유명한 전투 장면들을 그리다
depict him as a dictator 그를 독재자로 묘사하다

🖋 기출 예문

During the Renaissance, painters radically changed the way in which the world was depicted in art.
르네상스 시대에 화가들은 세상이 회화 속에서 묘사되는 방식을 근본적으로 바꾸어 놓았다.

---

disparage
[dispǽridʒ]

n. disparagement 경시, 멸시

VOCA+
disparate (근본적으로) 다른

ⓥ 경시하다, 폄하하다(belittle, minimize)

disparage another's achievements 남의 업적을 폄하하다

🖋 기출 예문

The man was upset when he heard disparaging remarks about his work.
남자는 자기 작품에 대해 멸시하는 진술을 들었을 때 화가 났다.

📋 make disparaging remarks about ~에 대해 얕잡는 말을 하다

---

exhibit
[igzíbit]

n. exhibition 전시(회); 표현, 발휘

VOCA+
exhaust 지치게 하다
inhibit 금지하다

ⓥ 전시하다(display); (감정·특징을) 보이다, 드러내다(show)

exhibit paintings 그림을 전시하다
exhibit self-control 자제력을 보이다

🖋 기출 예문

Men and women often exhibit distinctive linguistic behaviors.
남자와 여자는 종종 독특한 언어적 행동 양식을 보인다.

📋 exhibit an interest in ~에 관심을 보이다

---

fusion
[fjú:ʒən]

v. fuse 녹이다; 융합[결합]하다

VOCA+
confusion 혼동
infusion 주입
transfusion 수혈

ⓝ 융합, 결합, 퓨전(combination, mixture)

a fusion of different methods 다른 방법들의 융합
the best fusion cuisine 최고의 퓨전 요리

🖋 기출 예문

"Thraxpat," Wilson's own coinage, is a fusion of anthrax and pathology.
'스랙스팻'은 윌슨 자신이 탄저병과 병리학을 합성해 만든 신조어이다.

📋 nuclear fusion 핵융합

improvise

[ímprəvàiz]

n. improvisation 즉석으로 한 것

VOCA⁺

provide 제공하다; 대비하다
provision 〈법〉 조항; 공급; 식량; 준비

ⓥ 즉흥적으로 만들다[하다]

improvise a musical performance 즉석으로 연주하다
improvise a speech 즉석연설을 하다

The film director's scripts were rarely written out in advance, and he encouraged his actors to **improvise** much of their dialogue.
그 영화감독은 대본을 미리 집필하는 법이 거의 없고, 배우들로 하여금 대사의 많은 부분을 즉흥적으로 말하게 했다.

---

inimitable

[inímitəbl]

v. imitate 흉내 내다, 모방하다

VOCA⁺

inimical 적대적인

ⓐ 흉내 낼 수 없는, 독특한(unique ↔ imitable 모방 가능한)

exhibit an **inimitable** design 모방할 수 없는 디자인을 선보이다

기출 예문

The painting was easily identifiable thanks to the artist's **inimitable** use of shadow.
이 그림은 그 화가의 흉내 낼 수 없는 그림자의 사용 덕분에 쉽게 알아볼 수 있었다.

---

instrument

[ínstrəmənt]

a. instrumental 수단이 되는; 악기(용)의; 기계의

VOCA⁺

tool 연장, 도구
apparatus 장치, 설비
gauge 측정 장치; 계량 기준

ⓝ (정밀한) 기구, 도구; 악기

precision **instrument** 정밀 기기
play a percussion[wind] **instrument** 타악기[관악기]를 연주하다

기출 예문

They learned musical **instruments** and were trained in running, wrestling, boxing, and other athletic skills.
그들은 악기를 배우고, 육상, 레슬링, 권투와 그 외의 운동 기술들을 연마했다.

📝 instrumental music 악기 연주곡

DAY 19

masterpiece

[mǽstərpìːs]

ⓝ 걸작, 명작

a cinematic **masterpiece** 걸작 영화

a **masterpiece** of contemporary literature 현대 문학의 걸작

VOCA⁺

timepiece 시계
centerpiece 중심부
piece rate 성과급

> **기출 예문**
>
> Archaeologists reported yesterday that they have finished uncovering a **masterpiece** of Mayan art that suggests a surprisingly early flowering of the civilization.
>
> 어제 고고학자들은 마야 문명이 놀라울 만큼 일찍 꽃피웠음을 암시하는 마야 예술의 걸작 발굴 작업을 마쳤다고 보고했다.

original

[ərídʒənəl]

n. origin 기원; 출신, 혈통
n. originality 독창성
a. originative 독창적인, 기발한

ⓐ 최초의(first); 독창적인(creative)

the **original** design[plan] 최초의 디자인[계획]

an **original** composer 독창적인 작곡가

ⓝ 원형, 원문

VOCA⁺

aboriginal 원주민의, 토착의

> **기출 예문**
>
> He passed his miniature rainbow through a second prism, which reconstituted the **original** white beam of light.
>
> 그는 자신의 소형 무지개를 두 번째 프리즘에 통과시켰는데, 이 프리즘은 원래의 백색 광선을 복원시켰다.

ovation

[ouvéiʃən]

ⓝ (열렬한) 박수(applause, plaudit)

give the singer a long **ovation** 가수에게 오랫동안 박수를 보내다

be welcomed with a warm **ovation** 따뜻한 박수로 환영받다

VOCA⁺

oval 계란형[타원형]의
innovation 혁신

> **기출 예문**
>
> The soloist was so good that she got a standing **ovation**.
>
> 독주자가 너무 훌륭해서 기립 박수를 받았다.

plain
[plein]

ⓐ **명백한, 쉬운(evident, obvious); 꾸미지 않은, 평범한**
the **plain** fact 분명한 사실
written in **plain** English 알기 쉬운 영어로 쓰인
a **plain** wooden table 나무로 된 평범한 탁자
a **plain** woman 평범하게 생긴 여자

ⓝ **(-s) 초원, 평지**

VOCA⁺
plane 비행기; 평면; 편평한

🔖 기출 예문
Please explain this contract in **plain** English.
이 계약을 쉬운 영어로 설명해 주세요.

---

realize
[ríːəlàiz]
n. realization 자각; 실현

ⓥ **깨닫다, 알아차리다; 실현[달성]하다(achieve)**
realize the danger 위험을 알아차리다
realize a dream 꿈을 실현하다

🔖 기출 예문
Sorry, I didn't **realize** my questions would annoy you so much.
미안해. 내 질문이 널 그렇게 많이 성가시게 할 줄은 몰랐어.

VOCA⁺
actualize 실현하다
finalize 마무리 짓다, 완결하다

📋 **realize** one's ambition ~의 야망을 실현하다

---

render
[réndər]

ⓥ **표현하다, 연주하다(express, perform); ~하게 만들다 (make); 주다, 제공하다(give)**
render the sea in black 바다를 검은색으로 표현하다
render a song 노래를 연주하다
render her speechless 그녀가 말이 안 나오게 만들다
render aid 원조해 주다
render an apology 사과하다

🔖 기출 예문
Virginia Woolf attempted to portray reality in an innovative way by **rendering** subjective experience as authentically as possible.
버지니아 울프는 가능한 한 진정성 있는 주관적인 경험을 표현하는 혁신적인 방식으로 현실을 그려내려 했다.

VOCA⁺
rend 찢다; 나누다
surrender 굴복하다; 넘겨주다
tender 제출하다; 입찰; 상냥한

DAY 19

stark

[stɑːrk]

n. starkness 순전, 완전함

VOCA+

stalk 줄기; 몰래 접근하다, 뒤를 밟다

ⓐ (차이가) 극명한; 거친, 삭막한(harsh)

a **stark** landscape 삭막한 풍경

the **stark** reality of death 죽음의 냉혹한 현실

💬 기출 예문

The clean family films created by Paramount were in **stark** contrast to Warner Brothers' more sensationalized, tough character movies.
파라마운트의 순수 가족 영화는 워너 브라더스의 보다 선정적이고 강한 캐릭터 영화와 극명한 대조를 보였다.

📋 be in stark contrast with[to] ~와 극명한 대조를 이루다

---

statue

[stǽtʃuː]

VOCA+

statute 법령
stature 키, 신장; (정신적) 성장

ⓝ 조각상, 동상

a bronze **statue** 청동 조각상

a **statue** of Apollo 아폴로 조각상

erect a **statue** 동상을 세우다

💬 기출 예문

If the **statue**'s toes got wet, Paris would be on flood alert.
그 조각상의 발가락이 젖으면 파리에는 홍수 경보가 내려졌다.

---

status

[stǽtəs]

VOCA+

state 상태

ⓝ 지위, 신분; (진행) 상황

have a high social **status** 사회적 지위가 높다

the country's economic **status** 나라의 경제 상황

💬 기출 예문

In rare instances, translators do manage to produce a work of such excellence that it attains classic **status** itself.
드문 경우, 번역가들이 너무나도 훌륭한 작품을 내놓아서 번역물 자체가 고전으로서의 지위를 얻는 경우도 있기는 하다.

📋 status quo 현 상황
marital status 기혼 여부
a man of status and wealth 지위와 부를 가진 남자

unique

[juːníːk]

ad. uniquely 독특하게, 유래 없이

VOCA⁺
unicorn 일각수
uniform 한결같은; 제복

ⓐ **유일한, 독특한**

a **unique** character 독특한 캐릭터
a **unique** opportunity 아주 특별한 기회

📝 기출 예문

The Harlem Renaissance exalted the **unique** culture of African Americans and redefined African-American expression.
할렘 르네상스는 아프리카계 미국인 특유의 문화를 고양시켰으며 그들의 표현 양식을 완전히 바꿔 놓았다.

vandalism

[vǽndəlìzm]

v. vandalize 고의적으로 파괴하다
n. vandal 공공 기물 파괴자

VOCA⁺
fascism 파시즘
racism 인종 차별주의
surrealism 초현실주의

ⓝ **문화 · 공공 기물의 파괴**

an act of **vandalism** 공공 기물의 파손 행위
commit **vandalism** 파괴 행위를 하다

📝 기출 예문

The broken window was the third act of **vandalism** in the area this month.
그 깨진 유리창이 이번 달에만 이 지역에서 세 번째 있는 공공 기물 파괴 행위 였다.

virtuoso

[vəˌrtʃuóusou]

VOCA⁺
virtue 덕
vulture 독수리

ⓝ **거장, 명연주자**

a piano[violin] **virtuoso** 피아노[바이올린] 명연주자
gain a reputation as a **virtuoso** 거장으로서 명성을 얻다

📝 기출 예문

He was a world-famous violin **virtuoso**.
그는 세계적인 바이올린의 거장이었죠.

volume

[váljuːm]

a. voluminous 부피가 큰; 방대한;
(책의) 권수가 많은

VOCA⁺
voluble 달변의; 입심이 좋은

ⓝ **음량, 볼륨; 양(amount); (두꺼운) 책, (책의) 권**

turn the **volume** up[down] 볼륨을 높이다[낮추다]
a large **volume** of sales 많은 판매량
an increase in traffic **volume** 교통량의 증가
the first **volume** of the series 시리즈의 첫 권

📝 기출 예문

Could you please turn down the **volume** on your stereo?
스테레오 소리를 줄여 주시겠어요?

DAY 19

DAILY TEPS TEST

Choose the best answer for the blank.

Part I

1

A: I hear your sister plays with the symphony.

B: That's right, she's a(n) _____ violinist.

(a) constructed
(b) accomplished
(c) imagined
(d) exercised

2

A: This artist's use of shadow is tremendous.

B: I especially like how he's _____ the clouds.

(a) founded
(b) deemed
(c) rendered
(d) nudged

3

A: Should I get into stained glass making?

B: It's a _____ that requires a lot of patience.

(a) fusion
(b) craft
(c) nature
(d) topic

4

A: Were you playing that song using sheet music?

B: Yes, but I lost my place and had to _____.

(a) adorn
(b) purport
(c) improvise
(d) maneuver

5

A: When was Schubert active in composing music?

B: I believe he was a _____ of Beethoven.

(a) contemporary
(b) virtuoso
(c) medium
(d) respondent

6

A: How long is the Picasso show running at the museum?

B: The pieces will be _____ through Sunday.

(a) exhibited
(b) demonstrated
(c) resembled
(d) depicted

7

A: No one will ever sing quite like Pavarotti.

B: His voice was truly _____.

(a) loaded
(b) whole
(c) formal
(d) unique

8

A: I don't want to see another Michelangelo replica.

B: This one isn't, it's a(n) _____.

(a) original
(b) curator
(c) victory
(d) document

Part II

9

Beauchart's minimalist style perfectly captures the _____ beauty of the Sonoran Desert.

(a) stark
(b) pliable
(c) lush
(d) dank

10

Monet's series of _____ known as the "Water Lilies" were painted during the last 30 years of his life.

(a) emblems
(b) artifacts
(c) masterpieces
(d) aesthetics

11

Users of the community forum are free to express their views as long as they do not _____ others.

(a) meddle
(b) disparage
(c) abandon
(d) adorn

12

Excessive graffiti and other forms of _____ threaten many of the historic buildings in Santiago.

(a) opulence
(b) surrealism
(c) torment
(d) vandalism

DAY 19

1 (b)	2 (c)	3 (b)	4 (c)	5 (a)	6 (a)
7 (d)	8 (a)	9 (a)	10 (c)	11 (b)	12 (d)

1 A: 당신 여동생이 교향곡을 연주하는 걸 들었어요.
B: 그래요, 그녀는 뛰어난 바이올리니스트예요.
(a) 구성된   **(b) 숙달된**
(c) 상상한   (d) 연습한

2 A: 이 예술가의 그림자 사용은 엄청나네요.
B: 특별히 구름에 표현한 방식이 좋습니다.
(a) 설립하다   (b) 생각하다
(c) 표현하다   (d) 살살 밀다

3 A: 스테인드글라스 만들기를 시작해도 될까요?
B: 그건 인내심이 많이 필요한 기술입니다.
(a) 융합   **(b) 기술**
(c) 본성   (d) 주제

4 A: 악보를 이용해서 저 노래를 연주하셨어요?
B: 네, 하지만 제 부분을 놓쳐서 즉흥적으로 해야
했어요.
(a) 장식하다   (b) 주장하다
(c) 즉흥적으로 하다   (d) 교묘하게 처리하다

5 A: 언제 슈베르트가 작곡을 왕성하게 했습니까?
B: 베토벤과 동시대 사람인 것 같습니다.
(a) 동시대의 사람   (b) 거장
(c) 매개체   (d) 응답자

6 A: 피카소 작품은 박물관에서 언제까지 전시하나
요?
B: 작품들은 일요일까지 전시될 것입니다.
(a) 전시하다   (b) 시연하다
(c) 닦다   (d) 묘사하다

7 A: 누구도 파바로티처럼 노래를 잘하진 않아요.
B: 그의 목소리는 정말 독특하지요.
(a) 가득 찬   (b) 전체의
(c) 공식적인   **(d) 독특한**

8 A: 미켈란젤로의 복제품을 또 보고 싶진 않군요.
B: 이건 복제품이 아니라 원본입니다.
(a) 원본의   (b) 큐레이터
(c) 승리   (d) 문서

9 뷰차트의 미니멀리즘 방식은 소노란 사막의 황량한
아름다움을 포착한다.
(a) 황량한   (b) 유연한
(c) 무성한   (d) 눅눅한

10 '수련'으로 알려진 모네의 걸작 시리즈는 그의 인생
의 마지막 30년 동안 채색된 것이다.
(a) 상징   (b) 공예품
(c) 걸작   (d) 미학

11 커뮤니티 포럼의 이용자들은 타인을 폄하하지 않는
한 의견을 자유롭게 표현할 수 있다.
(a) 간섭하다   **(b) 폄하하다**
(c) 버리다   (d) 장식하다

12 과도한 그래피티와 다른 형태의 공공 기물 파괴 행
위는 산티아고의 많은 역사적인 건물들을 위협한
다.
(a) 부유   (b) 초현실주의
(c) 고통   **(d) 공공 기물 파괴**

DAY
20

Mass Media

기출 예문

The journalist in question **cited** that he had a constitutional right to protect his sources.

문제의 그 기자는 자신의 정보원을 보호할 합법적인 권리가 있다고 주장했다.

학습 1차	년	월	일	공부 시간	시간	분
학습 2차	년	월	일	공부 시간	시간	분
학습 3차	년	월	일	공부 시간	시간	분

Mass Media 대중 매체

acclaim
[əkléim]

VOCA⁺
extol 극찬하다
hail 찬사하다

ⓥ 환호하다; 찬사, 호평

a critically **acclaimed** performance 비평가들의 찬사를 받는 공연

🎙 기출 예문

The movie was highly **acclaimed** by critics.
그 영화는 평론가들에게 극찬을 받았다.

engross
[ingróus]

a. engrossed 몰두한

VOCA⁺
captivate 사로잡다
absorb 열중시키다
fascinate 매료시키다

ⓥ 마음을 사로잡다

engross oneself in books 독서 삼매경에 빠져있다

🎙 기출 예문

Every day after school, the boy is in his room **engrossed** in comic books.
그 소년은 매일 방과 후에 자기 방에 들어앉아 만화책에 정신이 팔려 있다.

obituary
[oubítʃuèri]

VOCA⁺
column 칼럼
editorial 사설
feature 특집 기사

ⓝ 사망 기사, 부고

an **obituary** notice 부고

🎙 기출 예문

After the death of the novelist, a local newspaper published an **obituary** which began a character assassination of the late author.
그 소설가가 사망하자, 한 지역 신문은 작고한 작가에 대해 인신 공격을 시작하는 사망 기사를 발표했다.

captivating
[kǽptəvèitiŋ]

VOCA⁺
entertaining 즐거운
fascinating 매력적인
gripping 흥미진진한

ⓐ 매혹적인

a **captivating** story 매혹적인 이야기

🎙 기출 예문

The story of plane crash survivors facing disease and hunger in the Amazon rainforest is **captivating**.
비행기 추락 사고의 생존자들이 아마존 열대우림에서 질병과 배고픔을 맞닥뜨리는 생생한 이야기는 독자의 마음을 사로잡는다.

villain
[vílən]
a. villainous 사악한

VOCA+
bit player 단역배우

ⓝ 악역, 악한
play the part of the **villain** 악역을 연기하다

> **기출 예문**
> In her later books, the villains are not always punished.
> 그녀의 후기 작품들에서 악당들이 항상 처벌을 받는 것은 아니다.

sentimental
[sèntəméntəl]
n. sentiment 정서, 감정
v. sentimentalize 감상적으로 다루다
n. sentimentalism 감상주의
n. sentimentalist 감상적인 사람

VOCA+
affectionate 다정한, 애정 어린
nostalgic 향수에 젖은
passionate 열정적인

ⓐ 감상적인
a **sentimental** attachment to one's hometown 고향에 대한 애착

> **기출 예문**
> My father just can't stand overly **sentimental** stories.
> 우리 아버지는 지나치게 감상적인 이야기를 못 견뎌 하신다.

inundate
[ínʌndèit]
n. inundation 범람

VOCA+
flood 넘치게 하다
overwhelm 압도하다

ⓥ 넘치게 하다
be **inundated** with inquiries 문의로 쇄도하다

> **기출 예문**
> My inbox was **inundated** with hundreds of e-mails from students.
> 내 메일함은 학생들에게서 온 수백 통의 이메일로 넘쳤다.

mislead
[mislí:d]

VOCA+
deceive 기만하다

ⓥ 현혹시키다
mislead the public 대중들을 현혹시키다

> **기출 예문**
> The law made it illegal for a company to provide misleading information.
> 그 법은 기업들이 오도하는 정보를 제공하는 것을 불법화했다.

DAY 20

premiere
[primjéər]

ⓥ 개봉하다

be **premiered** at a film festival 영화제에서 초연되다

ⓝ 개봉, 초연

a world **premiere** 세계 최초 상영

> 🖋 기출 예문
> The new film **premieres** next Monday, but some theaters are offering a preview for fans to see it tonight.
> 그 새 영화는 다음 월요일에 개봉하지만 일부 극장에서 오늘 밤에 팬들이 영화를 볼 수 있도록 시사회를 제공하고 있다.

VOCA⁺
debut 데뷔하다

---

trailer
[tréilər]

ⓝ 예고편

a theatrical **trailer** 극장 예고편

> 🖋 기출 예문
> The movie **trailer** was full of non-stop exciting action.
> 영화 예고편이 끝없는 흥미 진진한 액션 장면들로 가득했다.

VOCA⁺
preview 예고편

---

journalism
[dʒə́:rnəlìzəm]
n. journalist 언론인

ⓝ 언론, 신문 방송학

investigative **journalism** 추적 보도

> 🖋 기출 예문
> The relationship between public relations and **journalism** is mutually dependent.
> 홍보와 언론은 상호 의존적인 관계를 맺고 있다.

VOCA⁺
the press 언론

---

sponsor
[spánsər]

ⓝ 후원자

corporate **sponsors** 기업 스폰서

ⓥ 후원하다

government-**sponsored** programs 정부 후원 프로그램

> 🖋 기출 예문
> The company **sponsors** our volleyball team.
> 그 회사는 우리 배구팀을 후원한다.

VOCA⁺
patron 후원자

adaptation

[ǽdəptéiʃən]

v. adapt 적응하다; 각색하다
a. adaptable 적응할 수 있는

VOCA⁺
adopt 채택하다; 입양하다
adept 능숙한

ⓝ 각색; 적응

a screen **adaptation** of the bestselling novel
베스트셀러 소설의 영화로의 각색

adaptation to the environment 환경에의 적응

기출 예문

The recent revival of interest in Jane Austen owes a great
deal to the successful film **adaptation** of her novels.
제인 오스틴에 대한 관심이 최근 되살아난 것은 그녀의 소설이 성공적인 영화
로 각색되었다는 것이 큰 작용을 했다.

---

article

[ɑ́ːrtikl]

VOCA⁺
particle 입자, 작은 조각

ⓝ (신문·잡지의) 기사, 조항; 품목, 물품

the paper's leading **article** 신문의 주요 기사
an **article** of clothing 의류 한 점
an **article** of food 식품

기출 예문

Can you tell me how I can check out **articles** from the
reserve room?
자료 열람실에서 기사를 대출할 수 있는 방법을 알려주시겠어요?

📝 write an article on[about] ~에 대한 기사를 쓰다

---

aspire

[əspáiər]

n. aspiration 열망
n. aspirant 열망하는 사람
a. aspiring 열망하는

VOCA⁺
respire 호흡하다
conspire 공모하다
perspire 땀을 흘리다

ⓥ 열망하다, 염원하다

aspire to home ownership 집을 소유하는 것을 열망하다

기출 예문

Writing good fiction is an art that many **aspire** to but few
achieve.
좋은 소설을 쓰는 것은 많은 사람들이 열망하는 기술이지만 그것을 이루는
사람은 거의 없다.

DAY 20

award
[əwɔ́ːrd]

ⓝ 상; 메달

an **awards** ceremony 시상식

ⓥ (상을) 주다, 수여하다(confer, bestow)

award her first prize 그녀에게 1등상을 주다
be **awarded** a gold medal 금메달을 수상하다

> 🖋 기출 예문
>
> Buy one of our **award-winning** filters today and enjoy the world's cleanest air.
> 상을 받은 저희 필터 상품 중 하나를 오늘 구매하시고, 세상에서 가장 깨끗한 공기를 즐기세요.

VOCA⁺
reward (금전적) 보상
ward 병동

📝 win an award for ~으로 상을 받다

---

caption
[kǽpʃən]

ⓝ (사진 · 만화의) 자막, 설명문(subtitle)

the **caption** on the picture 사진의 설명문
read the **caption** 자막을 읽다

> 🖋 기출 예문
>
> According to the **caption**, this picture was taken in Sarajevo in 1991.
> 설명문에 의하면 이 그림은 1991년 사라예보에서 입수되었다.

VOCA⁺
captain 대위
captious 흠잡는
subtitle 영화 자막

---

capture
[kǽptʃər]

ⓥ 포착하다; 포로로 잡다, 포획하다; 차지하다(occupy)

be **captured** by the security cameras 무인 카메라에 포착되다
capture the interest of teenagers 10대들의 관심을 사로잡다
capture the enemy 적을 포로로 잡다

ⓝ (데이터의) 캡쳐; 포획; 함락

image **capture** 영상 포착, 이미지 캡쳐
avoid **capture** by the police 경찰에 붙잡히지 않고 피하다

> 🖋 기출 예문
>
> In her recent book, *Flowers for the Dead*, Cathy Zellneck has **captured** the atmosphere and essence of post-World War II America.
> 캐시 젤넥은 최근작 〈죽은 자들에게 바치는 꽃들〉에서 제2차 세계 대전 이후 미국의 분위기와 정수를 담아냈다.

VOCA⁺
captivate 매혹하다
captive 포로; 사로잡힌

cast
[kæst]

n. casting 배역 선정, 캐스팅

ⓥ 주조하다; (시선 · 미소를) 보내다; (표를) 던지다

a statue **cast** in bronze 청동으로 주조된 동상
cast a glance at ~을 힐끗 보다
cast a vote 표를 던지다

ⓝ 출연자들, 배역진; 깁스, 석고 붕대

a supporting **cast** 조연
have a **cast** on one's arm 팔에 깁스를 하다

VOCA⁺
broadcast 방송하다
overcast 흐린; 침울한
forecast 예상하다

> **기출 예문**
>
> He will be **casting** his vote at the library.
> 그는 도서관에서 투표를 할 것이다.

celebrity
[səlébrəti]

v. celebrate 기념하다, 축하하다
n. celebration 축하 (행사)

ⓝ 유명 인사(celeb); 명성(fame)

TV **celebrities** TV에 나오는 유명 연예인들
a local **celebrity** 지역의 유명 인사

VOCA⁺
celerity 신속함

> **기출 예문**
>
> The current popularity of smoking cigars among many
> **celebrities** and sports stars has concerned some health
> experts.
> 현재 많은 유명인들과 스포츠 스타들 사이에서 시가 피우기가 유행하는 것에
> 대해 일부 건강 전문가들이 우려를 나타내고 있다.

censor
[sénsər]

n. censorship 검열

ⓥ 검열하다

censor the news[film] 뉴스[영화]를 검열하다
censor one's speech before broadcasting it 방송하기 전 연설을 검열하다

> **기출 예문**
>
> Luther's works were **censored** and his adherents
> persecuted in many parts of Europe by the Catholic
> Church.
> 루터의 작품은 검열을 당했고 그의 신봉자들은 천주교회에 의해 유럽 곳곳에서
> 박해를 받았다.

VOCA⁺
census 인구 조사;
~의 인구를 조사하다

DAY 20

censure
[sénʃər]

ⓥ 비난[문책]하다(blame, rebuke, reprimand)

censure him for the mistake 실수에 대해 그를 문책하다
be **censured** for staying away from work 결근한 것에 대해 문책당하다

ⓝ 비난, 불신임

come under severe **censure** 심하게 비난받다

> **기출 예문**
>
> Despite its huge commercial success, the novel was **censured** by many literary critics.
> 상업적으로 큰 성공을 거두었음에도 불구하고, 그 소설은 많은 문학 비평가들에게 비난받았다.

VOCA⁺
ensure 보장하다
ensue 뒤따르다

📖 a vote of censure on ~에 대한 불신임 투표

---

cite
[sait]

n. citation 인용, 인용구

ⓥ 인용하다, (예로) 들다(quote); (법정에) 소환하다 (summon)

cite several experts on the subject 그 주제에 대해 몇몇 전문가들의 말을 인용하다
cite evidence 증거를 들다
be **cited** for reckless driving 난폭 운전 혐의로 소환되다

> **기출 예문**
>
> The journalist in question **cited** that he had a constitutional right to protect his sources.
> 문제의 그 기자는 자신의 정보원을 보호할 헌법상의 권리가 있다고 주장했다.

VOCA⁺
site 장소, 유적지
incite 선동하다, 자극하다

---

criticism
[krítisìzəm]

v. criticize 비난[비판]하다
n. critic 비평가
a. critical 비판적인; 중요한

ⓝ 비난, 비판

attract[provoke] **criticism** 비판을 불러일으키다
receive public **criticism** 여론의 비난을 받다

> **기출 예문**
>
> Leonard Bernstein took the musical to new heights of cultural **criticism** in his 1957 production, *West Side Story*.
> 레너드 번스타인은 1957년 작 〈웨스트사이드 스토리〉로 뮤지컬을 문화 비평의 새로운 경지에 올려놓았다.

VOCA⁺
criterion 판단 기준
critique 비평, 평론

334

feature
[fíːtʃər]

ⓝ 특징, 특색(characteristic, trait); (신문 · 방송의) 특집; 장편 영화

a striking **feature** 두드러진 특징

run a **feature** on a summer holiday 여름휴가에 관한 특집 기사를 싣다

ⓥ ~을 특집으로 다루다; ~가 주연이다; ~이 특징이다

an article **featuring** the accident 그 사고를 특집으로 다룬 기사

a film **featuring** a famous actress 유명한 여배우가 주연인 영화

The menu **features** low-fat ingredients. 그 메뉴의 특징은 저지방 재료이다.

📄 기출 예문

Road maps show such **features** as states, towns, and roads.
도로 지도는 주, 마을, 도로 같은 지형을 보여 준다.

> **VOCA⁺**
> figure 숫자; 형상; 인물; 중요하다

---

initiative
[iníʃ(j)ətiv]

v. initiate 시작하다
a. initial 처음의, 시작의

ⓝ (새로운) 계획; 주도권

a long-term education **initiative** 장기적인 교육 계획

use one's own **initiative** 결단력을 발휘하다

take the **initiative** 주도권을 잡다

📄 기출 예문

We have begun a new **initiative** to upgrade the school's facilities, increasing accessibility for children with physical disabilities.
저희는 신체적 장애가 있는 어린이의 접근성을 높이는 등 학교 시설을 개선하는 새로운 구상에 착수했습니다.

> **VOCA⁺**
> inertia 비활성; 관성

📄 anti-poverty **initiatives** 빈곤 퇴치 계획

---

issue
[íʃuː]

a. issueless 자식이 없는; 결과가 없는; 쟁점이 없는

ⓝ (정기 간행물의) 호; (우표 · 주식의) 발행; 문제, 주제

the current **issue** of the magazine 그 잡지의 이번 호

raise[deal with] an **issue** 문제를 제기하다[처리하다]

ⓥ 발행[발표]하다(put forth)

issue a book[stamp] 책[우표]을 발행하다

issue a visa 비자를 발급하다

📄 기출 예문

Are you interested in back **issues** of magazines or newspapers?
과월호 잡지나 신문에 관심 있으세요?

> **VOCA⁺**
> tissue 조직; 화장지
> reissue 재발행하다

lackluster
[lǽklʌstər]

ⓐ 활기 없는, 따분한(dull, mediocre, lusterless)

lackluster hair 윤기 없는 머리카락
a lackluster game[market] 재미없는 경기[침체된 시장]

VOCA+
cluster 송이, 묶음; 집단
muster 소집하다

📗 기출 예문

After yet another lackluster performance, the singer announced he was canceling his tour.
여전히 따분한 공연을 한 후에 그 가수는 투어를 취소한다고 발표했다.

obscene
[əbsíːn]

ⓐ 음란한, 외설적인(lewd, indecent, licentious); 터무니없는(preposterous)

ad. obscenely 음란하게; 터무니없이

make an obscene gesture 음란한 몸짓을 하다
earn obscene salaries 터무니없이 많은 월급을 받다

📗 기출 예문

Children should not be exposed to obscene films.
아이들은 외설적인 영화에 노출되어서는 안 된다.

VOCA+
scene 장소, 장면
scenic 경치가 좋은

📝 spend an obscene amount of money on ~에 터무니없이 많은 돈을 소비하다

poignant
[pɔ́injənt]

ⓐ 가슴 아픈, 가슴에 사무치는

n. poignancy 가슴 아픈 일

a poignant image[memory] 가슴 아픈 영상[기억]

VOCA+
pregnant 임신한
stagnant 부진한, 불황의

📗 기출 예문

The author's poignant portrayal of the war widow displays the pathos inherent in armed conflict.
전쟁미망인에 대한 가슴에 사무치는 작가의 묘사가 무력 충돌 속에 내재하는 애수를 보여 준다.

📝 a poignant reminder of ~을 가슴 아프도록 상기시켜 주는 것

predictable
[pridíktəbl]
n. predictability 예측 가능성

VOCA+
predicate 단정하다
predator 약탈자, 포식자

ⓐ 예측할 수 있는, 뻔한(↔ unpredictable 예측이 불가능한)

a film with a **predictable** ending 뻔한 결말의 영화
a **predictable** result 예측할 수 있는 결과

기출 예문

Regular interactions between the winds and ocean
currents produce **predictable** weather phenomena.
바람과 해류 사이의 일정한 상호 작용은 예측 가능한 날씨 현상을 만들어 낸다.

---

preeminent
[priːémənənt]
n. preeminence 탁월, 걸출

VOCA+
imminent 임박한
immanent 내재하는

ⓐ 탁월한, 뛰어난(eminent, prominent outstanding)

a **preeminent** actor[work] 걸출한 배우[뛰어난 작품]

기출 예문

For centuries after the fall of the empire, Rome remained
the **preeminent** city on the Italian peninsula.
제국이 몰락한 이후 수세기 동안 로마는 이탈리아 반도에서 뛰어난 도시로 남았다.

---

rave
[reiv]

VOCA+
raven 까마귀
crave 열망하다
craven 비겁한

ⓐ 극찬하는

a **rave** review 호평, 극찬하는 기사

ⓥ 극찬하다(extol); 소리[고함]를 지르다(shout)

rave over the restaurant's food 레스토랑의 음식에 대해 극찬하다

기출 예문

Judging by customers' **rave** reviews so far, the product is a
great success.
지금까지 고객들의 극찬하는 후기로 미루어 보아, 그 제품은 엄청난 성공을
거두고 있다.

---

up-and-coming
[ʌ̀pəndkʌ́miŋ]

VOCA+
upcoming 다가오는, 곧 있을
forthcoming 다가오는
becoming 어울리는

ⓐ 유망한, 장래성이 있는(promising)

an **up-and-coming** new technology 장래성이 있는[떠오르는] 신기술

기출 예문

Fascination ran a 12-page promotion featuring fur clothing
designed by several **up-and-coming** designers.
〈매혹〉은 몇몇 전도유망한 디자이너들의 모피 의류를 특집으로 한 12페이지짜
리 광고를 실었다.

DAY 20

release

[rilíːs]

ⓥ 공개[발표]하다; 발산[배출]하다; 풀어 주다, 내보내다

release a movie[album] 영화를 개봉하다[앨범을 발매하다]
release dangerous chemicals 위험한 화학 물질들을 배출하다
release a prisoner 죄인을 석방하다

ⓝ 발표; 방출; 석방

the **release** of the movie 영화의 개봉
the **release** of heat 열의 배출
the **release** of the hostages 인질들의 석방

기출 예문

The cut came only hours after the government **released** news indicating that the economy was becoming sluggish.
이러한 인하 조치는 경제가 침체기로 접어들고 있다는 정부 발표 뉴스가 나간 직후 불과 몇 시간 만에 이루어졌다.

VOCA⁺

lease 임대하다
tease 놀리다
cease 중단하다

---

replete

[riplíːt]

ⓐ ~이 가득한, 아주 많은

a pond **replete** with fish 물고기가 아주 많은 연못
a speech **replete** with humor 유머가 가득한 연설

기출 예문

The film is **replete** with humorous dialogue and slapstick and has become an instant comedy classic.
그 영화는 유머러스한 대화와 슬랩스틱 코미디로 가득해서 곧바로 코미디의 고전이 되었다.

VOCA⁺

deplete 고갈시키다
complete 완성하다; 완전한

---

royalty

[rɔ́iəlti]

a. royal 왕실의, 왕족의

ⓝ 인세, 저작권 사용료; 왕족, 왕권

get **royalties** from his book 그의 책에 대한 인세를 받다
pay **royalties** to a foreign company 외국 회사에 로열티를 지불하다
marry a prince and become **royalty** 왕자와 결혼한 후 왕족이 되다

기출 예문

Enclosed is a **royalty** check for the 2003 sales of your manuscript.
귀하의 원고에 대한 2003년 판매분 인세를 수표로 동봉했습니다.

VOCA⁺

loyalty 충성
dynasty 왕조

screen
[skri:n]

n. screening (영화) 상영; 검사, 심사

ⓥ 상영하다; 심사하다; 가리다, 보호하다(shield); 검사하다

screen a film on TV TV에서 영화를 방영하다

screen candidates for the job 일자리의 지원자들을 심사하다

screen our children from the violence on TV TV 폭력물로부터 우리의 아이들을 보호하다

be **screened** for cancer 암 검사를 받다

ⓝ 화면; 영화; 칸막이

> **기출 예문**
>
> Résumés that are informative, brief, and in some way memorable have a much better chance of advancing to the final **screening**.
> 정보를 제공하며 간결하고, 어떤 면에서는 인상적인 이력서는 최종 심사까지 올라가게 될 여지가 더 많다.

VOCA⁺

sunscreen 자외선 차단제
scream 비명을 지르다

---

sensation
[senséiʃən]

n. sensationalism 선정주의
a. sensational 선풍적인
a. sensationless 감각이 없는

ⓝ (대중의) 감동, 센세이션; 느낌, 기분

become a worldwide **sensation** 전 세계적으로 화제가 되다

a **sensation** of hunger 배고픈 느낌

have a strange **sensation** 이상한 느낌이 들다

> **기출 예문**
>
> The 1990s saw Paula Cole emerge from a supporting artist on Peter Gabriel's 1992-1993 world tour to a pop **sensation** in her own right.
> 1990년대에 폴라 콜은 피터 가브리엘의 1992~1993년 세계 투어의 조역 아티스트에서 벗어나 혼자 힘으로 대중의 인기 스타가 되었다.

VOCA⁺

sensitive 민감한
sensual 관능적인
sensory 감각의
sentimental 감상적인

---

subscription
[səbskrípʃən]

v. subscribe 예약 구독하다; 기부하다; (서명하여) 동의하다

ⓝ (정기) 예약 구독; 기부

a **subscription** to a magazine 잡지 구독

renew[cancel] a **subscription** 구독을 갱신[취소]하다

a **subscription** to the charity 자선 단체로의 정기 기부

> **기출 예문**
>
> I wish to cancel my **subscription** to *The Coloradoan*.
> 저는 〈콜로라도언〉 구독을 취소하길 원합니다.

📝 take out a subscription to ~의 구독을 신청하다

VOCA⁺

description 묘사, 서술
conscript 징집하다
inscription 비문

DAY 20

339

DAILY TEPS TEST

Choose the best answer for the blank.

Part I

1

A: Did you hear about our hometown band?

B: Yes, they won the Song of the Year _____.

(a) affair
(b) award
(c) album
(d) article

2

A: What is the Creative Children Project?

B: It's a(n) _____ to improve art education in schools.

(a) diameter
(b) initiative
(c) occasion
(d) labor

3

A: This Internet video has over ten million views.

B: Everyone I know is _____ about it.

(a) splitting
(b) clawing
(c) tuning
(d) raving

4

A: Can you tell me about this comic book?

B: It is one of the few that _____ a female superhero.

(a) features
(b) issues
(c) traces
(d) earns

5

A: Isn't this song pretty?

B: The melody _____ the essence of longing.

(a) arrests
(b) pirates
(c) censures
(d) captures

6

A: You pay just 8 dollars a month to access over 10,000 movies online.

B: So it's a _____ service.

(a) workplace
(b) celebrity
(c) subscription
(d) periodical

7

A: How was the play you attended?

B: The actors gave _____ performances, unfortunately.

(a) hazardous
(b) replete
(c) lackluster
(d) headstrong

8

A: I'm not familiar with the name Hedley Gonzalez.

B: She's a(n) _____ star, so you will be.

(a) up-and-coming
(b) one-and-only
(c) state-of-the-art
(d) under-the-table

Part II

9

Following his co-starring role in *Butch Cassidy And the Sundance Kid*, Redford became an international film _____.

(a) sensation
(b) magnate
(c) aficionado
(d) primate

10

Hundreds of people stood in line overnight in anticipation of the video game _____.

(a) holding
(b) release
(c) barrage
(d) term

11

Many a young actor moves to Los Angeles with _____ of making it big.

(a) persuasions
(b) captions
(c) compassions
(d) aspirations

12

Some viewers found the love story poignant, while others maintained that it was _____.

(a) preeminent
(b) royal
(c) obscene
(d) bulky

1 (b)	2 (b)	3 (d)	4 (a)	5 (d)	6 (c)
7 (c)	8 (a)	9 (a)	10 (b)	11 (d)	12 (c)

1 A: 우리 고향의 밴드 소식 들었어요?
B: 네, 그들이 올해의 노래상을 받았죠.
(a) 문제   **(b) 상**
(c) 앨범   (d) 기사

2 A: 크리에이티브 칠드런 프로젝트가 뭐죠?
B: 학교에서 미술 교육을 향상시키는 계획입니다.
(a) 직경   **(b) 계획**
(c) 행사   (d) 노동

3 A: 이 인터넷 영상은 천만 뷰가 넘었군요.
B: 제가 아는 모든 사람들이 극찬하고 있어요.
(a) 쪼개다   (b) 할퀴다
(c) 조율하다   **(d) 극찬하다**

4 A: 이 만화책에 관해 말씀해 주시겠습니까?
B: 여성 슈퍼히어로가 주인공인 몇 안 되는 작품입니다.
(a) ~가 주연이다   (b) 발표하다
(c) 추적하다   (d) 벌다

5 A: 이 곡 아름답지 않아요?
B: 멜로디가 동경의 본질을 포착해 내고 있네요.
(a) 체포하다   (b) 불법 복제하다
(c) 문책하다   **(d) 포착하다**

6 A: 온라인으로 만 개가 넘는 영화를 보는 데 한 달에 8달러만 내시면 됩니다.
B: 구독 서비스군요.
(a) 직장   (b) 유명인
(c) 구독   (d) 정기 간행물

7 A: 갔었던 연극은 어땠나요?
B: 안타깝게도 배우들이 활기가 없었어요.
(a) 위험한   (b) ~이 가득한
(c) 활기 없는   (d) 고집불통의

8 A: 헤들리 곤잘레스라는 이름이 익숙하지 않아요.
B: 그녀는 이제 떠오르는 스타이니 그럴 만합니다.
(a) 유망한   (b) 유일한
(c) 최첨단의   (d) 비밀리의

9 〈내일을 향해 쏴라〉에서 공동 주연 배우를 따라 레드포드도 국제적으로 영화의 인기 스타가 되었다.
(a) 센세이션   (b) 거물
(c) 애호가   (d) 대주교

10 수백 명의 사람들이 그 비디오 게임의 출시를 기다리며 밤새 줄을 섰다.
(a) 보유   **(b) 발매**
(c) 질문 세례   (d) 조건

11 많은 젊은 배우들이 스타가 되겠다는 열망을 갖고 로스앤젤레스로 온다.
(a) 설득   (b) 자막
(c) 연민   **(d) 열망**

12 어떤 이들은 그 사랑 이야기가 가슴이 아프다고 하고 다른 이들은 그것이 외설적이라고 주장한다.
(a) 탁월한   (b) 왕실의
(c) 외설적인   (d) 부피가 큰

DAY
21

School & Education

기출 예문

A child's **upbringing** is the responsibility of both his or her parents and teachers.

아이의 교육은 그 부모와 교사 모두의 책임이다.

학습 1차	년	월	일	공부 시간	시간	분
학습 2차	년	월	일	공부 시간	시간	분
학습 3차	년	월	일	공부 시간	시간	분

compulsory

[kəmpʌ́lsəri]

ad. compulsorily 강제적으로

VOCA⁺

compel 강제하다
compelling 흥미진진한, 눈을 뗄 수 없는

ⓐ 의무적인, 강제적인

compulsory education[military service] 의무 교육[병역]

기출 예문

Psychology 101 is a **compulsory** course.
심리학 입문은 필수 수업이다.

---

tutor

[tjúːtər]

VOCA⁺

tutorial 개인 교습

ⓝ 개인 교사

a private **tutor** 개인 교사

기출 예문

Allie had finished her math homework on her own without any assistance from her **tutor**.
앨리는 개인 교사의 도움을 전혀 받지 않고 혼자 힘으로 수학 숙제를 끝냈다.

---

reunion

[riːjúːnjən]

v. reunite 재회하다, 재결합하다

VOCA⁺

united 결합된
disunited 분열된
reunite 재결합하다

ⓝ 동창회; 재회

a family **reunion** 가족 모임
the school's annual **reunion** 연례 학교 동창회

기출 예문

My uncle is going to the high school **reunion**.
우리 삼촌은 고등학교 동창회에 갈 것이다.

---

excel

[iksél]

n. excellence 뛰어남
a. excellent 뛰어난

VOCA⁺

outdo, outperform ~보다 잘하다
par excellence 탁월한

ⓥ 능가하다, 뛰어나다

excel in[at] math 수학을 잘하다

기출 예문

Nell is finally starting to **excel** in her studies.
넬은 드디어 공부에 두각을 나타내기 시작했다.

acquire
[əkwáiər]
n. acquisition 습득

VOCA⁺
achieve 성취하다, 이루다
collect 모으다, 수집하다
gain 얻다

ⓥ **습득하다**
acquire experience 경험을 쌓다
acquire a taste for raw fish 회를 좋아하기 시작하다

📝 기출 예문
We **acquire** our first language skills at early ages.
우리는 어린 나이에 모국어 기술을 습득한다.

---

cheat
[tʃiːt]

VOCA⁺
deceive 속이다

ⓥ **커닝하다; 사기치다**
cheat on[at] a test 시험에서 부정행위를 하다
cheat on someone 바람피우다

📝 기출 예문
Some students were caught **cheating** during the test.
일부 학생들이 시험 도중에 부정행위를 하다가 걸렸다.

---

kindergarten
[kíndərgàːrtən]

VOCA⁺
day care center 어린이집, 탁아소

ⓝ **유치원**
enter[attend] **kindergarten** 유치원에 입학하다[다니다]

📝 기출 예문
The girl had a tough time teaching the **kindergarten** class.
그녀는 유치원반을 가르치며 힘든 시간을 보냈다.

---

grade
[greid]

VOCA⁺
class 계층, 계급
classification 분류, 유형
degree 정도, 학위
level 수준, 등급
quality 질, 품질

ⓝ **학년, 점수, 등급**
make the **grade** (요구되는) 수준을 충족시키다
achieve[attain/ get/ receive] good **grades** in one's exam
시험에서 좋은 성적을 얻다

ⓥ **성적을 매기다**
grade exams 시험 성적을 매기다
be **graded** according to size 크기를 기준으로 등급을 매기다
be **graded** on their speaking ability 말하기 능력에 성적을 매기다

📝 기출 예문
My terrible science **grades** prove that I don't have a knack for it.
나의 형편없는 과학 점수를 보니 과학에 재능이 없는 게 드러나네.

345

prioritize

[pràiɔ́ːrətàiz]

n. priority 우선순위

VOCA+
prior 사전의, 우선하는

ⓥ 우선순위를 매기다

prioritize one's tasks 업무에 우선 순위를 매기다

> **기출 예문**
> The school **prioritizes** students' social skills over their academic achievement.
> 그 학교는 학생들의 학업 성취도보다 사회성을 더 중요시한다.

motivate

[móutəvèit]

n. motivation 동기, 의욕
a. motivational 동기를 부여하는

VOCA+
motion 움직임
motive 동기, 이유

ⓥ 동기를 부여하다; 자극하다

highly **motivated** 대단히 의욕적인

> **기출 예문**
> Whether it be by means of compliments or gifts, Mr. Brown **motivates** his team to work harder.
> 칭찬이 되었든 선물이 되었든 브라운 씨는 자신의 팀원들이 더 일을 열심히 하도록 동기를 부여한다.

admit

[ædmít]

n. admission 입장(료); 인정
n. admittance 입장, 들어감

VOCA+
emit 발산하다
commit 저지르다; 약속하다

ⓥ (입학 · 가입을) 허락하다; 인정[자백]하다

admit her to[into] the club 그녀가 클럽에 가입하는 것을 허락하다
be **admitted** to a university 대학에 합격하다
admit one's guilt[mistake] 유죄[실수]를 인정하다

> **기출 예문**
> The admissions overhaul came after years of lawsuits by white women who argued that they would have been **admitted** if they were black.
> 입학 제도의 정비는 백인 여성들이 자신이 흑인이었다면 입학했을 것이라고 주장하며 제기한 수년간의 소송 끝에 이루어졌다.

📝 admission fee 입장료
　 Admissions Office 입학 사무처

admonish

[ædmániʃ]

n. admonition 책망; 경고
n. admonishment 훈계

VOCA+
demonstrate 보여 주다; 증명하다

ⓥ 꾸짖다, 야단치다(chide); 훈계[충고]하다(advise)

admonish him for one's fault 잘못을 꾸짖다

be admonished for chewing gum in class 수업 중에 껌을 씹다가 꾸지람을 듣다

admonish her to work harder 그녀에게 더 열심히 공부하라고 충고하다

admonish him of the danger 그에게 위험을 경고하다

🔊기출 예문

The writing students were admonished about the numerous instances of plagiarism.
글쓰기 반 학생들은 너무 많은 표절 사례에 대해 꾸지람을 들었다.

bully

[búli]

VOCA+
belly 배
valley 계곡
outcast 왕따; 쫓겨난
pick on 괴롭히다

ⓥ 괴롭히다, 못살게 굴다

bully him after school 방과 후 그를 괴롭히다

ⓝ (약자를 괴롭히는) 불량배, 깡패

the school[neighborhood] bully 학교[동네]의 불량배

🔊기출 예문

James is no longer excited to go to school because a classmate is bullying him.
반 아이가 자기를 괴롭히자 제임스는 더 이상 학교에 가는 것이 신 나지 않았다.

comprehensible

[kàmprihénsəbl]

v. comprehend 포괄하다; 이해하다
a. comprehensive 포괄적인; 이해력 있는

VOCA+
apprehend 체포하다; 파악하다; 우려하다
prehensile (물건을) 잡기에 알맞은; 이해력이 있는

ⓐ 이해할 수 있는(understandable, intelligible ↔ incomprehensible 이해할 수 없는)

readily comprehensible to students 학생들에게 쉽게 이해될 수 있는
speak in barely comprehensible slang 좀처럼 이해할 수 없는 속어로 말하다

🔊기출 예문

Some of the directions on the test were not readily comprehensible.
시험지의 어떤 지시문들은 쉽게 이해할 수 없었다.

cram
[kræm]
a. cramming 주입식의

VOCA⁺
heuristic (교수법이) 체험적인
smatter (학문을) 겉핥다

ⓥ 벼락치기로 공부하다; (억지로) 쑤셔 넣다(stuff)

cram for the exam tomorrow 내일 시험을 위해 벼락치기로 공부하다
cram all clothes into one suitcase 모든 옷들을 가방 하나에 쑤셔 넣다

📙 기출 예문
You can't **cram** for the mid-term.
중간고사 공부를 벼락치기로 해서는 안 돼.

---

cultivate
[kʌ́ltəvèit]
n. cultivation 재배; 구축, 함양

VOCA⁺
culture 문화; 경작
cult 예찬, 숭배; 광신적 종교 집단

ⓥ 양성[계발]하다(nurture); 경작하다, 재배하다

cultivate good relations with the press 언론과 좋은 관계를 구축하다
cultivate the land 땅을 경작하다

📙 기출 예문
The objective of this course is to **cultivate** greater sensitivity to gender issues and better understanding of males in society.
이 과정의 목표는 사회적 성 문제에 대한 예민함을 더욱 키우고 사회 속 남성에 대한 보다 높은 이해를 배양하는 것입니다.

---

digress
[digrés]
n. digression (주제를) 벗어남, 여담
a. digressive 본론을 떠난, 지엽적인

VOCA⁺
aggress 공격하다
regress 퇴보하다
transgress (한도·범위를) 벗어나다

ⓥ (주제에서) 벗어나다, 다른 이야기를 하다(deviate)

digress from the main subject 중심 주제에서 벗어나다
digress for a moment 잠시 다른 이야기를 하다

📙 기출 예문
Realizing he had **digressed**, the professor returned to his planned lesson.
교수는 본론에서 벗어났다는 것을 깨닫고 자신이 계획했던 수업으로 돌아갔다.

---

exemplary
[igzémpləri]
n. example 보기, 사례; 모범, 견본

VOCA⁺
exempt 면제하다
except 제외시키다

ⓐ 모범적인, 훌륭한(outstanding, excellent)

an **exemplary** school[student] 모범적인 학교[학생]
a man of **exemplary** character 훌륭한 인격의 소유자

📙 기출 예문
Pay raises will be offered to reward **exemplary** job performance as appropriate, and work habits will also play a part when annual contract renewal is considered.
모범적인 근무 실적을 보상하기 위해 적절한 경우 급여 인상이 이뤄질 것이며, 또한 연간 계약을 갱신할 때 근무 습관이 반영될 것이다.

endeavor
[endévər]

ⓥ **(열심히) 노력하다, 시도하다(strive, attempt)**
endeavor to pass the exam 시험에 합격하기 위해 노력하다
endeavor to please the guests 손님들을 기쁘게 하려고 하다

ⓝ **노력(effort); 시도**
make an **endeavor** to ~하려고 노력하다

> 🏷 기출 예문
>
> A Ph.D. originally meant a natural philosopher whose scholarly **endeavors** covered the seven liberal arts – grammar, rhetoric, logic, arithmetic, geometry, music, and astronomy.
> 박사란 원래 문법과 수사학, 논리학, 산술학, 기하학, 음악, 천문학 등 7개 교양 과목을 다루는 학문적인 시도를 하는 자연 철학자를 의미했다.

VOCA⁺
endear 사랑스럽게 하다

📝 노력하다 ~~do an endeavor~~ (×) ⇒ **make** an endeavor (○)

ideal
[aidíːəl]

v. idealize 이상화하다
a. idealistic 이상주의(자)의

ⓐ **이상적인, 가장 알맞은(perfect)**
an **ideal** spot for a vacation 이상적인 휴가지

> 🏷 기출 예문
>
> School projects are **ideal** for teaching students how to work together.
> 학교의 수업 과제는 학생들에게 함께 공부하는 법을 가르치기에 이상적이다.

VOCA⁺
idol 우상
idle 한가한; 빈둥거리다

illiterate
[ilítərət]

n. illiteracy 문맹

ⓐ **문맹의, 글을 모르는(↔ literate 글을 읽고 쓸 줄 아는)**
an **illiterate** person 문맹자
musically **illiterate** 음악에 대해 잘 모르는
an **illiterate** letter 무식한 사람이 쓴 편지

> 🏷 기출 예문
>
> Currently, 60% of grade 6 students are **illiterate**.
> 현재 6학년 학생의 60%가 문맹이다.

VOCA⁺
illegible (글씨가) 읽기 어려운
(↔ legible 읽을 수 있는, 또렷한)
computer-illiterate 컴맹인

illuminate

[iljú:mənèit]

n. illumination (불)빛, 조명; 이해, 깨달음
n. illuminator 계몽가; 조명기
a. illuminant 발광성의, 비추는

VOCA⁺
illustrate 삽화를 그리다; 생생히 설명하다

ⓥ 계몽하다; (분명하게) 밝히다, 설명하다; ~에 불을 비추다

illuminate young students 어린 학생들을 계몽하다
illuminate the theory 그 이론을 분명하게 설명하다
illuminate the stadium 경기장을 비추다

기출 예문

This ergonomically designed light installs easily on the top of your computer and provides an indirect light source that will **illuminate** your computer monitor without any glare.
인체 공학적으로 고안된 이 조명은 컴퓨터의 윗부분에 쉽게 설치가 가능하고 눈부심 없이 모니터를 비출 간접 조명원을 제공합니다.

---

impressionable

[impréʃənəbl]

v. impress 깊은 인상을 주다

n. impression 인상, 느낌; 감명
a. impressive 인상적인, 감명 깊은

VOCA⁺
oppressive 억압적인

ⓐ 감수성이 풍부한, 영향받기 쉬운(susceptible)

children at an **impressionable** age 감수성이 풍부한 나이의 아이들

기출 예문

Teachers' words and actions are important because their students are very **impressionable**.
학생들은 매우 쉽게 영향을 받기 때문에 교사의 말과 행동이 중요하다.

---

instruct

[instrʌ́kt]

n. instruction 설명; 지시
n. instructor 강사, 교사
a. instructive 유익한

VOCA⁺
construct 건설하다
infrastructure 기간산업, 하부 구조

ⓥ 가르치다, 지시하다(mandate)

instruct students in English 학생에게 영어를 가르치다
be **instructed** to patrol the building 건물을 순찰하라는 지시를 받다

기출 예문

NY DJ Academy **instructs** students on the art of deejaying.
뉴욕 디제이 아카데미는 학생들에게 디제이 기술을 가르친다.

intelligence
[intélidʒəns]
a. intelligent 총명한, 영리한
a. intelligible 잘 이해되는, 분명한

ⓝ 지능; 비밀 정보, 기밀

a person of high **intelligence** 지능이 높은 사람
artificial **intelligence** 인공 지능
military **intelligence** 군사 기밀

기출 예문
Even an individual with average **intelligence** can move mountains.
평균적인 지능을 가진 사람이라도 기적을 일으킬 수 있다.

VOCA⁺
intangible 무형의, 파악할 수 없는
intact 온전한, 완전한

📄 a national intelligence agency 정보국, 국가정보원
the Central Intelligence Agency (미국) 중앙정보부(CIA)

---

list
[list]

ⓥ 목록을 작성하다, 열거하다

list the ingredients of the food 음식 재료의 목록을 작성하다

ⓝ 목록, 명단(catalogue)

draw up a **list** 목록을 작성하다
waiting **list** 대기자 명단

기출 예문
When you write an outline, you briefly **list** in order the ideas you wish to include in your composition.
개요를 작성할 때는 작문에 포함시키고 싶은 아이디어들을 간단히 순서대로 나열한다.

VOCA⁺
enlist 입대하다; 참가하다

📄 list out 배제하다

---

notice
[nóutis]
a. noticeable 눈에 띄는, 두드러진

ⓝ 공고, 안내(문); 주목, 알아챔

give the students **notice** 학생들에게 통지하다
take **notice** of ~을 알아차리다

ⓥ 알아차리다, 발견하다

notice a smell of gas 가스 냄새를 알아차리다

기출 예문
Prices are subject to change without prior **notice**.
가격은 사전 공지 없이 변경될 수 있다.

VOCA⁺
notify 통지하다
novice 초심자

📄 on short notice 예고 없이, 촉박하게

principal

[prínsəpəl]

ad. principally 주로

ⓝ 교장(headmaster), 학장, 총장

the new high school **principal** 고등학교의 신임 교장

ⓐ 주된, 주요한(main)

the **principal** character (in the book) (책의) 주인공, 주역

the **principal** source of income 주된 수입원

VOCA⁺

principle 원칙, 주의
chancellor (한 나라의) 수상, (대학의) 총장
dean (대학의) 학과장

> **기출 예문**
> Northrop Frye became **principal** of Victoria College in 1959.
> 노드롭 프라이는 1959년에 빅토리아 대학의 학장이 되었다.

---

prodigy

[prádədʒi]

a. prodigious 엄청난, 굉장한

ⓝ 신동, 천재(genius); 경이

a math[piano] **prodigy** 수학[피아노] 신동

be called an infant **prodigy** 신동이라고 불리다

> **기출 예문**
> His older brother, who is also a child **prodigy**, is already enrolled at Oxford University.
> 그의 형 역시 신동으로 이미 옥스퍼드 대학에 등록했다.

VOCA⁺

progeny 자손
prodigal 낭비적인, 방탕한

---

prospective

[prəspéktiv]

n. prospect 가능성; 예상, 전망

ⓐ 장래의, 예비의(potential); 곧 있을, 예상되는

prospective students[employees] 예비 학생들[취업 예정자들]

the terms of the **prospective** deal 예상되는 거래 조건들

> **기출 예문**
> This brochure for **prospective** students contains information on how to enroll.
> 예비 학생들을 위한 이 안내 책자는 등록하는 방법에 관한 정보를 담고 있다.

VOCA⁺

perspective 전망; 관점, 견지
respective 각자의

📝 prospective customers 잠재 고객
　prospective costs 예상 비용

352

retard
[ritάːrd]
a. retarded 지능 발달이 늦은

ⓥ 늦추다, 지연시키다(slacken)

retard the growth of young students 어린 학생들의 성장을 지연시키다
retard the town's development 도시 발달을 지연시키다
retard the negotiation 협상을 지연시키다

VOCA⁺
tardy 느린
regard ~으로 간주하다; 존중하다
reward 보답하다

🖊 기출 예문

Vitamin E **retards** the aging process.
비타민 E는 노화 과정을 늦춘다.

---

rudimentary
[rùːdəméntəri]
n. rudiment 기본, 기초

ⓐ (가장) 기본적인(basic, elementary); 미발달의

rudimentary training 기본적인 훈련
a **rudimentary** knowledge of English grammar 영문법에 대한 기초 지식
be at a **rudimentary** stage 기초적인 단계에 있다

VOCA⁺
crude 천연 그대로의; 조잡한
erudite 학식 있는, 박식한
fundamental 근본적인; 필수적인

🖊 기출 예문

You need more than a **rudimentary** understanding of calculus if you want to be a high school math teacher.
고등학교 수학 교사가 되고자 한다면 미적분학에 대한 기초적인 수준 이상의 이해가 필요합니다.

---

salient
[séiliənt]
n. salience (현저한) 특징

ⓐ 가장 두드러진, 현저한

a **salient** characteristic of one's teaching 그의 교수법의 두드러진 특징
the **salient** difference 현저한 차이

🖊 기출 예문

Taking notes helps with concentration and remembering **salient** points, which might be difficult otherwise.
메모는 집중력과 눈에 띄는 점을 기억하는 데 도움이 되는데, 이런 것들은 그렇게 하지 않으면 기억하기 힘들 수도 있다.

VOCA⁺
resilient 되튀는, 탄력 있는

self-discipline

[sèlfdísəplin]

a. self-disciplined
자기 훈련[수양]이 된

VOCA⁺

discipline 규율; 징계하다
indiscipline 자제심 결여; 무질서
disciple 제자

ⓝ 자기 훈련; 자제(력)

a lack of **self-discipline** 자제력 부족
exhibit **self-discipline** 자제력을 보이다

> **기출 예문**
>
> The Independent Master's Program is a non-residential
> Master's degree program for **self-disciplined**, mature adults.
> 독립 석사 과정은 자기 수양이 잘되어 있고 성숙한 성인을 위한 비상주 석사
> 과정이다.

---

skip

[skip]

VOCA⁺

skim 대충 읽다
skid 미끄러지다

ⓥ (한 부분을) 거르다, 건너뛰다

skip chemistry class 화학 수업을 빼먹다
skip breakfast 아침 식사를 거르다
skip the boring parts of the book 책의 지루한 부분을 건너뛰다

> **기출 예문**
>
> **Skipping** a meal can be bad for your health.
> 식사를 거르는 것은 건강에 해로울 수 있어요.

---

subtract

[səbtrǽkt]

n. subtraction 빼기, 공제

VOCA⁺

detract 깎아 내리다
extract 추출하다, 뽑아내다
retract (했던 말을) 철회하다

ⓥ 빼다, 공제하다(deduct ↔ add 더하다)

learn how to add and **subtract** 덧셈 뺄셈을 배우다
Subtract the expenses from your income. 자신의 소득에서 비용들을 공
제하세요.

> **기출 예문**
>
> First, measure and mark off the side wall with the width
> of your ceiling paper **subtracted** by approximately half an
> inch.
> 먼저, 도배지의 폭을 측정하여 거기에서 대략 반 인치 정도를 빼고 측벽에 표시
> 해 둔다.

📋 subtract 5 from 9 9에서 5를 빼다

suspend
[səspénd]

n. suspension (일시) 중단
n. suspense 서스펜스, 긴장감
a. suspensive 미결정의, 서스펜스가
  넘치는

VOCA⁺
depend 의존하다
append 첨부하다

ⓥ 정학[정직]시키다; (일정 기간) 중단하다; 매달다, 걸다
suspend the student 학생을 정학시키다
suspend bus service 버스 운행을 일시 중단하다
suspend the lantern from the ceiling 천장에 전등을 매달다

기출 예문
Persistently late students, meaning those who have
received more than five tardy slips, will be **suspended**.
상습적인 지각생, 즉 다섯 번 이상 지각 표를 받은 학생들은 정학 처분을 받을
것입니다.

tedious
[tíːdiəs]

n. tedium 지루함, 권태

VOCA⁺
odious 불쾌한, 싫은
studious 학구적인
omniscient 박식한

ⓐ 지루한(boring), 장황한
tedious daily routine 지루한 일과
spend a **tedious** hour 지루한 시간을 보내다

기출 예문
The bright young students found the monotonous class
exercises quite **tedious**.
똑똑하고 어린 학생들은 단조로운 실습수업이 정말 지루하다고 생각했다.

unruly
[ʌnrúːli]

VOCA⁺
unduly 지나치게, 심하게

ⓐ 다루기 힘든, 제멋대로 구는(disorderly)
unruly children[behavior] 제멋대로인 아이들[행동]
an **unruly** drunkard 다루기 힘든 주정뱅이

기출 예문
Unruly students must take time out at desks in the halls.
버릇없는 학생들은 복도에 비치된 책상으로 쫓겨날 것이다.

upbringing
[ʌ́pbrìŋiŋ]

v. bring up (아이를) 기르다; (이야기
  를) 꺼내다

VOCA⁺
upcoming 다가오는
upheaval 격변, 대변동

ⓝ (가정) 교육, 양육
have a strict **upbringing** 엄격한 가정 교육을 받다
a religious **upbringing** 종교 교육

기출 예문
A child's **upbringing** is the responsibility of both his or her
parents and teachers.
아이의 교육은 그 부모와 교사 모두의 책임이다.

DAILY TEPS TEST

Choose the best answer for the blank.

Part I

1

A: Who can join your book club?

B: Anyone will be _____.

(a) protected
(b) dated
(c) noticed
(d) admitted

2.

A: Ivan got in trouble for being late.

B: He's seeing the _____ now.

(a) substitute
(b) principal
(c) idol
(d) bully

3

A: Which grade is most difficult to teach?

B: Fifth graders tend to be the most _____.

(a) unruly
(b) irate
(c) salient
(d) copious

4

A: Maddie has aced every test she's taken.

B: She's a true _____.

(a) harmony
(b) mercenary
(c) disciple
(d) prodigy

5

A: Don't work too hard tonight.

B: You know I have to _____ for my test tomorrow.

(a) pose
(b) skip
(c) flag
(d) cram

6

A: Have I showed you the painting I bought?

B: Stop _____ and get back to the story!

(a) digressing
(b) transgressing
(c) probing
(d) cultivating

7

A: So, you're not enjoying calculus?

B: The exercises are just so _____ .

(a) comprehensible
(b) tedious
(c) omniscient
(d) jovial

8

A: Neville looks pretty crestfallen.

B: The teacher _____ him for plagiarizing.

(a) interposed
(b) subtracted
(c) admonished
(d) consigned

Part II

9

Positive habits instilled during a child's _____ can promote future success in school.

(a) insurgence
(b) illumination
(c) upbringing
(d) ascent

10

Any student caught bringing a weapon onto school grounds will be _____ immediately.

(a) suspended
(b) polluted
(c) diverted
(d) grounded

11

It is unfortunate that one underskilled or overworked teacher can seriously _____ a child's academic development.

(a) retard
(b) underlie
(c) instruct
(d) deport

12

A reported 85% of Afghan women are _____ , a result of a cultural stigma against education for girls.

(a) exemplary
(b) negligible
(c) sparse
(d) illiterate

1 (d)	2 (b)	3 (a)	4 (d)	5 (d)	6 (a)
7 (b)	8 (c)	9 (c)	10 (a)	11 (a)	12 (d)

1 A: 누가 당신의 북클럽에 가입할 수 있습니까?
B: 누구든지 가입할 수 있어요.
(a) 보호하다
(b) 날짜를 적다
(c) 알아차리다
(d) 가입을 허락하다

2 A: 이반이 지각해서 곤란하게 됐죠.
B: 그는 지금 교장 선생님을 만나고 있어요.
(a) 대리자
(b) 교장
(c) 우상
(d) 깡패

3 A: 어떤 학년이 가장 가르치기가 어렵습니까?
B: 5학년이 가장 다루기 힘들죠.
(a) 다루기 힘든
(b) 성난
(c) 현저한
(d) 풍부한

4 A: 매디가 그녀가 치른 모든 시험에서 A를 받았어요.
B: 정말 영재네요.
(a) 조화
(b) 용병
(c) 제자
(d) 영재

5 A: 오늘 밤에는 너무 열심히 공부하지 마.
B: 내일 시험을 위해 벼락치기를 해야 하는 것 아시잖아요.
(a) 자세를 취하다
(b) 건너뛰다
(c) 기를 올리다
(d) 벼락치기로 공부하다

6 A: 제가 샀던 그림 보여 드렸던가요?
B: 딴 얘기하지 말고 하던 얘기나 하시죠!
(a) 주제에서 벗어나다
(b) 한도를 벗어나다
(c) 탐사하다
(d) 계발하다

7 A: 미적분을 좋아하지 않는다고?
B: 연습 문제가 그저 지루할 뿐이에요.
(a) 이해할 수 있는
(b) 지루한
(c) 박식한
(d) 아주 쾌활한

8 A: 네빌이 꽤 의기소침해 보여.
B: 선생님이 베꼈다고 야단치셨거든요.
(a) 중재하다
(b) 빼다
(c) 꾸짖다
(d) 위탁하다

9 자녀를 양육하면서 심어진 긍정적인 습관이 학교에서 앞으로의 성공을 가져올 수 있다.
(a) 폭동
(b) 깨달음
(c) 양육
(d) 상승

10 학교 구내로 무기를 가지고 오는 모든 학생은 즉시 정학을 받을 것이다.
(a) 정학시키다
(b) 오염시키다
(c) 우회시키다
(d) 외출 금지시키다

11 실력 미달이거나 과로하는 교사가 학생의 학습 발달을 심각하게 지체시킬 수 있다는 것은 슬픈 일이다.
(a) 늦추다
(b) 기초를 이루다
(c) 가르치다
(d) 추방하다

12 보고된 아프간 여성의 85퍼센트가 문맹이며, 이는 여자 아이들의 교육을 막는 문화적 오명의 결과이다.
(a) 모범적인
(b) 대수롭지 않은
(c) 희박한
(d) 문맹의

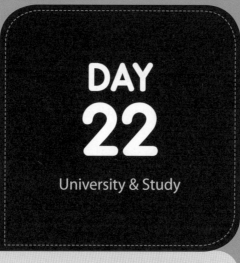

DAY
22

University & Study

After **perusing** the school's course offerings,
the student was ready to enroll.

학교의 과정 안내를 꼼꼼히 읽고 나자 그 학생은 등록할 준비가 되었다.

학습 1차	년	월	일	공부 시간	시간	분
학습 2차	년	월	일	공부 시간	시간	분
학습 3차	년	월	일	공부 시간	시간	분

University & Study 대학과 학문

MP3
듣기

thorough
[θə́:rou]
ad. thoroughly 철저히

VOCA⁺
exhaustive 철저한, 완전한
comprehensive 포괄적인
complete 완전한

ⓐ **철저한, 완전한**

a **thorough** check-up 정밀 검사
a **thorough** knowledge of the subject 주제에 대한 철저한 지식

🗨 기출 예문

The thesis failed to give its topic a **thorough** analysis.
그 논문은 주제에 대한 완벽한 분석을 하지 못했다.

---

syllabus
[síləbəs]

VOCA⁺
curriculum (학교) 교육 과정

ⓝ **강의 요강, 수업 계획서**

on a **syllabus** (강의 내용이) 수업 계획서에 포함된

🗨 기출 예문

According to the course **syllabus**, students are required to attend at least two thirds of all the lectures.
강의 계획표에 따르면, 학생들은 최소한 수업 시수의 2/3을 참석해야 한다.

---

grasp
[græsp]

VOCA⁺
comprehension 이해
knowledge 지식
mastery 숙달
perception 인식

ⓥ **이해하다, 잡다**

grasp the gravity of the problem 문제의 심각성을 이해하다

ⓝ **이해**

have a good **grasp** of the legal system 법 체계를 잘 이해하다

🗨 기출 예문

Do I need a good **grasp** of chemistry to attend the advanced chemistry course?
고급 화학 수업 들으려면 화학에 대해 잘 알고 있어야 하나요?

---

proficient
[prəfíʃənt]
n. proficiency 능숙함

VOCA⁺
accomplished 성공한
competent 능숙한

ⓐ **능숙한**

be **proficient** in two foreign languages 두 개의 외국어에 능숙하다

🗨 기출 예문

How did she manage to become so **proficient** in French?
그녀가 어떻게 그렇게 프랑스어에 유창하게 되었나요?

thesis
[θíːsis]

VOCA⁺
theme 주제

ⓝ 논문

a graduate[doctoral] **thesis** 졸업[박사 학위] 논문
write[do/ work on] a **thesis** 논문을 쓰다

> 📝 기출 예문
>
> Do you think you can proofread this **thesis** by the end of the week?
> 이번 주말까지 이 논문 교정을 해 줄 수 있겠니?

---

evaluate
[ivæljuèit]

n. evaluation 평가

VOCA⁺
value 가치; 평가하다
valuable 가치 있는
invaluable 매우 가치 있는

ⓥ 평가하다

evaluate a program as effective[ineffective] 프로그램이 효율적이라고
[비효율적이라고] 평가하다

> 📝 기출 예문
>
> She is skeptical about using multiple-choice tests to
> **evaluate** foreign language proficiency.
> 그녀는 외국어 능력을 평가에 선다형 시험을 이용하는 것에 대해 회의적이다.

---

term paper

VOCA⁺
homework assignment 과제물

ⓝ 학기말 과제물

do a **term paper** 학기말 과제물을 작성하다
have a **term paper** due next week 다음 주까지 제출해야 하는 학기말 과제
물이 있다

> 📝 기출 예문
>
> How was the feedback on the topic of your **term paper**?
> 학기말 과제물 주제에 대한 피드백은 어때?

---

sabbatical
[səbǽtikəl]

VOCA⁺
leave of absence 휴가, 휴직
recess, break 휴회, 휴식 시간
holiday, vacation 휴가

ⓝ 안식년

grant[take] a **sabbatical** 안식년을 주다[받다]
a paid **sabbatical** 유급 안식년
be on **sabbatical** 안식년 휴가를 가다

> 📝 기출 예문
>
> Ms. Park is out of the office on sabbatical.
> 박 선생님은 안식년 휴가로 사무실을 비웁니다.

DAY 22

scholarship
[skάlərʃìp]

ⓝ 장학금

gain[get/ win] a **scholarship** 장학금을 받다

a full **scholarship** 전액 장학금

attend college on a **scholarship** 장학금을 받고 학교에 다니다

> 기출 예문
>
> He is not sure if he should accept the scholarship offer.
> 그는 그 장학금 제의를 받아들여야 할지 확신이 서지 않는다.

VOCA⁺
scholar 학자, 장학생

---

relevant
[réləvənt]

n. relevance 관련성, 적절성

ⓐ 관련 있는, 적절한

relevant information 관련 정보

be **relevant** to the discussion 논의와 관련이 있다

> 기출 예문
>
> Papers with either a theoretical or practical focus are welcome, but all submissions need to be relevant to the main topic of the course.
> 이론 또는 실용 중점의 논문은 환영하지만, 제출된 모든 제출물은 강의의 핵심 주제와 관련된 것이어야 한다.

VOCA⁺
pertinent, related 관계 있는
suitable 적절한

---

liberal arts

ⓝ 인문학, 교양 과목

a **liberal arts** college 인문 과학 대학

> 기출 예문
>
> Liberal arts courses in this college are becoming scarce.
> 이 대학에서 교양 강좌가 점점 부족해지고 있다.

---

academic
[ӕkədémik]

n. academy (특수 분야의) 학교, 아카데미

ⓐ 학업의, 학교의; 학구적인

an **academic** career 학력

a high **academic** standard 높은 학문적 수준

> 기출 예문
>
> All entrants must provide proper evidence of their current academic standing.
> 모든 참가자들은 자신의 현재 학문적 위치에 대한 적절한 증거를 제출해야 합니다.

VOCA⁺
arcade 아케이드; 전자오락실

📋 an academic performance 학업 성적
   an academic curriculum 대학 교육 과정

accumulate

[əkjúːmjəlèit]

n. accumulation 축적, 누적
a. accumulative 적립식의

VOCA⁺

cumulative 누적의
accommodate 수용하다; 편의를
도모하다; 적응시키다

ⓥ 축적되다(accrue, amass, hoard); (조금씩) 모으다

accumulate academic knowledge 학문 지식을 축적하다
accumulate a fortune 재산을 모으다

🖊 기출 예문

Excessive shopping is provoking concern: many people
worry about our preoccupation with **accumulating** goods
and spending.
지나친 쇼핑은 우려를 낳고 있는데, 많은 사람들이 우리가 물건을 모으고 돈을
쓰는 데 몰두하는 것을 걱정한다.

achieve

[ətʃíːv]

n. achievement 성취, 달성

VOCA⁺

chief 최고의, 주요한; 우두머리
capital 대문자; 수도; 자본

ⓥ 성취하다, 달성하다(fulfill, accomplish)

achieve one's goal 목표를 달성하다
achieve a feat 위업을 달성하다

🖊 기출 예문

What is difficult is **achieving** adequate literacy levels within
a population to ensure that a writing system survives.
어려운 점은 집단 내에서 문자를 읽고 쓸 줄 아는 인구가 적정한 수준까지 늘어
나야 그 문자 시스템이 보존될 수 있다는 점이다.

alumni

[əlʌ́mnai]

n. alumnus 〈단수〉 졸업생

VOCA⁺

junior 후배
senior 선배
classmate 동급생

ⓝ 졸업생들(graduate); 동창생

the **alumni** of the university 그 대학의 졸업생들
an **alumni** association 동창회

🖊 기출 예문

Wanting to create more scholarships, university officials
sent many letters to **alumni** for more support.
장학금을 더 많이 조성하기를 바라면서 대학 당국자들은 더 많은 지원을 얻기
위해 동문들에게 많은 편지를 보냈다.

bachelor

[bǽtʃələr]

ⓝ 학사 (학위); 미혼남

the **bachelor's** degree 학사 학위

a **bachelor** of arts 문학 학사

a **bachelor** party (결혼을 앞둔 남자를 위한) 총각 파티

VOCA⁺

master 석사
doctor 박사
spinster 노처녀, 독신녀

🗨 기출 예문

A **bachelor's** degree and strong interpersonal skills are also required.
학사 학위와 뛰어난 대인 관계 기술 역시 필수입니다.

📝 a confirmed bachelor 확고한 독신남

---

brainwash

[bréinwàʃ]

n. brainwashing 세뇌

ⓥ 세뇌시키다

advertisements **brainwashing** children 아이들을 세뇌시키는 광고들

brainwash people into conforming 사람들이 따르도록 세뇌시키다

VOCA⁺

whitewash 눈가림, 은폐
brainstorming 브레인스토밍,
난상토론

🗨 기출 예문

Most television advertisements are intended to **brainwash** consumers into buying certain products.
대부분의 텔레비전 광고의 목적은 소비자들을 세뇌해 특정 제품을 구매하도록 하는 데 있다.

---

institute

[ínstitjùːt]

n. institution 기관, 단체; 제도

ⓝ (연구 · 교육) 기관, 협회

found an **institute** for research 연구 기관을 설립하다

ⓥ (제도 · 정책 등을) 도입하다(introduce); (절차를) 시작하다

institute a new program 새로운 프로그램을 도입하다

institute legal proceedings against ~에 대해 법적 소송 절차를 시작하다

VOCA⁺

install 설치하다; 임명하다
instill 주입하다
substitute 대신으로 쓰다; 대리인
destitute 결핍한; 궁핍한

🗨 기출 예문

The English Language **Institute** at Whitford College caters to international applicants seeking admittance to graduate programs at American post-secondary schools.
휘트포드 대학의 영어 어학원은 미국의 중등 교육 이후 대학원 프로그램에 입학을 희망하는 외국 지원자들을 대상으로 합니다.

📝 mental institution 정신 병원

the Massachusetts Institute of Technology 매사추세츠 공과 대학(MIT)

complete

[kəmplíːt]

n. completion 완료, 완성
ad. completely 완전히, 철저히

ⓥ 완료하다, 끝마치다; 완성하다

complete the work 일을 완료하다
complete the customs declaration form 세관 신고서를 작성하다

ⓐ 완전한, 완벽한(thorough)

a **complete** sentence 완전한 문장
a **complete** waste of time 완전한 시간 낭비

🔖 기출 예문

Applicants to the university are expected to have **completed** a college preparatory program.
그 대학의 지원자들은 입학 준비 프로그램을 마친 것으로 예상된다.

VOCA⁺
compete 경쟁하다
complement 보충하다; 보완물

🗒 take complete control of ~을 완전히 통제[장악]하다

degree

[digríː]

ⓝ 학위; (각도 · 온도의) 도; 정도

receive an honorary **degree** 명예 학위를 받다
rotate 180 **degrees** 180도 회전하다
20 **degrees** Fahrenheit[Celsius] 화씨[섭씨] 20도
to a **degree** 어느 정도, 조금은

🔖 기출 예문

I believe everyone is to some **degree** an actor.
나는 모든 사람들이 어느 정도는 배우라고 생각한다.

VOCA⁺
degrade 지위를 낮추다, 떨어뜨리다
decree 법령, 포고

🗒 doctoral degree 박사 학위

disseminate

[disémənèit]

n. dissemination 전파

ⓥ (정보 · 지식 등을) 퍼뜨리다, 전파하다

disseminate information[ideology] 정보[이념]를 전파하다
disseminate propaganda 정치적 선전을 퍼뜨리다

🔖 기출 예문

The invention of paper and printing only allowed information to be **disseminated** to limited numbers of people.
종이와 인쇄술의 발명은 제한된 수의 사람들에게 정보가 퍼지는 것을 가능하게 할 뿐이었다.

VOCA⁺
inseminate 인공 수정시키다,
(사상을) 마음에 심다
dissimulate 아닌 체하다

dissertation

[dìsərtéiʃən]

① (학위) 논문(thesis, treatise)

a **dissertation** for an academic degree 학위 취득을 위한 논문

a doctoral **dissertation** 박사 학위 논문

VOCA⁺

disconcert 당황하게 하다
assertion 주장, 단언

기출 예문

I asked him to advise me on my doctoral **dissertation**.
그에게 내 박사 논문에 대해 조언해 달라고 부탁했어.

---

enroll

[inróul]

n. enrollment 등록, 입학, 입대

♥ 등록하다, 입학시키다, 입대하다(register, enlist)

enroll for a course 과정에 등록하다

enroll oneself in a weight-loss program 체중 감량 프로그램에 등록하다

enroll in the army 군에 입대하다

기출 예문

Through an intensive 25-hour-a-week curriculum, students
enrolled are given the opportunity to prepare for the
challenges in language and communication inside American
classrooms.
등록한 학생들은 주당 25시간의 집중적인 교과 과정을 통해 미국 교실 내 언어
및 의사소통의 어려움에 대비할 기회를 갖게 됩니다.

VOCA⁺

roll 명부, 명단
role 역할

---

faculty

[fǽkəlti]

① (창조적) 재능, 기능; 교수진; (대학의) 학부

the **faculty** of speech 언어 능력

a member of the Harvard **faculty** 하버드 교수진 중 한 명

the Arts **Faculty** 인문학부

기출 예문

The **faculty** and administration would like to invite you to
the graduation ceremony to be held at 6 p.m. on Saturday,
December 18th in the Blaisedale Convocation Center.
교수진과 대학 본부는 블레이즈데일 집회장에서 12월 18일 토요일 오후 6시에
열리는 졸업식에 여러분들을 초대합니다.

VOCA⁺

facility 쉬움; 재주, 솜씨; 편의 시설

flunk
[flʌŋk]

VOCA⁺
flank 옆구리; 측면
bomb the test 시험을 망치다

ⓥ (시험에) 떨어지다(fail); 낙제시키다

flunk an exam 시험에서 떨어지다
flunk two students 두 명의 학생들을 낙제시키다

기출 예문

The exam was so tricky that a number of students flunked it.
시험이 너무 까다로워서 다수의 학생들이 낙제했다.

📝 flunk Chemistry 화학 과목에서 낙제하다
   flunk out of college 대학을 중퇴하다

---

grant
[grænt]

VOCA⁺
rant 호언장담; 폭언하다
errant 잘못된
flagrant 극악한

ⓝ (정부나 단체에서 주는) 보조금(benefit)

receive a government **grant** 정부 보조금을 받다
be awarded a research **grant** 연구비를 받다

ⓥ (정식으로) 주다, 승인하다(permit)

grant one's request 요청을 들어주다
grant me an interview 내가 인터뷰하는 것을 허락하다

기출 예문

Parents Anonymous, an organization that fights child abuse, will award **grants** of up to $50,000 to selected community-based organizations.
아동 학대 퇴치에 힘쓰는 기구인 익명의 부모회는 지역 사회를 기반으로 하는 기구를 선발하여 5만 달러까지 보조금을 지급할 것입니다.

📝 take it for granted that ~하는 것을 당연한 것으로 생각하다
   granted that ~이라 할지라도

---

brilliant
[bríljənt]
n. brilliance 광택; 탁월

VOCA⁺
drill 훈련; 가르치다
thrill 전율, 흥분
shrill (소리가) 날카로운, 높은

ⓐ 눈부신, 훌륭한

brilliant jewels 번쩍거리는 보석
a **brilliant** scholar[professor] 뛰어난 학자[교수]

기출 예문

He was a **brilliant** animator and filmmaker with a distinctive style and humor.
그는 뚜렷한 스타일과 유머를 지닌 뛰어난 만화 영화 작가 겸 영화 제작자였다.

judicious
[dʒuːdíʃəs]

VOCA⁺
judicial 사법의

ⓐ **현명한, 신중한(sagacious)**
judicious planning 현명한 계획
a **judicious** approach 신중한 접근

🎙️ 기출 예문
The board made a **judicious** decision in installing Mr. Gold as university president.
위원회는 골드 씨를 대학 총장으로 임용하는 분별 있는 판단을 내렸다.

---

knowledgeable
[nάlidʒəbl]
ad. knowledgeably 박식하게

VOCA⁺
acknowledge 인정하다

ⓐ **아는 것이 많은, 박식한(well-informed)**
be **knowledgeable** about literature 문학에 대해 많이 알다

🎙️ 기출 예문
Nature walks and evening camp-fire programs are conducted by **knowledgeable** park rangers and volunteers.
노련한 공원 순찰대와 자원봉사자들이 자연 산책과 저녁의 캠프파이어 프로그램을 진행합니다.

📝 self-knowledge 자기 자신에 대한 이해

---

mentor
[méntɔːr]

VOCA⁺
mental 정신의
demented 미친 듯이 구는

ⓥ **조언[지도]하다**

ⓝ **멘토, 조언자(advisor ↔ mentee 멘티, 조언받는 사람)**
young boys in need of **mentors** 멘토가 필요한 어린 소년들

🎙️ 기출 예문
Participants in the **mentoring** program, which is modeled on the British one, receive $100 a week to cover expenses.
영국식 프로그램을 모델로 만들어진 멘토링 프로그램의 참가자들은 경비 보상으로 일주일에 100달러씩 받는다.

pedantic

[pədǽntik]

n. pedant (지나친) 원칙론자,
학자티를 내는 사람

VOCA⁺
antic 익살스러운
frantic 광란적인

ⓐ (원칙을) 지나치게 따지고 드는, 현학적인(bookish)

a **pedantic** teacher 지나치게 규칙을 따지고 드는 교사

be very **pedantic** about grammar 문법이 맞는지에 대해 심하게 따지다

📃 기출 예문

The scholar's persistent and **pedantic** display of obscure knowledge earned him few friends.
잘 알려지지 않은 지식에 대한 그 학자의 고집과 따지고 드는 모습에 그는 친구가 별로 없었다.

---

peruse

[pərúːz]

n. perusal 정독; 통독

VOCA⁺
abuse 학대하다; 남용하다
misuse 오용하다, 학대하다

ⓥ 정독하다, 꼼꼼히 읽다

peruse the thesis 논문을 정독하다

peruse the company's financial statements 회사의 재무제표를 꼼꼼히 살펴보다

📃 기출 예문

After perusing the school's course offerings, the student was ready to enroll.
학교의 과정 안내를 꼼꼼히 읽고 나자 그 학생은 등록할 준비가 되었다.

---

prestige

[prestíːʤ]

a. prestigious 명성[이름] 있는

VOCA⁺
presage 예언하다; 전조

ⓝ 명성, 명망(reputation, renown)

gain international **prestige** 국제적 명성을 얻다

enhance one's **prestige** 명성을 드높이다

📃 기출 예문

They hope that the **prestige** attached to the symbol will carry over to their product.
그들은 그 상징이 가진 명성이 상품에까지 미치길 바란다.

369

respectable

[rispéktəbl]

v. respect 존경하다
n. respectability 훌륭함
a. respectful 공경하는
a. respective 각자의

VOCA⁺

spectacle 광경
retrospect 회상하다

ⓐ **존경할 만한; 훌륭한(decent)**

a **respectable** professor 존경할 만한 교수
wear **respectable** clothes 좋은 옷을 입다

📝기출 예문

Iris always took pride in the fact that she was from a **respectable** family.
아이리스는 항상 자신이 훌륭한 집안 출신이라는 것을 자랑했다.

---

revamp

[riːvǽmp]

VOCA⁺

vampire 흡혈귀
bonfire 모닥불

ⓥ **개선하다, 개조하다(ameliorate, renovate, enhance)**

revamp one's image 이미지를 개선하다
revamp the design of the car 차의 디자인을 개조하다

📝기출 예문

The board has decided to **revamp** the whole school, making changes in all departments and programs.
위원회는 모든 학과와 프로그램에서의 변화를 꾀하면서 학교 전체를 개선하기로 결정했다.

---

savvy

[sǽvi]

n. savant 석학, 학자

VOCA⁺

saggy 축 처진
naggy 잔소리가 심한

ⓐ **(실제적으로) 많이 아는, 경험이 많은(knowledgeable)**

savvy customers 아는 게 많은 소비자들
a **savvy** investor 경험이 많은 투자자
be **savvy** about computers 컴퓨터에 대해 많이 알다

ⓝ **(실용적인) 지식, 상식**

have a lot of political **savvy** 정치적인 지식이 풍부하다

📝기출 예문

Shanghai has become a business-**savvy** and cosmopolitan city.
상하이는 비즈니스에 정통한 국제적인 도시가 되었다.

semester

[siméstər]

VOCA⁺
master 숙달하다, 통달하다
muster 소집하다
minister 목사; 공헌하다

ⓝ 학기(term)

the spring[fall] semester 봄[가을] 학기
prepare for the new semester 새 학기를 준비하다

I can't believe this is our last semester. The time just flew by.
이게 우리의 마지막 학기라는 것이 믿기지 않아. 시간이 참 빨리 흘러갔어.

---

specious

[spí:ʃəs]

n. speciousness 그럴듯함

VOCA⁺
spacious 널찍한
spatial 공간의

ⓐ (겉만) 그럴듯한(seeming)

specious reasoning 그럴듯한 추론
a specious pretext 허울만 그럴듯한 구실

기출 예문

To win formal debates, you must learn to quickly
distinguish valid arguments from specious ones.
공식적인 논쟁에서 이기기 위해서는 타당한 주장과 얼핏 듣기에 그럴듯한
주장을 빠르게 구별하는 법을 배워야 한다.

---

statistics

[stətístiks]

a. statistical 통계적인
ad. statistically 통계적으로

VOCA⁺
static 정적인
antistatic 정전기 방지의
ecstatic 황홀한

ⓝ 통계(학), 통계 자료

statistics of population 인구 통계
major in statistics 통계학을 전공하다
manipulate statistics 통계를 조작하다

기출 예문

The unemployment statistics announced by the
government are very disturbing.
정부가 발표한 실업률 통계는 매우 불안하게 한다.

---

transcript

[trǽnskript]

v. transcribe 베끼다;
  문자로 옮겨 적다; 고쳐 쓰다
n. transcription 필사; 사본

VOCA⁺
postscript 추신
conscript 징집하다
manuscript 필사본, 원고

ⓝ 사본, 글로 옮긴 기록; 성적 증명서

a transcript of the speech 연설을 글로 옮긴 기록
submit one's college transcript 대학 성적 증명서를 제출하다

기출 예문

I need a transcript of my undergraduate studies.
제 학부 성적 증명서가 필요해요.

Choose the best answer for the blank.

Part I

1

A: Here's a letter from your old university.

B: They're soliciting _____ for contributions.

(a) alumni
(b) convoys
(c) bachelors
(d) hybrids

2

A: Have you completed your postgraduate work?

B: I'm still working on my _____.

(a) mileage
(b) institute
(c) dissertation
(d) paragon

3

A: You should ask Leslie for help on your economics project.

B: Okay, she seems _____ on the subject.

(a) accountable
(b) demonstrable
(c) respectable
(d) knowledgeable

4

A: Harvard has an excellent international reputation.

B: But you pay more in tuition for that _____.

(a) destiny
(b) hindsight
(c) prestige
(d) postscript

5

A: Where does your funding come from?

B: We receive some sizable _____ from the state government.

(a) levers
(b) grants
(c) doctors
(d) degrees

6

A: Which major translates into the highest earning jobs?

B: I'll have to check the university's _____.

(a) gestures
(b) standings
(c) statistics
(d) favors

7

A: Is my application missing anything?

B: Looks like we don't have your high school _____ yet.

(a) savvy
(b) fixtures
(c) perusals
(d) transcripts

8

A: I see Professor Davis over there.

B: No, that's a different member of the _____.

(a) classmate
(b) faculty
(c) semester
(d) graduation

Part II

9

College students must _____ class credits until they reach the number required for graduation.

(a) accumulate
(b) transcribe
(c) disseminate
(d) stimulate

10

Thanks to the university's _____ use of resources, it was able to expand its teaching staff.

(a) specious
(b) academic
(c) scholastic
(d) judicious

11

My son's kindergarten teacher served as a wonderful _____ to him throughout his later schooling.

(a) pedant
(b) mentor
(c) councilor
(d) savant

12

During the 1930s, Nazi propaganda was successful in _____ large portions of the German population.

(a) brainwashing
(b) revamping
(c) granting
(d) doctoring

1 (a)	2 (c)	3 (d)	4 (c)	5 (b)	6 (c)
7 (d)	8 (b)	9 (a)	10 (d)	11 (b)	12 (a)

1 A: 졸업한 대학에서 편지가 왔군요.
　　B: 졸업생들에게 기부를 해 달라고 하네요.
　　(a) 졸업생들　　　(b) 호위대
　　(c) 학사 학위자　　(d) 혼성물

2 A: 대학원 공부는 끝내셨나요?
　　B: 아직 학위 논문을 쓰고 있어요.
　　(a) 주행 거리　　　(b) 기관
　　(c) 학위 논문　　(d) 귀감

3 A: 경제학 프로젝트를 도와 달라고 레슬리에게
　　　요청하세요.
　　B: 좋아요, 그녀가 주제에 대해 많이 알고 있는 것
　　　같네요.
　　(a) 책임이 있는　　(b) 명백한
　　(c) 존경할 만한　　**(d) 아는 것이 많은**

4 A: 하버드는 세계적으로 탁월한 평판을 가지고 있
　　　습니다.
　　B: 하지만 명성에 걸맞게 학비는 더 많이 내야 하죠.
　　(a) 운명　　　　　(b) 뒤늦은 깨달음
　　(c) 명성　　　　(d) 추신

5 A: 지금은 어디에서 오는 겁니까?
　　B: 주 정부로부터 꽤 많은 보조금을 받지요.
　　(a) 지레　　　　　**(b) 보조금**
　　(c) 박사　　　　　(d) 정도

6 A: 어떤 전공이 최고 소득 직업을 의미하는 거죠?
　　B: 대학 통계를 확인해 봐야 합니다.
　　(a) 제스처　　　　(b) 지위
　　(c) 통계　　　　(d) 우호

7 A: 제 지원서에 빠진 게 있나요?
　　B: 고등학교 성적 증명서가 아직 없는 것 같군요.
　　(a) 상식　　　　　(b) 고정물
　　(c) 정독　　　　　**(d) 성적 증명서**

8 A: 저기 데이비스 교수님이 보이는군요.
　　B: 아니요. 저 분은 다른 교직원입니다.
　　(a) 반 친구　　　　**(b) 교직원**
　　(c) 학기　　　　　(d) 졸업

9 대학생들은 졸업에 필요한 학점을 채울 때까지 학
　점을 쌓아야 합니다.
　(a) 축적하다　　　(b) 베끼다
　(c) 퍼뜨리다　　　　(d) 자극하다

10 대학의 신중한 재원 이용 덕분에 교수진을 확대할
　수 있었다.
　(a) 겉만 그럴듯한　　(b) 학구적인
　(c) 학자의　　　　　**(d) 신중한**

11 아들의 유치원 선생님은 나중의 학교생활 내내 아
　들에게 멋진 멘토가 되었다.
　(a) 원칙론자　　　　**(b) 멘토**
　(c) 평의원　　　　　(d) 학자

12 1930년대 동안 나치의 선전은 대규모 독일인들을
　세뇌시키는 데 성공적이었다.
　(a) 세뇌시키다　　(b) 개조하다
　(c) 승인하다　　　　(d) 치료하다

374

DAY
23

History

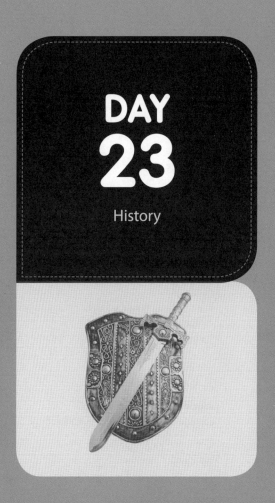

기출 예문

The city was abandoned in 1332 BC, leaving us with a truly unique **legacy**.

이 도시는 우리에게 실로 독특한 유산을 남기며 기원전 1332년 버려졌습니다.

학습 1차	년	월	일	공부 시간	시간	분
학습 2차	년	월	일	공부 시간	시간	분
학습 3차	년	월	일	공부 시간	시간	분

banish
[bǽniʃ]

VOCA⁺
dispel (생각을) 떨쳐버리다, 없애다
eradicate 박멸하다
evict (주거지에서) 퇴거시키다

ⓥ 추방하다

be **banished** to[from] Siberia 시베리아로[부터] 추방되다

🖋 기출 예문

The king **banished** his political enemies from the kingdom, forcing them to leave in neighboring countries.
그 왕은 정적들을 왕국에서 추방하여 그들은 이웃 국가에서 살아야 했다.

---

lord
[lɔ:rd]

VOCA⁺
landlord (남자) 집주인

ⓝ 중세 영주, 귀족

a feudal **lord** 봉건 영주

🖋 기출 예문

In medieval times, a knight pledged allegiance to his **lord** in return for land.
중세 시대에 기사들은 영주에게 충성을 맹세하고 땅을 받았다.

---

corrode
[kəróud]

n. corrosion 부식
a. corrosive 부식시키는, 부식성의

VOCA⁺
deteriorate 악화되다
impair 손상시키다
erode (물, 바람이) 침식시키다

ⓥ 부식시키다, 좀먹다

corrode metal 금속을 부식시키다
corrode one's relationship 관계를 좀먹다

🖋 기출 예문

The country was thought mostly as a place **corroded** by civil war. 그 나라는 내전으로 점철된 곳이라고 여겨졌다.

---

ancestor
[ǽnsestər]

a. ancestral 조상의

VOCA⁺
ancestry 가계, 혈통
ancestral 조상 대대로의

ⓝ 조상, 선조

a direct **ancestor** 직계 조상
be descended from a common **ancestor** 공통 조상에서 혈통이 이어지다

🖋 기출 예문

Research into DNA revealed that every human on earth is descended from a common **ancestor** in Africa.
DNA에 관한 연구는 지구상의 모든 인간은 아프리카의 공통된 조상의 자손임을 밝혔다.

376

ancient
[éinʃənt]

ⓐ 고대의, 먼 옛날의

ancient times[history] 고대 시대[역사]

ancient artifacts 고대 유물

VOCA⁺
age-old 아주 오래된
antique 골동품의
archaic 폐물이 된
timeworn 낡아빠진, 오래된

🖊 기출 예문

Qin Shi Huang, an ancient Chinese emperor, built the Great Wall of China to protect his country from invaders.
고대 중국의 황제 진시황은 침입자들로부터 그의 나라를 보호하기 위해서 만리장성을 세웠다.

emancipation
[imǽnsəpéiʃən]
v. emancipate 해방하다

ⓝ (노예) 해방

Emancipation Proclamation 노예 해방령

VOCA⁺
release 석방
independence 독립
liberation 해방

🖊 기출 예문

The emancipation of slaves did not immediately alter their lives. 노예 해방은 그들의 생활을 즉시 바꾸지는 못했다.

span
[spæn]

ⓝ 기간

the average life span of dogs 개의 평균 수명

ⓥ 기간에 걸치다

span over 10 years 10년 이상 지속되다

VOCA⁺
length 시간의 길이
period 기간
duration 지속; 기간
era 시대

🖊 기출 예문

The relationship between the two families was so rancorous that they kept fighting a war that spanned four decades.
두 가문의 관계는 너무 원한이 깊어서 그들은 40년에 걸쳐 전쟁을 했다.

independence
[indipéndəns]
a. independent 독립된

ⓝ 독립

gain independence from Britain 영국으로부터 독립하다

VOCA⁺
depend 의지하다
dependent 의존하는
dependable 의지할 만한
interdependent 상호 의존적인

🖊 기출 예문

Special coins were issued to celebrate the country's independence.
그 나라의 독립을 기리기 위하여 기념 주화가 발행되었다.

abolish

[əbáliʃ]

n. abolition 폐지
n. abolitionist 노예 제도 폐지론자

VOCA⁺

polish 닦다

ⓥ (법률·제도를) 폐지하다(abrogate, repeal, do away with)

abolish the death penalty 사형 제도를 폐지하다
abolish the customs duties 관세를 철폐하다

기출 예문

Slavery was **abolished** and the United States was established firmly as an indivisible nation state.
노예 제도는 폐지되었고 미합중국은 불가분의 민족 국가로서 확고히 세워졌다.

📓 abolish slavery 노예 제도를 폐지하다

accede

[æksíːd]

n. accession 취임; 도달; (국제기관에) 가입

VOCA⁺

access 접근; 발작
excess 초과

ⓥ (왕위에) 오르다; (요청·제의 등에) 동의하다

accede to the throne 왕위에 오르다
accede to terms 조건에 응하다

기출 예문

The king's son **acceded** to the throne after the death of the king.
왕이 죽고 난 후에 그의 아들이 왕좌를 계승했다.

archaeological

[àːrkiəládʒikəl]

n. archaeology 고고학
n. archaeologist 고고학자

VOCA⁺

anthropology 인류학

ⓐ 고고학적인, 고고학의

an **archaeological** excavation 고고학적 발굴
an **archaeological** site 고고학 발굴 현장

기출 예문

He was inspired by others who tried to recreate the Olympics and by **archaeological** finds at Olympia in Greece.
그는 올림픽을 복원시키려고 했던 다른 사람들과 그리스 올림피아의 고고학적 발견에 영감을 받았다.

atrocity

[ətrάsətiz]

a. atrocious 끔찍한, 극악무도한

VOCA⁺

audacious 대담한
avaricious 탐욕스러운

ⓝ (-s) 잔학 행위

the **atrocities** of war 전쟁에서 벌어지는 잔학 행위
be punished for **atrocities** 잔학 행위에 대해 처벌받다

 기출 예문

Our special feature on the terrible **atrocities** that have occurred during wars throughout history was not intended to cheapen or sensationalize those events.
역사상 있었던 전쟁 중 발생한 끔찍한 잔학 행위에 대한 저희 특집 기사는 그러한 사건의 가치를 폄하하거나 선정적으로 보도할 의도가 아니었습니다.

📝 commit atrocities against ~에 대해 잔학한 짓을 하다

---

chronology

[krənάlədʒi]

ad. chronologically 연대순으로

VOCA⁺

chronic 만성의
diachronic 통시적인
synchronic 공시적인

ⓝ 연대순, 연대표(chronicle)

a detailed **chronology** of the French Revolution
프랑스 혁명에 대한 세부적 연대표

기출 예문

It is critical for history students to know the **chronology** of historical events so that they do not get dates mixed up.
역사를 공부하는 학생들은 역사적 사건들의 연대기를 알아서 연대를 혼동하지 않는 것이 필수이다.

📝 the chronology of the Joseon Dynasty 조선왕조실록

---

civilization

[sìvəlizéiʃən]

v. civilize 교화하다; (태도를) 세련되게 하다
a. civil 시민의; 민사의; 예의 바른
a. civilized 문명화된; 교양 있는

VOCA⁺

colonization 식민지화
globalization 세계화
nationalization 국영화

ⓝ 문명

destruction of **civilization** 문명의 파괴
the dawn of **civilization** 문명의 시작

기출 예문

The incredible output of art, architecture, and philosophy in Greece from 450 to 400 B.C. had a great impact on Western **civilization**.
기원전 450에서 400년까지 그리스에서 이루어진 예술, 건축, 철학 분야의 놀라운 성과는 서구 문명에 커다란 영향을 미쳤다.

originate
[ərídʒənèit]

n. origination 발생; 발명
n. originator 창시자

VOCA+
original 최초의; 독창적인; 원형
aboriginal (호주) 원주민의
orient 동양; 동양의;
동쪽으로 향하게 하다
orientation 적응; 방침 결정

ⓥ 비롯하다, 생겨나다; 고안하다

originate among the native people 원주민들 사이에서 유래하다
originate the idea[technique] 생각[기술]을 고안하다

> 기출 예문
>
> The Mediterranean region is a great place to study early religions because so many **originated** there.
> 지중해 지역은 많은 종교가 이곳에서 기원했기 때문에 초기 종교를 공부하기에 매우 적합하다.

📝 originate from the cause 원인에서 비롯되다

---

milestone
[máilstòun]

VOCA+
limestone 석회석
cornerstone 초석

ⓝ 이정표, 획기적인 사건(landmark)

a **milestone** in American history 미국 역사의 획기적인 사건
reach a **milestone** 중대 시점에 이르다

> 기출 예문
>
> Brooks' autobiography, *Report from Part One*, also marked a new **milestone** in her writing career, with her manner of manipulating long-standing conventions in Afro-American autobiography.
> 브룩스의 자서전 〈1장으로부터의 보고〉는 또한 미국 흑인 자서전의 오랜 관례를 능숙하게 다루는 솜씨 때문에 그녀의 집필 경력에 새로운 이정표가 되었다.

---

construct
[kənstrʌ́kt]

n. construction 건설, 건축

VOCA+
reconstruct 재건하다
instruct 지시하다, 가르치다
dismantle 철거하다

ⓥ 건축하다(build); (이야기 등을) 구성하다(compose)

construct a new bridge at low cost 낮은 비용으로 새 다리를 건설하다
construct a story through imagination 상상력을 통해 이야기를 구성하다

> 기출 예문
>
> It was **constructed** on the north side of the city in 575 B.C. by order of King Nebuchadnezzar II.
> 그것은 네부카드네자르 2세의 명령으로 기원전 575년 도시의 북쪽에 세워졌다.

📝 공사 중인: **on** construction (×) ➡ **under** construction (○)

counterpart
[káuntərpà:rt]

ⓝ 한 쪽, 상대 (인물)

the lead actress and her male **counterpart**
주연 여배우와 그녀의 상대 남자 배우

the minister and his Chinese **counterpart** 장관과 중국쪽 상대 장관

기출 예문

A recent study indicates that African-American women place less emphasis on youth as a factor of being beautiful compared to their Caucasian **counterparts**.
최근 조사에서 미국 흑인 여성들은 백인 여성들에 비해 아름다움의 요인으로 젊음을 덜 강조하는 것으로 밝혀졌다.

VOCA⁺
counter 대항하다
encounter 우연히 만나다

culminate
[kʌ́lmənèit]
n. culmination 정점, 최고조

ⓥ ~으로 끝이 나다; ~으로 절정에 이르다

culminate in the death 죽음으로 끝나다
culminate in success 성공으로 절정에 이르다

기출 예문

In the end, Charles I's reign **culminated** in a civil war and his execution.
결국, 찰스 1세의 통치는 내란과 그의 처형으로 끝났다.

VOCA⁺
calumniate 비방하다

demise
[dimáiz]

ⓝ 서거, 사망(death); 종말, 종식

the emperor's imminent **demise** 황제의 임박한 죽음
the **demise** of their relationship 그들 관계의 종말

기출 예문

His strong will, however, proved to be the source of his demise.
그러나 그의 강한 의지는 그의 죽음의 원인이 되고 말았다.

VOCA⁺
dismiss 해고하다
submit 제출하다; 굴복하다

era

[érə]

ⓝ 시대(age, period)

the post-war **era** 전후 시대

an **era** of great prosperity 엄청난 번영의 시대

VOCA⁺

epoch (새로운) 시대, 신기원
eon (영원한) 세월, 영겁

> **기출 예문**
>
> Western philosophy has ancient, medieval, and modern **eras**.
> 서양 철학에는 고대, 중세, 근대가 있습니다.

---

excavate

[ékskəvèit]

n. excavation 발굴(지)
n. excavator 굴착기, 굴삭기

ⓥ 발굴하다, 출토하다(unearth)

excavate an ancient city 고대 도시를 발굴하다

pottery **excavated** from the tomb 무덤에서 출토된 도자기

VOCA⁺

cave 동굴
cavern (큰) 동굴, 땅굴
cavity 〈해부〉 구멍, 움푹한 곳

> **기출 예문**
>
> They are **excavating** land for a new building right next to ours.
> 그들은 우리 건물 바로 옆에 새 건물을 짓는다고 땅을 파고 있다.

📝 **excavate** the backyard for a pool 풀장을 만들기 위해 뒤뜰을 파다

---

exploit

ⓥ [iksplɔ́it]
ⓝ [éksplɔit]

n. exploitation 착취, 개발

ⓥ (자원을) 개발하다(develop); (부당하게) 이용하다, (노동력을) 착취하다

exploit tropical rain forests 열대 우림을 개발하다

exploit the workers 근로자들을 착취하다

ⓝ 공훈, 업적(feat)

extol one's **exploits** as an explorer 탐험가로서의 공적을 찬양하다

VOCA⁺

explicit 명백한
implicit 은연중의; 맹목적인

> **기출 예문**
>
> Feudalism was a system of governing where the upper class served the king in return for the use of land, which they **exploited** with peasant labor.
> 봉건 제도는 왕이 소유한 땅을 사용하는 대가로 귀족이 왕을 섬기는 통치 제도이며, 대신 그들은 농민들의 노동력으로 땅을 일궜다.

📝 the **exploited** class 피착취 계급

flourish

[flə́:riʃ]

ⓥ 번창하다(prosper, thrive); 잘 자라다

a **flourishing** tourist industry 번창하는 관광 산업

plants **flourishing** in a damp climate 습한 기후에서 잘 자라는 식물들

기출 예문

The region of Angkor was once at the center of the Khmer civilization, which **flourished** from the 9th century to the 15th century.

앙코르 지역은 한때 9세기부터 15세기까지 번창했던 크메르 문명의 중심에 있었다.

VOCA⁺

flora 식물군
florescent 꽃이 한창인

found

[faund]

n. founder 설립자, 창립자
a. unfounded 근거 없는
a. well-founded 근거가 충분한
 (↔ ill-founded 근거가 없는)

ⓥ 세우다, 설립하다; 기반을 두다(base)

found a colony 식민지를 건설하다

found a new party 신당을 창당하다

a case **founded** on tangible evidence 구체적 증거에 기반을 둔 소송

기출 예문

St. Andrews, the oldest university in Scotland, was **founded** in 1411.

스코틀랜드에서 가장 오래된 대학인 성 앤드류 대학은 1411년에 설립되었다.

VOCA⁺

founder 배가 침몰하다; 실패하다
pound 연달아 치다

hierarchy

[háiərɑ̀:rki]

a. hierarchical 계급의, 계층의

ⓝ 계급(제), 계층

a rigid social **hierarchy** 엄격한 사회 계급 제도

be at the top of the corporate **hierarchy** 기업 내 최고의 직급에 있다

기출 예문

There existed substantial differences in fortune, social **hierarchy**, and rank among villagers, but longstanding or growing gaps among social classes did not actually exist.

마을 주민들 간에는 재산, 사회적 계급, 지위에서 상당한 차이가 있었지만, 실제로 사회 계급 간에 지속적이거나 점점 커지는 차이는 존재하지 않았다.

VOCA⁺

monarchy 군주제
bureaucracy 관료주의
plutocracy 금권 정치

hierarchical ranking 위계, 서열

DAY 23

irreversible

[ìrivə́ːrsəbl]

v/n. reverse (결정을) 뒤집다.
　　뒤바꾸다; 역행하다; 반대; 뒤
ad. irreversibly 되돌릴 수 없이

VOCA+
revere 공경하다
revenue 수입; 세입

ⓐ 돌이킬 수 없는(irreparable)

suffer an **irreversible** loss 돌이킬 수 없는 손실을 입다
irreversible brain damage 회복할 수 없는 뇌 손상

🖊 기출 예문
> They are also experiencing **irreversible** gender
> development problems.
> 그들은 또한 사회적 성의 발달에 있어 돌이킬 수 없는 문제들을 겪고 있다.

---

legacy

[légəsi]

VOCA+
legal 합법적인
legislate 제정하다

ⓝ 유산(heritage, inheritance), 조상의 유물

receive a substantial **legacy** 상당한 유산을 받다
leave a **legacy** of hatred 대대로 내려오는 원한을 남기다

🖊 기출 예문
> The city was abandoned in 1332 B.C., leaving us with a
> truly unique **legacy**.
> 이 도시는 우리에게 실로 독특한 유산을 남기며 기원전 1332년 버려졌습니다.

📄 a rich legacy of literature 풍부한 문학 유산

---

lineage

[líniidʒ]

VOCA+
lineal 직계의; 조상 대대로 이어온
collateral 직계가 아닌

ⓝ 혈통, 가계(ancestry, pedigree)

a person of ancient **lineage** 유서 깊은 가문의 사람
trace somebody's **lineage** ~의 혈통을 추적하다

🖊 기출 예문
> Today's large cat species share multiple **lineages**, many
> dating back millions of years.
> 오늘날의 큰 고양이 종들은 다수의 혈통을 공유하는데, 수백만 년 전부터 계속
> 존재했던 혈통들이 많다.

📄 a royal lineage 왕족의 혈통

medieval

[mìːdíːvəl]

ⓐ 중세의

medieval architecture 중세 건축
the literature of the **medieval** period 중세 시대의 문학

> **기출 예문**
>
> **Medieval** monks and scribes then made these discoveries accessible to Western scientists by translating the texts into Latin.
> 중세 수도승과 필경사들은 그 문자를 라틴어로 번역함으로써 서구 과학자들이 이러한 발견들을 접할 수 있게 했다.

VOCA⁺

primeval 태고의, 원시의
coeval 같은 시대의

DAY 23

consecutive

[kənsékjətiv]

ad. consecutively 연속하여

ⓐ 연이은, 계속되는(successive)

for five **consecutive** years 5년 연속
win[lose] three **consecutive** games 세 경기를 연승[연패]하다

> **기출 예문**
>
> Early Portuguese explorers visited Japan on three **consecutive** occasions.
> 초기 포르투갈의 탐험가들은 세 번 연속 일본을 방문했다.

VOCA⁺

executive 임원, 간부
consequence 결과, 중요성

notorious

[noutɔ́ːriəs]

n. notoriety 악명
ad. notoriously 악명 높게

ⓐ 악명 높은(infamous)

a **notorious** dictator 악명 높은 독재자
an area **notorious** for drugs 마약으로 악명 높은 지역

> **기출 예문**
>
> The company had a **notorious** reputation for illegal trading.
> 그 회사는 불법 무역으로 악명이 자자했다.

VOCA⁺

notable 주목할 만한
noted 유명한

colonial

[kəlóuniəl]

n. colony 식민지; 군집, 거주지
n. colonialist 식민주의자

ⓐ 식민지의

a **colonial** administration 식민지 통치
a **colonial** expansion 식민지 확장

> **기출 예문**
>
> The Underground Railroad was a secret operation that began during the **colonial** period.
> 지하 철도는 식민 기간에 시작한 비밀 작전이었다.

VOCA⁺

colonist 식민지 이주자[개척자]

📝 a colonial power 식민 강대국

prehistoric

[prìːhistɔ́ːrik]

n. prehistory 선사 시대

VOCA⁺
historic 역사상 유명한
historical 역사의

@ 선사 시대의

prehistoric remains 선사 시대의 유적들

기출 예문

People have hunted whales since **prehistoric** times.
사람들은 선사 시대 이래로 고래를 사냥해 왔다.

---

relic

[rélik]

VOCA⁺
reliable 의존할 수 있는
relict 〈생태〉 잔존 생물

⑪ 유물, 유적(remains)

relics of ancient China 고대 중국의 유적
relics from the war 전쟁의 유물

기출 예문

African art **relics** are increasingly valued and coveted for their intrinsic beauty and artistic merit.
아프리카의 예술 유적은 그 고유의 미와 예술적 가치로 인해 점점 더 높은 평가를 받고 탐내는 사람들도 많아졌다.

---

reclaim

[rikléim]

n. reclamation 개간

VOCA⁺
proclaim 공포하다
acclaim 칭송하다
disclaim 부인하다, 포기하다

⑰ 되찾다; (땅을) 개간하다; 재활용하다(recycle)

reclaim lost territories 잃어버린 영토를 되찾다
reclaim the wasteland 황무지를 개간하다

기출 예문

With a breathless, galvanizing energy, Mayes is **reclaiming** hip-hop's poetic power.
마이에스는 숨 가쁘고 사람을 자극하는 에너지로 힙합의 시적인 힘을 되찾고 있다.

---

reign

[rein]

VOCA⁺
rein 고삐; 억제하다
range 범위; 산맥; 정렬시키다

⑰ 통치하다, 군림하다

reign over one's kingdom 자신의 왕국을 통치하다

⑪ 통치[재임] 기간

the **reign** of the king 왕의 통치 기간

기출 예문

Queen Victoria, who died in 1901, **reigned** longer than any other monarch in British history.
1901년 사망한 빅토리아 여왕은 영국 역사상 다른 어떤 군주보다도 오래 재위했다.

rebel

Ⓥ [ribél]
Ⓝ [rébəl]

n. rebellion 반란; 저항, 반항

VOCA⁺

revel 흥청대다
libel 비방; 명예훼손

Ⓥ **저항하다; 강하게 반대하다**

rebel against the government 정부에 저항하다

teenage boys **rebelling** against their parents
부모에게 반항하는 10대 소년들

Ⓝ **반역자, 반란자**

capture armed **rebels** 무장 반군들을 포획하다

🖋 기출 예문

French colonies sometimes **rebelled** against French
authorities.
프랑스 식민지는 때때로 프랑스 당국에 저항했다.

---

transition

[trænzíʃən]

a. transitional 변천하는, 과도기의

VOCA⁺

transit 운송, 운반
transmit 전송하다

Ⓝ **변화, 과도(기)**

make a **transition** 변화하다

the period of **transition** to democracy 민주주의로 가는 과도기

🖋 기출 예문

Mr. Baker said that there is still not enough being done
to ensure veterans have the resources they need for
transition into civilian life.
베이커 씨는 퇴역 군인이 민간인 생활로 전환하는 데 필요한 자원을 갖출 수 있
도록 하는 작업이 아직도 충분히 이뤄지지 않고 있다고 말했다.

---

unprecedented

[ʌnprésidèntid]

v. precede ~에 앞서다
n. precedent 전례; 판례

VOCA⁺

antecedent 선행하는; 선행사

ⓐ **전례 없는(unexampled, novel ↔ precedented 전례가 있는)**

set an **unprecedented** record 전례 없는 기록을 세우다

🖋 기출 예문

From 1920 until about 1930, an **unprecedented** outburst
of creative activity among African-Americans occurred in
all fields of art.
1920년부터 1930년 무렵까지 모든 예술 분야에서 아프리카계 미국인이 전례
없는 왕성한 창작 활동을 벌였다.

DAILY TEPS TEST

Choose the best answer for the blank.

Part I

1

A: Where does the custom of handshaking come from?

B: I'm not sure where it _____ .

(a) originated
(b) flourished
(c) determined
(d) rebounded

2

A: Have you ever practiced archaeology in the field?

B: Yes, I helped _____ an Iron Age site in college.

(a) deviate
(b) excavate
(c) dismiss
(d) culminate

3

A: Can you fix the damage to your computer?

B: I'm afraid it's _____ .

(a) irreversible
(b) notorious
(c) reciprocal
(d) collateral

4

A: Who was responsible for the attack?

B: A group of _____ fighting against the government.

(a) hordes
(b) eras
(c) creeds
(d) rebels

5

A: This painting appears incredibly old.

B: It looks like it's from _____ times.

(a) humane
(b) medieval
(c) transition
(d) reign

6

A: Ben Franklin is my favorite American historical figure.

B: He certainly left a substantial

_____ .

(a) chronology
(b) legacy
(c) royalty
(d) hierarchy

7

A: Who was king after Richard I?

B: I believe John was the next to _____ to the throne.

(a) accede
(b) excavate
(c) transpire
(d) vacate

8

A: Tell me about your family history.

B: Well, I can trace my _____ back to colonial Vietnam.

(a) demise
(b) civilization
(c) lineage
(d) secession

Part II

9

In 1542, Spain became the first European power to _____ slavery and free its colonies' slaves.

(a) motivate
(b) practice
(c) transition
(d) abolish

10

Though some are better known than others, there have been terrible _____ committed in every war.

(a) atrocities
(b) milestones
(c) courtesies
(d) exploits

11

Queen Victoria reigned for a(n) _____ 63 years, the longest of any British monarch.

(a) simultaneous
(b) impetuous
(c) unprecedented
(d) minute

12

The Christian quest to _____ Spain from the Moors finally ended in 1492.

(a) cancel
(b) liquidate
(c) reclaim
(d) suppress

| 1 (a) | 2 (b) | 3 (a) | 4 (d) | 5 (b) | 6 (b) |
| 7 (a) | 8 (c) | 9 (d) | 10 (a) | 11 (c) | 12 (c) |

1 A: 악수하는 관습은 어디에서 유래되었습니까?
B: 어디서부터 비롯되었는지 모르겠어요.
(a) 생겨나다 　　　　 (b) 번창하다
(c) 알아내다 　　　　 (d) 다시 튀어오르다

2 A: 현장에서 고고학적 활동을 해 본 적 있습니까?
B: 네. 대학에 다닐 때 청동기 발굴을 도왔죠.
(a) 벗어나다 　　　　 **(b) 발굴하다**
(c) 해고하다 　　　　 (d) ~으로 끝이 나다

3 A: 컴퓨터 손상을 수리할 수 있나요?
B: 되돌릴 수 없을 것 같네요.
(a) 되돌릴 수 없는 　　 (b) 악명 높은
(c) 상호 간의 　　　　 (d) 직계가 아닌

4 A: 그 공격은 누구의 책임입니까?
B: 정부에 대항한 반란 단체요.
(a) 무리 　　　　　 (b) 시대
(c) 교리 　　　　　 **(d) 반란**

5 A: 이 그림은 엄청나게 오래되어 보입니다.
B: 중세 작품인 것 같군요.
(a) 인도적인 　　　　 **(b) 중세의**
(c) 과도기 　　　　 (d) 제임 기간

6 A: 밴 프랭클린은 제가 가장 좋아하는 미국의 역사 인물이에요.
B: 분명히 그는 상당한 유산을 남겼죠.
(a) 연대순 　　　　 **(b) 유산**
(c) 왕권 　　　　　 (d) 계급

7 A: 리처드 1세 이후의 왕은 누구였죠?
B: 존 왕이 다음 왕위에 올랐어요.
(a) 왕위에 오르다 　　 (b) 발굴하다
(c) 발생하다 　　　　 (d) 비우다

8 A: 당신의 가족사에 대해 말씀해 주십시오.
B: 베트남 식민지 시대로 혈통을 거슬러 올라갈 수 있습니다.
(a) 사망 　　　　　 (b) 문명
(c) 혈통 　　　　 (d) 분리 독립

9 1542년에 스페인은 노예제를 폐지하고 식민지 노예를 방면한 첫 번째 유럽 강국이었다.
(a) 동기를 부여하다 　 (b) 실행하다
(c) 이행하다 　　　　 **(d) 폐지하다**

10 어떤 것들은 다른 것보다 더 잘 알려져 있음에도 불구하고 모든 전쟁에서 끔찍한 잔혹 행위가 있었다.
(a) 잔혹 행위 　　 (b) 획기적인 사건
(c) 공손함 　　　　 (d) 업적

11 빅토리아 여왕은 영국 군주 중에서 전례 없는 가장 긴 63년 동안 통치했다.
(a) 동시의 　　　　 (b) 충동적인
(c) 전례 없는 　　 (d) 극히 작은

12 무어인들로부터 스페인을 되찾으려는 기독교의 탐색은 마침내 1492년 끝이 났다.
(a) 취소하다 　　　　 (b) 청산하다
(c) 되찾다 　　　 (d) 진압하다

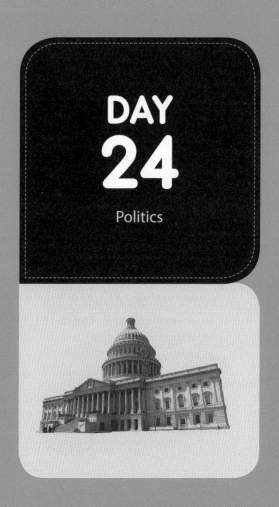

DAY
24

Politics

기출 예문

Despite the candidate's **sordid** past, he is still projected to win the election.

부도덕한 과거에도 불구하고 그 후보는 여전히 당선될 것으로 예측된다.

학습 1차	년	월	일	공부 시간	시간	분
학습 2차	년	월	일	공부 시간	시간	분
학습 3차	년	월	일	공부 시간	시간	분

DAY 24 Politics 정치

MP3
듣기

political
[pəlítikəl]

n. politics 정치(학)
n. politician 정치인

VOCA⁺

politician 정치인
politics 정치(학)
politicize 정치 이슈화하다

ⓐ **정치적인**

the Korean **political** system 한국의 정치 체제
a **political** party 정당
a **political** issue 정치적 사안
a **political** leader 정치 지도자
political reform 정치 개혁

🎙 기출 예문

My father seems to enjoy discussing **political** differences.
아버지는 정치적인 이견에 대해 논의하는 걸 즐기는 것 같다.

administration
[ədmìnistréiʃən]

v. administer 관리하다; 투약하다
a. administrative 관리의; 행정상의

VOCA⁺

minister 목사; 장관; 기여하다

ⓝ **관리, 운영; 행정(부); 투약**

the **administration** of a company 회사 관리
Administration officials 행정부 관리들
the **administration** of antibiotics 항생제 투여

🎙 기출 예문

A new warning issued by the Food and Drug
Administration (FDA) tells pregnant women to avoid
eating certain kinds of fish.
미국 식품의약국(FDA)이 발표한 새 경고에 의하면, 임산부는 특정 종류의 생
선을 먹지 말아야 한다.

📋 the Trump Administration 트럼프 행정부

adopt
[ədápt]

n. adoption 입양; 채택

VOCA⁺

adapt 적응시키다; 개작하다
adept 능숙한; 숙련자

ⓥ **채택하다; 입양하다**

adopt a resolution 결의안을 채택하다
adopt a tough stance on the issue 그 문제에 대해 강경한 태도를 취하다
adopt an orphan 고아를 입양하다

🎙 기출 예문

Along with a team of assistants, I developed a program
that has been **adopted** by over sixteen businesses.
부하 팀원들과 함께, 16개 이상의 기업에 의해 채택된 프로그램을 개발하기도
했습니다.

392

advocate

ⓝ [ǽdvəkət]
ⓥ [ǽdvəkèit]

ⓝ 지지자, 옹호자

ⓥ 지지[옹호]하다(support)

advocate the abolition of capital punishment 사형제 폐지를 지지하다
advocate traditional teaching methods 전통적인 교수법을 옹호하다

💬 기출 예문

Certain **advocates** of vegetarianism in the 1800s believed that food formed character and affected the mind.
1800년대 일부 채식주의 지지자들은 음식이 성격을 형성하고 정신에 영향을 준다고 믿었다.

VOCA⁺
convoke 소집하다
provoke 도발하다; 자극하다
revoke 취소하다; 폐지하다

---

authority

[əθɔ́:rəti]

v. authorize 권한을 부여하다

ⓝ 권한, 권위; (-s) 당국

a figure of **authority** 권위자
have the **authority** over ～에 대한 권한이 있다
the local[police] **authorities** 지방[경찰] 당국

💬 기출 예문

Anti-establishment youths throughout the '60s identified themselves with the novel and McMurphy's fight against **authorities**.
60년대 내내 기성 체제에 반기를 들었던 젊은이들은 이 소설과 권위에 대한 맥머피의 투쟁을 스스로와 동일시했다.

📝 have an air of authority 권위적인 태도를 갖고 있다
the immigration authorities 출입국 관리 당국
workplace authority 직무 권한

VOCA⁺
authorship 저작자임, 출처

---

autonomy

[ɔːtánəmi]

a. autonomous 자치권이 있는; 자율적인

ⓝ 자치(권); 자율성

grant **autonomy** 자치권을 부여하다
give individual **autonomy** 개인의 자율성을 주다

💬 기출 예문

The remaining British colonies were granted their **autonomy** in the mid-twentieth century.
잔존했던 영국령 식민지들은 20세기 중반에 자국의 자치권을 부여받았다.

VOCA⁺
autocracy 독재 정치
autograph 자필 서명

bureaucracy

[bjuərǽkrəsi]

n. bureaucrat 관료
a. bureaucratic 관료적인

ⓝ 관료; 관료주의, 번거로운 절차(red tape)

the power of the state **bureaucracy** 국가 관료의 권한
be fed up with **bureaucracy** 관료주의에 진저리나다
simplify the **bureaucracy** 복잡한 절차를 간소화하다

VOCA⁺

bureau (정부의) 부서, 국; 사무소
plutocracy 금권 정치
technocracy 기술 정치

> 기출 예문
>
> An over-complicated **bureaucracy** can be a real barrier to institutional innovation.
> 지나치게 복잡한 관료주의는 기관의 혁신에 실질적인 걸림돌이 될 수 있다.

---

sanction

[sǽŋkʃən]

ⓝ 승인, 허가(permission, approval); 제재(embargo, restriction)

require the **sanction** of the court 법원의 허가를 필요로 하다
impose trade **sanctions** on the country 그 국가에 무역 제재 조치를 취하다
lift **sanctions** against the country 그 국가에 대한 제재를 풀다

ⓥ 승인[인가]하다(endorse)

sanction the use of force 무력 사용을 승인하다

> 기출 예문
>
> Juveniles must agree to fulfill all weekly requirements and accept **sanctions** for certain transgressions.
> 청소년들은 매주 요구되는 모든 일들을 완수해야 하고, 특정한 위반이 있으면 제재를 받는 데 동의해야 한다.

VOCA⁺

sanctify 신성하게 하다
sacrilege 신성모독

---

consensus

[kənsénsəs]

ⓝ 의견 일치, 합의(agreement, unanimity)

a lack of **consensus** 의견의 불일치
reach a **consensus** 합의에 도달하다

> 기출 예문
>
> The benefit of decision-making based on **consensus** is that it demands everyone to collaborate in order to reach a mutually acceptable decision.
> 의견 합의에 기반을 둔 의사 결정이 주는 이점은 상호 수용할 수 있는 결정에 다다르기 위해서 모든 당사자가 협력해야 한다는 점이다.

VOCA⁺

consent 승낙하다
census 인구 조사

corruption

[kərʌ́pʃən]

a. corrupt 타락한

VOCA⁺

eruption 발진; 폭발
disruption 붕괴, 분열

ⓝ 부패, 타락

widespread **corruption** in the government 정부 내에 만연한 부패
allegations of bribery and **corruption** 뇌물 수수와 부패 혐의

> **기출 예문**
>
> The Irish political community considered the law a
> safeguard against **corruption** by the Irish executive.
> 아일랜드의 정치권은 그 법을 아일랜드 행정부의 타락을 막는 안전장치로 여겼다.

---

denounce

[dináuns]

n. denunciation (공개적) 비난

VOCA⁺

pronounce 발음하다; 발표하다
enounce 발표하다

ⓥ (공개적으로) 비난하다(decry, condemn, rebuke)

denounce him as a betrayer 그를 배반자라고 비난하다

> **기출 예문**
>
> Furiously **denounced** in the South, the book became an
> overnight bestseller in the North.
> 남부에서 맹렬히 비난받은 그 책이 북부에서는 하룻밤 사이에 베스트셀러가 되었다.

---

displace

[displéis]

n. displacement 이동; 퇴거; 해임

VOCA⁺

place 놓다; 주문하다
replace 대신하다
misplace 잘못 두다

ⓥ 바꾸어 놓다, 대체하다(replace, supplant); 추방하다

immigrants who **displace** Korean workers 한국인 노동자들을 대체하는
이민자들
animals **displaced** by mountain fire 산불로 (숲에서) 쫓겨난 동물들

> **기출 예문**
>
> The current conflict in northern Uganda has **displaced**
> nearly 2 million people.
> 북부 우간다에서 현재 벌어지고 있는 내전으로 2백만 명에 가까운 국민들이
> 쫓겨났다.

---

elect

[ilékt]

n. election 선거

VOCA⁺

select 선별하다

ⓥ (선거로) 뽑다, 선출하다

vote to **elect** a new President 새 대통령을 뽑기 위해 투표하다
elect him as our representative 그를 우리의 대표로 선출하다

> **기출 예문**
>
> The newly **elected** Senator's reputation as a politician is
> beyond reproach.
> 새로 당선된 상원의원의 정치가로서의 평판은 나무랄 데 없다.

📝 election promises 선거 공약

395

enact

[inǽkt]

n. enactment (법률의) 제정

VOCA+

act 법령; (연극의) 막
react 반응하다
interact 상호 작용하다, 교류하다

Ⓥ **(법을) 제정하다(legislate); 상연하다(perform)**

legislation **enacted** by Congress 의회에 의해 제정된 법률
enact a play 연극을 공연하다

> 🖉 기출 예문
>
> Since laws have been **enacted** to protect children from
> questionable TV advertising, marketers have turned their
> attention to the Internet.
> 문제가 되는 TV 광고로부터 어린이들을 보호하기 위한 법이 제정된 이후로 마
> 케터들은 인터넷으로 관심을 돌렸다.

---

enforce

[infɔ́:rs]

n. enforcement (법률의) 시행, 집행

VOCA+

reinforce 강화하다
workforce 노동 인구, 노동력

Ⓥ **(법률을) 집행[시행]하다; 강요하다(compel)**

enforce the parking ban 주차 금지 조치를 시행하다
enforce obedience 복종을 강요하다

> 🖉 기출 예문
>
> There are big gaps in the laws, and the ones that exist
> aren't **enforced**.
> 법마다 격차가 크고 현존하는 법들이 시행되지 않고 있다.

📋 enforce one's idea on ~에게 자신의 생각을 강요하다
   law enforcement 법 집행 기관(검찰, 경찰)

---

implement

[ímpləmənt]

n. implementation 이행, 실행

VOCA+

complement 보충하다; 보완하는 것
supplement 보충하다

Ⓥ **이행하다, 실행하다(carry out)**

implement campaign promises 선거 공약을 이행하다
implement policies[reforms] 정책[개혁]을 시행하다

Ⓝ **도구, 기구(tool)**

a sharp-edged **implement** 끝이 날카로운 도구

> 🖉 기출 예문
>
> In the 1990s, President Fujimori privatized the mining and
> oil industries and **implemented** austerity measures.
> 1990년대에는 후지모리 대통령이 광업과 석유 산업을 민영화했고 긴축 정책을
> 실행했다.

impose
[impóuz]

n. imposition (의무 · 세금을) 부과, 부담
n. imposter 사기꾼
a. imposing 인상적인, 눈길을 끄는

VOCA⁺

expose 노출시키다. 전시하다
pose 자세; 자세를 취하다; 제안하다
post 지위; 주둔시키다

ⓥ (세금 · 벌 등을) 부과하다; (의견을) 강요하다(place); (호의 등을) 이용하다

impose a fine on the violator 위반자에게 벌금을 부과하다
impose a tax on liquor 술에 세금을 부과하다
impose one's beliefs on other people
자신의 생각을 다른 사람들에게 강요하다
impose on one's kindness 친절함을 이용하다

기출 예문

The slide partly reflects the unfortunate fact that less efficient agricultural nations subsidize their farmers and impose quotas and tariffs on imports.
쇠퇴의 원인에는 비효율적인 농업 국가들이 자국 농민들에게 보조금을 지급하고 수입 농산물에 할당량과 관세를 부과하는 안타까운 사실도 한몫하고 있다.

---

incumbent
[inkʌ́mbənt]

n. incumbency (공적인) 직위; 재임 기간

VOCA⁺

encumber 부담을 주다; 방해하다
cumbersome 방해가 되는

ⓐ 현직의, 재임 중인(current); 의무인

the incumbent President 현직 대통령
It is incumbent on us to help them. 그들을 돕는 것이 우리의 의무다.

ⓝ (공직의) 재임자(office-holder)

defeat the incumbent 선거에서 재임자를 물리치다

기출 예문

I think the incumbent President is going to lose this election.
이번 선거에서 현직 대통령이 패할 것 같아요.

---

interminable
[intə́ːrmənəbl]

VOCA⁺

terminate 끝나다
exterminate 멸종시키다

ⓐ 끝없는, 무한히 긴(endless, eternal)

an interminable political strife 끝없이 계속되는 정쟁
give an interminable sermon 끝없이 설교하다

기출 예문

The arcane debate lasted only two hours but felt interminable.
비밀스러운 토론이 겨우 두 시간 동안 계속되었을 뿐이지만 끝이 없을 것처럼 느껴졌다.

📝 suffer an interminable economic crisis 끝없는 경제 위기를 겪다

mandatory

[mǽndətɔ̀:ri]

n/v. mandate 명령; 권한; 위임하다

VOCA+

command 명령하다; ~ 받을 만하다
reprimand 견책하다, 질책하다

ⓐ 법에 정해진, 의무적인(compulsory, obligatory)

a **mandatory** life sentence 법에 따른 종신형

a **mandatory** retirement age 정년

> **기출 예문**
>
> Most industrialized societies have created government retirement-income programs that are **mandatory** for nearly all workers.
>
> 대부분의 산업 사회는 거의 모든 노동자들에게 의무적인 연금 프로그램을 만들어 오고 있다.

---

mire

[máiər]

a. mired 수렁[궁지]에 빠진

VOCA+

dire 무시무시한
fire 해고하다
wire 송금하다

ⓥ 진창에 빠뜨리다

be **mired** in ideological war 이념 전쟁에 빠져 있다

ⓝ 진창, 수렁; 진흙

get stuck in the **mire** 수렁에 빠져 꼼짝 못하게 되다

sink into the **mire** 진흙탕에 빠지다

> **기출 예문**
>
> Yates's characters are arrested by their personal histories, **mired** in memory.
>
> 예이츠의 등장인물들은 각자의 개인사에 의해 저지를 당하고, 기억에 빠져 허우적댄다.

---

pledge

[pledʒ]

VOCA+

edge 가장자리; 유리함
ledge (벽·창 등에서 내민) 선반

ⓝ (굳은) 약속, 맹세, 서약

fulfill a campaign **pledge** 선거 공약을 이행하다

ⓥ (정식으로) 약속[맹세]하다

pledge loyalty to the king 왕에게 충성을 맹세하다

> **기출 예문**
>
> All of our packages are registered, meaning that investors can feel assured by our **pledge** to protect them against any loss.
>
> 자사의 모든 상품은 등록되어 있는데, 이것은 어떠한 손해에도 저희가 그것을 보호해 준다는 보증으로서, 투자자들이 안심할 수 있다는 것을 의미합니다.

the Pledge of Allegiance 국기에 대한 맹세

nominate
[námənèit]

n. nomination 지명, 임명

VOCA⁺
dominate 지배하다
laminate 코팅을 하다
culminate 절정을 이루다

ⓥ 지명하다, 임명하다(designate)
be **nominated** to the Supreme Court 대법원에 임명되다

> 🗨 기출 예문
> U.S. political parties conduct national **nominating**
> conventions, which are held every four years.
> 미국 정당들은 전당 지명 대회를 실시하며, 이는 4년에 한 번 개최된다.

---

opposite
[ápəzit]

v. oppose 반대하다
n. opposition 반대; 야당
n. opponent 반대자, 적수

VOCA⁺
apposite 동격의; 적절한
composite 합성의, 혼성의

ⓝ 정반대의 일[사람]

ⓐ 반대편의, 맞은편의; 정반대의
the house **opposite** the construction site 공사 현장의 건너편에 있는 집
have the **opposite** effect 역효과가 나다

> 🗨 기출 예문
> Gentle and polite people sometimes become quite
> the **opposite** when they go online, where they can be
> confrontational and aggressive.
> 온화하고 예의 바른 사람들이 온라인상에서 때로 정반대가 되는데, 그들은
> 대립하려 하고 공격적이 된다.

---

monarch
[mánərk]

n. monarchy 군주제

VOCA⁺
anarchy 무정부 상태
hierarchy 계급 제도

ⓝ 군주
an absolute[hereditary/ constitutional] **monarch** 절대[세습/ 입헌] 군주

> 🗨 기출 예문
> Early feudalism was developed mainly to allow **monarchs**
> to maintain large armies by giving the upper class land in
> exchange for service.
> 초기 봉건 제도는 군주가 봉사의 대가로 귀족에게 땅을 주어 군대를 거느리는
> 식으로 주로 발전했다.

---

prime
[práim]

VOCA⁺
primary 주요한
prim 새침한; 단정한

ⓐ 주된, 중요한(main); 최상의(excellent)
the **prime** cause of the disease 병의 주된 원인

> 🗨 기출 예문
> The **Prime** Minister left for the trade summit the day
> before yesterday. 수상이 그저께 무역 정상 회담을 위해 떠났다.

proclaim
[proukléim]

n. proclamation 선언, 선포

VOCA⁺
claim (권리를) 주장하다, 요구하다
reclaim 개선하다; (땅을) 개간하다

ⓥ 선언[선포]하다(declare, pronounce); 분명히 보여 주다
proclaim a state of emergency 비상사태를 선포하다
proclaim one's innocence 결백을 주장하다

🖊 기출 예문

Even though the filmmakers **proclaimed** a commitment to authenticity, their film is seriously flawed with historical inaccuracies.
영화 제작자들이 진실성에 대한 헌신을 주장했지만, 그들의 영화는 역사적 부정확성이라는 심각한 결함을 안고 있다.

---

protocol
[próutəkɔ̀(:)l]

VOCA⁺
dignitary 고위 인사
ambassador 대사
envoy 특사

ⓝ (외교) 의례, 의전(decorum)
diplomatic **protocol** 외교 의례
a breach of **protocol** 외교 의례 위반
follow the **protocol** 외교 의례를 따르다

🖊 기출 예문

The Kyoto **Protocol** calls upon the United States to decrease greenhouse gas emissions to 7% below the 1990 level.
교토 의정서는 미국에 대해 온실가스 배출을 1990년 수준보다 7퍼센트 줄일 것을 요구하고 있다.

---

rally
[rǽli]

VOCA⁺
ally 연합시키다; 동맹국
dally 희롱하다; 꾸물거리다
tally 계산서를 작성하다

ⓥ 집결하다, (집단을) 다시 불러 모으다
His supporters will **rally**. 그의 지지자들이 집결할 것이다.
rally support for the election 선거를 위해 지지자들을 결집시키다

ⓝ (대규모) 집회, 대회(convention);
회복, 반등(recovery, upturn)
stage an antiwar[protest] **rally** 반전[항의] 집회를 열다
a **rally** in the stock market 주식 시장의 반등

🖊 기출 예문

Journalists **rallied** in support of the reporter and attempted to block the entrance to the courthouse.
언론인들은 그 기자를 옹호하여 집결했고 법원의 입구를 점거하려 했다.

📝 **rally** behind the candidate 그 후보를 지지하다

ratify

[rǽtəfài]

n. ratification 비준, 재가

VOCA⁺
rational 합리적인
rationale 이론적 근거
ration 배급하다

ⓥ 비준[재가]하다(approve, endorse, sanction)

ratify a protocol 의정서를 비준하다
the decision **ratified** by the President 대통령이 비준한 결정

🔖 기출 예문

Congress has failed to **ratify** the treaty despite widespread public support.
의회는 광범위한 국민적 지지에도 불구하고 조약 비준에 실패했다.

---

reform

[rifɔ́ːrm]

n. reformation 개혁, 개선

VOCA⁺
conform 순응하다
transform 변형하다

ⓝ 개혁, 개선

call for sweeping **reform** 전면적인 개혁을 요구하다

ⓥ 개혁[개선]하다; (남의 행위를) 교정하다

reform the government 정부를 개혁하다

🔖 기출 예문

Fundamental **reform** of the health care system is necessary to provide proper health care for everyone.
모든 이들에게 적절한 의료 혜택을 제공하기 위해서는 의료 보험 제도에 대한 근본적인 개혁이 필요하다.

---

revolution

[rèvəljúːʃən]

a/n. revolutionary 혁명적인; 혁명가

VOCA⁺
evolution 진화
convolution 나선형; 복잡하게 얽힘, 분규

ⓝ 혁명, 변혁; (행성의) 공전, 회전

a cultural[scientific] **revolution** 문화[과학] 혁명
the **revolution** of the earth around the sun 태양의 주위를 도는 지구의 공전

🔖 기출 예문

The novel as a literary form emerged at the beginning of the eighteenth century in England, during the age of the Industrial **Revolution**.
문학 형식으로서의 소설은 18세기 초 영국에서 산업 혁명기에 출현했다.

---

candidate

[kǽndidèit]

VOCA⁺
nominee 후보 지명자
electorate 유권자

ⓝ (선거 등의) 후보자; 지원자(applicant)

a presidential **candidate** 대통령 후보

🔖 기출 예문

Learn about the U.S. presidential campaigns and the views of the **candidates**.
미국 대통령 선거 운동과 후보자들의 견해에 대해 알아보세요.

DAY 24

shelve

[ʃelv]

n. shelf 선반, 책꽂이

VOCA⁺

shave 면도하다
sheer 완전한, 순수한
shield 방패; 보호하다

ⓥ 보류하다(delay); 선반에 두다

shelve a bill 법안을 보류하다
shelve books 책을 선반에 얹다

💬 기출 예문

The council believes the state should shelve the mandate to regulate wheat prices.
위원회는 국가가 밀의 가격을 규제하라는 명령을 보류해야 한다고 생각한다.

---

suppress

[səprés]

n. suppression 진압; 억제

VOCA⁺

depress 침울하게 하다; 불경기로 만들다
oppress 압박하다; 박해하다
compress 압축하다

ⓥ 진압하다(subdue, repress); 억제하다(restrain)

suppress a rebellion 반란을 진압하다
suppress political dissent 정치적 이견을 억압하다
suppress one's anger 화를 억누르다

💬 기출 예문

The 14th Dalai Lama fled to India when the Chinese brutally suppressed an uprising of the Tibetan people in 1959.
14대 달라이 라마는 중국이 1959년 티베트인들의 반란을 잔인하게 진압했을 때 인도로 피신했다.

📋 immune suppression 면역 억제

---

standoff

[stǽndɔ̀ːf]

VOCA⁺

takeoff 이륙
kickoff (시합의) 개시, 시작
layoff 정리 해고

ⓝ 막다름, 교착 상태(stalemate, deadlock); 동점, 무승부

escalating political standoff 점점 심해지는 정치적 교착 상태
the negotiation in a standoff 교착 상태에 빠진 협상
a 3–3 standoff 3대 3 무승부

💬 기출 예문

After a standoff between loggers and protesters, the U.S. Forest Service canceled its timber deal in the Eagle Creek Wilderness.
벌목꾼과 반대자들 간의 교착 상태 이후 미국 산림청은 이글 크리크 황야의 목재 거래를 취소했다.

subjected
[sʌ́bdʒiktid]

n/v. subject 주제; 과목; 신하;
　　～의 지배를 받게 하다
a. subjective 주관적인

VOCA⁺
dejected 낙심한

ⓐ ～을 받는, 당하는

be **subjected** to criticism 비난을 받다
be **subjected** to the law 법의 적용을 받다

> 🗨 기출 예문
>
> Having been **subjected** to dry conditions for months, the forest was looked upon by authorities as a fire hazard.
> 수개월 동안 건조 상태에 있었기 때문에 숲은 관계 당국에 의해 화재 위험 대상으로 간주되었다.

📝 be subjected to ～하기 쉽다

sordid
[sɔ́ːrdid]

VOCA⁺
sour 신
sore 아픈
sort 종류; 분류하다

ⓐ 더러운(foul, filthy, squalid); 야비한(mean, abject)

sordid shantytowns 더러운 빈민굴
sordid avarice 부도덕한 탐욕

> 🗨 기출 예문
>
> Despite the candidate's **sordid** past, he is still projected to win the election.
> 부도덕한 과거에도 불구하고 그 후보는 여전히 당선될 것으로 예측된다.

turmoil
[tə́ːrmɔil]

VOCA⁺
turbulence 난기류
turbine 터빈 엔진

ⓝ 혼란, 소란(confusion, commotion, tumult)

throw the country into **turmoil** 나라를 혼란에 몰아넣다

> 🗨 기출 예문
>
> The **turmoil** of China's 20th-century history has blurred official responsibility for the bonds.
> 중국의 20세기 역사적 혼란은 채권에 대한 공적인 책임 소재를 희미하게 했다.

unanimous
[juːnǽnəməs]

n. unanimity 만장일치

VOCA⁺
animate 활기차게 하다
inanimate 무생물의

ⓐ 만장일치의

make a **unanimous** ruling 만장일치의 판결을 내리다
by a **unanimous** vote 만장일치의 표결로

> 🗨 기출 예문
>
> Government intervention in the commercial dispute has not been met with **unanimous** support.
> 그 상업적 논쟁에 대한 정부의 중재는 만장일치의 지지를 얻어내지 못했다.

Choose the best answer for the blank.

Part I

1

A: Are you still a supporter of the President?

B: No, his _____ has really disappointed me.

(a) association
(b) summation
(c) administration
(d) complication

2

A: The mayor's been convicted of money laundering.

B: So much for her _____ to end corruption.

(a) monarch
(b) outline
(c) candidate
(d) pledge

3

A: The Euro just plummeted nearly 15%.

B: It's causing a lot of economic _____ in Spain.

(a) emphasis
(b) turmoil
(c) consensus
(d) grandeur

4

A: A city councilor is trying to overturn the law.

B: I'm not sure he has the _____ to do that.

(a) authority
(b) frequency
(c) bureaucracy
(d) objectivity

5

A: What is Ms. Bernat's platform?

B: She promises sweeping _____.

(a) influences
(b) protocols
(c) reforms
(d) nominations

6

A: Is the gun bill being debated?

B: No, it's been _____ for now.

(a) shelved
(b) enforced
(c) persisted
(d) rendered

7

A: Where does Mr. Lene fall on welfare?

B: He _____ increased spending.

(a) subjects
(b) displaces
(c) fabricates
(d) advocates

8

A: The leader of the committee seems popular.

B: Yes, support for him is _____.

(a) unanimous
(b) duplicitous
(c) industrious
(d) autonomous

Part II

9

Parliament voted today to _____ a new 1.5% tax on the sale of cigarettes.

(a) rally
(b) mire
(c) impose
(d) converge

10

Following a(n) _____ debate, the two political leaders finally reached an agreement.

(a) contiguous
(b) interminable
(c) mandatory
(d) opposite

11

We are witnessing a(n) _____ within the party as younger members assume positions of power.

(a) envoy
(b) revolution
(c) standoff
(d) coalition

12

After the President signs an international treaty, it must be _____ by Congress before it takes effect.

(a) proclaimed
(b) confronted
(c) sanctioned
(d) ratified

DAY 24

1 (c)	2 (d)	3 (b)	4 (a)	5 (c)	6 (a)
7 (d)	8 (a)	9 (c)	10 (b)	11 (b)	12 (d)

1 A: 아직도 대통령을 지지하십니까?
  B: 아니요. 그의 행정부는 정말 실망스럽습니다.
  (a) 협회   (b) 요약
  (c) 행정부   (d) 합병증

2 A: 시장은 돈세탁으로 유죄를 선고받았습니다.
  B: 부패를 척결하겠다던 그녀의 공약이란 참 그렇군요.
  (a) 군주   (b) 윤곽
  (c) 후보   **(d) 약속**

3 A: 유로화가 거의 15퍼센트 급락했어요.
  B: 스페인의 많은 경제 혼란 때문입니다.
  (a) 강조   **(b) 혼란**
  (c) 합의   (d) 위엄

4 A: 시 의회 의원 하나가 법을 뒤집으려고 해요.
  B: 그가 그럴 권한이 있는지 모르겠네요.
  (a) 권한   (b) 빈도
  (c) 관료   (d) 객관성

5 A: 버넷 씨의 공약은 무엇이죠?
  B: 그녀는 전면적인 개혁을 약속하네요.
  (a) 영향   (b) 의전
  (c) 개혁   (d) 지명

6 A: 총기 법안이 논의되고 있습니까?
  B: 아니요, 당분간 보류되었어요.
  (a) 보류하다   (b) 집행하다
  (c) 고집하다   (d) 되게 하다

7 A: 르네 씨는 복지의 어떤 부분에 집중하고 있습니까?
  B: 그는 지출 증가를 지지해요.
  (a) 종속시키다   (b) 대체하다
  (c) 날조하다   **(d) 지지하다**

8 A: 위원장은 인기가 있어 보이는데요.
  B: 맞아요. 그는 만장일치의 지지를 받습니다.
  (a) 만장일치의 (b) 기만적인
  (c) 근면한   (d) 자치의

9 의회는 오늘 담배 판매에 대해 새롭게 1.5퍼센트의 세금을 부과하기로 투표했다.
  (a) 집결하다   (b) 진창에 빠뜨리다
  (c) 부과하다   (d) 모여들다

10 끝없는 토론 후 두 정치 지도자들이 마침내 합의에 이르렀다.
  (a) 인접한   **(b) 끝없는**
  (c) 의무적인   (d) 맞은편의

11 젊은 당원들이 권력을 맡게 됨에 따라 우리는 당 내에서 변혁을 목격하게 되었다.
  (a) 특사   **(b) 변혁**
  (c) 교착 상태   (d) 연립 정부

12 대통령이 국제 조약에 서명한 후에는 발효되기 전에 의회에 의해 비준되어야 한다.
  (a) 선포하다   (b) 맞서다
  (c) 승인하다   **(d) 비준하다**

DAY
25

Army & War

기출 예문

The **intrepid** soldier volunteered to go on a mission behind enemy lines.

용감한 병사가 적의 전선 뒤에서의 임무 수행을 자원했다.

학습 1차	년	월	일	공부 시간	시간	분
학습 2차	년	월	일	공부 시간	시간	분
학습 3차	년	월	일	공부 시간	시간	분

Army & War 군대와 전쟁

espionage

[éspiənàːʒ]

VOCA⁺

spy on
~에 대해 첩보 활동을 하다;
~를 감시하다

ⓝ 첩보 활동

industrial **espionage** 산업 첩보 활동

기출 예문

Four unnamed soldiers had allegedly used their positions to conduct **espionage** during World War II.
네 명의 익명의 군인들이 자신의 직위를 이용해서 제2차 세계 대전 기간 동안 간첩 행위를 했다는 주장이 제기되었다.

demonstrate

[démənstrèit]

n. demonstration 시범, 시위
n. demonstrator 시범자, 시위자

VOCA⁺

explain 설명하다
illustrate (예시, 삽화로) 설명하다
describe 묘사하다, 설명하다
express 표현하다

ⓥ 보여주다; 시위에 참여하다

demonstrate affection[talent] 애정[재능]을 드러내다
demonstrate against the war 반전 시위하다

기출 예문

Many citizens **demonstrated** against the government's decision to go to war with the country.
많은 시민들이 그 국가와 전쟁을 벌이려는 정부의 결정에 반대하는 시위를 벌였다.

armed

[aːrmd]

v. arm 무장하다

VOCA⁺

army 육군
armistice 휴전
disarm 무장해제하다

ⓐ 무장한

an **armed** attack[assault] 무장 공격
armed with bombs 폭탄으로 무장한
an **armed** robber 무장 강도
armed to the teeth 철저히 무장한

In the Middle East, several governments have experienced political turmoil, and some of them were overthrown by **armed** revolts.
중동에서 몇몇 정부들은 정치적 혼란을 겪었는데 그중 일부는 무장 반란에 의해 전복되었다.

plunder
[plʌ́ndər]

VOCA⁺
loot 약탈하다
pillage 약탈하다
rob 도둑질하다

ⓥ **약탈하다**

plunder a village 마을을 약탈하다

기출 예문

The soldiers got rich from conquests by plundering cities that they invaded.
군인들은 정복 활동에서 그들이 침략했던 도시를 약탈해서 부유해졌다.

refugee
[rèfjudʒíː]
n. refuge 피난처, 은신처

VOCA⁺
displaced person 난민
exile 망명자
expatriate 국외 거주자

ⓝ **난민, 망명자**

refugee camps 난민 캠프
a flow of refugees from the war zone 전쟁 지역에서 탈출한 난민의 물결
political[economic] refugees 정치[경제] 난민

기출 예문

The refugees sought asylum to escape from civil war.
피난민들은 내전을 피하기 위해 망명을 신청했다.

violate
[váiəlèit]
n. violation 위반

VOCA⁺
infringe 위반하다, 침해하다

ⓥ **위반하다, 어기다; 침해하다**

violate a command 명령을 거역하다
violate one's rights 권리를 침해하다

기출 예문

The soldier's attorney asserts that his client did not violate any military regulations.
그 병사의 변호사는 그의 고객이 군사 규정을 위반하지 않았다고 주장한다.

combine
[kəmbáin]
n. combination 결합

VOCA⁺
fuse 융합시키다
incorporate 포함하다
merge 합병하다
associate 연상하다;
(사람들과) 어울리다

ⓥ **결합하다**

combined effects 연합 효과
combine forces with someone ～와 협력하다
combine the eggs and the flour 계란과 밀가루를 섞다

기출 예문

The leaders of the two militia groups decided to combine their troops to form a unified force.
두 무장 세력의 지도자들은 하나의 통일된 세력으로 조직하기 위해 그들의 군대를 합치기로 했다.

DAY 25

mount
[máuntiŋ]

VOCA⁺

surmount 극복하다
surmountable 극복할 수 있는
insurmountable 극복할 수 없는

ⓥ **증가하다, 커져 가다**

mounting tension 커져가는 갈등

> 📝 기출 예문
>
> The **mounting** hostility between the two countries culminated in an outbreak of war.
> 두 국가 간의 커져 가는 적대감은 전쟁 발발로 막을 내렸다.

---

overthrow
[òuvərθróu]

VOCA⁺

depose, dethrone 권좌에서 축출시키다

ⓥ **전복시키다; 끌어내리다**

be **overthrown** in a military coup 군사쿠데타에서 축출되다

> 📝 기출 예문
>
> The protesters, determined to have the dictator **overthrown** from power, staged a demonstration.
> 독재자가 권력에서 물러나도록 만들기로 결심한 시위자들은 시위를 벌였다.

---

vanquish
[vǽŋkwiʃ]

VOCA⁺

conquer 정복하다
crush 격파하다
quell 진압하다
subdue 제압하다
surmount 극복하다, 해결하다

ⓥ **패배시키다**

vanquish a foe 적을 격파하다

> 📝 기출 예문
>
> Napoleon's troops were **vanquished** at the Battle of Waterloo, which effectively brought an end to his military career.
> 나폴레옹 군대는 워털루 전투에서 패배했는데, 이 전투로 나폴레옹의 군사 경력은 사실상 끝났다.

---

military
[mílitèri]

VOCA⁺

militant 공격적인, 과격한
militia 민병대, 의용군
militarism 군국주의
militarize 무장시키다
demilitarize 비무장지대로 만들다

ⓐ **군사의**

military service 군 복무
military operations 군사 작전
military forces 군 병력

> 📝 기출 예문
>
> US **military** forces have been stationed in Korea for over sixty years.
> 미군은 60년 이상 한국에 주둔해 왔다.

ally

Ⓝ [ǽlai]
Ⓥ [əlái]

n. alliance 동맹, 연합

VOCA⁺

alloy 합금
allay 가라앉히다, 완화하다
alley 골목길

Ⓝ **동맹국; 협력 단체**

the nation's closest **ally** 그 나라의 가장 가까운 동맹국
a staunch **ally** of the President 대통령의 충실한 협력자

Ⓥ **~을 편들다, 동맹하다**

ally oneself with the union 노조를 지지하다

🔖 기출 예문

If a tribe is driven away from its village and plantation by
an enemy, it will be given shelter in an **ally**'s village.
한 부족이 적에 의해 마을과 농장에서 쫓겨나면, 동맹을 맺은 마을에서 피신처
를 제공받는다.

awful

[ɔ́:fəl]

n. awe 경외감
n. awfulness 지독함, 끔찍함

VOCA⁺

awesome 엄청난, 굉장한
lawful 합법적인

ⓐ **끔찍한, 지독한(terrible)**

suffer **awful** injuries 끔찍한 부상을 입다
an **awful** lot of people 엄청나게 많은 사람들

🔖 기출 예문

Traffic was **awful** coming over here.
여기 오는 데 교통량이 엄청났어요.

cessation

[seséiʃən]

v. cease 중단되다

VOCA⁺

cession (권리의) 양도
session (의회의) 회기; 개회 중임

Ⓝ **중단, 중지(halt)**

a **cessation** of hostilities 적대 행위들의 중단, 정전
relapse after **cessation** of treatment 치료 중단 후의 재발

🔖 기출 예문

The inability to distinguish when actions actually have an
effect and the **cessation** of efforts to influence events
eventually lead to depression.
행동이 실제로 언제 영향을 미치는지 알지 못하는 것과 더 이상 어떤 일에 영향
을 주려 하지 않는 것은 결국 우울증의 원인이 된다.

damage
[dǽmidʒ]

ⓝ 손상, 피해(harm); 손해 배상금

suffer heavy **damage** 큰 손상을 입다

pay **damages** totaling $30,000 총 3만 달러의 손해 배상금을 지불하다

ⓥ 손해를 입히다(injure)

damage one's career 경력에 해를 입히다

> **기출 예문**
>
> Since the scandal broke, the senator's staff has been busy in **damage** control.
> 스캔들이 터진 후 상원의원의 관계자들은 사건을 수습하느라 분주했다.

VOCA⁺

injure 상처를 주다
wound (고의로) 부상을 입히다

🗒 do damage to ~에 피해를 입히다

---

defeat
[difí:t]

ⓥ 패배시키다, 물리치다(beat)

defeat one's opponent in the election 선거에서 상대 후보를 물리치다
defeat the disease 병을 퇴치하다

ⓝ 패배

a crushing **defeat** 참패

> **기출 예문**
>
> Che's guerilla operations were already **defeated** prior to the arrival of the Rangers, so the role of the U.S. was not crucial.
> 체의 게릴라 작전은 특수 부대가 도착하기 전에 이미 패색이 짙었기 때문에 미국의 역할은 결정적이지 않았다.

VOCA⁺

feat 공훈, 업적
defect 결점; 망명하다

🗒 inflict a defeat on ~에 패배를 안기다

---

defense
[diféns]

v. defend 방어하다
n. defendant 피고

ⓝ 방어, 수비; 국방(↔ offense 공격; 위반)

weapons used for **defense** 방어용 무기들
cuts in the **defense** budget 국방 예산 삭감

> **기출 예문**
>
> Not to spend more on a mass **defense** system would leave the nation vulnerable to nuclear attack.
> 그 국가는 대규모 방어 체제에 더 많은 돈을 쓰지 않으면 핵 공격에 취약해질 것이다.

VOCA⁺

depend 의존하다
fence 울타리; 장애물

🗒 legitimate self-defense 정당방위

devastating

[dévəstèitiŋ]

v. devastate 완전히 파괴하다

ⓐ 황폐시키는, 파괴적인; 굉장한

launch a **devastating** attack 치명적인 공격을 시작하다

one's **devastating** smile 대단히 인상적인 미소

🖊️ 기출 예문

A poor body image could have **devastating** effects on you psychologically.

만족스럽지 못한 신체 이미지는 심리적으로 당신에게 매우 파괴적인 영향을 줄 수 있다.

VOCA⁺

dismantle 철거하다; 분해하다

📑 a devastating earthquake[landslide] 파괴적인 지진[산사태]

---

disarm

[disá:rm]

n. disarmament 군비 축소

ⓥ 무장 해제하다; 무력하게 하다

disarm the rebels 반군을 무장 해제시키다

his tact **disarming** his critics 비판자들의 마음을 누그러뜨리는 그의 재치

🖊️ 기출 예문

While there was general agreement that Japan had to be **disarmed**, there were some who wished to commit themselves to a perpetually demilitarized Japan.

일본이 무장 해제해야 한다는 전반적인 합의가 있었던 반면에, 일본의 영구적인 비무장화를 적극 추진하고 싶어 하는 이들도 있었다.

VOCA⁺

armistice 휴전
armament 군비, 군사력; 무기
armory 무기고

DAY 25

---

wound

[wu:nd]

ⓥ (고의로) 부상을 입히다

a heavily **wounded** soldier 중상을 입은 병사

ⓝ 상처, 부상(injury)

sustain a **wound** 부상을 입다

🖊️ 기출 예문

Earlier this week, animal control officials killed a bear responsible for **wounding** a camper.

이번 주 초에 동물 관리국 직원들은 야영하던 사람을 다치게 한 이유로 곰 한 마리를 사살했다.

VOCA⁺

wind 감다; 바람; 바람 불다
found 설립하다
sound 깊은; 조사하다

explosive

[iksplóusiv]

v. explode 폭발하다, 폭파시키다
n. explosion 폭발; 폭발적인 증가

VOCA+
explore 탐험하다
exploit 개척하다; 착취하다

@ 폭발성의, 폭발하기 쉬운; 폭발적인

a highly **explosive** substance 폭발성이 강한 물질
explosive population growth 폭발적 인구 증가

⑪ 폭약, 폭발물

> **기출 예문**
>
> With many people in China relocating to cities, there has been an **explosive** growth in urban populations.
> 중국의 많은 사람들이 도시로 이동하면서 도시 인구가 폭발적으로 늘었다.

---

genocide

[dʒénəsàid]

a. genocidal 대량 학살의

VOCA+
homicide 살인
suicide 자살
pesticide 살충제

⑪ 대량[집단] 학살(massacre, holocaust, carnage)

perpetrate **genocide** 대량 학살을 저지르다
victims of **genocide** 대량 학살의 희생자들

> **기출 예문**
>
> This has occurred despite the Rwandan **genocide**, armed insurgents in the area, human-spread sicknesses, poaching, and constant pressure from land-hungry peasants.
> 르완다의 인종 학살과 지역의 무장 반군, 인간 전염병, 밀렵, 토지에 굶주린 소작인들로부터의 끊임없는 압력에도 불구하고 이 같은 일이 일어난 것이다.

---

hazard

[hǽzərd]

a. hazardous 위험한

VOCA+
haphazard 되는 대로의, 우연의

⑪ 위험(jeopardy, peril)

be a **hazard** to pedestrians 보행자들에게 위험하다

> **기출 예문**
>
> However, with the development of modern forms of transportation, rickshaws became more of a traffic **hazard** than a convenience.
> 그러나 근대 운송 수단의 발달로 릭샤는 편의보다 교통의 위험 요소가 되었다.

ignominious
[ìgnəmíniəs]

n. ignominy 불명예, 수치

VOCA⁺
anonymous 무명의
nominal 명목상의

ⓐ **불명예스러운, 창피한(disgraceful)**

beat an **ignominious** retreat 불명예스러운 퇴각을 하다
come to an **ignominious** end 수치스럽게 끝나다

🖊 기출 예문

America's reasons for entering into the Mexican War were **ignominious** at best.
멕시코 전쟁을 시작한 것에 대한 미국의 해명은 좋게 말해야 불명예스러운 일이었다.

---

inexorable
[inéksərəbl]

ad. inexorably 거침없이

VOCA⁺
oracle 신탁
orator 웅변가, 연설자

ⓐ **거침없는, 가차 없는(relentless)**

an **inexorable** dictator 냉혹한 독재자
the **inexorable** decline of stock prices 주가의 멈추지 않는 하락

🖊 기출 예문

For me, as a blind person, time governs all of my activities. That is the **inexorable** context within which I must do everything.
시각 장애인인 나에게는 모든 행동들이 시간의 지배를 받는다. 그것은 내가 모든 일을 해야 하는 참으로 냉혹한 상황이다.

---

intrepid
[intrépid]

n. intrepidity 용맹, 대담함

VOCA⁺
trepidation 공포; 떨림
tremble 떨다, 흔들리다

ⓐ **용감한, 대담한(fearless, dauntless, audacious, valiant)**

an **intrepid** entrepreneur 대담한 사업가

🖊 기출 예문

The **intrepid** soldier volunteered to go on a mission behind enemy lines.
용감한 병사가 적의 전선 뒤에서의 임무 수행을 자원했다.

DAY 25

invade
[invéid]

n. invasion 침입, 침략

VOCA+
evade 회피하다
invalid 실효성이 없는; 병약한

ⓥ 침입하다, 침략하다

an **invading** army 침략군
the beach **invaded** by tourists 여행객들이 몰려드는 해변

> **기출 예문**
>
> In 1431, the Angkor region was **invaded** and conquered by the Thais, bringing the Khmer civilization to an abrupt end.
> 1431년 앙코르 지역은 태국인들의 침략을 받아 정복당했고 크메르 문명은 갑작스러운 종말을 맞았다.

---

lethal
[líːθəl]

n. lethality 치명적임

VOCA+
oblivion 망각
amnesia 건망증

ⓐ 치명적인(fatal, deadly)

a **lethal** blow 치명타
a **lethal** dose of poison 치사량의 독극물

> **기출 예문**
>
> As one of the most poisonous snakes, the cobra's bite is considered extremely **lethal**.
> 가장 독성이 강한 뱀 중의 하나인 코브라가 무는 것은 매우 치명적인 것으로 여겨진다.

---

loot
[luːt]

VOCA+
root 뿌리; 응원하다
moot 논쟁의 소지 있는

ⓥ 약탈하다(plunder, pillage)

loot food supplies 식량을 약탈하다

ⓝ 전리품, 훔친 물건(booty)

get a lot of **loot** in the robbery 강도질을 해 많은 물건을 취하다

> **기출 예문**
>
> Following the successful invasion, the attackers **looted** the cities of the vanquished.
> 성공적인 침략 후에, 침략자들은 피정복인들의 도시를 약탈했다.

---

outbreak
[áutbrèik]

v. break out 발생하다

VOCA+
outburst 폭발, 분출
output 산출량
outlay 경비, 비용
outlet 출구; 점포

ⓝ (전쟁·질병 등의) 발생, 발발

an **outbreak** of war 전쟁의 발발
an **outbreak** of food poisoning 식중독의 발생

> **기출 예문**
>
> An **outbreak** of avalanches across the Alps has claimed the lives of at least eight people.
> 알프스 산맥 전역에서 발발한 산사태로 적어도 8명이 사망했다.

ominous

[ámənəs]

n. omen 징조, 조짐

VOCA⁺

luminous 빛나는
abominate 혐오하다

ⓐ 불길한(foreboding, sinister, portentous)

an **ominous** sign 불길한 징조
an **ominous** threat of war 불길한 전쟁의 위협

> **기출 예문**
> Ominous forces were assembling to bring about the fall of the once-mighty empire.
> 불길한 병력들이 집결하여 한때 강성했던 제국에 몰락을 가져왔다.

---

rehabilitate

[rì:həbíliteit]

n. rehabilitation 재활

VOCA⁺

habitat 서식지, 거주지
inhabit ~에 살다

ⓥ 원상태로 되돌리다; 명예를 회복시키다

rehabilitate a devastated area 폐허가 된 지역을 재건하다
rehabilitate one's image[honor] 이미지[명예]를 회복하다

> **기출 예문**
> The man's legs were badly injured in a car accident, and it took more than a year to rehabilitate them.
> 남자의 다리는 교통사고로 심한 부상을 입었고, 다리를 재활하는 데 1년 이상이 걸렸다.

📝 rehabilitate drug addicts 마약 중독자들을 재활시키다

---

retaliation

[ritæliéiʃən]

v. retaliate 보복하다

VOCA⁺

exfoliate (껍질을) 벗겨내다
affiliate 계열사, 자회사

ⓝ 보복, 앙갚음(revenge, vengeance, retribution, reprisal)

under the threat of **retaliation** 보복 위협을 받고 있는
in **retaliation** for the enemy's attack 적의 공격에 대한 보복으로

> **기출 예문**
> Among the native tribes, each raid was answered with another in retaliation.
> 토착 부족들 중에서 각 기습 공격은 또 다른 보복성 공격을 받았다.

DAY 25

rout
[raut]

VOCA⁺
bout 한판 승부, 발작
tout 성가시게 권하다, 강매하다

ⓥ 완패시키다(defeat)

ⓝ 완패; 패주

put the enemy to **rout** 적을 완전히 물리치다
turn into a **rout** 완패하다

💬 기출 예문

The genius of Alexander the Great allowed him to **rout**
his enemies even when greatly outnumbered.
알렉산더 대왕은 적들의 수가 압도적으로 많았음에도 불구하고 그 천재성으로
그들을 궤멸시킬 수 있었다.

---

trigger
[trígər]

VOCA⁺
swagger 뽐내며 걷다; 으스대다
logger 벌목꾼

ⓝ (총의) 방아쇠; 계기, 도화선

pull the **trigger** 방아쇠를 당기다
a **trigger** point for military action 군사 행동을 유발시킨 계기

ⓥ 유발하다(set off); 쏘다

trigger a civil war 내전을 촉발시키다
trigger a headache 두통을 유발하다
trigger the bomb 폭탄을 발사하다

💬 기출 예문

The primary **trigger** of allergies during springtime is pollen.
봄철에 알레르기를 일으키는 주요 인자는 꽃가루이다.

📝 trigger-happy 걸핏하면 총을 쏘는, 호전적인

---

survive
[sərváiv]
n. survival 생존
a. survivable 생존 가능한

VOCA⁺
revive 부활하다
vitalize 활력을 주다, 생기를 불어넣다

ⓥ ~에서 살아남다, ~보다 오래 살다; (역경을) 견디다

survive the war 전쟁에서 생존하다
survive her husband 남편보다 오래 살다

💬 기출 예문

Some people think that life is a struggle in which only the
fittest may **survive**.
어떤 사람들은 인생은 투쟁이며 그 안에서 가장 잘 적응한 사람만이 살아남을
수 있다고 생각한다.

📝 survive on a small salary 적은 월급으로 근근이 살아가다

418

strategy

[strǽtidʒi]

n. strategist 전략가

DAY 25

VOCA⁺

tactics (개개의) 전술, 병법
stratum 지층, 계층

ⓝ (종합적인) 전략, 계획(scheme)

establish[develop] a **strategy** for ～을 위한 전략을 수립[개발]하다
defense **strategies** 방어 전략

🔖 기출 예문

Once students have narrowed down the topic of their study, they should select a research **strategy**.
학생들은 일단 자신의 연구 주제의 범위를 좁히고 나면, 연구 계획을 선택해야 한다.

---

vulnerable

[vʌ́lnərəbl]

n. vulnerability 상처 받기 쉬움

VOCA⁺

invincible 무적의
impregnable 난공불락의

ⓐ 상처 입기 쉬운(↔ invulnerable 이겨낼 수 없는), 취약한(fragile)

a **vulnerable** fort 취약한 요새
be **vulnerable** to attack[infection] 공격[감염]에 취약하다

🔖 기출 예문

Bicycles are more exposed and **vulnerable** than any other vehicles on the road.
자전거를 타는 사람은 도로에서 다른 어떤 차량들보다 더 노출되어 있고 더 취약하다.

---

wade

[weid]

VOCA⁺

evade 회피하다
traverse 가로지르다; 방해하다

ⓥ (물 · 사람들을) 헤치며 나아가다

wade into the water 물속을 헤치고 들어가다
wade through mud 진흙탕을 헤치고 걷다

🔖 기출 예문

The river was shallow enough that the army could **wade** to the other side. 강이 충분히 얕아서 군대가 맞은편으로 건널 수 있었다.

---

evacuate

[ivǽkjuèit]

n. evacuation 대피, 피난

VOCA⁺

vacate 비우다, 퇴거하다
vacant 비어 있는, 공석인
vacuous 공허한

ⓥ 대피시키다, 피난하다

evacuate the village before the explosion 폭발 전에 마을 사람들을 대피시키다

🔖 기출 예문

Officials **evacuated** residents as the wildfire began to spread, its smoke blotting out the sunlight.
공무원들은 산불이 번지기 시작하고 연기가 햇볕을 가리자 주민들을 피난시켰다.

DAILY TEPS TEST

Choose the best answer for the blank.

Part I

1

A: Is the war over?

B: There's just a temporary _____ in hostilities.

(a) ministry
(b) strategy
(c) outbreak
(d) cessation

2

A: So many died in the bombing of Hiroshima.

B: And many _____ fell ill later in life.

(a) superiors
(b) allies
(c) survivors
(d) alarmists

3

A: The fighting is very dangerous for civilians caught in the middle.

B: It's the children who are most _____.

(a) vulnerable
(b) confidential
(c) lethal
(d) vertical

4

A: Military spending must be reduced.

B: But we have to pay for the _____ of our nation.

(a) range
(b) shelter
(c) defense
(d) omen

5

A: Can you believe the civil war in Syria?

B: There were some _____ images coming out of there.

(a) failed
(b) intrepid
(c) native
(d) awful

6

A: Look at all these battle reports.

B: Journalists have to _____ through these each night.

(a) wade
(b) flood
(c) rout
(d) aid

7

A: I don't want to think about the possibility of another world war.

B: The implications are _____.

(a) sardonic
(b) inexorable
(c) ominous
(d) provincial

8

A: Is this an old minefield?

B: Yes, there are still _____ in the ground.

(a) outlets
(b) explosives
(c) casualties
(d) tremors

Part II

9

Once the fighting in the city ended, people began _____ the burned-out stores.

(a) blanketing
(b) disarming
(c) preying
(d) looting

10

There are fears that escalating tensions in the South China Sea could _____ a major conflict.

(a) distend
(b) retaliate
(c) trigger
(d) rehabilitate

11

The armed skirmish resulted in no deaths but significant _____ to nearby properties.

(a) damage
(b) wounds
(c) pain
(d) accidents

12

The Ottoman massacres of its Armenian population following World War I amounted to _____.

(a) invasion
(b) genocide
(c) evacuation
(d) retaliation

DAY 25

1 (d)	2 (c)	3 (a)	4 (c)	5 (d)	6 (a)
7 (c)	8 (b)	9 (d)	10 (c)	11 (a)	12 (b)

1 A: 전쟁이 끝났나요?
B: 교전 중에 일시적으로 중단 상태입니다.
(a) 정부 부처　　　　(b) 전략
(c) 발발　　　　**(d) 중단**

2 A: 너무 많은 사람들이 히로시마 원자 폭탄으로 사망했습니다.
B: 그리고 많은 생존자들이 나중에 병에 걸렸지요.
(a) 상사　　　　(b) 동맹
(c) 생존자　　　　(d) 기우가 심한 사람

3 A: 전투가 중간에 잡힌 민간인들에게 아주 위험합니다.
B: 위험에 가장 취약한 건 아이들이지요.
(a) 취약한　　　　(b) 비밀의
(c) 치명적인　　　　(d) 수직의

4 A: 군비 지출을 축소해야 합니다.
B: 하지만 우리나라의 방위를 위해 돈을 써야 해요.
(a) 범위　　　　(b) 피난처
(c) 방위　　　　(d) 전조

5 A: 시리아의 내전이 믿어지세요?
B: 그곳에서 끔찍한 상황들이 있었죠.
(a) 실패한　　　　(b) 용감한
(c) 타고난　　　　**(d) 끔찍한**

6 A: 이 종군 기자들을 보세요.
B: 기자들은 매일 밤 이들을 헤치며 나가야 하죠.
(a) 헤치며 나아가다　　　　(b) 범람하다
(c) 완패시키다　　　　(d) 돕다

7 A: 또 다른 세계 전쟁의 가능성에 관해 생각하고 싶지 않아요.
B: 그 결과는 불길한 것이죠.
(a) 냉소적인　　　　(b) 거침없는
(c) 불길한　　　　(d) 지방의

8 A: 이곳이 오래된 지뢰밭인가요?
B: 네, 아직도 땅속에 폭발물들이 있어요.
(a) 출구　　　　**(b) 폭발물**
(c) 사상자　　　　(d) 떨림

9 도시의 전투가 끝나자 사람들은 불에 탄 가게들을 약탈하기 시작했다.
(a) 뒤덮다　　　　(b) 무장 해제시키다
(c) 잡아먹다　　　　**(d) 약탈하다**

10 남중국해에서 높아지는 긴장은 본격적인 전쟁을 유발할 수 있다는 우려가 있다.
(a) 넓히다　　　　(b) 보복하다
(c) 유발하다　　　　(d) 원상태로 되돌리다

11 무장한 소규모 충돌은 사망자 없이 끝났으나 인근 건물에 큰 피해를 입혔다.
(a) 손해　　　　(b) 상처
(c) 통증　　　　(d) 사고

12 1차 세계 대전 이후 아르메니아 사람들에 대한 터키 제국의 대학살은 집단 학살에 해당한다.
(a) 침략　　　　**(b) 집단 학살**
(c) 대피　　　　(d) 보복

DAY
26

Natural Science

기출 예문

Animals that blend into their environment have the advantage of not being easily detected by **predators**.

주변 환경에 뒤섞이는 동물들은 포식 동물들에게 쉽게 발각되지 않는다는 이점이 있다.

학습 1차	년	월	일	공부 시간	시간	분
학습 2차	년	월	일	공부 시간	시간	분
학습 3차	년	월	일	공부 시간	시간	분

particle
[pɑ́ːrtikl]

ⓝ 입자, 미립자

a minute **particle** 미세 입자
a subatomic **particle** 아원자 입자
fine **particles** of sand 미세한 모래 입자

VOCA⁺
fragment 조각, 파편
grain (곡식의) 낟 알
molecule 분자
crumb 부스러기
dot 점
drop (액체) 한 방울

🖋 기출 예문

Light can be used to gather and separate microscopic particles floating in liquid.
빛을 이용해 액체 속에 떠 있는 미세 입자들을 모아 분리할 수 있다.

---

corroborate
[kərábərèit]

n. corroboration 확증

ⓥ (증거를 통해) 확증하다

corroborating evidence 뒷받침하는 증거

VOCA⁺
authenticate (진품임을) 증명하다
confirm (사실임을) 확인하다
justify (타당함을 보여주다
substantiate (사실임을) 증명하다

🖋 기출 예문

General theory of relativity was **corroborated** with photos of a solar eclipse in which the light from distant stars is bent by the sun.
일반 상대성 이론은 멀리 있는 별의 빛이 태양에 의해 휘어지는 일식 사진으로 확증되었다.

---

evaporation
[ivǽpəréiʃən]

v. evaporate 증발하다

ⓝ 증발

water loss through **evaporation** 증발을 통한 물의 손실
evaporation of water 물의 증발
the **evaporation** of wealth 부의 증발

🖋 기출 예문

In hot weather, the wind cools your skin by accelerating the **evaporation** of sweat from its surface.
더운 날씨에 바람은 피부의 표면으로부터 땀의 증발을 가속화시켜 당신의 피부를 시원하게 해 준다.

VOCA⁺
emit 발산하다

sample
[sǽmpl]

ⓝ 샘플, 표본

free **samples** of a new lotion 새 로션의 무료 샘플
a blood[soil] **sample** 혈액[토양] 표본
a random **sample** 무작위 표본

기출 예문

Bacteria **samples** from a cave in New Mexico show that bacterial resistance to antibiotics is a primitive characteristic.
뉴멕시코의 동굴에서 나온 박테리아 샘플은 항생 물질에 대한 박테리아 내성이 원시부터 있었던 특성임을 보여준다.

VOCA⁺
specimen 견본, 샘플, 표본

---

movement
[múːvmənt]

ⓝ 움직임, 운동

muscle[eye] **movements** 근육[안구] 운동
social **movements** 사회 운동
the **movement** for women's suffrage 여성 참정권 요구 운동
the avant-garde **movement** 전위 예술 운동

기출 예문

The ancient people identified planets by observing how their **movement** was related to other stars.
고대인들이 행성들의 움직임이 다른 항성들과 어떤 관련성이 있는지를 관찰함으로써 행성들을 식별했다.

VOCA⁺
campaign 캠페인, 운동

---

evolution
[èvəlúːʃən]

v. evolve 진화하다

ⓝ 진화

the **evolution** of mammals 포유류의 진화

기출 예문

The institute is trying to study eucalyptus tree's **evolution**.
그 연구 센터는 유칼립투스 나무의 진화를 연구하려 애쓰고 있다.

VOCA⁺
revolution 혁명

element
[éləmənt]

n 요소, 성분, 원소

chemical **elements** 화학 성분
important[key/ essential/ vital] **element** 중요한 요소
in[out of] one's **element** 자기와 맞는[맞지 않는] 환경에서
an **element** of truth 진실의 일면
an **element** of surprise[doubt] 약간의 놀라움[의구심]

VOCA+

component 요소, 부품
factor 요인, 요소
ingredient 재료
item 항목, 물품
material 물질, 재료

기출 예문

The balance that life forms on Earth maintain is so delicate that if one **element** were different, life as we know it could not exist.
지구상의 모든 생명체들이 유지하고 있는 균형은 매우 미묘해서 한 가지 요소라도 달라지면 우리가 알고 있는 생명체는 존재할 수 없을 것이다.

theory
[θí(:)əri]

a. theoretical 이론의
ad. theoretically 이론적으로

n 이론

a conspiracy **theory** 음모론
in **theory** 이론적으로
a scientific **theory** 과학 이론
Einstein's **theory** of relativity 아인슈타인의 상대성 이론
theories on[about] evolution 진화론
confirm[debunk] a **theory** 이론을 입증하다[반박하다]

VOCA+

hypothesis 가설
ideology 이데올로기
premise 전제
concept 개념
doctrine 원리, 원칙

기출 예문

The researchers had hoped their study would support their **theory**, but it failed to do so.
연구원들은 자신들의 연구가 그들의 이론을 입증하기를 바랐지만 그렇지 못했다.

vapor
[véipər]

n 증기

water **vapor** 수증기

VOCA+

evaporate 증발시키다

기출 예문

When heated from the sun, water rises into the atmosphere in the form of vapor.
태양에 의해 열을 받으면 물은 수증기 형태로 되어 대기 속으로 상승한다.

react

[riǽkt]

n. reaction 반응

VOCA⁺

overreact 과민반응하다

ⓥ 반응하다

react against traditional values 전통적 가치에 반발하다
react with anger 분노의 반응을 보이다

🖊 기출 예문

Viruses does not **react** to stimuli, and this distinguishes them from true living things.
바이러스는 자극에 반응할 수 없는데, 이것이 바이러스와 진정한 생명체를 구별한다.

---

aquatic

[əkwǽtik]

VOCA⁺

terrestrial 육상의
aquiline 독수리의

ⓐ 물에서 사는, 수생의

aquatic habitat 수중 서식지
aquatic ecosystems 수생 생태계

🖊 기출 예문

The snails reproduce rapidly and destroy the habitat of trout and other **aquatic** life.
달팽이들은 번식이 빠르고 송어 및 다른 수생 생물의 서식지를 파괴한다.

DAY 26

---

assume

[əsjú:m]

n. assumption 인수; 장악; 가정
a. assumptive 가정의
a. assuming 주제넘은, 건방진

VOCA⁺

presume 가정하다; 감히 ~하다
resume 재개하다

ⓥ 가정하다(presume); (역할·임무를) 맡다, 잡다(take over, seize); ~인 체하다(pretend)

assume the hypothesis to be false 가설이 거짓이라고 가정하다
assume the responsibility 책임을 지다
assume ignorance 모르는 체하다

🖊 기출 예문

I **assume** that you have all taken courses in basic chemistry and physics.
나는 여러분이 기초 화학과 물리 과정을 모두 수강했다고 간주하겠습니다.

📋 **assume** office 취임하다

chemical

[kémikəl]

n. chemistry 화학

VOCA⁺

physical 신체의; 물질의, 물리학(상)의
alchemy 연금술

ⓐ **화학의**

a **chemical** weapon 화학 무기
have a **chemical** reaction 화학 반응을 일으키다

ⓝ **화학 물질**

기출 예문

Vitamin E is a **chemical** needed by our bodies to slow down the aging process.
비타민 E는 우리 몸의 노화 과정을 지연시키는 데 필요한 화학 물질이다.

📝 Multiple Chemical Sensitivities 다발성 화학 과민증(MCS)

---

classify

[klǽsəfài]

n. classification 분류
a. classified 분류된; (정보가) 기밀인

VOCA⁺

classic 일류의; 고전적인; 고전
classical 고전적인; 전형적인

ⓥ **분류[구분]하다(categorize)**

classify books by subject 책을 주제별로 분류하다
classify the movie as a comedy 그 영화를 코미디로 분류하다

기출 예문

Biologists often **classify** different types of life forms based on their DNA.
생물학자들은 종종 DNA를 기준으로 서로 다른 형태의 생명체를 분류한다.

📝 기밀문서: ~~classifying documents~~ (×) ⇨ **classified** documents (○)
classified ads 항목별 안내 광고

---

coalesce

[kòuəlés]

n. coalescence 합체; 연합
a. coalescent 합체한

VOCA⁺

coalition 연합; (정치적) 제휴
adolescent 사춘기의
convalesce 건강을 회복하다

ⓥ **합체하다; 연합하다**

coalesce into molecules 합쳐져 분자가 되다
coalesce into a party 연합하여 당을 이루다

기출 예문

The two neighboring towns have gradually **coalesced** into a sizable urban center.
이웃하던 두 도시가 점차 큰 도심지로 합쳐졌다.

component

[kəmpóunənt]

v. compose 구성하다; 작곡하다;
  (마음을) 안정시키다
n. composition 구성; 작곡; (물질의)
  구조
n. composure 평정, 침착

VOCA⁺

proponent 제의자; 지지자
opponent 반대자, 적수

ⓝ 구성 요소, 성분(element, ingredient)

component of a compound 복합체의 성분

a key component 기본 성분

discrete component 개별 부품

기출 예문

Workers in electronic assembly plants wear special
antistatic clothing so that they will not accidentally short-
circuit delicate components.
전자제품 조립 공장 근로자는 잘못하여 예민한 부품을 합선시키지 않도록 특
수한 정전기 방지복을 착용한다.

---

compound

[kámpaund]

ⓝ 합성물, 화합물

an organic compound made from cellulose 섬유소로 만든 유기 화합물

ⓐ 복합의, 합성의

compound powder 합성 화약

compound microscope 복합 현미경

기출 예문

Scientists believe that certain kinds of tea, such as oolong,
green, and black tea, contain fluoride and chemical
compounds that may enhance bone strength.
우롱차나 녹차, 홍차 같은 특정한 종류의 차가 뼈를 강화하는 불소와 화학적인
혼합물을 가지고 있다고 과학자들은 믿고 있다.

VOCA⁺

expound 상세히 설명하다
impound 몰수[압수]하다

📝 compound word 복합어

---

constant

[kánstənt]

ad. constantly 항상, 일정하게

ⓐ 지속적인, 계속되는

maintain constant velocity 일정 속도를 유지하다

make constant efforts 부단히 노력하다

기출 예문

The waters of the oceans are in constant motion.
바닷물은 끊임없이 움직인다.

VOCA⁺

instant 즉시의
constituent 구성 요소; 선거 구민

DAY 26

convince
[kənvíns]
v. convict 유죄를 선고하다
n. conviction 확신, 신념; 유죄 판결

VOCA⁺
evict 내쫓다, 퇴거시키다
province 도, 지방

ⓥ 확신시키다, 납득시키다(persuade)
convince him of my theory 그에게 나의 이론을 납득시키다
convince oneself of ~을 스스로 확신하다

기출 예문

I'm going to **convince** Stephen not to go out tonight.
스티븐에게 오늘 밤에 나가지 말라고 설득할 거야.

📝 ~을 확신하다: convince that (×) ⇒ **be convinced** that (○)

---

counterbalance
[káuntərbæləns]

VOCA⁺
balance 균형; 저울; 잔액
imbalance 불균형

ⓥ 대등하게 하다, 상쇄하다(offset, countervail)
counterbalance the acidity 산성을 상쇄하다
have **counterbalancing** effects 상쇄시키는 효과가 있다

기출 예문

Heat production and heat loss in numerous areas of the human body are **counterbalanced** naturally through blood circulation.
인체 여러 곳에서 발생하는 열의 생성과 손실은 혈액 순환을 통해 자연스럽게 균형을 이룬다.

---

dilute
[dilú:t]
n. dilution 묽게 함, 희석

VOCA⁺
dilate 팽창시키다; 상세히 설명하다
pollute 오염시키다, 더럽히다

ⓥ 묽게 하다, 연하게 하다(weaken, attenuate)
dilute a solution 용액을 물로 희석하다
dilute coffee with milk 우유를 타서 커피를 연하게 하다
dilute detergent three to one before use
사용하기 전에 세제를 3대 1의 비율로 희석하다

기출 예문

To produce one ounce of gold, for example, miners dig up 30 tons of rock, which they then sprinkle with **diluted** cyanide to extract the gold.
예를 들면, 1온스의 금을 생산하기 위해 광부들은 30톤의 원석을 파내야 하고, 그러고 나서 여기에 희석된 시안화물을 뿌려서 금을 추출해 낸다.

equivalent

[ikwívələnt]

n. equivalence 같음, 등가(성)

VOCA⁺
equivocal 애매한, 다의성의
equitable 공평한, 정당한
equable 한결같은, 균등한

ⓐ 동등한, 같은(equal)

structurally **equivalent** compound 구조적으로 동등한 화합물
equivalent in amount[meaning] 양[의미]이 같은

> 📝 기출 예문
>
> Banknotes became more widely used and eventually were accepted as **equivalent** to precious metal and given the status of paper money.
> 지폐가 더 널리 쓰이게 되어, 결국 값비싼 금속과 동등하게 받아들여졌고 종이 돈으로서의 취급을 받았다.

📋 ~와 동등한: equivalent ~~with~~ (×) ⇒ equivalent **to** (○)
be equivalent to a threat 협박과 다름없다

---

exude

[igzjúːd]

VOCA⁺
exclude 배제하다
seclude 격리하다; 은둔하다

ⓥ 스며 나오다, 발산시키다(seep, ooze)

exude from one's skin 피부에서 스며 나오다
exude an odor 냄새를 풍기다

> 📝 기출 예문
>
> One reason that Jack won the election is that he **exudes** confidence.
> 잭이 당선된 한 가지 이유는 그가 자신감이 넘치기 때문이다.

---

flexible

[fléksəbl]

v. flex 구부리다
n. flexibility 유연성, 융통성

VOCA⁺
reflex 반사 신경
reflect 반영하다

ⓐ 유연한, 융통성 있는(bendable, pliable, malleable ↔ inflexible 융통성이 없는)

flexible material 탄성재
take a **flexible** attitude 유연한 태도를 취하다

> 📝 기출 예문
>
> The current position maintains **flexible** hours to assist in current related projects.
> 현행 관련 프로젝트를 지원하기 위해서 현재 직책은 근무 시간을 융통성 있게 유지합니다.

📋 flexible work 탄력 근무 시간제

flimsy
[flímzi]

ⓐ (얇고) 약한(brittle, fragile); (근거가) 빈약한; 조잡한

built on **flimsy** foundations 약한 기초 위에 세워진

a **flimsy** explanation 빈약한 설명

> **기출 예문**
>
> The evidence cited in the scientist's report proved flimsy on closer inspection.
> 좀 더 정밀하게 조사해 보니 그 과학자의 보고서에서 인용된 증거는 보잘것없는 것으로 드러났다.

VOCA⁺
filmy 얇은, 비치는
vulnerable 다치기 쉬운, 취약한

📝 a flimsy pretext 얄팍한 핑계

---

habitat
[hǽbitæt]

n. habitation 주거지; 거주(권)
a. habitable 살기에 적당한

ⓝ 서식지

a natural **habitat** (동식물의) 자연 서식지

the destruction of **habitat** 서식지의 파괴

preserve wildlife **habit** 야생 동물의 서식지를 보존하다

> **기출 예문**
>
> As a result of a variety of human activities, the natural habitat of jaguars in North America has been lost.
> 인간의 다양한 활동 때문에 북아메리카 재규어의 자연 서식지가 사라졌다.

VOCA⁺
inhabit ～에 살다, 서식하다

📝 habitat은 동물이나 식물의 '서식지'를 의미, habitation은 주로 사람이 사는 '주거지'를 의미

---

hypothesis
[haipáθisis]

v. hypothesize 가설을 세우다
a. hypothetical 가설의, 가상의, 가정의

ⓝ 가설, 가정(assumption, supposition)

form[test] a **hypothesis** 가설을 세우다[시험하다]

confute a **hypothesis** 가설을 논박하다

> **기출 예문**
>
> According to the astronomer's hypothesis, liquid water could exist on Venus.
> 그 천문학자의 가설에 의하면 금성에 액체가 존재할 수도 있다.

VOCA⁺
thesis 논제; 학위 논문
antithesis 대조, 정반대

432

inertia

[inə́ːrʃjə]

a. inertial 활발하지 못한; 관성의
a/n. inert 비활성의; 둔한 사람

VOCA⁺

amentia 정신박약
dementia 치매

ⓝ 관성; 무기력

the law of **inertia** 관성의 법칙
sheer **inertia** 완전한 무기력

기출 예문

Little did I know that **inertia** and gravity would have a drastic effect on the flight path of that egg.
달걀이 날아가는 경로에 관성과 중력이 그렇게 큰 영향을 미칠지 몰랐다.

inquisitive

[inkwízitiv]

v. inquire 질문하다
n. inquisition 조사, 심문

VOCA⁺

acquisitive 얻으려고 하는;
욕심이 많은

ⓐ 캐묻는, 호기심 많은

an **inquisitive** mind 탐구심이 많은 사람
an **inquisitive** question 꼬치꼬치 캐는 질문

기출 예문

George was a very **inquisitive** little boy, always wanting to know more about the world around him.
조지는 매우 호기심 많은 소년으로 항상 자기 주변의 세계에 대해 더 많은 것을 알고자 했다.

be inquisitive about ~에 관하여 꼬치꼬치 캐묻다

momentum

[mouméntəm]

VOCA⁺

moment 순간; 중요성
memento 기념물

ⓝ 가속도, 탄력; 운동량; 여세

gain **momentum** 탄력이 붙다, 세력을 얻다
lose **momentum** 탄력을 잃다, 세가 꺾이다

기출 예문

Support for banning the toxic chemicals has been gaining **momentum** in recent months.
유해 화학 물질을 금지하자는 주장이 최근 몇 달간 지지 세력을 얻고 있다.

with this as momentum 이것을 계기로

DAY 26

motion
[móuʃən]

ⓝ 움직임, 동작; (의회의) 동의, 발의

accelerated **motion** 가속 운동
second the **motion** 동의에 찬성하다

기출 예문

Votes were 177 to 95 against a **motion** to bar over-the-counter sales of the pill, which began Jan 1.
1월 1일부터 시작했던 처방전 없는 피임약의 판매를 금지하자는 제의는 177대 95로 부결되었다.

📋 set ... in motion ~에 시동을 걸다

VOCA⁺
motive 동기
commotion 동요, 소란
promotion 촉진; 승진

---

nocturnal
[nɑktə́:rnəl]

ⓐ 야행성의

nocturnal animals 야행성 동물
have **nocturnal** habits 야행성의 습관이 있다

기출 예문

Most animals living in the desert are **nocturnal** and avoid high temperatures by only being active at dawn or at night.
사막에 사는 대부분의 동물은 야행성으로, 고온을 피해 새벽녘이나 밤에만 활동을 한다.

VOCA⁺
diurnal 낮의
midday 한낮의
midnight 한밤중의

---

nuclear
[njú:kliər]

n. nucleus 원자핵

ⓐ 핵(무기)의; 원자력의

nuclear division 핵분열
go **nuclear** 핵무장하다
nuclear family 핵가족

기출 예문

Neutrinos are created during **nuclear** fusion when stars are born, and they are the most numerous particles in the universe.
중성미자는 별들이 생성될 때 핵융합 과정에서 생기며, 우주에서 그 수가 가장 많습니다.

VOCA⁺
unclear 불명확한

📋 nuclear warhead 핵탄두
Nuclear Nonproliferation Treaty 핵 확산 방지 조약

objective

[əbdʒéktiv]

v/n. object 반대하다; 물체; 대상; 목적
n. objection 반대; 거부
a. objectionable 반대할 만한

@ 객관적인(↔ subjective 주관적인)

objective reasoning 객관적 추론

⑩ 목표, 목적(end, purpose)

attain an **objective** 목적을 이루다

> **기출 예문**
>
> Students often fail to be **objective** about their writing skills.
> 학생들은 자신의 작문 실력에 대해 객관적이지 못한 경우가 많다.

VOCA⁺

reject 거절하다
project 계획하다; 투영하다; 기획

📝 Unidentified Flying Object 미확인 비행 물체(UFO)

---

parasite

[pǽrəsàit]

⑩ 기생충; 기생 동물

carry a **parasite** 기생충을 옮기다
be infected with a **parasite** 기생충에 감염되다

> **기출 예문**
>
> Still others exist as **parasites** inside various animals and plants, causing a number of diseases.
> 또 어떤 벌레는 여러 동식물 안에 기생충으로 존재하면서 많은 질병을 일으키기도 한다.

VOCA⁺

roundworm 회충
leech 거머리; 고리대금업자
sponge 스펀지, 해면; 식객

📝 live like a parasite 기생충처럼 빌붙어 살다

---

poisonous

[pɔ́izənəs]

n. poisoning 중독

@ 유독한, 독이 있는(detrimental, venomous)

poisonous substances 독성이 있는 물질
poisonous mushroom 독버섯

> **기출 예문**
>
> In the back of the van were two boxes containing **poisonous** snakes.
> 밴의 뒤 칸에는 독이 있는 뱀이 들어 있는 상자 두 개가 있었다.

VOCA⁺

antidote 해독제
antiseptic 방부제
antibiotic 항생제

📝 alcohol poisoning 알코올 중독
　food poisoning 식중독

DAY 26

predator
[prédətər]

ⓝ 포식 동물

have no **predators** 천적이 없다

fall victim to **predators** 포식자들에게 희생되다

VOCA⁺
predate (날짜가) ~보다 앞서다
depredate 약탈하다, 파손하다

기출 예문

Animals that blend into their environment have the advantage of not being easily detected by predators.
주변 환경에 뒤섞이는 동물들은 포식 동물들에게 쉽게 발각되지 않는다는 이점이 있다.

---

prey
[prei]

ⓝ 먹이, 사냥감(game)

stalk its **prey** 먹잇감에 몰래 다가가다

ⓥ 잡아먹다; 착취하다

prey on insects 곤충을 잡아먹다

기출 예문

They identify their **prey** through ultrasonic sounds.
그들은 초음파를 통해 먹이를 식별한다.

📋 fall prey to ~의 먹이가 되다

VOCA⁺
pray 기도하다
fray 닳게 하다

---

solid
[sálid]

v. solidify 응고시키다
n. solidity 고체성, 견고

ⓐ 고체의, 견고한; 만장일치의(uniform, unanimous); 믿음직한(reliable)

a **solid** fuel 고체 연료

a **solid** beam of wood 튼튼한 목재 골조

a **solid** vote 만장 일치된 투표

solid evidence 확실한 증거

⒜⒟ 완전히

be booked **solid** 매진되다

기출 예문

Marshall amps are a standard in the music industry, known for their quality and **solid** construction.
마셜 앰프는 품질과 견고한 구조로 알려져 있어, 음악 산업에 있어서 표준이다.

VOCA⁺
consolidate 공고히 하다, 합병하다
liquid 액체; 액체의
fluid 유동체, 체액; 유동성의

sterilize
[stérəlàiz]

a. sterile 불모의; 불임의; 무균의

VOCA⁺
stabilize 안정시키다
fertilize 비옥하게 하다

ⓥ **살균하다, 불모화하다**

sterilize in boiling water 끓는 물에 소독하다
sterilize surgical instruments 수술 도구들을 소독하다

🖋 기출 예문

All lab equipment must be thoroughly **sterilized** before it is used in experiments.
실험실의 모든 기구들은 실험에 사용 전에 철저히 소독해야 한다.

DAY 26

Choose the best answer for the blank.

Part I

1

A: Is the vehicle speeding up?

B: No, we're traveling at a _____ velocity.

(a) heavy
(b) solid
(c) full
(d) constant

2

A: Who were Watson and Crick?

B: The scientists who first _____ that DNA forms a double helix.

(a) hypothesized
(b) exuded
(c) diluted
(d) impersonated

3

A: Someone spilled some liquid here.

B: Be careful! Those are hazardous _____.

(a) disclosures
(b) motions
(c) chemicals
(d) liquors

4

A: What makes rubber such a breakthrough material?

B: It's durable but also incredibly _____.

(a) diurnal
(b) antibiotic
(c) abusive
(d) flexible

5

A: Do you think I'll make a good researcher?

B: Yes, you have a(n) _____ mind.

(a) coalescent
(b) reducible
(c) territorial
(d) inquisitive

6

A: I hope our experiment proves the existence of life on Mars.

B: Me too, but we have to remember to remain _____.

(a) objective
(b) feasible
(c) equivalent
(d) tranquil

7

A: This microscope isn't working properly.

B: One of its internal _____ is defective.

(a) technicians
(b) monopolies
(c) components
(d) fervors

Part II

8

Many desert species follow a(n) _____ cycle to avoid the extreme daytime temperatures.

(a) poisonous
(b) nocturnal
(c) mature
(d) avid

9

Brewing equipment must be fully _____ before use to eliminate any unwanted microorganisms.

(a) inquired
(b) counterbalanced
(c) sterilized
(d) dispossessed

10

Visitors to the region have been known to pick up _____ from contaminated drinking water.

(a) pillagers
(b) parasites
(c) predators
(d) parables

11

The research team had a difficult time _____ colleagues that they had detected faster-than-light travel.

(a) convincing
(b) recognizing
(c) omitting
(d) proving

12

Activists for renewable energy are sometimes forced to support _____ power despite its safety risks.

(a) conventional
(b) nuclear
(c) inertial
(d) luxury

DAY 26

| 1 | (d) | 2 | (a) | 3 | (c) | 4 | (d) | 5 | (d) | 6 | (a) |
| 7 | (c) | 8 | (b) | 9 | (c) | 10 | (b) | 11 | (a) | 12 | (b) |

1 A: 차가 속도를 높이고 있나요?
   B: 아니요, 우리는 일정한 속도로 가고 있습니다.
   (a) 무거운   (b) 견고한
   (c) 가득한   **(d) 지속적인**

2 A: 왓슨과 크릭은 누구인가요?
   B: 최초로 DNA가 이중 나선 구조로 이루어졌다는
      가설을 세웠던 과학자들이죠.
   (a) 가설을 세우다   (b) 발산시키다
   (c) 묽게 하다   (d) 흉내 내다

3 A: 누군가가 여기 액체를 흘렸네요.
   B: 조심하세요! 해로운 화학 물질입니다.
   (a) 폭로   (b) 움직임
   (c) 화학 물질   (d) 술

4 A: 고무는 어떤 점 때문에 획기적인 재료가 되었습
      니까?
   B: 내구성이 있고 엄청나게 유연하죠.
   (a) 낮의   (b) 항생의
   (c) 남용하는   **(d) 유연한**

5 A: 제가 좋은 연구자가 될 수 있을까요?
   B: 그럼요, 당신은 호기심이 많으니까요.
   (a) 합체한   (b) 축소시킬 수 있는
   (c) 영토의   **(d) 호기심 많은**

6 A: 우리 실험으로 화성의 생명체의 존재를 증명하
      고 싶습니다.
   B: 저도요, 하지만 우리는 객관적인 입장을 유지해
      야 해요.
   (a) 객관적인   (b) 실현 가능한
   (c) 동등한   (d) 고요한

7 A: 이 현미경이 잘 작동하지 않습니다.
   B: 내부 부품 중 하나에 결함이 있군요.
   (a) 기술자   (b) 독점
   (c) 부품   (d) 열렬

8 많은 사막의 동물들이 낮의 극심한 기온을 피하려
   고 야행성의 주기를 따른다.
   (a) 유독한   **(b) 야행성의**
   (c) 성숙한   (d) 열렬한

9 양조 장비는 원하지 않는 미생물을 제거하기 위해
   서 사용 전 완벽하게 살균되어야 합니다.
   (a) 조사하다   (b) 균형 잡히게 하다
   (c) 살균하다   (d) 박탈하다

10 그 지역의 방문자들이 오염된 식수에서 기생충을
   발견한 것으로 알려졌다.
   (a) 약탈자   **(b) 기생충**
   (c) 포식자   (d) 우화

11 연구팀은 그들이 빛보다 빠른 이동을 추적했다는
   것을 동료들에게 납득시키느라 힘든 시간을 보
   냈다.
   (a) 납득시키다   (b) 알아보다
   (c) 빠뜨리다   (d) 증명하다

12 재생 가능한 에너지를 찬성하는 활동가들은 때때로
   안전성의 위협에도 불구하고 원자력을 지지하도록
   강요받는다.
   (a) 전통적인   **(b) 원자력의**
   (c) 활발하지 못한   (d) 사치의

DAY
27

Technology

기출 예문

Our computer is old and **outdated** by today's standards.

우리 컴퓨터는 요즘 기준으로 봤을 때 오래됐고 구식이다.

학습 1차	년	월	일	공부 시간	시간	분
학습 2차	년	월	일	공부 시간	시간	분
학습 3차	년	월	일	공부 시간	시간	분

Technology 과학 기술

MP3 듣기

---

hoist
[hɔist]

VOCA⁺
erect 세우다
pick up 집어 올리다
raise 들어올리다
uphold 지지하다

ⓥ **끌어올리다**
hoist a flag 깃발을 올리다

ⓝ **승강장치; 들어올리기**
give something[someone] a hoist ~을 들어올리다

📝 기출 예문

In 2008, a crane set a world record when it **hoisted** over 20,000 metric tons into the air.
2008년에 크레인이 2만 미터톤 이상을 공중으로 들어올렸을 때 세계 기록을 세웠다.

---

unmanned
[ʌnmǽnd]

VOCA⁺
manned 유인의, 사람이 탑승한

ⓐ **무인의**
unmanned missions to Mars 무인 화성 탐사

📝 기출 예문

Because the planes were **unmanned**, there were no pilots aboard to put at risk.
그 비행기는 무인 방식이라서 위험에 처할 수 있는 탑승 조종사들은 없었다.

---

undue
[ʌ̀ndjúː]

VOCA⁺
due 적당한

ⓝ **지나친, 과도한**
undue pressure[stress] 지나친 압박[스트레스]

📝 기출 예문

The drug company has used its research funds to exercise **undue** influence.
그 제약 회사는 연구 예산을 부당한 영향력을 행사하는 데 사용해 왔다.

---

magnify
[mǽgnəfài]

VOCA⁺
amplify (신호를) 증폭시키다
inflate 부풀리다, 과장하다
multiply 배가 되게 하다

ⓥ **확대하다**
magnify an image 100 times 이미지를 100배 확대하다

📝 기출 예문

Things that are too small to observe with the naked eye can be made visible if **magnified** with a microscope.
맨눈으로 관찰하기에 너무 작은 물체들은 현미경으로 확대된다면 볼 수 있다.

fake
[feik]

ⓐ 가짜의

fake fur[leather] 가짜 모피[가죽]

VOCA+
counterfeit, forged 위조된
fabricated 날조된
fictitious 가상의, 지어낸

기출 예문

Many countries use watermarks and holographic images to make it difficult for forgers to produce **fake** passports.
많은 국가들이 위조범들이 위조 여권을 만드는 데 어렵게 하려고 워터마크나 홀로그램을 사용한다.

disassemble
[dìsəsémbl]

ⓥ 분해하다

disassemble a car 차를 분해하다

기출 예문

Our certified instructors will show you how to **disassemble**, and reassemble.
자격증이 있는 강사들이 여러분들에게 분해하고, 다시 조립하는 법을 보여드릴 것입니다.

VOCA+
assemble 조립하다

measure
[méʒər]

ⓥ 측정하다

measure rainfall 강우량을 측정하다

ⓝ 조치

take **measures** 조치를 취하다

기출 예문

Specially designed tests that **measure** natural ability can reveal if you are talented at a particular area, such as math or art.
타고난 능력을 측정하는 특별하게 고안된 테스트들은 당신이 수학이나 미술 같은 특정 분야에 소질이 있는지를 밝힐 수 있다.

VOCA+
calibrate (정확한) 수치를 측정하다
estimate 추정치를 계산하다
gauge 측정하다
weigh 무게를 재다

DAY 27

automate
[ɔ́:təmèit]
n. automation 자동화

ⓥ 자동화하다

an **automated** office system 사무 자동화 시스템
a fully **automated** factory 완전 자동화된 공장
automated machinery 자동화 기계

기출 예문

Our train station has installed new **automated** ticketing kiosks for those who have made online reservations.
우리 기차역은 온라인으로 예매한 사람들을 위해 새 자동 티켓 발권소를 설치했습니다.

VOCA⁺
automaker 자동차 회사

---

supplant
[səplǽnt]

ⓥ 대신하다

workers **supplanted** by the use of robots 로봇에 의해 대체된 노동자

기출 예문

Floppy disks have become obsolete now that USB memory sticks have largely **supplanted** them.
USB 메모리 스틱이 플로피 디스크를 대신하면서 플로피 디스크는 한물갔다.

VOCA⁺
replace 대체하다

---

harness
[háːrnis]

ⓥ (자연력을) 이용하다, 동력화하다

harness the power of the wind 풍력을 활용하다

기출 예문

For many years, engineers have been trying to **harness** the clean energy sources to generate electricity.
수년 동안 기술자들은 청정 에너지원을 이용하여 전기를 생산하려고 노력해오고 있다.

VOCA⁺
exploit 이용하다

---

engineering
[èndʒəní(ː)əriŋ]
n/v. engineer 기술자; 만들다

ⓝ 공학

genetic **engineering** 유전 공학

기출 예문

Few materials have had such a considerable impact on modern **engineering** as steel.
강철만큼 현대 공학에 상당한 영향을 준 소재는 거의 찾기 힘들다.

VOCA⁺
engineer 기술자; 제작하다

mechanical
[məkǽnikəl]
ad. mechanically 기계적으로
n. mechanic 기계공, 수리공

VOCA⁺
mechanism 방법, 메커니즘
mechanic 정비공, 수리공

ⓐ 기계적인
a **mechanical** failure 기계적 문제
a **mechanical** reply 기계적인 답변
a **mechanical** job 기계적이고 반복적인 업무

기출 예문
The car has experienced some **mechanical** problems.
차에 몇 가지 기계적 문제가 있었다.

---

propulsion
[prəpʌ́lʃən]

VOCA⁺
drive 동력
effort 노력
horsepower 마력
impulse 충동
momentum 속도

ⓝ 추진(력)
rocket[electric] **propulsion** 로켓[전기] 추진

기출 예문
After months of research into **propulsion** methods,
Northwest Industries has developed an alternative,
delivering heavy payloads into space for reasonable fees.
추진 방법을 몇 달간 연구한 끝에, 노스웨스트 기업은 무거운 하중을 합리적인
가격에 우주로 보내는 대안을 개발했다.

---

aircraft
[ɛ́ərkræft]

VOCA⁺
craft 비행기, 배, 우주선
fishing craft 어선
pleasure craft 유람선

ⓝ 항공기, 비행체
an **aircraft** engine 비행기 엔진
aircraft parts 비행기 부품

기출 예문
Global Airlines has introduced a new system in which
passengers scan their own tickets and pass through
turnstiles to board **aircrafts**.
글로벌 항공사는 승객이 비행기에 탑승하기 위해 티켓을 직접 스캔한 후 회전
식 개찰구를 통과하는 제도를 도입했다.

---

device
[diváis]

VOCA⁺
appliance 가전제품
equipment 도구
gadget (작고 유용한) 도구, 장치
machine 기계

ⓝ 장치
a hand-held **device** 휴대용 장치
leave someone to his[her] own **devices** 하고 싶은 대로 내버려두다

기출 예문
Since the new **devices** are light and small, they are easy to
carry around.
새 장치는 가볍고 작아서 들고 다니기 쉽다.

DAY 27

absorb

[əbsɔ́ːrb]

n. absorption 흡수; 몰두
a. absorptive 흡수성의(absorbent)

VOCA⁺

sorbent 흡수제, 흡착제
solvent 용제, 용매

ⓥ 흡수하다(suck, take in); 몰두시키다(engross, engage)

absorb heat[sound] 열[소리]을 흡수하다
absorb shock 완충 작용을 하다
be **absorbed** in online games 온라인 게임에 열중하다

> 🖊 기출 예문
>
> Refrigerators use the concept of liquid evaporation to **absorb** heat.
> 냉장고는 열을 흡수하여 수분을 증발하는 원리를 이용한다.

📝 **absorb** public attention 대중의 관심을 끌다

---

access

[ǽkses]

a. accessible 이용할 수 있는

VOCA⁺

excess 초과, 과잉
recess 휴식, 쉼

ⓝ 접속, 접근(approach); (병의) 발작(fit)

have **access** to the Internet 인터넷을 이용할 수 있다
an **access** of fever 발열

> 🖊 기출 예문
>
> Some students in my class don't have easy **access** to transportation.
> 저희 반 학생 몇 명은 교통수단을 쉽게 이용할 수가 없어요.

📝 **accessible** information 접근할 수 있는 정보

---

advance

[ədvǽns]

n. advancement 발전; 승진
a. advanced 발전된; 상급의

VOCA⁺

connivance 묵인, 방관
contrivance 발명품; 계략
grievance 불평 거리

ⓥ (의견 등을) 제출하다(bring forward); 전진시키다(push forward); 승진시키다(promote)

advance a new theory about the universe 우주에 대한 새로운 이론을 내놓다
be **advanced** to captain 대위로 승진되다

ⓝ 진보; 전진

make great **advances** 큰 진전을 이루다
the **advance** on an enemy 적에 대한 진군

> 🖊 기출 예문
>
> Dance history is more **advanced** as a discipline in comparison to dance criticism.
> 무용사는 무용 평론과 비교해서 학문으로서 더 발전되어 있다.

📝 in **advance** 미리, 선불로

---

breakthrough

[bréikθrùː]

ⓝ 돌파; 큰 발전, 약진

make a **breakthrough** 돌파구를 마련하다
a scientific **breakthrough** 과학의 커다란 진보

VOCA⁺
breakdown 붕괴, 고장; 분석
outbreak 발발, 돌발

> **기출 예문**
>
> The great **breakthrough** in perfumery came with the method of extracting perfume oils from plants and flowers.
> 향수 제조에서 커다란 약진이 있었던 것은 식물과 꽃에서 향수 오일을 추출하는 방법을 알게 되면서였다.

capacity

[kəpǽsəti]

a. capacious 널찍한, 용량이 큰

ⓝ (최대) 수용력, (장소의) 정원(storage); 재능, 역량(talent)

the **capacity** of a metal for retaining heat 금속의 열 보유력
electric **capacity** 전기 용량
mental **capacity** 정신력

> **기출 예문**
>
> It is easy to assume that the atmosphere has an unlimited **capacity** for our waste products.
> 대기가 폐기물을 한없이 수용할 수 있다고 쉽게들 생각한다.

📝 at full capacity 전면 가동으로
operating capacity 가동 능력

VOCA⁺
capricious 변덕스러운
captious 흠잡기 잘하는

DAY 27

compatible

[kəmpǽtəbl]

n. compatibility 양립(성); 호환성

ⓐ (컴퓨터가) 호환이 되는(↔ incompatible 호환이 안 되는; 양립 불가능한); 조화를 이루는(congruous)

a **compatible** computer program 호환 가능한 컴퓨터 프로그램
compatible blood groups 서로 수혈 가능한 혈액형들의 집단
be **compatible** with each other 서로서로 어울리다

> **기출 예문**
>
> Those who dress in a similar style may in fact have **compatible** personalities.
> 비슷한 스타일로 옷을 입은 사람들은 실제로 서로 좋게 지낼 수 있는 성격을 가지고 있다.

VOCA⁺
comparable 유사한; ~와 비교되는

contraption
[kəntrǽpʃən]

ⓝ 새로운 고안; 괴상한 장치(gadget)

contrive a **contraption** 기묘한 장치를 고안해 내다

💬 기출 예문

Carter carburetors were hardy **contraptions**, but they sometimes made trucks idle roughly.
카터 카뷰레터는 내구성이 높은 고안물이었으나, 때로는 이것 때문에 트럭의 공회전 시 소음이 높아지기도 했다.

VOCA⁺
contraception 피임

---

convergence
[kənvə́ːrdʒəns]

ⓝ 한 점으로 집합함, 수렴(↔ divergence 분기, 일탈), 집합

the **convergence** of broadcast and telecommunication technology
과학 기술과 방송 통신의 융합

ideological **convergence** 이념적 통합

💬 기출 예문

Modern tablets mark the **convergence** of tactile and computing technologies.
현대의 태블릿은 촉각을 이용한 기술과 컴퓨터 조작 기술의 융합을 나타낸다.

VOCA⁺
conversion 전환, 변환, 개종

📝 convergence science 융합 과학

---

cutting-edge
[kʌ́tiŋédʒ]

ⓐ 최첨단의(high-tech)

cutting-edge civilizations 첨단의 문명
cutting-edge combat wear 첨단 전투복

💬 기출 예문

All our sports watches boast **cutting-edge** technology.
우리 회사의 모든 스포츠 시계들은 최첨단 기술을 자랑한다.

VOCA⁺
double-edged 양날의; 애매한
edge 가장자리; 끝; (날붙이의) 날

---

diminutive
[dimínjətiv]

ⓐ 소형의, 작은(tiny, miniature)

diminutive in size 크기가 작은
be a **diminutive** figure 체구가 작다

v. diminish 줄어들다
n. diminution 축소, 감소

💬 기출 예문

The device's **diminutive** size makes it popular among professionals on the go.
그 장치는 작은 사이즈 때문에 정신없이 바쁜 전문직들 사이에서 인기가 있다.

VOCA⁺
minute 미세한; 상세한
minimal 최소의

drawback
[drɔ́ːbæk]

ⓝ 결점, 약점(flaw, defect); 고장

the major **drawbacks** of the new car 신차의 주요 결함들
turn one's **drawbacks** into strengths 결점을 장점으로 바꾸다

VOCA⁺
cutback 축소, 삭감
setback 역행, 후퇴

기출 예문

The only **drawback** is that the process of making the artificial sand is still very expensive.
유일한 단점은 인공 모래를 만드는 과정이 아직까지 매우 비싸다는 것이다.

duplicate
ⓥ[djúːpləkèit]
ⓐ ⓝ[djúːpləkət]

n. duplication 복제, 복사
a. duplicable 복제 가능한

ⓥ 이중으로 하다, 되풀이하다; 복사하다(replicate)

duplicate one's mistake 잘못을 되풀이하다

ⓐ 중복의, 복사의(facsimile)

duplicate projects 복제품

ⓝ 사본, 복사(copy)

submit in **duplicate** (정·부본) 두 통을 제출하다

기출 예문

The secret to their skill is that all birds watch the birds around them and **duplicate** their actions.
이들이 가진 기술의 비밀은 모든 새들이 자기 주위 새들을 지켜보고 그들의 동작을 따라하는 데 있다.

VOCA⁺
complicate 복잡하게 하다
implicate 함축하다

DAY 27

durable
[djúərəbl]

n. durability 내구성; 영구성

VOCA⁺
endure 견디다
duration 지속, 기간

ⓐ 오래 견디는(enduring); 영속성 있는

exceptionally **durable** fabric 매우 질긴 천
acquire **durable** fame 불후의 이름을 얻다

ⓝ 내구재, 소비재(hard goods)

consumer **durables** 내구 소비재

기출 예문

Made from cotton, spandex, and nylon, the shirt is **durable**, easy to clean, and wrinkle-free.
이 셔츠는 면, 스판덱스, 나일론 등의 소재로 만들어져서 견고하고, 세탁이 간편하며 주름이 지지 않습니다.

feasible

[fíːzəbl]

n. feasibility 실현 가능성

@ 실행 가능한(viable); (경제가) 발전할 만한

a **feasible** pledge 실행 가능한 공약

be economically **feasible** 경제성이 높다

VOCA+

feat 업적
feast 축제
feature 특장; 특집 기사; 장편 영화

기출 예문

It's simply not **feasible** for me to complete the project by month's end.

월말까지 프로젝트를 완료하는 것이 나에게는 전혀 실현 가능한 일이 아니다.

---

glitch

[ɡlitʃ]

@ 작은 결함, 문제(defect)

have a **glitch** in one's computer 컴퓨터에 작은 결함이 있다

cause a minor **glitch** 사소한 문제를 일으키다

VOCA+

hitch 고장, 장애
ditch 도랑, 배수구
itch 가려움
stitch 한 바늘[땀]

기출 예문

I also pointed out numerous **glitches** in the site and asked that these be remedied within a week.

저는 또한 사이트의 수많은 결함들을 지적했고, 이것들을 일주일 이내에 고쳐 줄 것을 요청했습니다.

---

ingenious

[indʒíːnjəs]

n. ingenuity 영리함, 기발함

@ 영리한, 독창적인

devise an **ingenious** device 기발한 장치를 고안하다

VOCA+

ingenuous 꾸밈없는, 순진한
genius 천재, 비범한 재능

기출 예문

In some **ingenious** experiments, Josh Kalahan of the Milton University has demonstrated that certain automatic behaviors actually demand subtle forms of experience.

몇몇 독창적인 실험을 통해 밀턴 대학의 조쉬 캘러핸은 특정 자동 행위에는 실제로 미묘한 형태의 경험이 필요하다는 것을 보여 주었다.

install

[instɔ́:l]

n. installation 설치; 장치; 임명
n. installment 분할 불입; 1회분

ⓥ 설치하다(equip); 임명하다, 취임시키다(inaugurate)

have a shower **installed** 샤워기를 설치하다
be **installed** without delay 지체 없이 임명되다

VOCA⁺

stall 마구간; 매점, 상품 진열대;
시동이 꺼지다
institute 제정하다; 실시하다

기출 예문

The new server cost a lot to **install**, but it was worth the
expense because of the time it has saved.
새 서버는 설치하는 데 비용이 많이 들었지만, 절감된 시간 때문에 그 비용을
들일 만한 가치가 있었다.

---

manipulate

[mənípjulèit]

n. manipulation 조작; 교묘한 처리

ⓥ 잘 다루다; 조종하다(handle)

manipulate a computer 컴퓨터를 다루다
manipulate statistics[public opinion] 통계[여론]를 조작하다

기출 예문

People who have information can **manipulate** those who
need it, and this increases their sense of power.
정보를 가진 사람들은 그것을 필요로 하는 이들을 조종할 수 있으며, 따라서 그
들의 권력 의식이 커진다.

📝 media manipulation 언론 조작

DAY 27

---

outdated

[àutdéitid]

ⓐ 구식의, 시대에 뒤진(old-fashioned, out of date)

outdated equipment 구식 장비
change an **outdated** system 낡은 제도를 고치다

VOCA⁺

predate (날짜를) ~보다 앞서다
update 최신식으로 하다
up-to-date 최신의

기출 예문

Our computer is old and **outdated** by today's standards.
우리 컴퓨터는 요즘 기준으로 봤을 때 오래됐고 구식이다.

patent
n v [pǽtnt]
a [pɔ́itnt]

n 특허

apply for a **patent** 특허를 출원하다
hold a **patent** on ~에 대한 특허를 갖고 있다

v ~의 특허를 얻다

a 특허의; 명백한(obvious)

a **patent** fact[lie] 명백한 사실[거짓말]

> **기출 예문**
>
> Unfortunately, he didn't think movies had much of a future and only applied for a domestic **patent**, due to the high cost of the international one.
> 안타깝게도 영화가 그렇게 비전이 있을 것으로 예상하지 못한 그는 국제 특허권의 신청 비용이 비싸다는 이유로 국내 특허권만 신청했다.

VOCA⁺
patent 인내심 있는; 환자
copyright 저작권

---

remote
[rimóut]
ad. remotely 멀리서; 외따로

a 원격의, 먼, 외딴(distant)

remote computing system 원격 처리 시스템
be controlled by **remote** control 리모컨으로 조작하다

> **기출 예문**
>
> There are few places in Southeast Asia more **remote** than the forested Nakai Plateau of Southern Laos.
> 동남아시아에서 숲이 우거진 남부 라오스의 나카이 고원보다 더 외딴곳은 찾아보기 힘들다.

VOCA⁺
remove 제거하다; 이동시키다
demote 강등시키다

a remote island 외딴 섬

---

streamline
[strí:mlàin]

v 유선형으로 만들다; (일을) 능률적으로 하다

a new **streamlined** bus 신형 유선형 버스
streamline the organization's operations 조직 업무를 일원화하다

> **기출 예문**
>
> This award also recognizes Dr. Lee's humanitarian efforts in Africa, helping to **streamline** the pharmaceutical system with considerable success.
> 이 상은 또한, 이 박사님이 아프리카에서 제약 체계 합리화를 상당히 성공적으로 도운 인도주의적인 노력을 표창하는 것이기도 합니다.

VOCA⁺
coastline 해안선
deadline 마감 시한
guideline 지침
outline 개요, 줄거리; 윤곽을 그리다

streamline procedures 절차를 간소화하다

transform

[trænsfɔ́:rm]

n. transformation 변화, 변신
a. transformable 변환할 수 있는

VOCA⁺
conform 순응하다
deform 볼품없게 만들다

ⓥ 바꾸다, 변형시키다(transfigure, transmute)

transform electricity into mechanical energy 전기를 역학적 에너지로 바꾸다
transform teaching methods 교수법을 변형시키다

📝 기출 예문

After the larva wraps itself in silk, it **transforms** into its adult stage.
애벌레가 스스로를 실크로 감싸고 나면 성충의 단계로 변모한다.

---

utility

[ju:tíləti]

a. utilitarian 실용적인, 공리주의의

VOCA⁺
fertility 다산, 비옥
hostility 적대감

ⓝ 유용, 효용(usefulness); (전기·수도 등의) 공공 설비 (public utility)

utility goods 실용품
be of no **utility** 유용성이 없다[소용없다]
pay one's public **utility** bills 공공요금을 내다

📝 기출 예문

Electricity, water, and other **utilities** will be itemized on your monthly bill.
전기와 물, 기타 공공요금은 월별 청구서에 항목별로 명시될 것이다.

📄 utility model 실용신안
　　SUV 스포츠 범용차(Sport Utility Vehicle)

---

virtual

[vɔ́:rtʃuəl]

ad. virtually 사실상; 가상으로

VOCA⁺
virtue 덕, 장점
virtuous 덕 있는
viral 바이러스의
virile 남성적인

ⓐ 가상의; 사실상의, 실제의(practical)

the **virtual** world on the Internet 인터넷상의 가상 세계
a **virtual** fiasco 실질적인 대 실패
a **virtual** impossibility 사실상 불가능한 일

📝 기출 예문

Offline national borders now apply to the **virtual** world as well.
오프라인 상의 국가적 경계가 이제는 가상 세계에도 적용되고 있다.

📄 virtual cash 가상 현금
　　virtual experiences[reality] 가상 체험[현실]

DAILY TEPS TEST

Choose the best answer for the blank.

Part I

1

A: Does the hotel charge to get online?

B: No, Internet _____ is free for guests.

(a) wiring
(b) access
(c) utility
(d) charge

2

A: Oh, you have one of those new tablets.

B: I can't figure out how to use the silly _____, though.

(a) accessory
(b) instrument
(c) contraption
(d) mechanism

3

A: Why are black holes black?

B: Because they _____ all light near them.

(a) trace
(b) absorb
(c) simulate
(d) broaden

4

A: I tried to sign up online but it didn't work.

B: I'm sure it was just a Web site _____.

(a) glitch
(b) advance
(c) snooze
(d) network

5

A: I really want to edit video on my computer.

B: You can, but you'll need to _____ some software.

(a) forgo
(b) transform
(c) deform
(d) install

6

A: You're on vacation next week?

B: Well, I'm traveling, but I'll be working _____.

(a) remotely
(b) virtually
(c) invisibly
(d) covertly

7

A: That's an ingenious product you've invented.

B: Thanks, now I just have to _____ it so no one steals the idea.

(a) fracture
(b) patent
(c) streamline
(d) comprise

8

A: My new car only gets 20 miles to the gallon.

B: That's a serious _____.

(a) meltdown
(b) breakthrough
(c) drawback
(d) holdout

Part II

9

Surprisingly, the 2016 and 2018 versions of the software are not _____ with each other.

(a) duplicable
(b) diminutive
(c) populous
(d) compatible

10

The newest mobile devices have a(n) _____ of up to 500 gigabytes.

(a) stitch
(b) incentive
(c) reference
(d) capacity

11

Experts predict that there will eventually be a(n) _____ of the biological and the technological.

(a) convergence
(b) ingenuity
(c) manipulation
(d) durability

12

Technology changes so fast that a product that is revolutionary one month may be _____ the next.

(a) feasible
(b) outdated
(c) cutting-edge
(d) ulterior

DAY 27

1 (b)	2 (c)	3 (b)	4 (a)	5 (d)	6 (a)
7 (b)	8 (c)	9 (d)	10 (d)	11 (a)	12 (b)

1 A: 호텔에서 인터넷 사용도 요금을 부과합니까?
B: 아니요. 인터넷 접속은 무료입니다.
(a) 배선　　　　　　　　(b) 접속
(c) 효용　　　　　　　　(d) 요금

2 A: 아, 새 태블릿 중 하나를 갖고 계시는군요.
B: 그런데 저는 이 바보 같은 기계의 사용법을 모르겠네요.
(a) 부속물　　　　　　　(b) 도구
(c) 괴상한 장치　　　　　(d) 기계 장치

3 A: 왜 블랙홀이 검은색이지요?
B: 그건 주변의 모든 빛을 흡수하기 때문이죠.
(a) 추적하다　　　　　　(b) 흡수하다
(c) 가장하다　　　　　　(d) 넓어지다

4 A: 온라인으로 신청하려고 했지만 안 됐어요.
B: 웹 사이트의 사소한 결함일 뿐입니다.
(a) 작은 결함　　　　　　(b) 전진
(c) 낮잠　　　　　　　　(d) 네트워크

5 A: 제 컴퓨터로 꼭 영상을 편집하고 싶어요.
B: 하실 순 있지만, 소프트웨어 몇 개를 설치하셔야 해요.
(a) 그만두다　　　　　　(b) 바꾸다
(c) 볼품없게 만들다　　　(d) 설치하다

6 A: 다음 주에 휴가시죠?
B: 어딜 가긴 하는데 멀리서도 일할 겁니다.
(a) 멀리서　　　　　　　(b) 사실상
(c) 보이지 않게　　　　　(d) 은밀히

7 A: 당신이 발명한 제품은 참 기발해요.
B: 감사합니다. 이제 특허를 받아서 아무도 이걸 못 가져가게 해야죠.
(a) 부수다　　　　　　　(b) 특허를 받다
(c) 능률적으로 하다　　　(d) 포함하다

8 A: 제 새 차는 갤런당 20마일밖에 못 달려요.
B: 심각한 결함이 있군요.
(a) 붕괴　　　　　　　　(b) 돌파구
(c) 결함　　　　　　　　(d) 저항

9 놀랍게도 그 소프트웨어의 2016년과 2018년 버전은 서로 호환되지 않는다.
(a) 복제 가능한　　　　　(b) 소형의
(c) 인구가 많은　　　　　(d) 호환되는

10 최신 휴대폰 기기는 500기가바이트까지 저장 용량을 갖추고 있다.
(a) 한 바늘　　　　　　　(b) 자극
(c) 참조　　　　　　　　(d) 수용력

11 전문가들은 결국 생물학적이고 기술적인 집합점이 있을 것이라고 예상한다.
(a) 집합점　　　　　　　(b) 영리함
(c) 조작　　　　　　　　(d) 내구성

12 기술은 너무 빨리 변화해서 한 달간 혁신적이었던 제품이 다음 달에는 구형 제품이 된다.
(a) 실행 가능한　　　　　(b) 구식의
(c) 최첨단의　　　　　　(d) 이면의

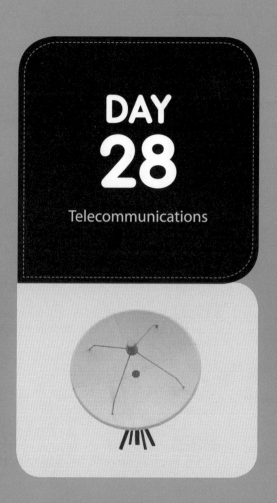

DAY
28

Telecommunications

기출 예문

M-Tel Communications does not offer cell **coverage** in this region.

엠텔 커뮤니케이션즈는 이 지역에서 무선 전화 서비스를 제공하지 않는다.

학습 1차	년	월	일	공부 시간	시간	분
학습 2차	년	월	일	공부 시간	시간	분
학습 3차	년	월	일	공부 시간	시간	분

Telecommunications 통신

forward
[fɔ́ːrwərd]

VOCA⁺
backward 뒤로 (향하는)
upward 위로 (향하는)
downward 아래로 (향하는)
eastward 동쪽으로 (향하는)
homeward 고향으로 (향하는)

ⓥ 전송하다

forward a message[an e-mail] to someone ~에게 메시지를[이메일을] 전송하다

기출 예문

I'll **forward** the document to you as soon as I can.
되도록 빨리 당신에게 그 문서를 전달하겠습니다.

expedite
[ékspidàit]

VOCA⁺
accelerate 가속화시키다
facilitate 용이하게 하다
hasten 서두르다

ⓥ 신속히 처리하다

expedite deliveries to customers 고객에게 신속히 배달되도록 처리하다

기출 예문

How much is it to have this package **expedited**?
이 소포를 빨리 보내려면 얼마인가요?

wake-up call

VOCA⁺
warning 경고
omen (불길한) 징조, 조짐
admonition 책망, 경고
red flag 경고 사인

ⓝ 모닝콜; 경종을 울리는 사건

ask for a **wake-up call** 모닝콜을 요청하다

기출 예문

I can give you a **wake-up call** tomorrow if that's necessary.
필요하면 내일 내가 전화해서 깨워 줄 수 있어.

mobile
[móubəl]

VOCA⁺
automobile 자동차
immobile 움직일 수 없는
mobilize 동원하다

ⓐ 이동하는, 이동식의

mobile troops 기동 부대
mobile Internet device 이동식 단말기

기출 예문

New law to prevent companies from overcharging customers will be imposed on **mobile** phone companies by the government next year.
기업이 고객에게 과다 청구하는 것을 막는 새로운 규정이 내년에 정부에 의해 휴대 전화 회사들에게 적용될 것이다.

broadcast
[brɔ́ːdkæst]

ⓝ 방송

a radio[television] **broadcast** 라디오[텔레비전] 방송

ⓥ 방송하다

be **broadcast** live 생방송되다

> 기출 예문
>
> Guglielmo Marconi **broadcast** his first message with radio telegraphy in 1897.
> 굴리엘모 마르코니는 무선 전신을 이용하여 1897년에 첫 메시지를 방송했다.

VOCA⁺
emit 발산하다

---

advent
[ǽdvent]

a. adventitious 우연한, 우발적인

VOCA⁺
advert 언급하다

ⓝ (중요한 사건, 시대의) 도래, 출현(arrival)

the **advent** of the mobile phone 휴대 전화의 등장

provide for the **advent** of globalization 세계화의 도래에 대비하다

> 기출 예문
>
> Most scholars agree that history began with the **advent** of writing some 6,000 years ago.
> 약 6,000년 전 기록의 도래와 함께 역사가 시작되었다는 데 대부분의 학자들이 동의한다.

---

assure
[əʃúər]

ⓥ 확신시키다(convince); 보증하다

assure oneself[be **assured**] of one's success 성공을 확신하다

> 기출 예문
>
> I **assure** you that I want to maintain the present system in its basic form.
> 저는 현행 체제를 기본적인 형태로 유지하고자 함을 확실히 말씀드립니다.

VOCA⁺
ensure 보증하다; 안전하게 하다
insure 보증하다; 보험에 들다

📝 rest assured that ∼이라고 확신하다

---

audible
[ɔ́ːdəbl]

VOCA⁺
edible 식용의
audience 관객
auditorium 강당, 방청석

ⓐ 잘 들리는, 들을 수 있는

be clearly **audible** to the ear 귀에 또렷이 들리다

> 기출 예문
>
> Mark speaks so softly that he is often barely **audible**.
> 마크는 너무 조용히 말해서 거의 들리지 않는 경우가 많다.

ban
[bɑːn]

① (법에 의한) 금지(prohibition)

the complete **ban** on illegal transactions 불법 거래에 대한 철저한 금지
put a **ban** on luxuries 사치품을 금지하다

① (법으로) 금지하다(prohibit)

be **banned** from airing commercials 광고 방송이 금지되다

> **기출 예문**
>
> He had to contend with politically motivated denunciations and **bans** while living under the Soviet regime.
> 그는 소련 정권 하에서 지내는 동안 정치적 동기가 있는 공공연한 비난과 금지 조치와 싸워야 했다.

VOCA⁺
bar 막다, 금하다
banter 농담하다
barter 물물 교환하다

---

coincidence
[kouínsidəns]

v. coincide 동시에 발생하다;
  (우연히) 일치하다
a. coincidental 우연의 일치인;
  동시 발생의

① 우연의 일치, 동시 발생

chance **coincidence** 우연의 일치
by sheer **coincidence** 순전히 우연의 일치로
the **coincidence** between dreams and events 꿈과 현실의 부합

> **기출 예문**
>
> When they finally met, they discovered some amazing **coincidences** in their lives.
> 그들이 마침내 서로 만났을 때 그들의 삶에서 어떤 놀라운 일치점들을 발견했습니다.

VOCA⁺
incident 사건; 일어나기 쉬운
accident 사고; 우연

---

connection
[kənékʃən]

v. connect 연결하다
n. connector 연결 장치

① 연결(부), 연관성; 연줄, 교제

get a **connection** (전화가) 연결되다
sever a **connection** with ∼와 관계를 단절하다
have many **connections** 마당발이다

> **기출 예문**
>
> On the back of the amplifier are **connections** for the speakers.
> 확성기의 뒤쪽에 스피커용 콘센트가 있습니다.

VOCA⁺
correction 수정, 교정
collection 수집(물); 수금, 징세

contact
[kɑ́ntækt]

ⓝ 접촉, 연락(touch)

avoid physical **contact** 신체 접촉을 피하다
wear **contact** lenses 콘택트렌즈를 착용하다

ⓥ 연락하다

VOCA⁺
tact 사교상의 재치, 기지
intact 손상되지 않은, 온전한

> **기출 예문**
> The appropriate use of eye **contact** varies outside of Western cultures.
> 시선 맞추기를 적절히 사용하는 방법은 서양 문화권 밖에서는 각양각색이다.

📄 lose[be in] contact with ~와 연락이 두절되다[연락하고 지내다]

correspond
[kɔ̀(:)rispɑ́nd]

n/a. correspondent 특파원, 통신원; 대응하는
n. correspondence 일치, 조화; 서신 왕래

ⓥ 일치하다(coincide), 부합하다(agree, match); 소식을 주고받다(communicate, contact)

correspond to facts 사실과 일치하다

> **기출 예문**
> Please use the reference number shown on the check stub anytime you **correspond** with UMI concerning your royalties.
> 귀하의 인세와 관련하여 UMI와 연락을 주고받으실 때는 수표 쪽지에 표시된 참조 번호를 사용해 주시기 바랍니다.

VOCA⁺
respond 대답하다
ponder 숙고하다

coverage
[kʌ́vəridʒ]

v. cover 덮다; 보호하다; 보상하다

ⓝ 보도(report); 적용 범위, 보상 (범위)

front-page **coverage** 1면 보도
receive much **coverage** 많이 보도되다
health insurance **coverage** 의료 보험 보상 범위

> **기출 예문**
> M-Tel Communications does not offer cell **coverage** in this region.
> 엠텔 커뮤니케이션즈는 이 지역에서 무선 전화 서비스를 제공하지 않는다.

VOCA⁺
covert 비밀의, 은밀한
covet 몹시 탐내다

DAY 28

current
[kə́:rənt]

ⓐ 지금의, 현행의
the **current** issue of a magazine 잡지의 최신호
current prices 시가

ⓝ 유동, 흐름(flow, stream); 전류
swim with the **current** 세상 풍조를 따르다
electric **current** 전류

기출 예문
I think we have a future together if we can get over our **current** differences.
현재 우리의 차이점을 극복할 수 있다면 우리에게 함께할 미래가 있다고 생각해요.

VOCA⁺
currency 통화, (화폐의) 통용
cursive 흘림체의

📖 warm current 난류

---

cursory
[kə́:rsəri]

ⓐ 서두르는, 피상적인(hasty, perfunctory)
give a **cursory** examination 피상적인 검사를 하다

기출 예문
The repairman's **cursory** inspection of the electrical wires missed the defect.
수리공이 전선을 대충 점검하는 바람에 결함을 놓쳤다.

VOCA⁺
discursive 산만한

📖 a cursory glance 대충 보기

---

eavesdrop
[íːvzdràp]

ⓥ 엿듣다(overhear, bug, wiretap), 도청하다
eavesdrop on the conversation 남의 이야기를 엿듣다
eavesdrop on mobile phone calls 이동 전화를 감청하다
eavesdrop without a warrant 영장 없이 도청을 하다

VOCA⁺
dewdrop 이슬방울
backdrop 배경; 배경막
dropout 중퇴자, 낙오자

기출 예문
No one is **eavesdropping**, so you can speak frankly here.
아무도 엿듣지 않고 있으니 여기서는 솔직하게 말해도 돼요.

divert

[divə́ːrt]

n. diversion (방향) 전환;
(관심의) 분산; 우회로

VOCA⁺

convert 전환시키다; 개종하다
subvert 전복시키다

ⓥ (방향·관심을) 바꾸게 하다, 다른 데로 돌리다

divert people's attention 사람들의 관심을 돌리다
divert traffic to a side street 차량들을 옆길로 우회시키다

> **기출 예문**
>
> We **diverted** from a business plan that provided for profitable operations, a growth pattern, and a continuous investment in our future.
> 우리는 수익성 있는 사업과 성장 패턴, 미래에 대한 지속적인 투자를 위해 제시된 사업 계획을 외면했다.

---

disclose

[disklóuz]

n. disclosure 폭로

VOCA⁺

enclose 둘러싸다; 동봉하다
cloister 수도원; 은둔 생활

ⓥ 밝히다, 공개[폭로]하다(reveal)

disclose the source of one's information 정보의 출처를 밝히다
disclose the identity of the criminal 범죄자의 신원을 공개하다

> **기출 예문**
>
> Personal information will not be **disclosed**.
> 개인 정보는 공개되지 않을 것이다.

---

extension

[iksténʃən]

v. extend 연장하다
a. extensive 광범위한
ad. extensively 광범위하게, 널리

VOCA⁺

expand 확장하다, 넓히다
distend (내부 압력으로) 팽창하다

ⓝ 내선; 연장; 확장

extension number 내선 번호(ext.)
life **extension** 생명 연장
a two-year **extension** of the contract 계약의 2년 연장
new **extension** buildings 새로 증축한 건물

> **기출 예문**
>
> May I have extension 3431?
> 내선 3431번에 연결해 주시겠어요?

📝 extend congratulations to ~에게 축하 인사를 하다

---

impetus

[ímpitəs]

a. impetuous 충동적인, 맹렬한

VOCA⁺

momentum 여세, 기세
impact 충격, 영향

ⓝ 자극(제), 추진력(impulse, drive)

regain a strong growth **impetus** 강력한 성장 동력을 다시 얻다

> **기출 예문**
>
> The birth of the man's first child served as an **impetus** to look for a more stable career.
> 남자에게 첫아이의 탄생은 더 안정적인 직업을 구하는 데 자극이 되었다.

fuss

[fʌs]

a. fussy 야단법석인; 까다로운

ⓝ (하찮은 일에 대한) 야단법석, 소동

kick up a **fuss** 소란을 피우다
be in a state of **fuss** 안절부절 못하고 애태우다

> **기출 예문**
>
> In this way, you can resolve your financial problems rapidly and without **fuss**.
> 이런 식으로라면 고객님은 재정적인 문제를 신속하고 소란 없이 해결하실 수 있습니다.

VOCA⁺

pus 고름
puss 고양이; (사람의) 얼굴

📝 make a fuss about ~에 대하여 야단스럽게 떠들어 대다

---

intermittent

[intərmítənt]

ad. intermittently 간헐적으로

ⓐ 간헐적인, 때때로 중단하는(fitful, spasmodic, sporadic)

intermittent bursts of applause 간간이 터져 나오는 박수 소리
intermittent showers 간간이 내리는 소나기

VOCA⁺

intermission (연극의) 휴식 시간
interact 상호 작용하다
interrupt 중단하다, 방해하다
interface 접촉면, 경계면;
〈컴퓨터〉 인터페이스

> **기출 예문**
>
> **Intermittent** power outages have been experienced on Russell Street all week.
> 일주일 내내 러셀 가에서는 간헐적인 정전이 있었다.

---

mission

[míʃən]

n/a. missionary 선교사; 사절;
전도의, 선교(사)의; 열성적인

ⓝ (외국에 파견되는) 사절단(delegation); 사명, 임무; 전도(calling)

dispatch an economic **mission** to India 인도에 경제 사절단을 파견하다
carry out one's **mission** 임무를 수행하다

VOCA⁺

missive 공문서
emission 방출, 발산
omission 생략
transmission 전송, 전파

> **기출 예문**
>
> Find out which charity has a **mission** and goals that best suit your priorities.
> 어떤 자선 단체가 당신이 가장 중요하게 생각하는 일에 가장 적합한 사명과 목적을 가지고 있는지 알아보십시오.

📝 a mission school 전도 학교

mundane

[mʌndéin]

VOCA+
celestial 하늘의; 천상의
sacred 신성한
devout 독실한

ⓐ 평범한, 일상적인(secular, everyday, routine)

a magazine covering **mundane** lives 일상적인 생활을 다루는 잡지

💬 기출 예문

The subject of his poetry was often the **mundane** rural life of his parish.
그가 짓는 시의 주제는 교구의 평범한 전원생활이었다.

---

notify

[nóutəfài]

n. notification 통고; 신고

VOCA+
notice 발견하다; 통지, 공고

ⓥ ~에게 알리다, 통지하다(inform, apprise)

notify somebody in advance 사전에 고지하다
notify in writing 서면으로 통지하다

💬 기출 예문

I moved last week and forgot to **notify** you of my change of address.
지난주에 이사를 했는데 주소가 변경된 것을 알려 드리는 걸 깜빡했네요.

📝 notify the police of a crime 사건을 경찰에 신고하다

---

novelty

[návəlti]

VOCA+
noble 고결한, 귀족의
novice 초심자, 풋내기

ⓝ 참신함, 진기함; 신종 제품

outgrow its **novelty** 신기하지 않게 되다
be fond of **novelty** 신기한 것을 좋아하다

💬 기출 예문

Elaine found great **novelty** in the fact that her mother used social media.
일레인은 자기 어머니가 소셜 미디어를 이용한다는 사실을 알고 신선한 충격을 받았다.

DAY 28

465

obstruct

[əbstrʌ́kt]

n. obstruction 방해(물); 폐색, 차단
a. obstructive 방해하는

VOCA⁺

construct 건설하다
construe 해석하다
instruct 가르치다; 지시하다

ⓥ 막다, 방해하다(bar, hinder, impede)

obstruct proceedings 의사 진행을 방해하다
obstruct the view 조망을 가로막다

📗 기출 예문

Following the hurricane, many roads were **obstructed** by fallen electrical poles.
허리케인이 지나고 난 후, 쓰러진 전신주들 때문에 많은 도로가 막혔다.

📝 obstruct the passage of ~의 통행을 방해하다

---

postage

[póustidʒ]

n/v. post 우편(물); 편지를 보내다

VOCA⁺

portage 운반, 운송
post 지위; 부서; 배치하다; 기둥; 공시하다

ⓝ 우편 요금

postage included 우송료 포함(하여)
postage vender 우표 자동판매기

📗 기출 예문

For your convenience, we have enclosed a **postage**-paid return envelope.
여러분의 편의를 위해 우편 요금이 지불된 반송용 봉투를 동봉해 드립니다.

---

press

[pres]

Freedom of the Press

VOCA⁺

express 표현하다; 명시된; 급행(의)
depress 내리 누르다; 쇠약하게 하다
compress 압축하다; 요약하다

ⓥ 누르다(push down, depress); 재촉하다, 강요하다(urge, force)

press down the lid of the paint can 페인트 통의 뚜껑을 내리 눌러 닫다
press for a loan 돈을 빌려 달라고 조르다
press a drink on a woman 여성에게 술을 강요하다

ⓝ 언론; 출판물

freedom of the **press** 언론[출판]의 자유

📗 기출 예문

If you need directions to the theater, **press** two.
극장까지 오시는 길 안내를 원하시면 2번을 누르세요.

📝 press one's lips 입술을 꼭 다물다
press the juice out of oranges 오렌지에서 주스를 짜내다

transmit

[trænsmít]

n. transmission 전달, 전송; 변속기

VOCA+

remit 용서하다; 송금하다
emit 발산하다

ⓥ 보내다, 발송하다(send, dispatch)

transmit a parcel by rail 소포를 철도편으로 보내다
transmit by wire 전보로 전달하다

🖊 기출 예문

Dendrites **transmit** electrical signals among neurons and play an essential role in neuronal function.
가지 돌기는 신경 세포들 사이로 전기 신호를 보내어 신경 작용에 중요한 역할을 한다.

📝 **transmit** a disease to others 다른 사람에게 병을 옮기다

---

priority

[praiɔ́(ː)rəti]

a. prior 이전의

VOCA+

superiority 우월, 우세
inferiority 하위, 열등

ⓝ 우선 사항

top **priority** 최우선 사항
rival for **priority** 앞을 다투다

🖊 기출 예문

Single women are likely to be very romantic and place love very high on their **priority** list.
미혼 여성은 매우 낭만적이어서 사랑을 우선순위 목록의 아주 높은 곳에 두는 경향이 있다.

📝 give top priority to ~을 가장 중요시하다
take priority over ~보다 우선시되다

---

prohibit

[prouhíbit]

n. prohibition 금지
a. prohibitive 금지하는;
  엄청나게 비싼

VOCA+

habituate 습관화시키다, 길들이다
rehabilitate 사회로 복귀시키다; 복구[재건]하다

ⓥ 금지하다(ban, inhibit)

prohibit the sale of alcoholic liquors 주류 판매를 금지하다
prohibit minors from smoking 미성년자의 흡연을 금지하다

🖊 기출 예문

What kinds of items are **prohibited** at customs?
세관에서는 어떤 종류의 품목이 금지되죠?

📝 A로 하여금 ~하는 것을 금지하다: prohibit A not to do (×) ⇨ prohibit A **from doing** (○)

DAY 28

467

prompt

[prɑmpt]

n. promptitude 신속, 즉결
n. promptness 재빠름, 신속

VOCA⁺

prom 학년말 댄스파티
prim 꼼꼼한; 새침한
primp 맵시 내다, 치장하다

ⓐ 신속한, 즉석의(immediate)

a **prompt** decision 즉결, 속결
make[give] a **prompt** reply 즉답을 하다

ⓥ 자극하다, 재촉하다(urge)

> 🖋 기출 예문

Poor prospects in the domestic job market have **prompted** many young people to search for work overseas.
국내 취업 시장의 어두운 전망으로 인해 많은 젊은이들은 해외에서 일자리를 알아보게 되었다.

---

recharge

[rìːtʃáːrdʒ]

a. rechargeable 충전 가능한

VOCA⁺

overcharge 과다 요금
surcharge 추가 요금

ⓝ 재충전

ⓥ 재충전하다; 채워 넣다

recharge a cell phone 휴대 전화를 충전하다
need time to **recharge** 원기를 재충전할 시간이 필요하다

> 🖋 기출 예문

It's a hybrid like no other, with emission-free driving for the first 50 miles after every **recharge**.
이 차는 매번 충전 후 최초 50마일 주행 동안은 배기가스를 전혀 내지 않는 등 다른 하이브리드 자동차와는 완전히 다릅니다.

---

remind

[rimáind]

n. reminder 생각나게 하는 사람[것]
a. remindful 생각나게 하는

VOCA⁺

recall 회상하다; 취소하다
reminisce 추억하다

ⓥ 상기시키다, 일깨우다

remind him of his schooldays 그에게 학창 시절을 생각나게 하다

> 🖋 기출 예문

Bill **reminded** them that he once was a beginner, too.
빌은 자신도 한때는 초보였다는 사실을 그들에게 일깨워 주었다.

📑 A에게 B를 상기시키다: remind A B (×) ⇨ remind A **of** B (O)

solicit

[səlísit]

n. solicitor 간청자, 사무 변호사

VOCA⁺

deficit 적자
elicit 이끌어내다

ⓥ 간청하다(beg); ~하도록 꼬드기다

solicit advice 조언을 간청하다
solicit for help 원조를 요청하다

> 🖋 기출 예문

Survey questions are designed to **solicit** favorable answers.
설문의 질문은 우호적인 답변을 이끌어 내도록 설계되어 있다.

📋 solicit A from B B에게 A를 요청하다
solicit contributions from him 그에게 기부를 청탁하다

---

prevalent

[prévələnt]

v. prevail 만연하다, 우세하다
a. prevailing 지배적인, 유행하는

VOCA⁺

ambivalent 상반된 감정을 품은
equivalent 동등한

ⓐ 널리 퍼진, 만연된(widespread, rampant)

a universally **prevalent** view 널리 퍼져 있는 견해
corruption **prevalent** in political circles 정치권에 만연된 부정부패

> 🖋 기출 예문

Bridewealth is typically **prevalent** in patrilineal societies.
일반적으로 신부 대금은 부계 사회에서 보편화되어 있다.

---

trivial

[tríviəl]

v. trivialize 하찮아 보이게 만들다

VOCA⁺

jovial 즐거운, 쾌활한

ⓐ 사소한(trifling, petty, slight)

a **trivial** remark 대수롭지 않은 발언
argue about **trivial** matters 시시한 일로 다투다

> 🖋 기출 예문

Come on, you can't break up over such a **trivial** thing.
제발, 그런 사소한 일로 헤어질 수는 없잖아.

---

urgent

[ə́:rdʒənt]

v. urge 재촉하다; 촉구하다
n. urgency 긴급, 절박

VOCA⁺

insurgent 폭도; 반란을 일으킨
resurgent 소생하는

ⓐ 긴급한, 긴요한(exigent, pressing, imperative)

receive **urgent** news 급보를 접하다
hold an **urgent** meeting 긴급회의를 열다

> 🖋 기출 예문

If your call is **urgent**, it is possible to arrange teleconferencing.
급한 전화라면 원격 회의를 준비해 볼 수 있습니다.

Choose the best answer for the blank.

Part I

1

A: Does your newspaper engage in sponsored reporting?

B: I _____ you we do not.

(a) solicit
(b) propose
(c) notify
(d) assure

2

A: I heard there were police cars on your street.

B: Don't worry, it was a(n) _____ incident.

(a) trivial
(b) public
(c) urgent
(d) certain

3

A: What do you need an outlet for?

B: I'm trying to _____ my phone.

(a) refresh
(b) recharge
(c) remind
(d) restart

4

A: Your company is dedicated to improving people's lives.

B: Yes, and that idea is reflected in our _____ statement.

(a) coverage
(b) extension
(c) mission
(d) title

5

A: Hey, I have that exact same book at home.

B: What a(n) _____!

(a) coincidence
(b) likelihood
(c) consequence
(d) impetus

6

A: Was your cell service affected by the storm?

B: Yeah, coverage was _____ all day.

(a) derived
(b) prohibited
(c) intermittent
(d) current

7

A: What did you think of the movie?

B: I don't see what all the _____ is about.

(a) ban
(b) fuss
(c) limp
(d) hurt

8

A: Can't we talk here?

B: I'm afraid someone will _____ on us.

(a) empower
(b) obstruct
(c) eavesdrop
(d) liaison

Part II

9

When users log on to the site, a popup box _____ them to enter their bank account number.

(a) transmits
(b) seizes
(c) prides
(d) prompts

10

Upgrading the city's digital communications infrastructure is a major _____ for the local government.

(a) advent
(b) priority
(c) fortitude
(d) novelty

11

Many bloggers seem to think people want to read about the _____ details of their daily lives.

(a) mundane
(b) sharpened
(c) hectic
(d) apt

12

Decreases in subscriptions to newspapers have _____ with increases in online news readership.

(a) plummeted
(b) disclosed
(c) suggested
(d) corresponded

DAY 28

1	(d)	2	(a)	3	(b)	4	(c)	5	(a)	6	(c)
7	(b)	8	(c)	9	(d)	10	(b)	11	(a)	12	(d)

1 A: 당신의 신문은 후원사 기사를 씁니까?
   B: 장담하건대 저희는 하지 않습니다.
   (a) 간청하다　　　　(b) 제안하다
   (c) 알리다　　　　　(d) **확신시키다**

2 A: 당신이 사는 거리에 경찰차가 있다고 들었어요.
   B: 걱정 마세요. 사소한 일입니다.
   (a) **사소한**　　　　(b) 대중적인
   (c) 긴급한　　　　　(d) 특정한

3 A: 왜 콘센트가 필요하지요?
   B: 제 전화기를 충전하려고 하거든요.
   (a) 생기를 되찾게 하다　(b) **충전하다**
   (c) 상기시키다　　　　(d) 다시 시작하다

4 A: 귀사는 사람들의 삶을 향상시키는 데 헌신하는
      군요.
   B: 맞아요. 그런 이념은 저희 회사의 업무 강령에
      반영되어 있죠.
   (a) 범위　　　　　　(b) 확대
   (c) **임무**　　　　　(d) 제목

5 A: 저도 집에 똑같은 책이 있어요.
   B: 이런 우연이 있군요!
   (a) **우연의 일치**　　(b) 가능성
   (c) 결과　　　　　　(d) 자극

6 A: 휴대 전화 서비스가 폭풍의 영향을 받았죠?
   B: 네, 온종일 되다 말다 했습니다.
   (a) 유래된　　　　　(b) 금지된
   (c) **간헐적인**　　　(d) 현재의

7 A: 영화 어땠어요?
   B: 왜들 그렇게 야단인지 모르겠습니다.
   (a) 금지　　　　　　(b) **야단법석**
   (c) 절뚝거림　　　　(d) 상처

8 A: 여기서 얘기할 수 있나요?
   B: 누군가 엿들을 수도 있을 것 같아요.
   (a) 권한을 주다　　　(b) 막다
   (c) **엿듣다**　　　　(d) 접촉하다

9 사용자들이 그 사이트에 접속하면 팝업창이 은행
   계좌 번호를 넣도록 유도한다.
   (a) 보내다　　　　　(b) 붙잡다
   (c) 자랑하다　　　　(d) **자극하다**

10 도시의 디지털 커뮤니케이션 기반 시설을 업그레이
   드하는 것은 지방 정부에게 중요한 우선 사항이다.
   (a) 도래　　　　　　(b) **우선 사항**
   (c) 꿋꿋함　　　　　(d) 참신함

11 많은 블로거들이 그들의 생활의 상세한 일상에 관
   해 사람들이 읽어 보고 싶어 할 거라고 생각한다.
   (a) **일상적인**　　　(b) 뾰족하게 깎은
   (c) 정신없이 바쁜　　(d) 적절한

12 신문 구독의 감소는 온라인 뉴스 독자의 증가와 일
   치한다.
   (a) 급락하다　　　　(b) 밝히다
   (c) 제안하다　　　　(d) **일치하다**

DAY
29

Earth & Universe

Observations of the solar **eclipse** of 1919 help proved
Albert Einstein's theory of relativity.

1919년 일식 관측으로 아인슈타인의 상대성 이론을 증명할 수 있다.

학습 1차	년	월	일	공부 시간	시간	분
학습 2차	년	월	일	공부 시간	시간	분
학습 3차	년	월	일	공부 시간	시간	분

constellation
[kànstəléiʃən]

VOCA⁺
nebula 성운
galaxy 은하계

ⓝ **별자리**

the **constellation** of Orion 오리온 자리

🗨 기출 예문

Some caves house maps showing **constellations** like the Pleiades star cluster.
어떤 동굴들은 플레이아데스성단과 같은 별자리를 보여주는 지도들이 있다.

scale
[skeil]

VOCA⁺
extent 범위
ratio 비율
scope 범위

ⓝ **저울, 규모, 음계**

on a global **scale** 세계적인 규모로
on a **scale** of 1 to 10 1부터 10까지의 등급으로
tip the **scale** in one's favor ∼에게 상황이 유리하게 돌아가다
the minor[major] **scale** 단조[장조]

ⓥ **가파른 곳을 오르다**

scale a mountain 산을 오르다

🗨 기출 예문

The Great Alaskan Earthquake of 1964, which measured 9.2 on the Richter **scale**, prompted the establishment of the West Coast and Alaska Tsunami Warning Center.
리히터 규모 9.2를 기록한 1964년 알래스카 대지진으로 서해안 알래스카 쓰나미 경보 센터가 설립되었다.

asteroid
[æstərɔ́id]

VOCA⁺
comet 혜성
meteorite 운석

ⓝ **소행성**

asteroid belt 소행성대

🗨 기출 예문

The small chance that an **asteroid** could hit earth has scientists seeking ways of changing the paths of such space objects.
소행성이 지구와 충돌할 수 있는 극히 적은 확률 때문에 과학자들은 이러한 우주 물체의 경로를 바꾸는 방법을 모색하고 있다.

474

revolve

[riválv]

ⓥ 회전하다, 공전하다

revolve on one's axis 축을 중심으로 회전하다
revolve around a planet 행성 주변을 돌다

VOCA⁺
involve 연루시키다
evolve 진화하다

🔖 기출 예문

Copernicus believed that Earth **revolves** around the sun,
repudiating the claim that Earth was the center of the
universe.
코페르니쿠스는 지구가 태양 주위를 돈다고 믿으며, 지구가 우주의 중심이라는
주장을 부인했다.

---

radiation

[rèidiéiʃən]

v. radiate 발산하다

ⓝ 방사선; (열 · 에너지 등의) 복사

nuclear **radiation** 핵 방사
solar **radiation** 태양열 복사

🔖 기출 예문

But for the solar **radiation** heating the earth's surface,
temperatures would begin to drop and the global climate
would become colder, possibly causing extinctions.
햇빛이 지표에 열을 가하지 않으면 기온이 하락하기 시작하고, 전세계 기후가
보다 차가워져서 생물이 멸종될 수도 있다.

VOCA⁺
emission 배출

---

accustomed

[əkʌ́stəmd]

v. accustom 익숙하게 하다

ⓐ 익숙한, 늘 ~하는(used, wonted)

get **accustomed** to zero gravity 무중력 상태에 적응이 되다

🔖 기출 예문

Airport security officers are **accustomed** to pacemakers
setting off the metal detector.
공항 안전 요원들은 금속 탐지기에 반응하는 심장 박동기에 익숙해져 있다.

📝 ~하는 것에 익숙하다: be accustomed to do (×) ⇨ be accustomed to
doing (○)

VOCA⁺
custom 관습; 관세
customize 주문 제작하다

DAY 29

475

altitude

[ǽltitʃùːd]

ⓝ 고도(height)

sea level **altitude** 해발 고도

gain[lose] an **altitude** of ~의 고도를 높이다[낮추다]

🖋 기출 예문

Modern airliners fly at extremely high **altitudes** where air pressure is so low that pressurized cabins are necessary to breathe normally.

현대의 여객기는 매우 높은 고도에서 비행하는데, 그곳은 기압이 아주 낮아서 정상적으로 숨을 쉬려면 여압 상태의 객실이 필수이다.

VOCA⁺

altar 제단
latitude 위도; 허용 범위
longitude 경도

approximately

[əpráksəmətli]

a/v. approximate 대강의, 가까운; ~에 가깝다

ⓐⓓ 대략(nearly, roughly, about, next to)

approximately 100 square yards 대략 100평방 야드

correspond **approximately** 거의 일치하다

🖋 기출 예문

The box measures **approximately** 26 inches wide, 25 inches deep, and 16 inches high.

그 상자는 폭이 약 26인치, 깊이가 25인치, 높이가 16인치 정도이다.

VOCA⁺

proximate 가장 가까운
appropriate 적절한; (무단으로) 도용하다
appropriate 적절한; 전용하다, 횡령하다

astronaut

[ǽstrənɔ̀ːt]

ⓝ 우주 비행사(cosmonaut)

astronaut training program 우주 비행사 훈련 프로그램

try on **astronaut** clothes 우주복을 입어 보다

🖋 기출 예문

One of the most fundamental requirements of becoming an **astronaut** is that you must be physically fit.

우주 비행사가 되기 위한 가장 근본적인 필요 요건 중 하나는 신체적으로 건강해야 한다는 점이다.

VOCA⁺

aeronaut 비행사
astral 별의
nautical 항해의

476

atmosphere

[ǽtməsfiər]

ⓝ 대기, 공기(air); 분위기(ambience)

smoke-laden **atmosphere** 매연으로 흐린 공기

friendly **atmosphere** 우호적인 분위기

revive the depressed **atmosphere** 침체된 분위기를 되살리다

> **📄 기출 예문**
>
> Nitrogen, which is the most common element in the earth's **atmosphere**, is necessary for the cycle of life on the planet.
> 질소는 지구의 대기 중에 있는 가장 흔한 성분으로 지구상의 생명의 순환에 필수적이다.
>
> 📝 enter the atmosphere 대기권에 진입하다

VOCA⁺

sphere 구체; 영역
aerosphere 대기권
hemisphere 반구

---

avalanche

[ǽvəlæntʃ]

ⓝ 눈사태, 산사태; 쇄도(deluge, flood)

an **avalanche**-prone slope 눈사태가 일어나기 쉬운 비탈

alpine villages destroyed in an **avalanche** 눈사태로 파괴된 산간 마을들

an **avalanche** of questions 빗발치는 질문

> **📄 기출 예문**
>
> The **avalanches** followed huge snowfalls last week that covered the European Alps.
> 눈사태는 지난주 유럽 지역 알프스를 뒤덮은 폭설에 이어 발생했다.
>
> 📝 trigger an avalanche 눈사태를 야기하다

VOCA⁺

landslide 산사태; (선거에서의) 압도적인 승리
tsunami 지진에 의한 해일

---

blizzard

[blízərd]

ⓝ (심한) 눈보라(snowstorm)

raging **blizzards** 사나운 눈보라

march in the teeth of a **blizzard** 눈보라를 무릅쓰고 행진하다

> **📄 기출 예문**
>
> People caught outside in a **blizzard** can quickly become disoriented.
> 실외에서 눈보라에 갇힌 사람들은 쉽게 방향 감각을 잃을 수 있다.

VOCA⁺

blaze 불꽃; 불타다
blasé 심드렁한, 시들한

chilly

[tʃíli]

n. chill 한기

VOCA⁺

frigid 혹한의; 냉랭한(gelid)
arctic 북극의; 혹한의

ⓐ 차가운, 쌀쌀한(cold)

damp and **chilly** weather 습하고 쌀쌀한 날씨
a **chilly** welcome 싸늘한 응대

💬 기출 예문

Starting tomorrow, the weather will be unusually chilly.
내일부터 날씨가 평소와 달리 쌀쌀할 것이다.

📝 feel chilly 오한이 나다

---

clutter

[klʌ́tər]

VOCA⁺

cluster 다발, 묶음

ⓥ 어질러 놓다, 어지럽히다(jumble, muddle)

the **cluttered** space station 뒤죽박죽이 되어 있는 우주 정거장
clutter up one's desk 책상을 어질러 놓다
a **cluttered** mind 어수선한 마음

💬 기출 예문

A few **cluttered** stretches notwithstanding, travelers can go for hours without passing anything more obtrusive than the occasionally emerging farmhouses.
몇 군데 복잡한 구간이 있기는 하지만, 여행객들은 가끔씩 나타나는 농가 외에 눈에 들어오는 것이라고는 없는 길을 몇 시간이고 달릴 수 있다.

📝 be cluttered with ~로 어수선하다

---

collision

[kəlíʒən]

v. collide 충돌하다

VOCA⁺

collusion 공모

ⓝ 충돌, 부딪침

head off the **collision** 충돌을 피하다
a military **collision** 군사적 충돌

💬 기출 예문

Moons were formed by **collisions** or when the forces of gravity caused small bodies to orbit larger ones.
달은 충돌에 의해 생겼거나, 혹은 중력의 힘이 작은 덩어리로 하여금 더 큰 덩어리 주변을 돌게 하면서 형성되었다.

📝 have a head-on collision 정면충돌하다

dissipate

[dísəpèit]

n. dissipation 소실; (에너지의) 분산; 방탕

VOCA⁺

dissimulate ~아닌 체하다
disseminate 전파하다

ⓥ 흩어지다, 흩어지게 하다(scatter, disperse);
낭비하다(squander)

slowly **dissipate** into space 서서히 우주 공간으로 흩어지다
dissipate prejudices 편견을 해소시키다
dissipate one's fortune 재산을 탕진하다

기출 예문

Heat then **dissipates** through the skin, effectively pushing the body temperature down.
그러면 피부를 통해 열이 발산되어 체온을 효과적으로 내린다.

📝 **dissipate** misunderstanding 오해를 풀다

---

drizzle

[drízl]

VOCA⁺

dazzle 눈부시게 하다
embezzle 횡령하다

ⓝ 이슬비

thick continuous **drizzle** 계속 내리는 강한 이슬비
freezing **drizzle** 결빙성의 진눈깨비

ⓥ 이슬비가 내리다

drizzle from morning till night 종일 이슬비가 내리다

기출 예문

I heard we might get a bit of a **drizzle**.
가랑비가 올지도 모른다고 들었어요.

---

eclipse

[iklíps]

VOCA⁺

elapse (시간이) 경과하다
lapse 과실, 실책; (권리의) 소멸; 소멸하다
relapse 되돌아가다, 다시 빠져들다

ⓝ (해, 달의) 식, 빛의 소멸(cutting off of light);
(명성 등의) 실추(loss, downfall)

a lunar[solar] **eclipse** 월[일]식
go into **eclipse** 인기가 떨어지다

ⓥ 능가하다(outdo, excel, surpass)

eclipse the previous record 이전 기록을 능가하다

기출 예문

Observations of the solar **eclipse** of 1919 help proved Albert Einstein's theory of relativity.
1919년 일식 관측으로 아인슈타인의 상대성 이론을 증명할 수 있다.

📝 a partial[total] **eclipse** 부분[개기]식

enhance
[inhǽns]
n. enhancement 향상

ⓥ 향상시키다, 높이다(improve)
enhance one's reputation[place] 명성을 높이다[입지를 강화하다]
enhance the flavor 풍미를 더하다

기출 예문
Telescopes were developed to **enhance** the ability to see celestial objects.
망원경은 천체를 볼 수 있는 능력을 높이기 위해 개발되었다.

VOCA⁺
enchant 매혹하다

📝 mind-enhancing 지력을 높여 주는
    performance-enhancing drugs 경기력을 향상시키는 약물

---

erode
[iróud]
n. erosion 침식
a. erosive 침식하는, 좀먹는

VOCA⁺
corrode 부식하다
rodent 설치류

ⓥ 침식하다, 좀먹다(eat away, corrode)
erode the sand beach 모래 해변을 침식하다
erode one's confidence 자신감을 약화시키다

기출 예문
International food aid can put local farmers out of business and **erode** a country's agricultural capacity.
국제적인 식량 지원이 지역의 농민들을 업계에서 퇴출시켜 국가의 농업 용적을 약화시킬 수 있다.

---

erupt
[irʌ́pt]
n. eruption 폭발; 발진

ⓥ 폭발하다, 분출하다(break out); 발진하다, 돋아나다
magma **erupting** in the form of lava 용암의 형태로 분출되는 마그마
erupt into fury 노발대발하다
erupt in pimples 여드름이 돋아나다

기출 예문
Pompeii was a prosperous city until August 24, 79 A.D., when the nearby volcano, Mount Vesuvius, **erupted**.
폼페이는 서기 79년 8월 24일, 인근에 있던 베수비오 화산이 폭발하기 전까지는 번영을 구가하던 도시였다.

VOCA⁺
irrupt 침입[난입]하다
disrupt 방해하다; 붕괴시키다

📝 volcanic eruption 화산 폭발

fallacy

[fǽləsi]

a. fallacious 그릇된, 오류의

ⓝ 오류, 그릇된 생각

prove a **fallacy** 오류를 증명하다

explode a popular **fallacy** 만연한 일반적인 오류를 타파하다

VOCA⁺

palace 궁전
palatial 호화로운, 으리으리한
palatable 맛있는

> **기출 예문**
>
> The idea that the sun orbited the earth turned out to be a **fallacy**.
> 태양이 지구의 궤도를 돈다는 개념은 잘못된 것으로 밝혀졌다.

🖺 a logical fallacy 논리상의 오류

---

fertile

[fɔ́ːrtəl]

n. fertility 비옥함, 다산
n. fertilizer 비료

ⓐ 비옥한, 다산의(productive, prolific, fecund ↔ sterile, barren 불모의; 불임의)

very rich and **fertile** soil 매우 풍요롭고 비옥한 토양

fertile mating 다산 교배

> **기출 예문**
>
> New Zealand is blessed with vast tracts of **fertile** soil and a subtropical climate.
> 뉴질랜드는 광대한 지역의 비옥한 토지와 아열대 기후로 축복받은 땅이다.

🖺 fertility drug 임신 촉진제
a fertile mind 창의성 있는 사고

---

fragile

[frǽdʒəl]

ⓐ 부서지기 쉬운, 약한(brittle, breakable)

the **fragile** balance of the Earth's ecosystems
지구의 깨지기 쉬운 생태계의 균형

tread on very **fragile** ground 매우 무른 땅을 밟다

> **기출 예문**
>
> Professional movers are told to look for the word "**fragile**" on a box before handling it.
> 전문적인 운반업자들은 상자를 다루기 전에 상자에 '취급 주의'라는 말이 있는지 살피도록 지시받는다.

VOCA⁺

frail 연약한, 허약한
faint 희미한
decrepit 노쇠한
invalid 병약한

🖺 fragile goods 파손되기 쉬운 상품

DAY 29

481

gravity
[ɡrǽvəti]

ⓝ 중력(gravitation); 무게, 중대함(significance)

fall to the ground because of **gravity** 중력 때문에 땅으로 떨어지다
the **gravity** of the situation 사태의 심각성

🖊 기출 예문

Mercury, as the smallest rocky planet, has weak **gravity**, and due to its proximity to the sun it is also scorching hot.
가장 작은 바위 행성인 수성은 중력이 적고, 태양과 가깝기 때문에 찌는 듯이 덥습니다.

VOCA⁺
levity 가벼움, 경솔
cavity 충치

📄 the law of gravity 중력의 법칙
the pull of gravity 중력의 당기는 힘

gust
[ɡʌst]
a. gusty 세찬, 돌풍의

ⓝ 돌풍(blast)

a violent **gust** of wind 맹렬한 일진의 바람
after a short **gust** of rain 비가 한바탕 쏟아진 후에
a **gust** of laughter 폭소

🖊 기출 예문

Winds will remain high, with **gusts** of up to 35 miles per hour.
시속 35마일까지 돌풍이 불면서 바람이 매우 세게 불 것입니다.

VOCA⁺
dust 먼지
bust 흉상; 부수다
lust 욕정
rust 녹

imminent
[ímənənt]
n. imminence 절박, 촉박, 위급
ad. imminently 임박하여, 당장

ⓐ 임박한, 절박한(impending, pressing)

the **imminent** eruption of the volcano 화산의 임박한 분화
be in **imminent** peril 누란지세의 위기에 처하다

🖊 기출 예문

At some point, we all must face the fact that our own death is **imminent**.
어느 순간, 우리 모두는 자신의 죽음이 임박했다는 사실을 직면해야 한다.

VOCA⁺
eminent 저명한, 탁월한
immanent 내재하는

482

impact
ⓥ [ímpækt]
ⓝ [ímpækt]

ⓥ 영향을 주다

ⓝ 충돌(collision); (강한) 충격, 영향(influence)

lessen the **impact** 충격을 완화시키다
long-term economic **impact** 장기적인 경제 효과

💬 기출 예문

While gradual natural changes **impact** species only slightly,
rapid changes can endanger a species' existence.
점진적인 자연의 변화는 종에게 약간의 영향만을 주는 반면, 급격한 변화는 종
의 존재를 위험에 빠뜨릴 수도 있다.

📝 have a profound impact on ~에게 큰 영향을 끼치다

VOCA⁺
compact 빽빽한; 소형의; 협정
pact 조약, 협정

---

numerous
[njú:mərəs]

ⓐ 수많은(a number of)

numerous microorganisms 다수의 미생물
spark **numerous** arguments 수많은 논쟁들을 야기하다

💬 기출 예문

In ancient Greece, oracles were **numerous** and had
a strong influence on the course of human affairs for
centuries.
고대 그리스에서 신탁은 아주 많았고 수세기 동안 인간사에 강력한 힘을 행사
해 왔다.

VOCA⁺
numerical 수의
innumerable 무수히 많은

---

observe
[əbzə́:rv]

n. observation 관찰; 비평
n. observance 준수; (-s) 의식

ⓥ 관찰하다(watch attentively); 진술하다, ~라고 말하다
(say, remark); 준수하다(keep, abide by)

observe the orbit of the moon 달의 궤도를 관찰하다
observe that it was odd 그것이 이상하다고 말하다
observe the terms of the contract 계약 조건을 준수하다

💬 기출 예문

No significant changes in the levels of hormone were
observed in the patients.
환자들에게 어떠한 주목할 만한 호르몬 수치의 변화도 관찰되지 않았다.

VOCA⁺
conserve 보존하다
reserve 남겨 두다; 예약하다; 삼가다

DAY 29

orbit

[ɔ́ːrbit]

VOCA⁺

axis (회전체의) 축
solstice (동지, 하지의) 지점
equinox (춘분, 추분의) 분점

ⓥ ~의 궤도를 돌다(revolve)

orbit (round) the sun 태양 주위를 돌다

ⓝ 궤도(circle)

lunar **orbit** 달의 공전 궤도
go into **orbit** 제 궤도에 오르다

> 🗨 기출 예문

All of these moons formed along with the planets more than 4 billion years ago in a solar nebula, an immense cloud of gas and dust **orbiting** our sun.
모든 달은 40억 년보다 더 훨씬 전에 태양 주위를 돌고 있던 거대한 기체와 먼지 구름인 태양 성운에서 행성과 함께 형성되었다.

---

predict

[pridíkt]

n. prediction 예측
a. predictable 예상할 수 있는

VOCA⁺

addict 중독자; 중독시키다
indict 기소하다
verdict 평결

ⓥ 예측하다, 예상하다(foretell, foresee)

predict changes accurately 정확하게 변화를 예측하다
predict snow for tomorrow 내일 눈이 오리라 예보하다

> 🗨 기출 예문

They can better **predict** what geological events are likely to occur in the future.
그들은 미래에 어떤 지질학적 사건이 발생할 것인지 더 잘 예측할 수 있다.

---

shimmer

[ʃímər]

VOCA⁺

glare 눈부시게 빛나다; 노려보다
glitter (별 등이) 반짝반짝 빛나다;
화려하다
glisten (눈·이슬 등이) 빛나다

ⓥ 희미하게 빛나다(glimmer)

a silver **shimmering** cloud 희미하게 빛나는 은빛 구름
shimmer in the sunlight 햇살 속에서 어른어른 빛나다

> 🗨 기출 예문

Look at how it's **shimmering** in the moonlight.
호수가 달빛에 빛나는 걸 봐.

simulate

[símjulèit]

n. simulation 가장, 흉내; 〈컴퓨터〉
시뮬레이션

ⓥ **흉내 내다, 가장하다(pretend, feign
↔ dissimulate ~아닌 체하다)**

simulate the conditions of an actual flight
실제 비행의 조건과 동일하게 하다

insects **simulating** leaves 나뭇잎을 흉내 내는 곤충들

simulate an interest 관심 있는 척하다

기출 예문

At the University of Edinburgh, programmers are
developing software that **simulates** DJ talk and reflects the
listener's interests.
현재 에든버러 대학교의 프로그래머들이 DJ의 말을 흉내 내고 청취자의 관심을
반영하는 소프트웨어를 개발하고 있다.

VOCA⁺

simile 직유 (표현)
simultaneous 동시의

---

tangible

[ténʤəbl]

ⓐ **만져서 알 수 있는, 실체가 있는(material, physical,
corporeal ↔ intangible 만져서 알 수 없는); 명백한
(definite)**

a **tangible** results 가시적 성과

have no **tangible** grounds for suspicion 의심할 만한 확실한 근거가 없다

기출 예문

There is simply no **tangible** evidence that supports the
existence of UFOs.
UFO의 실재를 입증하는 명백한 증거는 없습니다.

VOCA⁺

tactful (사교상의) 재치가 있는
tactile 촉각의
prehensile (물건을) 잡기에 적합한

📝 tangible assets 유형 재산

---

temperature

[témpərətʃər]

ⓝ **온도, 열**

subzero **temperature** 영하의 기온

take a **temperature** 열을 재다

run a high **temperature** 열이 높다

기출 예문

Untangling the greenhouse effect from other broad
movements in the earth's **temperature** is extremely
difficult.
지구 기온에서 온실 효과를 다른 광범위한 변동들로부터 분리해 내는 것은 극
도로 어렵다.

VOCA⁺

temper 기분, 화
temperament 기질, 성격

📝 body temperature 체온
temperature gauge 온도계

DAY 29

terrain

[təréin]

ⓝ 지형, 지역(land, topography)

inhospitable **terrain** 사람이 살기 어려운 지대

the physical characteristics of the **terrain** 지형의 물리적인 특징

VOCA⁺

rug 깔개, 양탄자
ragged 들쭉날쭉한, 누더기의

> **기출 예문**
>
> Approximately 50% of the nation's people still work in agriculture, although its mountainous **terrain** greatly limits the amount of land that is fit for farming.
> 비록 주로 산악으로 된 지형이 농사에 적합한 토지의 양을 크게 제한하고 있지만, 국민의 약 50퍼센트가 여전히 농업에 종사한다.

📋 swampy terrain 습지
  rocky[rugged] terrain 암석이 많은[기복이 심한] 지형

---

tremendous

[triméndəs]

ad. tremendously 엄청나게

ⓐ 무시무시한, 엄청난(enormous, marvelous)

a **tremendous** gale 맹렬한 바람

a **tremendous** explosion 엄청난 폭발

VOCA⁺

tremble 떨다
tremor 떨림, 전율
tremulous 떨리는, 전율하는

> **기출 예문**
>
> Despite the **tremendous** cash investments, the majority of these projects will fail due to inadequate planning and foresight.
> 엄청난 현금 투자에도 불구하고 이들 프로젝트의 대부분은 부적절한 기획 및 선견지명으로 인해 실패합니다.

---

tropical

[trápikəl]

ⓐ 열대의

a **tropical** rain forest 열대 우림

issue a **tropical** storm watch 열대성 폭풍에 대한 경보를 발하다

VOCA⁺

subtropical 아열대의
temperate 온대의
polar 북극의

> **기출 예문**
>
> I have a dozen **tropical** fish, so the tank needs a lot of cleaning.
> 열대어가 열두 마리 정도 있어서 수조를 자주 청소해 줘야 해.

📋 tropical fruit[climates] 열대 과일[기후]

universal

[jùːnəvə́ːrsəl]

n. universe 우주

VOCA⁺
university 대학교
unique 독특한

ⓐ 우주의, 만물의; 보편적인(worldwide)

universal gravitation 만유인력

a **universal** truth 보편적 진리

receive **universal** approval 널리 찬성을 얻다

기출 예문

Travelers usually rely on the **universal** five-star rating system, but ratings can be deceptive.
여행자들은 대개 보편적인 별 다섯 개 만점 등급제에 따라 숙소를 고르지만 등급을 100퍼센트 믿을 수는 없다.

📝 Universal Declaration of Human Rights 세계 인권 선언

DAILY TEPS TEST

Choose the best answer for the blank.

Part I

1

A: The environment is so easily damaged.

B: It's a very _____ system.

(a) numerous
(b) polar
(c) sordid
(d) fragile

2

A: The astronomer finally saw the comet!

B: He's been _____ that area of the sky for months.

(a) observing
(b) exploiting
(c) remitting
(d) allotting

3

A: There's an arctic front blowing in tonight.

B: It's already starting to get _____ out.

(a) damp
(b) tropical
(c) chilly
(d) tangible

4

A: Have you ever seen the Northern Lights?

B: Oh, they're _____ beautiful.

(a) approximately
(b) imminently
(c) universally
(d) tremendously

5

A: What created this huge crater?

B: The _____ of an ancient meteorite.

(a) preview
(b) impact
(c) gravity
(d) gust

6

A: Will it stay foggy like this all day?

B: It should _____ by midday.

(a) dissipate
(b) clutter
(c) dazzle
(d) erupt

7

A: I'm going to run out to the store.

B: Hurry back. You don't want to be caught out in the approaching _____.

(a) avalanche
(b) volcano
(c) blizzard
(d) orbit

8

A: What is the surface of Mars like?

B: It has _____ similar to that of Earth's deserts.

(a) landings
(b) terrain
(c) collision
(d) astronauts

Part II

9

You should never look directly at a solar _____ or you will damage your eyes.

(a) stunt
(b) fallacy
(c) matter
(d) eclipse

10

Earth's _____ not only provides us with air but also protects us from radiation.

(a) altitude
(b) temperature
(c) atmosphere
(d) biology

11

Mountains slowly _____ as wind and rain batter their exposed slopes.

(a) bend
(b) erode
(c) tilt
(d) digest

12

As humans, we are _____ to living under very specific temperature and pressure conditions.

(a) shimmered
(b) predicted
(c) granted
(d) accustomed

DAY 29

1 (d)	2 (a)	3 (c)	4 (d)	5 (b)	6 (a)
7 (c)	8 (b)	9 (d)	10 (c)	11 (b)	12 (d)

1 A: 환경은 쉽게 해를 입어요.
   B: 아주 취약한 시스템이죠.
   (a) 수많은   (b) 북극의
   (c) 비도덕적인   **(d) 부서지기 쉬운**

2 A: 그 우주 비행사가 마침내 행성을 봤어요!
   B: 그는 몇 달 동안 천체를 관찰했죠.
   (a) 관찰하다   (b) 이용하다
   (c) 송금하다   (d) 할당하다

3 A: 오늘 밤에 북극 전선에서 바람이 붑니다.
   B: 벌써 밖에는 추워졌네요.
   (a) 축축한   (b) 열대의
   (c) 추운   (d) 실체가 있는

4 A: 북극광을 보신 적이 있나요?
   B: 엄청나게 아름답더군요.
   (a) 대략   (b) 임박하여
   (c) 보편적으로   **(d) 엄청나게**

5 A: 이 엄청난 분화구는 어떻게 만들어졌죠?
   B: 고대 운석의 충돌 때문입니다.
   (a) 시사회   **(b) 충돌**
   (c) 중력   (d) 돌풍

6 A: 온종일 이렇게 안개가 껴 있겠죠?
   B: 정오에는 사라질 겁니다.
   (a) 소멸되다   (b) 어질러 놓다
   (c) 눈부시게 하다   (d) 분출하다

7 A: 가게에 뛰쳐나갔다 올게요.
   B: 빨리 갔다 와. 오고 있는 눈보라를 만나고 싶지
     않잖아.
   (a) 눈사태   (b) 화산
   (c) 눈보라   (d) 궤도

8 A: 화성의 표면은 어떨까요?
   B: 화성에는 지구의 사막과 비슷한 지역이 있어요.
   (a) 착륙   **(b) 지역**
   (c) 충돌   (d) 우주 비행사

9 일식을 맨눈으로 바로 보면 절대 안 돼요. 그렇지
   않으면 눈이 손상돼요.
   (a) 묘기   (b) 오류
   (c) 문제   **(d) 식**

10 지구의 대기는 우리에게 공기를 제공할 뿐만 아니
   라 복사열로부터 보호한다.
   (a) 고도   (b) 온도
   (c) 대기   (d) 생물학

11 산맥은 바람과 비가 드러난 경사면을 계속 강타함
   에 따라 서서히 침식된다.
   (a) 굽히다   **(b) 침식되다**
   (c) 기울이다   (d) 소화시키다

12 우리는 인간으로서 매우 특정한 온도와 압력 조건
   하에서 사는 데 익숙하다.
   (a) 희미하게 빛난   (b) 예상된
   (c) 승인된   **(d) 익숙한**

DAY
30

Environment

기출 예문

If countries don't act soon, the world's **ecology** will change forever.

국가들이 서둘러 행동하지 않으면 세계의 생태 환경은 영원히 변할 것이다.

학습 1차	년	월	일	공부 시간	시간	분
학습 2차	년	월	일	공부 시간	시간	분
학습 3차	년	월	일	공부 시간	시간	분

dormant
[dɔ́ːrmənt]

ⓐ **활동을 중단한, 휴면기의**
a **dormant** volcano 휴화산
lie[remain] **dormant** 휴면 상태인
a **dormant** account 휴면 계좌

VOCA⁺
quiescent 활동하지 않는
active 활동 중인

🖊 기출 예문

After remaining **dormant** for hundreds of years, the
volcano became active again and erupted violently.
수백년간 활동을 중단한 이후 그 화산은 갑자기 다시 활동을 시작하면서
격렬히 분출했다.

raze
[reiz]

ⓥ **파괴하다**
raze something to the ground ~를 철저히 파괴하다

VOCA⁺
demolish 허물다, 파괴하다

🖊 기출 예문

After the wildfire, local people made every effort to
restore the forest, much of which had been **razed**.
야생 산불 후에 지역민들은 대부분이 완전히 파괴된 숲을 회복하기 위해 모든
노력을 기울였다.

species
[spíːʃiːz]

ⓝ **(생물의) 종**
endangered[extinct] **species** 멸종 위기[멸종된] 종

VOCA⁺
breed 품종

🖊 기출 예문

Animal rights activists strongly oppose mistreating animals
and trafficking in endangered **species**.
동물 권리 운동가들은 동물의 학대와 멸종 위기에 처한 종을 밀거래하는 것을
강하게 반대한다.

harsh

[hɑːrʃ]

ad. harshly 심하게
n. harshness 가혹, 냉혹

VOCA⁺
bitter 쓰라린
severe 심한

ⓐ 혹독한

a **harsh** environment 혹독한 환경
harsh criticism[critic] 혹독한 비판[비판자]
harsh language 심한 말

기출 예문

Bacteria can survive **harsh** conditions where other organisms would perish.
박테리아는 다른 유기체들이 죽을 혹독한 조건에서도 살아남을 수 있다.

---

pesticide

[péstisàid]

VOCA⁺
herbicide 제초제
insecticide 살충제
suicide 자살
homicide 타살
genocide 종족 학살

ⓝ 살충제

the use of **pesticides** 살충제 사용
spray crops with **pesticide** 곡식에 살충제를 뿌리다

기출 예문

As mosquitoes can spread malaria, **pesticides** are often used over large areas to eradicate them.
모기들이 말라리아를 퍼뜨릴 수 있기 때문에 말라리아 박멸을 위해 살충제는 종종 넓은 지역에 뿌려진다.

---

pollution

[pəljúːʃən]

v. pollute 오염시키다

VOCA⁺
pollutant 오염물질

ⓝ 오염

noise **pollution** 소음 공해
marine **pollution** 바다 오염

기출 예문

Dredging stirred up the **pollution** and made the river even worse.
바닥을 파헤쳐 오염 물질을 휘저어 놓아서 강 상태가 더욱 악화되었다.

---

natural resources

VOCA⁺
renewable resources
재생 가능 자원

ⓝ 천연 자원

the exploitation of **natural resources** 천연 자원 이용
be rich in **natural resources** 천연 자원이 풍부한

기출 예문

Natural resources such as oil are only a burden to countries without the necessary technology to handle them.
석유와 같은 천연 자원은 그것을 처리할 필수 사회 기반 시설이 없는 국가들에게는 부담이 될 뿐이다.

DAY 30

eco-friendly
[ékofréndli]

ⓐ 친환경적인

an eco-friendly car 친환경 자동차

기출 예문

We at Sky Construction and Design are dedicated to building eco-friendly high rises.
스카이 건설 앤 디자인은 환경친화적인 고층 건물을 건설하는 데 헌신하고 있습니다.

VOCA⁺
green 친환경적인

---

ozone layer
[óuzòun léiər]

ⓝ 오존층

ozone layer depletion 오존층 파괴

기출 예문

In 2011, the hole in the ozone layer above the Arctic region was bigger than before.
2011년 북극 상공의 오존층에 난 구멍은 그 이전보다 더 컸다.

VOCA⁺
stratosphere 성층권

---

glacier
[gléiʃər]

ⓝ 빙하

the melting of glaciers 빙하가 녹는 것

기출 예문

Geologists study glaciers to reconstruct the history of the earth's climate.
지구 기후의 역사를 재구성하기 위해 지질학자들은 빙하를 연구한다.

VOCA⁺
iceberg 빙산

---

ecosystem
[ékousìstəm]

ⓝ 생태계

the forest's ecosystem 숲의 생태계

기출 예문

The continued use of fossil fuels could result in ocean acidification, damaging ocean ecosystems.
화석연료의 계속된 사용은 바다를 산성화시키고 해양 생태계를 파괴한다.

VOCA⁺
ecology 생태학
food chain 먹이사슬

decompose

[dìːkəmpóuz]

v. decomposition 분해

VOCA⁺
emit 발산하다

ⓥ 분해하다

a **decomposed** body 부패된 시체

기출 예문

The substance has been found to **decompose** in soil in less than a year.
그 물질은 토양에서 채 일 년이 안 되어 분해되는 것으로 밝혀졌다.

fossil fuel

[fásl fjúː(ː)əl]

VOCA⁺
nuclear fuel 핵 연료

ⓝ 화석 연료

alternatives to **fossil fuels** 화석 연료에 대한 대안
deplete **fossil fuels** 화석 연료를 고갈시키다

기출 예문

Every country should lower its consumption of **fossil fuels**.
모든 국가는 화석 연료의 소비를 줄여야 한다.

conducive

[kəndʒúːsiv]

VOCA⁺
helpful 도움이 되는
useful 유용한

ⓐ 도움이 되는

conducive to learning 학습에 도움이 되는

기출 예문

The crop is subjected to some diseases when the climate is **conducive** to them.
기후가 질병에 도움이 되는 조건을 갖출 때 나무는 질병에 취약해질 수 있다.

pose

[pouz]

VOCA⁺
present 제시하다
suggest 제안하다

ⓥ 제기하다, 포즈를 취하다

pose a question 의문을 제기하다
pose for a photo 사진을 찍으려고 포즈를 취하다

기출 예문

Pollutants were found in the water supply, but they were in such negligible amounts that they **posed** no health risk.
오염 물질이 상수도에서 발견되었지만, 그 양이 매우 적어서 보건 위험을 일으키지 않았다.

DAY 30

alternative

[ɔːltə́ːrnətiv]

v. alternate 교대하다
n. alternation 교대

VOCA⁺

alteration 변경
altercation 언쟁

ⓝ 대안, 대체(option)

propose an **alternative** 대안을 제시하다
a viable **alternative** to ~에 대한 가능한 대안

ⓐ 대안의, 대체의; 양자택일의

plentiful **alternative** energy resources 풍부한 대체 에너지 자원
make **alternative** judgment 양자택일적 판단을 하다

> **기출 예문**
>
> Public service can be an **alternative** for conscientious objectors to the military draft.
> 공익 근무는 양심적인 징병 거부자를 위한 대안이 될 수 있을 것이다.

📝 alternative medicine 대체 의학

---

arid

[ǽrid]

n. aridity 건조 (상태)

VOCA⁺

acrid 매운, 찌르는 듯한; 신랄한
acid 신, 산성의

ⓐ 마른, 건조한(dry); 재미없는(dull)

reclaim the **arid** lands 마른 토지를 개간하다
have an **arid** discussion 무미건조한 토론을 하다

> **기출 예문**
>
> Since much of Africa consists of desert or semi-arid land, mountains, and dense rain forests, large areas of the continent are only sparsely inhabited.
> 아프리카의 상당 부분이 사막이나 반 황무지, 산, 빽빽한 열대 우림 등으로 이루어져 있기 때문에 사람이 드문드문 거주하는 지역이 많다.

---

circumstance

[sə́ːrkəmstæns]

VOCA⁺

environment (자연) 환경

ⓝ 환경, 상황(surroundings, condition)

under the given **circumstance** 주어진 상황에서
improve one's poor employment **circumstance** 열악한 취업 환경을 개선하다

> **기출 예문**
>
> Please let us know if you have any extraordinary **circumstances** that we should be aware of.
> 저희가 알아야 할 특별한 사정이 있다면 알려 주십시오.

consequence
[kánsəkwèns]

a. consequent 결과의; 필연적인
ad. consequently 결과적으로,
그러므로

VOCA⁺

sequence 순서
sequel 속편
subsequent 뒤따르는

ⓝ 결과(result); 중요성(significance)

an inevitable **consequence** 필연적인 결과
a matter of some **consequence** 약간 중요한 사항

> 기출 예문
>
> Whatever we do, we should first weigh the **consequences** of our actions.
> 무얼 하든 우선 우리의 행동의 결과를 먼저 숙고해야 해요.

📝 answer for the consequence 결과에 대해 책임을 지다

---

conserve
[kánsəːrv]

n. conservation 보존, 유지; (에너지 등의) 절약
a. conservative 보수적인

VOCA⁺

converse 대화하다; 반대; 거꾸로 된

ⓥ 보존하다(preserve, protect); (자원 · 에너지 등을) 아끼다, 절약하다(save)

conserve the natural scenery 자연 경관을 보존하다
conserve water[energy] 물[에너지]을 절약하다

> 기출 예문
>
> The lovely fountain at Governor's Park has been turned off to **conserve** water.
> 물을 절약하기 위해 가버너스 공원의 아름다운 분수를 틀지 않고 있습니다.

---

contaminate
[kəntǽmənèit]

n. contamination 전염, 감염

VOCA⁺

contain 포함하다; 억제하다
contemn 경멸하다

ⓥ 더럽히다, 오염시키다(defile, pollute)

contaminate a river with sewage 하수로 강물을 더럽히다
contaminate the minds of the people 사람들의 마음을 더럽히다

> 기출 예문
>
> Mercury is highly toxic and can be harmful to humans if they eat **contaminated** fish.
> 수은은 매우 독성이 강하여 이것에 오염된 물고기를 먹으면 인체에 해로울 수 있다.

📝 contaminate the marine ecosystem 해양 생태계를 더럽히다

DAY 30

critical

[krítikəl]

v. criticize 비판하다
n. critic 비평가
n. criticism 비판

VOCA⁺
criterion (판단의) 기준, 표준
critique (작품에 대한) 비평, 평론

ⓐ 위기의, 중대한(crucial); 비판하는(criticizing)

a **critical** component of ecological cycles
생태적 순환의 매우 중요한 구성 요소

make **critical** remarks 비판적인 말을 하다

기출 예문

Mr. Rodriguez will maintain the current policy for the time being, although he is **critical** of it.
로드리게즈 씨는 현 정책이 마음에 들진 않지만, 당분간 유지할 것이다.

---

deplete

[diplíːt]

n. depletion 고갈

VOCA⁺
complete 완성하다
replete 가득 찬; 포식한

ⓥ (대폭) 감소시키다, 고갈시키다(exhaust, use up)

substances that **deplete** the ozone layer 오존층을 고갈시키는 물질들

deplete the food resources 식량 자원을 고갈시키다

기출 예문

Sometimes they rotate different kinds of crops from year to year, whereby crops that **deplete** soil nutrients are followed by soil-building crops.
때때로 그들은 해마다 다른 종류의 작물을 윤작하는데, 토양의 양분을 고갈시키는 작물에 이어 토양을 개량시키는 작물을 심는다.

---

deteriorate

[ditíəriərèit]

n. deterioration 악화; 저하

VOCA⁺
superior 우월한
inferior 열등한
anterior 이전의; 앞쪽의
posterior 이후의; 뒤쪽의

ⓥ (가치·품질 따위) 떨어뜨리다[떨어지다](lower, worsen
↔ ameliorate 개선하다)

deteriorate into full-scale war 전면전으로 악화되다

deteriorating weather conditions 점점 더 나빠지는 기상 사정

기출 예문

My dog was 13 years old, and his health had been **deteriorating**.
내 개는 열세 살이라서 건강이 안 좋아졌어.

📝 deteriorate quality 질을 낮추다

disaster
[dizǽstər]

a. disastrous 처참한, 형편없는

VOCA⁺
astronomy 천문학
astrology 점성술
astronaut 우주 비행사

ⓝ 재해, 재난

environmental **disasters** 환경적 재난
prevent a **disaster** 재난을 예방하다

🖋 기출 예문

The 1889 Johnstown Flood was a **disaster** that experts attempted and failed to prevent.
1889년 존스타운 홍수는 전문가들이 예방하려 했으나 실패했던 재해였다.

---

disposable
[dispóuzəbl]

v. dispose 배열하다; ~하고 싶게 하다; 처리하다
n. disposition 배열; 기질
n. disposal 처분

VOCA⁺
depose 면직시키다
repose 휴식

ⓐ 사용 후 버릴 수 있는; 처분할 수 있는

a **disposable** paper cup 일회용 종이컵
a person's **disposable** income 한 사람의 가처분 소득

🖋 기출 예문

It's just a **disposable** camera I bought.
그냥 제가 구입한 일회용 카메라입니다.

---

drought
[draut]

VOCA⁺
draught 마시기, 한 모금

ⓝ 가뭄(↔ flood 홍수)

suffer from a **drought** 가뭄에 시달리다

🖋 기출 예문

Due to severe **drought** conditions, compulsory water restrictions are now in effect.
극심한 가뭄으로 인해 의무적 제한 급수가 시행 중입니다.

---

ecology
[ikálədʒi]

n. ecologist 생태학자
a. ecological 생태학의

VOCA⁺
eco-friendly 친환경의
ecocide 환경 파괴

ⓝ 생태(학); 자연 환경(ecosystem)

the fragile **ecology** of the coral reefs 산호초의 연약한 생태계

🖋 기출 예문

If countries don't act soon, the world's **ecology** will change forever.
국가들이 서둘러 행동하지 않으면 세계의 생태 환경은 영원히 변할 것이다.

DAY 30

emission

[imíʃən]

v. emit 배출하다

VOCA⁺

mission 임무
omission 생략
commission 위원회; 위임하다

ⓝ 배출, 발산(giving off)

carbon dioxide **emission** 이산화탄소 배출

pollution and toxic **emissions** 오염과 유독 화학 약품의 배출

📝 기출 예문

The Prism gets 60 miles per gallon, and it has the lowest CO_2 **emissions** on the market.
프리즘의 연비는 갤런당 60마일이며 출시된 차 중 이산화탄소 배출량이 가장 낮습니다.

endanger

[indéindʒər]

a. endangered 위험에 빠진, 멸종 위기에 처한

VOCA⁺

extinct 멸종한

ⓥ 위험에 빠뜨리다, 위태롭게 하다(jeopardize, imperil)

an **endangered** species 멸종 위기의 동물

endanger the future of the country 나라의 장래를 위험에 빠뜨리다

📝 기출 예문

This makes already **endangered** languages especially vulnerable to extinction.
이는 이미 소멸 직전의 언어들을 특히 더 사멸에 취약하게끔 한다.

extract

ⓝ [ékstrækt]
ⓥ [ikstkǽt]

VOCA⁺

contract 계약하다; 수축하다; 병에 걸리다
detract 비방하다
subtract 공제하다

ⓝ 추출물, 즙, 정제(essence, juice); 인용, 발췌문(excerpt)

lemon **extract** 레몬즙

an **extract** from *Hamlet* 〈햄릿〉에서 뽑은 인용문

ⓥ 뽑아내다(draw out); 발췌하다(abstract)

extract juice 주스를 짜내다

extract a loose tooth 흔들리는 이를 뽑다

extract examples from a book 책에서 예를 발췌하다

📝 기출 예문

Ginkgo **extracts** are swiftly joining the mainstream of the field of medicine worldwide.
은행나무 추출물이 전 세계적으로 주류 의학계에 빠르게 합류하고 있습니다.

insecticide
[inséktisàid]

ⓝ 살충제

a very potent **insecticide** 매우 강력한 살충제
the excessive use of **insecticide** 지나친 살충제의 사용

기출 예문

Chemical **insecticides** have long been used to keep bugs from destroying crops.
화학 살충제는 해충들이 농작물을 망치지 못하게 하기 위해 오랫동안 사용되어 왔다.

VOCA⁺

pesticide 농약; 해충제
herbicide 제초제

---

litter
[lítər]

ⓥ 쓰레기를 버리다; 어지르다(scatter, disarrange)

litter a room 방을 어지르다

ⓝ 쓰레기, 잡동사니(rubbish, odds and ends)

messy people dropping **litter** 쓰레기를 버리는 쓰레기 같은 인간들
a **litter**-strewn street 쓰레기가 널브러진 거리

기출 예문

Littering, cutting down trees, and building unauthorized bonfires are strictly illegal.
쓰레기 투기와 나무를 베는 행위, 허가 없이 모닥불을 피우는 행위는 절대 불법입니다.

VOCA⁺

jitter 안절부절 못하다
glitter 반짝반짝 빛나다
twitter 재잘거리다

---

noxious
[nákʃəs]

ⓐ 해로운, 유독한(injurious, harmful, nocuous, toxic)

exterminate **noxious** insects 해충을 박멸하다
die from inhaling **noxious** smoke 유독성 연기를 마시고 죽다
contain **noxious** contents 해로운 내용들을 담고 있다

기출 예문

Some brands of interior paint produce **noxious** gases after being applied.
실내 페인트 중 어떤 브랜드는 칠하고 나면 독성의 가스를 내뿜는다.

📄 noxious fumes 유독 가스

VOCA⁺

innocuous 무해한; 악의가 없는
innocent 순진한; 무죄의

organic
[ɔːrgǽnik]

n. organ 기관
n. organism 유기체

VOCA⁺
original 처음의; 독창적인
aboriginal 원주민의

ⓐ 유기적인, 유기체의; 유기농법의

the decomposition of **organic** waste 유기물 폐기물의 분해
organic gardening 친환경적 정원 가꾸기

> 🖋 기출 예문
>
> One of the myths about **organic** agriculture is that it is not very productive.
> 유기농업에 대한 잘못된 통념 중 하나는 그다지 생산성이 높지 않다는 것이다.

📑 organic chemistry 유기 화학

---

practice
[prǽktis]

n. practitioner 개업의, 변호사
a. practical 실제적인
a. practicable 실행 가능한

VOCA⁺
pragmatic 실용주의
fractious 화를 잘 내는

ⓝ 실행, 실천; 관행, 관습; 연습

put one's idea into **practice** 생각을 실행에 옮기다
religious **practices** 종교적 관례들

ⓥ 연습하다; (의사·변호사가) 개업하다

practice the piano every day 매일 피아노 연습을 하다
practice a religion 종교 생활을 하다
practice medicine[law] 의사[변호사]로 일하다

> 🖋 기출 예문
>
> More reef areas need to be protected from destructive practices.
> 더 많은 산호초가 파괴 관행으로부터 보호되어야 한다.

📑 make a practice of -ing 습관적으로[늘] ~하다

---

recycle
[riːsáikl]

VOCA⁺
bicycle 자전거
encircle 둘러싸다

ⓥ 재활용하다, 재생하다(renew, reclaim, reprocess)

recycle plastic bottles 플라스틱 병을 재활용하다
deal in **recycled** items 재생용품을 취급하다

> 🖋 기출 예문
>
> We use envelopes made of **recycled** paper.
> 저희는 재활용 종이로 만든 봉투를 사용해요.

source

[sɔːrs]

VOCA+
resource 자원; 부, 자산
sorcery 마법, 요술

ⓝ 근원, 원천, 출처(origin)

a **source** of energy 에너지원
a very faithful **source** 믿을 만한 출처

ⓥ ~의 출처[정보원]를 밝히다; 얻다

🖊 기출 예문

I will first detail many **sources** of stress that firefighters encounter.
우선 소방관들이 직면하는 수많은 스트레스 원인을 자세히 설명하겠습니다.

---

substitute

[sʌ́bstitjùːt]

VOCA+
institute 연구소; 제정하다; 시행하다
constitute 구성하다
prostitute 매춘부

ⓥ 대용하다(use)

substitute coal for oil 기름 대신에 석탄을 대용하다

ⓝ 대용품, 대체물(alternative)

substitute resources 대체 자원
substitute satisfaction 대리 만족

🖊 기출 예문

Cut your caffeine intake by **substituting** non-caffeinated drinks for caffeinated ones.
카페인 음료를 무카페인 음료로 대체함으로써 카페인 섭취를 줄이세요.

---

sustainable

[səstéinəbl]

v. sustain 지탱하다, 유지하다; (부상을) 입다

VOCA+
maintainable 유지할 수 있는, 부양할 수 있는
obtainable 획득할 수 있는
attainable 달성 가능한

ⓐ (환경 파괴 없이) 지속될 수 있는
   (↔ unsustainable 지속 불가능한)

the **sustainable** growth and development 환경 친화적인 성장과 개발
environmentally **sustainable** society 환경 측면에서 지속 가능한 사회

🖊 기출 예문

They have sometimes failed to foresee or reverse **unsustainable** behavior, helplessly applying small-scale, short-term solutions to large-scale problems.
때때로 그들은 지속될 수 없는 행동을 예측하거나 바꾸는 데 실패하였고, 대규모의 문제에 무기력하게도 소규모의 단기적인 해법을 적용하였다.

📝 sustainable energy sources 지속 가능한 에너지원

DAILY TEPS TEST

Choose the best answer for the blank.

Part I

1

A: Lund Chemical was found guilty of negligence.

B: Well, they completely _____ Lincoln Lake.

(a) falsified
(b) administered
(c) conserved
(d) contaminated

2

A: I'd like another candy bar, please.

B: I'm worried we're _____ our supply too quickly.

(a) arousing
(b) criticizing
(c) depleting
(d) grinding

3

A: Is natural gas a good energy source?

B: It's a relatively clean _____ to petroleum.

(a) deposit
(b) homage
(c) consequence
(d) alternative

4

A: The packaging on this lettuce says it's pesticide free.

B: It's a(n) _____ product.

(a) organic
(b) noxious
(c) practical
(d) potent

5

A: What can we do to prevent cruelty to animals?

B: Let's _____ vegetable protein for meat in our diet.

(a) source
(b) customize
(c) substitute
(d) contaminate

6

A: Soldiers don't just fight, you know.

B: Right, they're responding to the natural _____ in the Philippines.

(a) despair
(b) disaster
(c) defeat
(d) dilemma

7

A: Are the numbers of salamanders still declining?

B: Yes, the species is officially _____ now.

(a) deteriorated
(b) recycled
(c) intimidated
(d) endangered

8

A: The exhaust from this car smells toxic.

B: I doubt that old model meets today's _____ standards.

(a) emission
(b) morale
(c) disastrous
(d) circumstance

Part II

9

Topical canine flea medications contain a(n) _____ that has been shown to cause cancer in humans.

(a) instinct
(b) ordinance
(c) insecticide
(d) territory

10

In an effort to cut down on urban refuse, the city is imposing a $500 fine on _____.

(a) lunacy
(b) littering
(c) recycling
(d) ecology

11

_____ products may be convenient, but they contribute greatly to landfill waste.

(a) Sustainable
(b) Attainable
(c) Disposable
(d) Invincible

12

Animals International is facing a(n) _____ shortage in the funding it uses to protect threatened species.

(a) rash
(b) critical
(c) valiant
(d) arid

| 1 (d) | 2 (c) | 3 (d) | 4 (a) | 5 (c) | 6 (b) |
| 7 (d) | 8 (a) | 9 (c) | 10 (b) | 11 (c) | 12 (b) |

1 A: 런드 케미컬은 부주의로 유죄로 판결이 났죠.
   B: 흠, 그들이 완전히 링컨 호수를 오염시켰으니까요.
   (a) 위조하다   (b) 관리하다
   (c) 보존하다   **(d) 오염시키다**

2 A: 초코바 하나 더 먹고 싶어요.
   B: 남아 있는 걸 우리가 너무 빨리 없앨까 봐 걱정돼.
   (a) 불러일으키다   (b) 비판하다
   (c) 고갈시키다   (d) 갈다

3 A: 천연 가스가 좋은 에너지원이 됩니까?
   B: 비교적 깨끗한 석유의 대체재죠.
   (a) 보증금   (b) 경의
   (c) 결과   **(d) 대안**

4 A: 이 상추 포장지를 보니 무농약이네요.
   B: 유기농 제품이군요.
   (a) 유기농의   (b) 해로운
   (c) 실제적인   (d) 강력한

5 A: 잔인한 동물 학대를 어떻게 막을 수 있죠?
   B: 우리 식단을 고기에서 단백질을 얻는 대신 채소
   로 대체합시다.
   (a) 얻다   (b) 주문 제작하다
   (c) 대체하다   (d) 오염시키다

6 A: 아시겠지만 군인들은 단지 전투만 하는 게 아니
   에요.
   B: 맞아요, 필리핀의 자연 재해에도 나섰죠.
   (a) 절망   **(b) 재해**
   (c) 패배   (d) 딜레마

7 A: 도롱뇽의 숫자가 아직도 감소하고 있죠?
   B: 네, 그 종은 공식적으로 지금 멸종 위기에 처했
   습니다.
   (a) 떨어뜨리다   (b) 재활용하다
   (c) 위협하다   **(d) 위태롭게 하다**

8 A: 이 자동차의 배기가스는 유독성 냄새가 납니다.
   B: 오래된 모델이 요즘의 배출 기준에 맞을까요.
   (a) 배출   (b) 사기
   (c) 형편없는   (d) 상황

9 국부적 개 벼룩 약은 사람에게 암을 유발하는 것으
   로 알려진 살충제가 들어 있다.
   (a) 본능   (b) 법령
   (c) 살충제   (d) 영역

10 도시의 쓰레기를 줄이려는 노력으로 도시에서는
   무단 투기에 500달러의 벌금을 부과할 것이다.
   (a) 미친 짓   **(b) 무단 투기**
   (c) 재활용   (d) 생태학

11 일회용품이 편리하지만 쓰레기 매립지에 상당히
   기여한다.
   (a) 지속될 수 있는   (b) 달성 가능한
   (c) 일회용의   (d) 천하무적의

12 애니멀스 인터내셔널은 위협에 처한 동물을 보호하
   는 데 쓸 그들의 자금이 부족한 위기의 상황에
   이르렀다.
   (a) 경솔한   **(b) 위기의**
   (c) 용맹한   (d) 매우 건조한

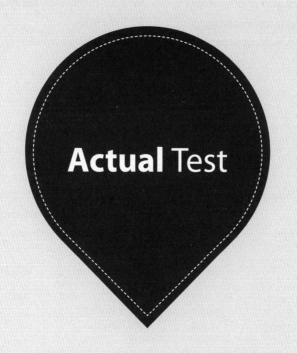

Actual Test

VOCABULARY

1

A: Can I interest you in any desserts?

B: I think I need a few minutes to _____ the main course.

(a) digest
(b) pasteurize
(c) gnaw
(d) thaw

2

A: I picked up this used car for only $3,000.

B: Wow, what a(n) _____!

(a) bargain
(b) voucher
(c) guarantee
(d) auction

3

A: The television antenna on your house has snapped in two.

B: A _____ of wind must have broken it.

(a) shot
(b) gust
(c) burst
(d) knock

4

A: Your brother certainly is the life of the party.

B: He's always been very _____.

(a) introverted
(b) nosy
(c) outgoing
(d) taciturn

5

A: The mayor shouldn't be allowed to treat reporters that way.

B: I believe one of them _____ a complaint.

(a) rolled
(b) filed
(c) accused
(d) heard

6

A: So you're saying water loses volume when it freezes?

B: That's the idea I'm trying to _____.

(a) magnify
(b) assume
(c) convey
(d) exaggerate

7

A: You still haven't found anyone to replace Jonah?

B: No one has sufficient _____.

(a) conferences
(b) personalities
(c) qualifications
(d) emissions

8

A: Where do the nonstop flights depart from?

B: You'll need to _____ over to Concourse C.

(a) step
(b) roam
(c) heave
(d) transfer

9

A: Just do it because I said so, okay?

B: That's not a very _____ argument.

(a) moot
(b) cogent
(c) earnest
(d) secular

10

A: Don't forget to vote tomorrow!

B: Oh, I hope we _____ someone honest.

(a) elicit
(b) effect
(c) enact
(d) elect

Choose the option that best completes each sentence.

11
The speakers were so badly damaged that the music was barely _____.

(a) cursory
(b) prevalent
(c) audible
(d) jocular

12
Unfortunately, the art dealer's assurances that the work was authentic proved _____.

(a) spurious
(b) exorbitant
(c) gorgeous
(d) resolute

13
Those who have grown up using smartphones are able to _____ them much more effectively.

(a) gesticulate
(b) contort
(c) redeem
(d) manipulate

14
Studies show that many siblings who get along as adults often _____ as children.

(a) assuaged
(b) distracted
(c) bickered
(d) perpetuated

15
All of the company's _____ were seized by the government following accusations of money laundering.

(a) quotes
(b) assets
(c) handholds
(d) proprietors

16
Being able to cooperate with one's _____ is just as important as possessing technical training.

(a) performance
(b) divisions
(c) colleagues
(d) command

17

In light of recent _____ devaluations, international investors are pulling their capital out of Venezuela.

(a) casement
(b) character
(c) caliber
(d) currency

18

Web site users must _____ to having their data collected or else it is considered illegal.

(a) recommend
(b) consent
(c) denote
(d) pronounce

19

The quality of _____ that can be so frustrating in one's personal life may be an asset in business.

(a) stubbornness
(b) melancholy
(c) resentment
(d) boredom

20

The _____ tracts of land adjacent to the Nile were farmed intensely in ancient times.

(a) genuine
(b) rightful
(c) fertile
(d) blatant

21

Teenagers are typically so _____ that they don't develop their own individual tastes in art until later in life.

(a) intolerant
(b) impervious
(c) impressionable
(d) inimitable

22

_____ in coastal areas are being urged to evacuate as the hurricane approaches.

(a) Residents
(b) Creatures
(c) Motorways
(d) Unions

23

Any scientific discovery must
_____ full and systematic review
before it is announced as fact.

(a) uphold
(b) uplift
(c) undertake
(d) undergo

24

The young student, overwhelmed
by the information, asked for a few
moments to _____ on it further.

(a) perpetuate
(b) desecrate
(c) ruminate
(d) implicate

25

Hemmler's _____ of work is quite
impressive given that he is only 21
years old.

(a) volume
(b) statue
(c) base
(d) numeral

26

In Cuba, many kinds of artistic
expression are _____ by the
authorities.

(a) imposed
(b) censored
(c) predicted
(d) disproved

27

No matter how intelligent, one
cannot be well-liked by being overly
_____.

(a) intermediate
(b) pedantic
(c) destitute
(d) brilliant

28

The cause of the Maya civilization's _____ remains a mystery, but by the mid-ninth century their power had waned.

(a) demise
(b) temper
(c) variance
(d) accessory

29

With his stellar record of achievements, the _____ is sure to be reelected.

(a) incumbent
(b) monarch
(c) denizen
(d) enigma

30

Marine fossils atop Mt. Everest are _____ proof that the peak was once at the bottom of the sea.

(a) numerous
(b) imminent
(c) ambivalent
(d) tangible

1 (a)	2 (a)	3 (b)	4 (c)	5 (b)	6 (c)	7 (c)	8 (d)	9 (b)	10 (d)
11 (c)	12 (a)	13 (d)	14 (c)	15 (b)	16 (c)	17 (d)	18 (b)	19 (a)	20 (c)
21 (c)	22 (a)	23 (d)	24 (c)	25 (a)	26 (b)	27 (b)	28 (a)	29 (a)	30 (d)

Part I

1 A: 디저트 좀 드시겠어요?
　B: 저는 메인 코스를 <u>소화하려면</u> 몇 분이 더 걸릴
　　것 같네요.
　(a) 소화하다　　　(b) 저온 살균하다
　(c) 갉아먹다　　　　(d) 녹다

2 A: 이 중고차 3천 달러밖에 안 줬어요.
　B: 와, 정말 싸네요!
　(a) 싸게 사는 물건　(b) 상품권
　(c) 보증　　　　　　(d) 경매

3 A: 당신의 집에 텔레비전 안테나가 두 개로 부러졌
　　더군요.
　B: <u>돌풍</u> 때문일 겁니다.
　(a) 발사　　　　　　**(b) 돌풍**
　(c) 터뜨림　　　　　(d) 두드림

4 A: 남동생이 파티의 중심이네요.
　B: 그 애는 항상 아주 <u>활발해요.</u>
　(a) 내성적인　　　　(b) 시끄러운
　(c) 활발한　　　　(d) 말이 적은

5 A: 시장이 기자들을 그런 식으로 대하시면 안 되죠.
　B: 그들 중 한 명이 불만을 <u>제기한</u> 것 같습니다.
　(a) 굴리다　　　　　**(b) 제기하다**
　(c) 고발하다　　　　(d) 듣다

6 A: 그럼 물이 얼면 부피가 줄어든다는 말씀이십니까?
　B: 제가 <u>전하고자</u> 하는 게 그겁니다.
　(a) 확대하다　　　　(b) 추정하다
　(c) 전하다　　　　(d) 과장하다

7 A: 조나를 대체할 사람을 아직 못 찾았나요?
　B: 충분한 <u>자질</u>을 가진 사람이 없어요.
　(a) 회의　　　　　　(b) 인성
　(c) 자질　　　　　(d) 배출

8 A: 직항편은 어디에서 출발합니까?
　B: 중앙홀 C쪽으로 <u>이동하셔야</u> 합니다.
　(a) 한 걸음 내디디다　(b) 돌아다니다
　(c) 들어 올리다　　　**(d) 이동하다**

9 A: 내가 그렇게 말했으니 그냥 해. 알겠어?
　B: 그건 아주 <u>설득력 있는</u> 주장이 아니네요.
　(a) 미결정의　　　　**(b) 설득력 있는**
　(c) 성실한　　　　　(d) 세속적인

10 A: 내일 투표하는 것 잊지 마세요!
　B: 아, 정직한 사람을 <u>뽑으면</u> 좋겠습니다.
　(a) 도출하다　　　　(b) 초래하다
　(c) 제정하다　　　　**(d) 선출하다**

Part II

11 스피커가 심하게 손상되어서 음악이 거의 들리지 않았다.
- (a) 대충하는
- (b) 일반적인
- **(c) 잘 들리는**
- (d) 익살스러운

12 유감스럽게도 그 작품이 진품이라는 미술 거래업자의 장담은 거짓으로 드러났다.
- **(a) 거짓된**
- (b) 과도한
- (c) 아주 멋진
- (d) 확고한

13 스마트폰을 이용하면서 자란 사람들은 그것들을 훨씬 효과적으로 조작할 수 있다.
- (a) 몸짓으로 나타내다
- (b) 비틀다
- (c) 상환하다
- **(d) 조작하다**

14 연구를 보면 어른이 되어 잘 지내는 많은 형제자매들이 어렸을 때는 종종 싸웠다고 한다.
- (a) 달래다
- (b) 산만하게 하다
- **(c) 다투다**
- (d) 영속시키다

15 회사의 모든 자산은 자금 세탁 혐의로 인해 정부가 쥐고 있다.
- (a) 인용문
- **(b) 자산**
- (c) 붙잡는 곳
- (d) 소유주

16 자신의 동료와 협업할 수 있다는 것은 기술적인 훈련을 받는 것만큼 중요하다.
- (a) 업적
- (b) 분배
- **(c) 동료**
- (d) 명령

17 최근 통화 평가 절하를 고려해 보면, 국제 투자가들이 베네수엘라에서 자본을 뺄 것이다.
- (a) 여닫이창
- (b) 성격
- (c) 직경
- **(d) 통화**

18 웹 사이트 이용자들은 데이터 수집에 동의해야 하는데, 그렇지 않으면 불법으로 간주된다.
- (a) 추천하다
- **(b) 동의하다**
- (c) 조짐을 보이다
- (d) 발음하다

19 개인적인 생활에서 좌절감을 줄 수 있는 완강한 성격이 비즈니스에서는 자산이 된다.
- **(a) 완강함**
- (b) 우울함
- (c) 분함
- (d) 지루함

20 나일강 인근의 비옥한 지역은 고대에 열심히 경작된 곳이다.
- (a) 진짜의
- (b) 합법적인
- **(c) 비옥한**
- (d) 노골적인

21 10대들은 보통 영향을 쉽게 받기 때문에 나이가 들어서야 예술에서 자신만의 개인적인 기호를 개발시킨다.
- (a) 참지 못하는
- (b) 영향받지 않는
- **(c) 영향받기 쉬운**
- (d) 흉내 낼 수 없는

22 해안 지역의 주민들은 허리케인의 접근에 따라 대피하도록 강력히 권고받습니다.
- **(a) 주민들**
- (b) 생물
- (c) 고속도로
- (d) 조합

23 모든 과학적인 발견은 사실로 발표하기 전에 완벽하고 체계적인 검토를 <u>받아야</u> 한다.
(a) 지지하다　　　　(b) 들어 올리다
(c) 착수하다　　　　**(d) 받다**

24 자료에 압도된 그 어린 학생은 <u>심사숙고할</u> 시간을 잠깐 요구했다.
(a) 영속시키다　　　(b) 훼손하다
(c) 심사숙고하다　(d) 연루시키다

25 해믈러의 작품의 <u>양</u>은 그가 겨우 21살이라는 점을 볼 때 매우 인상적이다.
(a) 양　　　　　　(b) 조각상
(c) 기초　　　　　　(d) 숫자

26 쿠바에서는 많은 예술적인 표현들이 정부에 의해 <u>검열된다.</u>
(a) 부과하다　　　　**(b) 검열하다**
(c) 예상하다　　　　(d) 승인하지 않다

27 똑똑한 사람일지라도 너무 <u>따지고 들면</u> 좋아할 수가 없다.
(a) 중간의　　　　　**(b) 따지고 드는**
(c) 궁핍한　　　　　(d) 영리한

28 마야 문명의 <u>종말</u>의 원인은 아직도 수수께끼이지만 9세기 중반에 그들의 세력이 약해졌다.
(a) 종말　　　　　(b) 성질
(c) 변화　　　　　　(d) 부대 용품

29 뛰어난 업적 때문에 그 <u>재임자</u>는 분명 재선될 것이다.
(a) 재임자　　　　(b) 군주
(c) 사람　　　　　　(d) 수수께끼

30 에베레스트 산꼭대기에 있는 해양 화석들은 그 봉우리가 한때 해저였다는 <u>명백한</u> 증거가 된다.
(a) 많은　　　　　　(b) 임박한
(c) 상반된　　　　　**(d) 명백한**

Index

E

F

MEMO

TEPS

SINCE 1999
ALL PASS

- 1999년 정기시험 최초 시행
- 2018년 뉴텝스 시행 (총점 600점 변경)
- 국내 대학 수시, 편입, 졸업인증 활용
- 전문대학원 입시 반영
- 공무원 선발 및 국가자격시험 대체
- 공공기관, 기업 채용 및 인사고과 활용

텝스로 올패스!

고교부터 대학(원), 취업, 승진을 잇는
" 대한민국 대표 영어시험 **TEPS** "

TEPS 영어능력검정, [자격종류] 공인민간자격, [등록번호] 2008-0167, [공인번호] 교육부 제 2018-2호

 02.886.3330   www.teps.or.kr   www.facebook.com/teps4u   @teps

NEW TEPS 완벽 반영

뉴텝스도 역시 넥서스!

그냥 믿고 따라와 봐!

600점 만점!!

마스터편 실전 500+

독해 정일상, TEPS콘텐츠개발팀 지음 | 17,500원   문법 테스 김 지음 | 15,000원   청해 라보혜, TEPS콘텐츠개발팀 지음 | 18,000원

500점

실력편 실전 400+

독해 정일상, TEPS콘텐츠개발팀 지음 | 18,000원   문법 TEPS콘텐츠개발팀 지음 | 15,000원   청해 라보혜, TEPS콘텐츠개발팀 지음 | 17,000원

400점

기본편 실전 300+

독해 정일상, 넥서스TEPS연구소 지음 | 19,000원   문법 장보금, 써니 박 지음 | 17,500원   청해 이기헌 지음 | 19,800원

300점

입문편 실전 250+

독해 넥서스TEPS연구소 지음 | 18,000원   문법 넥서스TEPS연구소 지음 | 15,000원   청해 넥서스TEPS연구소 지음 | 18,000원

서가 듣기
모바일 단어장
온라인 받아쓰기
정답 자동 체점

넥서스
NEW TEPS 시리즈

목표 점수 달성을 위한
뉴텝스 기본서 + 실전서

뉴텝스 실전 완벽 대비
Actual Test 수록

고득점의 감을 확실하게 잡아 주는
상세한 해설 제공

모바일 단어장, 어휘 테스트 등
다양한 부가자료 제공

뉴텝스도 넥서스다!

뉴텝스 실전 모의고사

실전
6회분

기출의 재구성, 실제 시험 그대로 6회분 수록

뉴텝스
실전
모의고사

실전 6회분

뉴텝스
기출 경향
완벽 반영

무료 부가 제공 자료

☑ 서울대텝스관리위원회 NEW TEPS 경향 완벽 반영
☑ 청해, 어휘, 문법, 독해 파트의 모든 영역을 한 권으로 통합
☑ 신유형 문제는 한눈에 파악할 수 있도록 별도 표시
☑ 뉴텝스 실전 완벽 대비 Actual Test 6회분 수록
☑ 뉴텝스 문제의 핵심을 꿰뚫는 상세한 정답 해설
☑ 모바일 단어장 및 보카 테스트 등 다양한 부가자료 제공

      +

3가지 버전
MP3
모바일
단어장
온라인
받아쓰기
모바일
VOCA TEST
정답
자동 채점
어휘 리스트
& 테스트

MP3 듣기
모바일 단어장
온라인 받아쓰기
정답 자동 채점

추가 제공 자료 www.nexusbook.com

❶ 3가지 버전 MP3   ❷ 모바일 단어장   ❸ 온라인 받아쓰기   ❹ 모바일 VOCA TEST
❺ 정답 자동 채점   ❻ 어휘 리스트 & 테스트   ❼ 테스트 도우미   * 추가 제공 자료는 영역마다 다를 수 있습니다.

뉴텝스 실전 모의고사 실전 6회분 ┃ 김무룡·TEPS콘텐츠개발팀 지음 ┃ 4×6배판 ┃ 388쪽 ┃ 17,500원

" 뉴텝스도 역시 넥서스! "

3회분

NEW TEPS
실전 모의고사

◁))
((고사장
소음 버전
MP3 제공))

뉴텝스
실전 모의고사
베스트셀러

QR코드를
찍어 보세요!

NEW TEPS 실전 모의고사 3회분

김무룡 · 넥서스 TEPS 연구소 지음 | 9,900원

(정답 및 해설 무료 다운로드)

YES 24 〈국어 외국어 사전〉 베스트셀러 ※2018년 5월 기준